DESCUBRE 1

Lengua y cultura del mundo hispánico

VISTA®
HIGHER LEARNING

Boston, Massachusetts

On the cover: Traditionally painted ox cart wheel, Sarchí, Costa Rica

Publisher: José A. Blanco
Professional Development Director: Norah Lulich Jones
Editorial Development: Brian Contreras, Diego García, Sharla Zwirek
Project Management: Kayli Brownstein, Hillary Gospodarek, Sharon Inglis
Rights Management: Ashley Dos Santos, Jorgensen Fernandez, Caitlin O'Brien
Technology Production: Jamie Kostecki, Fabián Montoya, Paola Ríos Schaaf
Design: Gabriel Noreña, Andrés Vanegas
Production: Manuela Arango, Sergio Arias, Oscar Díez

© 2017 by Vista Higher Learning, Inc. All rights reserved.
No part of this work may be reproduced or distributed in any form or by any means, electronic or mechanical, including photocopying and recording, or by any information storage or retrieval system without prior written permission from Vista Higher Learning, 500 Boylston Street, Suite 620, Boston, MA 02116-3736.

Student Text ISBN: 978-1-68004-319-8
Library of Congress Control Number: 2015948650

4 5 6 7 8 9 TC 20 19 18 17

Printed in Canada.

DESCUBRE 1

Lengua y cultura del mundo hispánico

Table of Contents

contextos	fotonovela

Map of the
  Spanish-Speaking World x
Map of Mexico xii
Map of Central America
  and the Caribbean xiii
Map of South America xiv

Lección 1
Hola, ¿qué tal?

Greetings and goodbyes 2
Identifying yourself
  and others 2
Courtesy expressions 2

Bienvenida, Marissa 6
Pronunciación
  The Spanish alphabet 9

Lección 2
En la clase

The classroom and
  school life 40
Fields of study and
  school subjects 40
Days of the week 42
Class schedules 43

¿Qué estudias? 44
Pronunciación
  Spanish vowels 47

Lección 3
La familia

The family 78
Identifying people 78
Professions and occupations .. 78

Un domingo en familia 82
Pronunciación
  Diphthongs and linking 85

cultura	estructura	adelante
Map of Spain .... xv Video Programs .... xvi Supersite .... xviii Icons xix	Studying Spanish .... xx Getting Started .... xxvii Acknowledgments .... xxix Bios xxxi	
En detalle: Saludos y besos en los países hispanos .... 10 **Perfil:** La plaza principal 11	1.1 Nouns and articles ...... 12 1.2 Numbers 0–30 .... 16 1.3 Present tense of **ser** ..... 19 1.4 Telling time .... 24 **Recapitulación** 28	**Lectura:** *Teléfonos importantes* .... 30 **Escritura** .... 32 **Escuchar** .... 33 **En pantalla** .... 34 **Flash cultura** .... 35 **Panorama:** Estados Unidos y Canadá 36
En detalle: La escuela secundaria .... 48 **Perfil:** El INFRAMEN 49	2.1 Present tense of **-ar** verbs .... 50 2.2 Forming questions in Spanish .... 55 2.3 Present tense of **estar** .... 59 2.4 Numbers 31 and higher .. 63 **Recapitulación** 66	**Lectura:** *¡Español en Madrid!* .. 68 **Escritura** .... 70 **Escuchar** .... 71 **En pantalla** .... 72 **Flash cultura** .... 73 **Panorama:** España 74
En detalle: ¿Cómo te llamas? .. 86 **Perfil:** La familia real española 87	3.1 Descriptive adjectives ... 88 3.2 Possessive adjectives .... 93 3.3 Present tense of **-er** and **-ir** verbs .... 96 3.4 Present tense of **tener** and **venir** .... 100 **Recapitulación** 104	**Lectura:** *Gente... Las familias* .... 106 **Escritura** .... 108 **Escuchar** .... 109 **En pantalla** .... 110 **Flash cultura** .... 111 **Panorama:** Ecuador 112

Table of Contents

	contextos	fotonovela

Lección 4
Los pasatiempos

- Pastimes 116
- Sports 116
- Places in the city 118

Fútbol, cenotes y mole 120
Pronunciación
  Word stress
  and accent marks 123

Lección 5
Las vacaciones

- Travel and vacation 152
- Months of the year 154
- Seasons and weather 154
- Ordinal numbers 155

¡Vamos a la playa! 158
Pronunciación
  Spanish **b** and **v** 161

Lección 6
¡De compras!

- Clothing and shopping 190
- Negotiating a price
    and buying 190
- Colors 192
- More adjectives 192

En el mercado 194
Pronunciación
  The consonants **d** and **t** 197

Lección 7
La rutina diaria

- Daily routine 226
- Personal hygiene 226
- Time expressions 226

¡Necesito arreglarme! 230
Pronunciación
  The consonant **r** 233

cultura	estructura	adelante
En detalle: Real Madrid y Barça: rivalidad total .... 124 **Perfiles:** Miguel Cabrera and Paola Espinosa 125	4.1 Present tense of **ir** ...... 126 4.2 Stem-changing verbs: **e:ie, o:ue** .... 129 4.3 Stem-changing verbs: **e:i** .... 133 4.4 Verbs with irregular **yo** forms .... 136 **Recapitulación** 140	**Lectura:** *No sólo el fútbol* .... 142 **Escritura** .... 144 **Escuchar** .... 145 **En pantalla** .... 146 **Flash cultura** .... 147 **Panorama:** México 148
En detalle: Las cataratas del Iguazú .... 162 **Perfil:** Punta del Este 163	5.1 **Estar** with conditions and emotions .... 164 5.2 The present progressive 166 5.3 **Ser** and **estar** .... 170 5.4 Direct object nouns and pronouns .... 174 **Recapitulación** 178	**Lectura:** *Turismo ecológico en Puerto Rico* .... 180 **Escritura** .... 182 **Escuchar** .... 183 **En pantalla** .... 184 **Flash cultura** .... 185 **Panorama:** Puerto Rico 186
En detalle: Los mercados al aire libre .... 198 **Perfil:** Carolina Herrera 199	6.1 **Saber** and **conocer** ..... 200 6.2 Indirect object pronouns .... 202 6.3 Preterite tense of regular verbs .... 206 6.4 Demonstrative adjectives and pronouns .... 210 **Recapitulación** 214	**Lectura:** *Corona: Real Liquidación* .... 216 **Escritura** .... 218 **Escuchar** .... 219 **En pantalla** .... 220 **Flash cultura** .... 221 **Panorama:** Cuba 222
En detalle: La siesta .... 234 **Perfil:** El mate 235	7.1 Reflexive verbs .... 236 7.2 Indefinite and negative words .... 240 7.3 Preterite of **ser** and **ir** ... 244 7.4 Verbs like **gustar** ...... 246 **Recapitulación** 250	**Lectura:** *¡Qué día!* .... 252 **Escritura** .... 254 **Escuchar** .... 255 **En pantalla** .... 256 **Flash cultura** .... 257 **Panorama:** Perú 258

Table of Contents

contextos	fotonovela

Lección 8
La comida

Food 262
Food descriptions 262
Meals 264

Una cena... romántica 268
Pronunciación
  ll, ñ, c, and z 271

Lección 9
Las fiestas

Parties and celebrations 300
Personal relationships. 301
Stages of life 302

El Día de Muertos 304
Pronunciación
  h, j, and g 307

Consulta

Apéndice A
Glossary of Grammatical Terms 332
Apéndice B
Verb Conjugation Tables 336
Vocabulario
Spanish-English Vocabulary 346
English-Spanish Vocabulary 357

cultura	estructura	adelante
En detalle: Frutas y verduras de América .... 272 **Perfil:** Ferran Adrià: arte en la cocina 273	8.1 Preterite of stem-changing verbs .... 274 8.2 Double object pronouns . 277 8.3 Comparisons .... 281 8.4 Superlatives .... 286 **Recapitulación** 288	**Lectura:** *Gastronomía* .... 290 **Escritura** .... 292 **Escuchar** .... 293 **En pantalla** .... 294 **Flash cultura** .... 295 **Panorama:** Guatemala 296
En detalle: Semana Santa: vacaciones y tradición ..... 308 **Perfil:** Festival de Viña del Mar 309	9.1 Irregular preterites ..... 310 9.2 Verbs that change meaning in the preterite . 314 9.3 ¿Qué? and ¿cuál? ...... 316 9.4 Pronouns after prepositions .... 318 **Recapitulación** 320	**Lectura:** *Vida social* .... 322 **Escritura** .... 324 **Escuchar** .... 325 **En pantalla** .... 326 **Flash cultura** .... 327 **Panorama:** Chile 328

References 368
Índice 380
Credits 382

The Spanish-Speaking World

Mexico

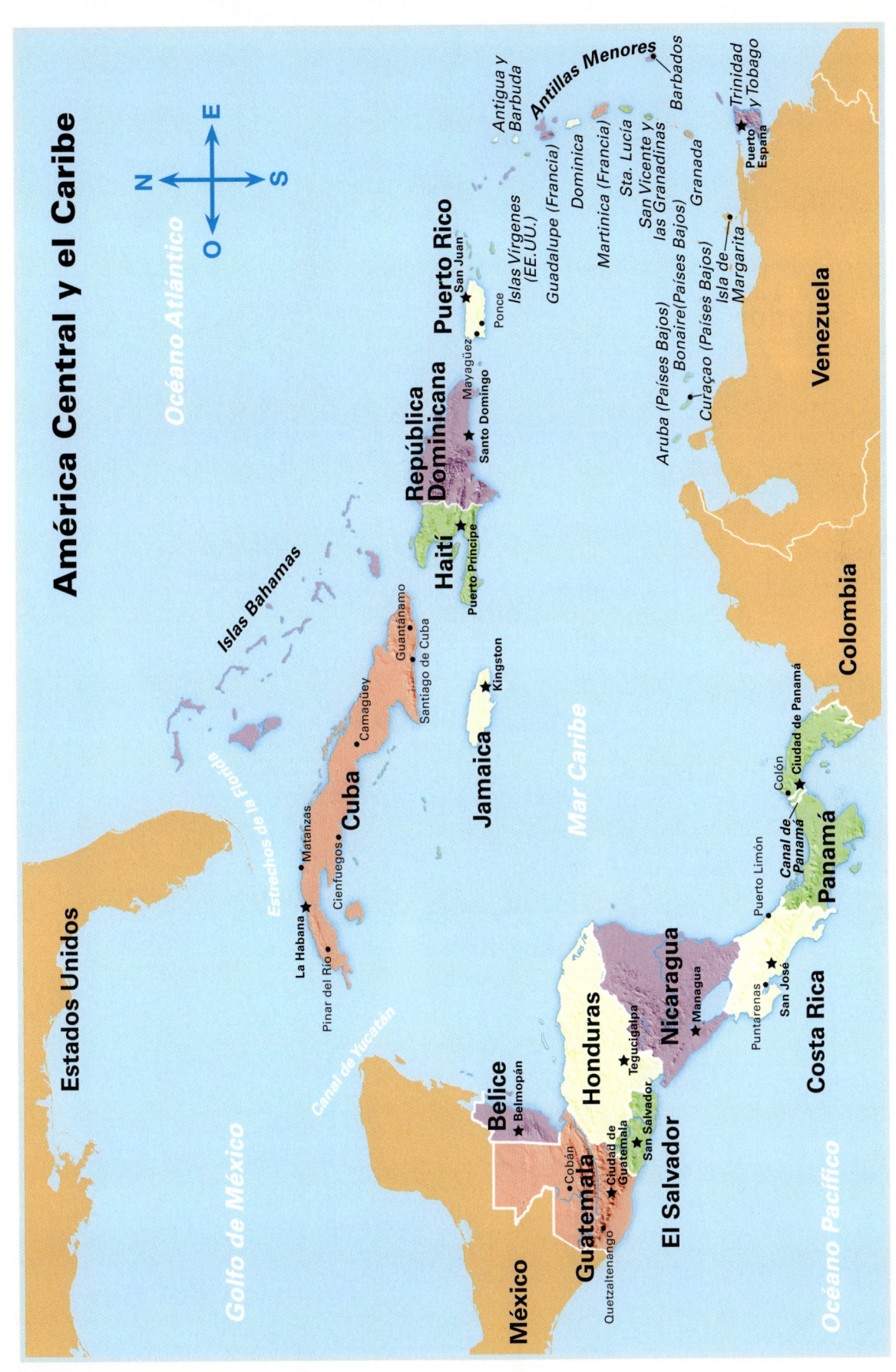

South America

Spain

Video Programs

Fotonovela video program

The Cast
Here are the main characters you will meet in the **Fotonovela** Video:

 **From Mexico,** Jimena Díaz Velázquez

 **From Argentina,** Juan Carlos Rossi

 **From the U.S.,** Marissa Wagner

 **From Mexico,** Felipe Díaz Velázquez

 **From Mexico,** María Eugenia (Maru) Castaño Ricaurte

 **From Spain,** Miguel Ángel Lagasca Martínez

Fully integrated with your text, the **Descubre Fotonovela** Video is a dynamic and contemporary window into the Spanish language. The video centers around the Díaz family, whose household includes two college-aged children and a visiting student from the U.S. Over the course of an academic year, Jimena, Felipe, Marissa, and their friends explore **el D.F.** and other parts of Mexico as they make plans for their futures. Their adventures take them through some of the greatest natural and cultural treasures of the Spanish-speaking world, as well as the highs and lows of everyday life.

The **Fotonovela** section in each textbook lesson is actually an abbreviated version of the dramatic episode featured in the video. Therefore, each **Fotonovela** section can be done before you see the corresponding video episode, after it, or as a section that stands alone.

In each dramatic segment, the characters interact using the vocabulary and grammar you are studying. As the storyline unfolds, the episodes combine new vocabulary and grammar with previously taught language, exposing you to a variety of authentic accents along the way. At the end of each episode, the **Resumen** section highlights the grammar and vocabulary you are studying.

We hope you find the **Fotonovela** Video to be an engaging and useful tool for learning Spanish!

En pantalla video program

The **Descubre** Supersite features an authentic video clip for each lesson. Clip formats include commercials and newscasts. These clips have been carefully chosen to be comprehensible for students learning Spanish, and are accompanied by activities and vocabulary lists to facilitate understanding. More importantly, though, these clips are a fun and motivating way to improve your Spanish!

Here are the countries represented in each lesson in **En pantalla**:

Lesson 1 **U.S.A.**	Lesson 4 **Peru**	Lesson 7 **Argentina**
Lesson 2 **Chile**	Lesson 5 **Chile**	Lesson 8 **Colombia**
Lesson 3 **Spain**	Lesson 6 **Spain**	Lesson 9 **Chile**

Flash cultura video program

In the dynamic **Flash cultura** Video, young people from all over the Spanish-speaking world share aspects of life in their countries with you. The similarities and differences among Spanish-speaking countries that come up through their adventures will challenge you to think about your own cultural practices and values. The segments provide valuable cultural insights as well as linguistic input; the episodes will introduce you to a variety of accents and vocabulary as they gradually move into Spanish.

Panorama cultural video program

The **Panorama cultural** Video is integrated with the **Panorama** section in each lesson. Each segment is 2–3 minutes long and consists of documentary footage from each of the countries featured. The images were specially chosen for interest level and visual appeal, while the all-Spanish narrations were carefully written to reflect the vocabulary and grammar covered in the textbook.

Supersite

Supersite

Each section of your textbook comes with resources and activities on the *Descubre* Supersite. You can access them from any computer with an Internet connection. Visit **vhlcentral.com** to get started.

My Vocabulary Tutorials	**CONTEXTOS** Listen to audio of the **Vocabulary**, watch dynamic **Tutorials**, and practice using Flashcards.
Video: *Fotonovela*	**FOTONOVELA** Travel with Marissa to Mexico and meet her host family. Watch the **Video** again at home to see the characters use the vocabulary in a real context.
Audio	**PRONUNCIACIÓN** Improve your accent by listening to native speakers, then recording your voice and comparing it to the samples provided.
Additional Reading	**CULTURA** Explore cultural topics through the *Conexión Internet* activity or reading the *Más cultura* selection.
Tutorial	**ESTRUCTURA** Watch an animated **Tutorial**, and then answer *el profesor*'s questions to make sure you got it.
Audio: Reading Additional Reading Audio Video: TV Clip Video: *Flash cultura* Video: *Panorama cultural* Interactive Map	**ADELANTE** Listen along as the **reading** is read aloud. Read another selection related to the chapter's theme. Listen again to the audio from *Escuchar*. Watch the **En pantalla, Flash cultura,** and **Panorama cultural Videos** again outside of class so that you can pause and repeat to really understand what you hear. Use the **Interactive Map** to explore the places you might want to visit.
My Vocabulary Diagnostics	**VOCABULARIO - RECAPITULACIÓN** Just what you need to get ready for the test! Review the **vocabulary** with **audio**. Practice vocabulary with Flashcards in **My Vocabulary**. Complete the Diagnostic *Recapitulación* to see what you might still need to study. Get additional **Remediation Activities**.

Icons

Icons

Familiarize yourself with these icons that appear throughout *Descubre*.

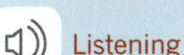 Listening

The listening icon indicates that audio is available. You will see it in the lesson's **Contextos**, **Pronunciación**, **Escuchar**, and **Vocabulario** sections.

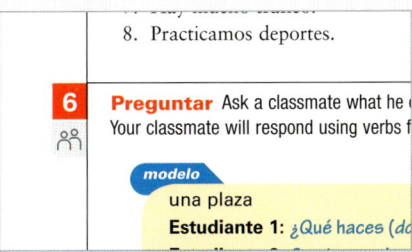

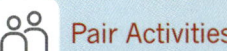 Pair Activities

Two heads indicate a pair activity.

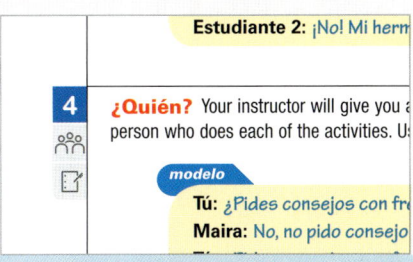

Handout

The activities marked with this icon require handouts that your teacher will give you to help you complete the activity.

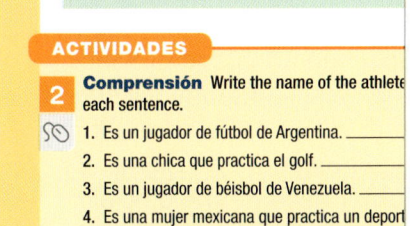

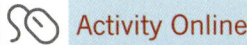 Activity Online

The mouse icon indicates when an activity is also available on the Supersite.

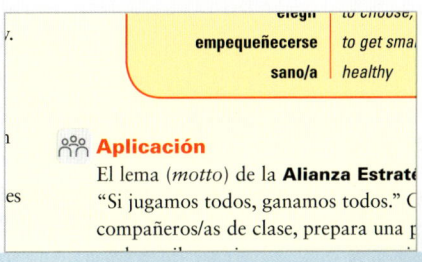

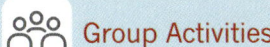 Group Activities

Three heads indicate a group activity.

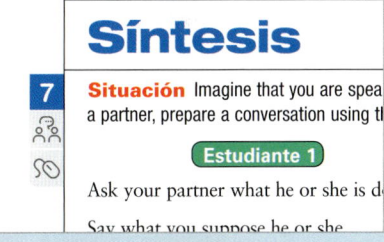

Partner Chat/Virtual Chat Activities

Two heads with a speech bubble indicate that the activity may be assigned as a Partner Chat or a Virtual Chat activity on the Supersite.

Recursos

Recursos boxes let you know exactly which print and technology ancillaries you can use to reinforce and expand on every section of the lessons in your textbook. They even include page numbers when applicable.

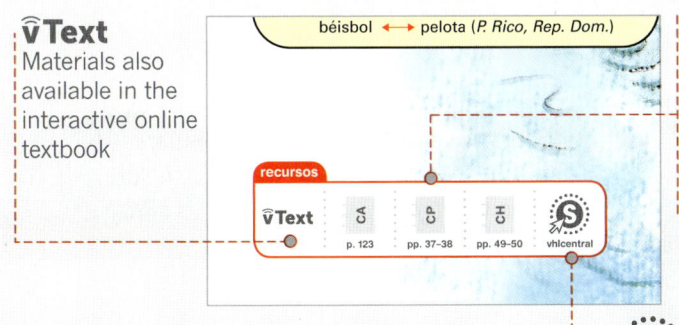

vText Materials also available in the interactive online textbook

CA — Cuaderno de actividades comunicativas

CP — Cuaderno de práctica

CH — Cuaderno para hispanohablantes

Three workbooks with additional vocabulary and grammar practice; audio activities; and pre-, during, and post-viewing activities for the video programs.

Supersite — Additional practice on the Supersite, not included in the textbook.

Studying Spanish

The Spanish-Speaking World

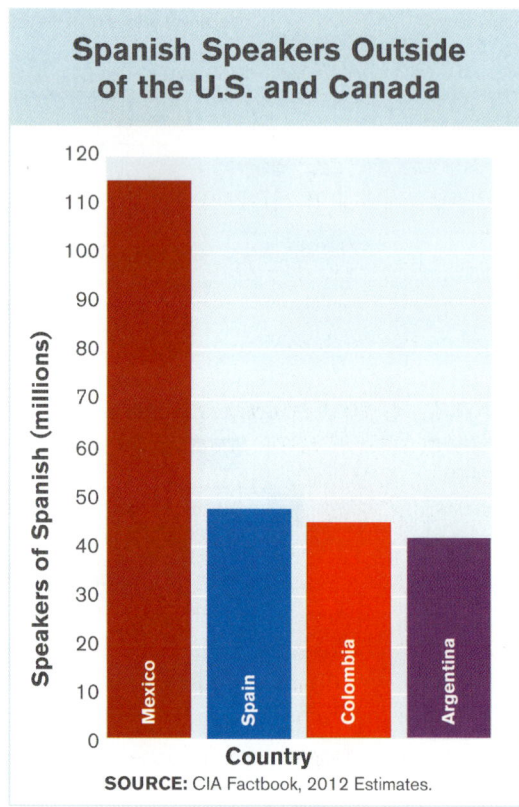

Spanish Speakers Outside of the U.S. and Canada
SOURCE: CIA Factbook, 2012 Estimates.

Do you know someone whose first language is Spanish? Chances are you do! More than approximately forty million people living in the U.S. speak Spanish; after English, it is the second most commonly spoken language in this country. It is the official language of twenty-two countries and an official language of the European Union and United Nations.

The Growth of Spanish

Have you ever heard of a language called Castilian? It's Spanish! The Spanish language as we know it today has its origins in a dialect called Castilian (**castellano** in Spanish). Castilian developed in the 9th century in north-central Spain, in a historic provincial region known as Old Castile. Castilian gradually spread towards the central region of New Castile, where it was adopted as the main language of commerce. By the 16th century, Spanish had become the official language of Spain and eventually, the country's role in exploration, colonization, and overseas trade led to its spread across Central and South America, North America, the Caribbean, parts of North Africa, the Canary Islands, and the Philippines.

Spanish in the United States

1500

16th Century
Spanish is the official language of Spain.

1565
The Spanish arrive in Florida and found St. Augustine.

1600

1610
The Spanish found Santa Fe, today's capital of New Mexico, the state with the most Spanish speakers in the U.S.

1700

Spanish in the United States

Spanish came to North America in the 16th century with the Spanish who settled in St. Augustine, Florida. Spanish-speaking communities flourished in several parts of the continent over the next few centuries. Then, in 1848, in the aftermath of the Mexican-American War, Mexico lost almost half its land to the United States, including portions of modern-day Texas, New Mexico, Arizona, Colorado, California, Wyoming, Nevada, and Utah. Overnight, hundreds of thousands of Mexicans became citizens of the United States, bringing with them their rich history, language, and traditions.

This heritage, combined with that of the other Hispanic populations that have immigrated to the United States over the years, has led to the remarkable growth of Spanish around the country. After English, it is the most commonly spoken language in 43 states. More than 12 million people in California alone claim Spanish as their first or "home" language.

You've made a popular choice by choosing to take Spanish in school. Not only is Spanish found and heard almost everywhere in the United States, but it is the most commonly taught foreign language in classrooms throughout the country! Have you heard people speaking Spanish in your community? Chances are that you've come across an advertisement, menu, or magazine that is in Spanish. If you look around, you'll find that Spanish can be found in some pretty common places. For example, most ATMs respond to users in both English and Spanish. News agencies and television stations such as **CNN** and **Telemundo** provide Spanish-language broadcasts. When you listen to the radio or download music from the Internet, some of the most popular choices are Latino artists who perform in Spanish. Federal government agencies such as the Internal Revenue Service and the Department of State provide services in both languages. Even the White House has an official Spanish-language webpage! Learning Spanish can create opportunities within your everyday life.

1800 — 1900 — 2010

1848
Mexicans who choose to stay in the U.S. after the Mexican-American War become U.S. citizens.

1959
After the Cuban Revolution, thousands of Cubans emigrate to the U.S.

2010
Spanish is the 2nd most commonly spoken language in the U.S., with more than approximately 40 million speakers.

Studying Spanish

Why Study Spanish?

Learn an International Language

There are many reasons to learn Spanish, a language that has spread to many parts of the world and has along the way embraced words and sounds of languages as diverse as Latin, Arabic, and Nahuatl. Spanish has evolved from a medieval dialect of north-central Spain into the fourth most commonly spoken language in the world. It is the second language of choice among the majority of people in North America.

Understand the World Around You

Knowing Spanish can also open doors to communities within the United States, and it can broaden your understanding of the nation's history and geography. The very names Colorado, Montana, Nevada, and Florida are Spanish in origin. Just knowing their meanings can give you some insight into, of all things, the landscapes for which the states are renowned. Colorado means "colored red;" Montana means "mountain;" Nevada is derived from "snow-capped mountain;" and Florida means "flowered." You've already been speaking Spanish whenever you talk about some of these states!

Connect with the World

Learning Spanish can change how you view the world. While you learn Spanish, you will also explore and learn about the origins, customs, art, music, and literature of people in close to two dozen countries. When you travel to a Spanish-speaking country, you'll be able to converse freely with the people you meet. And whether in the U.S., Canada, or abroad, you'll find that speaking to people in their native language is the best way to bridge any culture gap.

State Name	Meaning in Spanish
Colorado	"colored red"
Florida	"flowered"
Montana	"mountain"
Nevada	"snow-capped mountain"

Why Study Spanish?

Expand Your Skills

Studying a foreign language can improve your ability to analyze and interpret information and help you succeed in many other subject areas. When you first begin learning Spanish, your studies will focus mainly on reading, writing, grammar, listening, and speaking skills. You'll be amazed at how the skills involved with learning how a language works can help you succeed in other areas of study. Many people who study a foreign language claim that they gained a better understanding of English. Spanish can even help you understand the origins of many English words and expand your own vocabulary in English. Knowing Spanish can also help you pick up other related languages, such as Italian, Portuguese, and French. Spanish can really open doors for learning many other skills in your school career.

Explore Your Future

How many of you are already planning your future careers? Employers in today's global economy look for workers who know different languages and understand other cultures. Your knowledge of Spanish will make you a valuable candidate for careers abroad as well as in the United States or Canada. Doctors, nurses, social workers, hotel managers, journalists, businessmen, pilots, flight attendants, and many other professionals need to know Spanish or another foreign language to do their jobs well.

Studying Spanish

How to Learn Spanish

Start with the Basics!

As with anything you want to learn, start with the basics and remember that learning takes time! The basics are vocabulary, grammar, and culture.

Vocabulary | Every new word you learn in Spanish will expand your vocabulary and ability to communicate. The more words you know, the better you can express yourself. Focus on sounds and think about ways to remember words. Use your knowledge of English and other languages to figure out the meaning of and memorize words like **conversación, teléfono, oficina, clase,** and **música**.

Grammar | Grammar helps you put your new vocabulary together. By learning the rules of grammar, you can use new words correctly and speak in complete sentences. As you learn verbs and tenses, you will be able to speak about the past, present, or future, express yourself with clarity, and be able to persuade others with your opinions. Pay attention to structures and use your knowledge of English grammar to make connections with Spanish grammar.

Culture | Culture provides you with a framework for what you may say or do. As you learn about the culture of Spanish-speaking communities, you'll improve your knowledge of Spanish. Think about a word like **salsa**, and how it connects to both food and music. Think about and explore customs observed on **Nochevieja** (New Year's Eve) or at a **fiesta de quince años** (a girl's fifteenth birthday party). Watch people greet each other or say good-bye. Listen for idioms and sayings that capture the spirit of what you want to communicate!

Teenagers celebrating at a **fiesta de quince años.**

Listen, Speak, Read, and Write

Listening | Listen for sounds and for words you can recognize. Listen for inflections and watch for key words that signal a question such as **cómo** (*how*), **dónde** (*where*), or **qué** (*what*). Get used to the sound of Spanish. Play Spanish pop songs or watch Spanish movies. Borrow books on CD from your local library, or try to visit places in your community where Spanish is spoken. Don't worry if you don't understand every single word. If you focus on key words and phrases, you'll get the main idea. The more you listen, the more you'll understand!

Speaking | Practice speaking Spanish as often as you can. As you talk, work on your pronunciation, and read aloud texts so that words and sentences flow more easily. Don't worry if you don't sound like a native speaker, or if you make some mistakes. Time and practice will help you get there. Participate actively in Spanish class. Try to speak Spanish with classmates, especially native speakers (if you know any), as often as you can.

Reading | Pick up a Spanish-language newspaper or a pamphlet on your way to school, read the lyrics of a song as you listen to it, or read books you've already read in English translated into Spanish. Use reading strategies that you know to understand the meaning of a text that looks unfamiliar. Look for cognates, or words that are related in English and Spanish, to guess the meaning of some words. Read as often as you can, and remember to read for fun!

Writing | It's easy to write in Spanish if you put your mind to it. And remember that Spanish spelling is phonetic, which means that once you learn the basic rules of how letters and sounds are related, you can probably become an expert speller in Spanish! Write for fun—make up poems or songs, write e-mails or instant messages to friends, or start a journal or blog in Spanish.

Studying Spanish

Tips for Learning Spanish

- **Listen** to Spanish radio shows. Write down words that you can't recognize or don't know and look up the meaning.
- **Watch** Spanish TV shows or movies. Read subtitles to help you grasp the content.
- **Read** Spanish-language newspapers, magazines, or blogs.
- **Listen** to Spanish songs that you like—anything from Shakira to a traditional mariachi melody. Sing along and concentrate on your pronunciation.

- **Seek** out Spanish speakers. Look for neighborhoods, markets, or cultural centers where Spanish might be spoken in your community. Greet people, ask for directions, or order from a menu at a Mexican restaurant in Spanish.
- **Pursue** language exchange opportunities (**intercambio cultural**) in your school or community. Try to join language clubs or cultural societies, and explore opportunities

Practice, practice, practice!

Seize every opportunity you find to listen, speak, read, or write Spanish. Think of it like a sport or learning a musical instrument—the more you practice, the more you will become comfortable with the language and how it works. You'll marvel at how quickly you can begin speaking Spanish and how the world that it transports you to can change your life forever!

for studying abroad or hosting a student from a Spanish-speaking country in your home or school.

- **Connect** your learning to everyday experiences. Think about naming the ingredients of your favorite dish in Spanish. Think about the origins of Spanish place names in the U.S., like Cape Canaveral and Sacramento, or of common English words like *adobe, chocolate, mustang, tornado,* and *patio.*
- **Use** mnemonics, or a memorizing device, to help you remember words. Make up a saying in English to remember the order of the days of the week in Spanish (L, M, M, J, V, S, D).
- **Visualize** words. Try to associate words with images to help you remember meanings. For example, think of a **paella** as you learn the names of different types of seafood or meat. Imagine a national park and create mental pictures of the landscape as you learn names of animals, plants, and habitats.
- **Enjoy** yourself! Try to have as much fun as you can learning Spanish. Take your knowledge beyond the classroom and find ways to make the learning experience your very own.

Getting Started

Useful Spanish Expressions

The following expressions will be very useful in getting you started learning Spanish. You can use them in class to check your understanding or to ask and answer questions about the lessons. Read **En las instrucciones** ahead of time to help you understand direction lines in Spanish, as well as your teacher's instructions. Remember to practice your Spanish as often as you can!

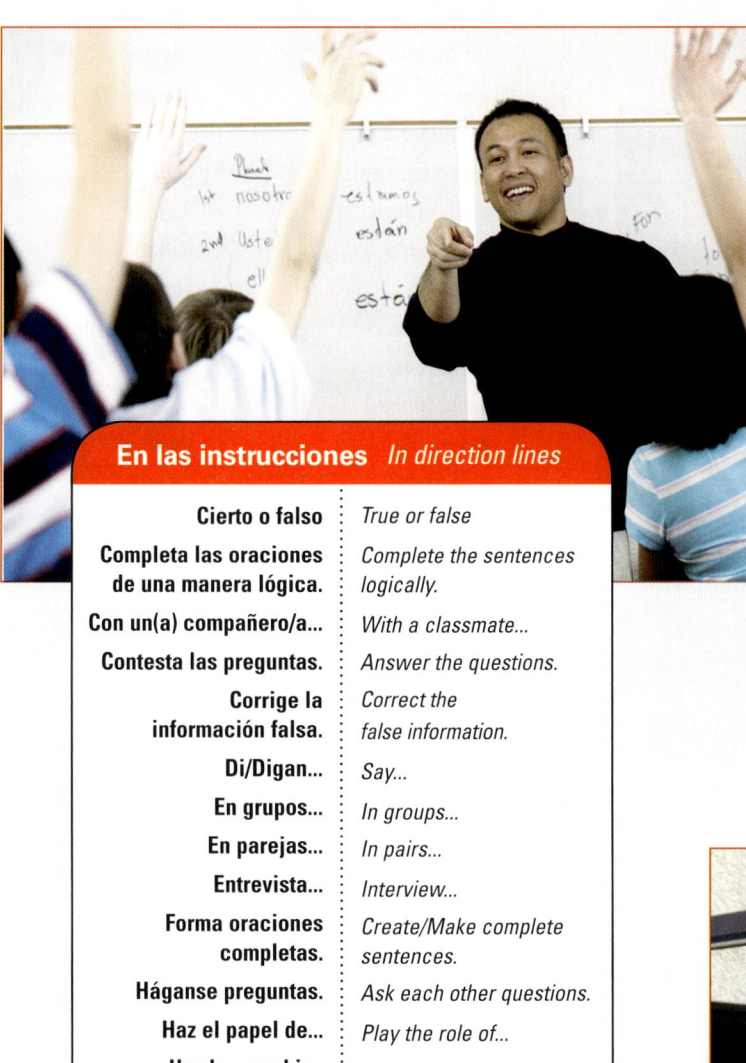

Expresiones útiles *Useful expressions*

¿Cómo se dice _____ en español?	How do you say _____ in Spanish?
¿Cómo se escribe _____?	How do you spell _____?
¿Comprende(n)?	Do you understand?
Con permiso.	Excuse me.
De acuerdo.	Okay.
De nada.	You're welcome.
¿De veras?	Really?
¿En qué página estamos?	What page are we on?
Enseguida.	Right away.
Más despacio, por favor.	Slower, please.
Muchas gracias.	Thanks a lot.
No entiendo.	I don't understand.
No sé.	I don't know.
Perdone.	Excuse me.
Pista	Clue
Por favor.	Please.
Por supuesto.	Of course.
¿Qué significa _____?	What does _____ mean?
Repite, por favor.	Please repeat.
Tengo una pregunta.	I have a question.
¿Tiene(n) alguna pregunta?	Do you have questions?
Vaya(n) a la página dos.	Go to page 2.

En las instrucciones *In direction lines*

Cierto o falso	True or false
Completa las oraciones de una manera lógica.	Complete the sentences logically.
Con un(a) compañero/a...	With a classmate...
Contesta las preguntas.	Answer the questions.
Corrige la información falsa.	Correct the false information.
Di/Digan...	Say...
En grupos...	In groups...
En parejas...	In pairs...
Entrevista...	Interview...
Forma oraciones completas.	Create/Make complete sentences.
Háganse preguntas.	Ask each other questions.
Haz el papel de...	Play the role of...
Haz los cambios necesarios.	Make the necessary changes.
Indica/Indiquen si las oraciones...	Indicate if the sentences...
Lee/Lean en voz alta.	Read aloud.
...que mejor completa...	...that best completes...
Toma nota...	Take note...
Tomen apuntes.	Take notes.
Túrnense...	Take turns...

Getting Started

Common Names

Get started learning Spanish by using a Spanish name in class. You can choose from the lists on these pages, or you can find one yourself. How about learning the Spanish equivalent of your name? The most popular Spanish female names are Lucía, María, Paula, Sofía, and Valentina. The most popular male names in Spanish are Alejandro, Daniel, David, Mateo, and Santiago. Is your name, or that of someone you know, in the Spanish top five?

Más nombres masculinos	Más nombres femeninos
Alfonso	Alicia
Antonio (Toni)	Beatriz (Bea, Beti, Biata)
Carlos	Blanca
César	Carolina (Carol)
Diego	Claudia
Ernesto	Diana
Felipe	Emilia
Francisco (Paco)	Irene
Guillermo	Julia
Ignacio (Nacho)	Laura
Javier (Javi)	Leonor
Leonardo	Liliana
Luis	Lourdes
Manolo	Margarita (Marga)
Marcos	Marta
Oscar (Óscar)	Noelia
Rafael (Rafa)	Patricia
Sergio	Rocío
Vicente	Verónica

Los 5 nombres masculinos más populares	Los 5 nombres femeninos más populares
Alejandro	Lucía
Daniel	María
David	Paula
Mateo	Sofía
Santiago	Valentina

ACTFL Standards

World-Readiness Standards for Learning Languages

This year you'll be building your language skills and learning about the lives of people who speak your new language every day. As you study, your teacher will be looking at standards that guide your learning, such as these.

THE FIVE C'S OF FOREIGN LANGUAGE LEARNING

Communication

Students:

1. Interact and negotiate meaning in spoken, signed, or written conversations to share information, reactions, feelings, and opinions. (Interpersonal mode)
2. Understand, interpret, and analyze what is heard, read, or viewed on a variety of topics. (Interpretive mode)
3. Present information, concepts, and ideas to inform, explain, persuade, and narrate on a variety of topics using appropriate media and adapting to various audiences of listeners, readers, or viewers. (Presentational mode)

Cultures

Students use Spanish to investigate, explain, and reflect on:

1. The relationship of the practices and perspectives of the culture studied.
2. The relationship of the products and perspectives of the culture studied.

Connections

Students:

1. Build, reinforce, and expand their knowledge of other disciplines while using Spanish to develop critical thinking and to solve problems creatively.
2. Access and evaluate information and diverse perspectives that are available through Spanish and its cultures.

Comparisons

Students use Spanish to investigate, explain, and reflect on:

1. The nature of language through comparisons of the Spanish language and their own.
2. The concept of culture through comparisons of the cultures studied and their own.

Communities

Students:

1. Use Spanish both within and beyond the school to interact and collaborate in their community and the globalized world.
2. Set goals and reflect on their progress in using languages for enjoyment, enrichment, and advancement.

Adapted from ACTFL's *Standards for Foreign Language Learning in the 21st Century*

Assess Your Progress

"I Can" Statements

Reflect on your own learning, and find out where you excel and where you need help with "I Can" (or Can-Do) Statements. You (and your teacher) can find them on your Supersite, under Content ⟶ Resources.

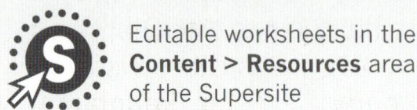
Editable worksheets in the **Content > Resources** area of the Supersite

---

"I Can" Statements

STUDENT OBJECTIVES
Lección 4 Descubre 1

Nombre _____ Fecha _____

Objetivos: Contextos	Fecha	¿Cómo voy?
1. I can name some sports and other pastimes.		
2. I can identify places in a city.		

¿Cómo voy?

4 ¡Excelente!: I know this well enough to teach it to someone.
3 Muy bien: I can do this with almost no mistakes.
2 Más o menos: I can do much of this but I have questions.
1 Es difícil: I can do this only with help.
0 ¡Ayúdame!: I can't do this, even with help.

Notas: _____
_____
_____
_____
_____

Bios

About the Authors

José A. Blanco founded Vista Higher Learning in 1998. A native of Barranquilla, Colombia, Mr. Blanco holds degrees in Literature and Hispanic Studies from Brown University and the University of California, Santa Cruz. He has worked as a writer, editor, and translator for Houghton Mifflin and D.C. Heath and Company, and has taught Spanish at the secondary and university levels. Mr. Blanco is also the co-author of several other Vista Higher Learning programs: **Vistas, Panorama, Aventuras,** and **¡Viva!** at the introductory level; **Ventanas, Facetas, Enfoques, Imagina,** and **Sueña** at the intermediate level; and **Revista** at the advanced conversation level.

Philip Redwine Donley received his M.A. in Hispanic Literature from the University of Texas at Austin in 1986 and his Ph.D. in Foreign Language Education from the University of Texas at Austin in 1997. Dr. Donley taught Spanish at Austin Community College, Southwestern University, and the University of Texas at Austin. He published articles and conducted workshops about language anxiety management and the development of critical thinking skills, and was involved in research about teaching languages to the visually impaired. Dr. Donley was also the co-author of **Vistas, Aventuras,** and **Panorama,** three introductory college Spanish textbook programs published by Vista Higher Learning. Dr. Donley passed away in 2003.

About the Illustrators

Yayo, an internationally acclaimed illustrator, was born in Colombia. He has illustrated children's books, newspapers, and magazines, and has been exhibited around the world. He currently lives in Montreal, Canada.

Pere Virgili lives and works in Barcelona, Spain. His illustrations have appeared in textbooks, newspapers, and magazines throughout Spain and Europe.

Born in Caracas, Venezuela, **Hermann Mejía** studied illustration at the Instituto de Diseño de Caracas. Hermann currently lives and works in the United States.

Hola, ¿qué tal?

1

Communicative Goals

I will be able to:
- Greet people in Spanish
- Say goodbye
- Identify myself and others
- Talk about the time of day

pages 2–5
- Greetings and goodbyes
- Identifying yourself and others
- Courtesy expressions

contextos

pages 6–9
Marissa arrives from the U.S. for a year abroad in Mexico City. She meets her Mexican hosts, the Díaz family, survives a practical joke, and settles in to unpack.

fotonovela

pages 10–11
- Greetings in the Spanish-speaking world
- The **plaza principal**

cultura

pages 12–29
- Nouns and articles
- Numbers 0–30
- Present tense of **ser**
- Telling time
- **Recapitulación**

estructura

pages 30–37
Lectura: Telephone list
Escritura: Address list in Spanish
Escuchar: Conversation in a bus station
En pantalla
Flash cultura
Panorama: Estados Unidos y Canadá

adelante

A PRIMERA VISTA
- Guess what the people in the photo are saying:
  a. Adiós   b. Hola   c. Salsa
- Most likely they would also say:
  a. Gracias   b. Fiesta   c. Buenos días
- The girls are:
  a. amigas   b. chicos   c. señores

contextos

Hola, ¿qué tal?

My Vocabulary Tutorials

Lección 1

Más vocabulario

Buenos días.	Good morning.
Buenas noches.	Good evening; Good night.
Hasta la vista.	See you later.
Hasta pronto.	See you soon.
¿Cómo se llama usted?	What's your name? (form.)
Le presento a…	I would like to introduce you to (name). (form.)
Te presento a…	I would like to introduce you to (name). (fam.)
el nombre	name
¿Cómo estás?	How are you? (fam.)
No muy bien.	Not very well.
¿Qué pasa?	What's happening?; What's going on?
por favor	please
De nada.	You're welcome.
No hay de qué.	You're welcome.
Lo siento.	I'm sorry.
Gracias.	Thank you; Thanks.
Muchas gracias.	Thank you very much; Thanks a lot.

Variación léxica

Items are presented for recognition purposes only.

Buenos días. ⟷ Buenas.
De nada. ⟷ A la orden.
Lo siento. ⟷ Perdón.
¿Qué tal? ⟷ ¿Qué hubo? (*Col.*)
chau ⟷ ciao, chao

1

ELENA Patricia, éste es el señor Perales.
PATRICIA Encantada.
SEÑOR PERALES Igualmente. ¿De dónde es usted, señorita?
PATRICIA Soy de México. ¿Y usted?
SEÑOR PERALES De Puerto Rico.

2

TOMÁS ¿Qué tal, Alberto?
ALBERTO Regular. ¿Y tú?
TOMÁS Bien. ¿Qué hay de nuevo?
ALBERTO Nada.

3

SEÑOR VARGAS Buenas tardes, señora Wong. ¿Cómo está usted?
SEÑORA WONG Muy bien, gracias. ¿Y usted, señor Vargas?
SEÑOR VARGAS Bien, gracias.
SEÑORA WONG Hasta mañana, señor Vargas. Saludos a la señora Vargas.
SEÑOR VARGAS Adiós.

recursos

vText p. 105 | CA pp. 1–2 | CP pp. 1–2 | CH vhlcentral

Hola, ¿qué tal?　　　　　　　　　　　　　　　　　　　　　　　　　tres　　3

AYUDA

In Spanish, people can be addressed either formally or informally. Dialogues 1 and 3 are formal exchanges and use **usted** (formal *you*) forms. Dialogues 2, 4, and 5 are informal and use the **tú** (informal *you*) form or other informal expressions. You will learn more about this in **Estructura 1.3**.

BERTA Hasta luego, Tere.
TERESA Chau, Berta. Nos vemos mañana.

CARMEN Buenas tardes. Me llamo Carmen. ¿Cómo te llamas tú?
ANTONIO Buenas tardes. Me llamo Antonio. Mucho gusto.
CARMEN El gusto es mío. ¿De dónde eres?
ANTONIO Soy de los Estados Unidos, de California.

Práctica

1 Escuchar Listen to each question or statement, then choose the correct response.

1. a. Muy bien, gracias.　　　　b. Me llamo Graciela.
2. a. Lo siento.　　　　　　　　b. Mucho gusto.
3. a. Soy de Puerto Rico.　　　b. No muy bien.
4. a. No hay de qué.　　　　　b. Regular.
5. a. Mucho gusto.　　　　　　b. Hasta pronto.
6. a. Nada.　　　　　　　　　　b. Igualmente.
7. a. Me llamo Guillermo Montero.　b. Muy bien, gracias.
8. a. Buenas tardes. ¿Cómo estás?　b. El gusto es mío.
9. a. Saludos a la Sra. Ramírez.　　b. Encantada.
10. a. Adiós.　　　　　　　　　　b. Regular.

2 Identificar You will hear a series of expressions. Identify the expression (**a**, **b**, **c**, or **d**) that does not belong in each series.

1. ____　　3. ____
2. ____　　4. ____

3 Escoger For each expression, write another word or phrase that expresses a similar idea.

modelo
¿Cómo estás?　¿Qué tal?

1. De nada.　　　　　　4. Te presento a Antonio.
2. Encantado.　　　　　5. Hasta la vista.
3. Adiós.　　　　　　　6. Mucho gusto.

4 Ordenar Work with a partner to put this scrambled conversation in order. Then act it out.

—Muy bien, gracias. Soy Rosabel.
—Soy de México. ¿Y tú?
—Mucho gusto, Rosabel.
—Hola. Me llamo Carlos. ¿Cómo estás?
—Soy de Argentina.
—Igualmente. ¿De dónde eres, Carlos?

CARLOS _____
ROSABEL _____
CARLOS _____
ROSABEL _____
CARLOS _____
ROSABEL _____

5 Completar
Work with a partner to complete these dialogues. Use expressions from the word bank.

> Buenos días.   De nada.   Muy bien, gracias.
> ¿Cómo te llamas?   Encantado/a.   ¿Qué pasa?
> ¿De dónde eres?   Hasta luego.   ¿Qué tal?

1. **Estudiante 1:** _____
   Estudiante 2: Buenos días. ¿Qué tal?
2. **Estudiante 1:** _____
   Estudiante 2: Me llamo Carmen Sánchez.
3. **Estudiante 1:** _____
   Estudiante 2: De Canadá.
4. **Estudiante 1:** Te presento a Marisol.
   Estudiante 2: _____
5. **Estudiante 1:** Gracias.
   Estudiante 2: _____
6. **Estudiante 1:** _____
   Estudiante 2: Regular.
7. **Estudiante 1:** _____
   Estudiante 2: Nada.
8. **Estudiante 1:** ¡Hasta la vista!
   Estudiante 2: _____

6 Responder
Work with a partner to complete these dialogues.

modelo
Estudiante 1: ¿Qué tal?
Estudiante 2: Bien. ¿Y tú?

1. **Estudiante 1:** Hasta mañana, señora Ramírez. Saludos al señor Ramírez.
   Estudiante 2: _____
2. **Estudiante 1:** ¿Qué hay de nuevo, Alberto?
   Estudiante 2: _____
3. **Estudiante 1:** Gracias, Tomás.
   Estudiante 2: _____
4. **Estudiante 1:** Miguel, ésta es la señorita Perales.
   Estudiante 2: _____
5. **Estudiante 1:** ¿De dónde eres, Antonio?
   Estudiante 2: _____
6. **Estudiante 1:** ¿Cómo se llama usted?
   Estudiante 2: _____
7. **Estudiante 1:** ¿Qué pasa?
   Estudiante 2: _____
8. **Estudiante 1:** Buenas tardes, señor. ¿Cómo está usted?
   Estudiante 2: _____

¡LENGUA VIVA!

The titles **señor**, **señora**, and **señorita** are abbreviated **Sr.**, **Sra.**, and **Srta**. Note that these abbreviations are capitalized, while the titles themselves are not.

...

There is no Spanish equivalent for the English title *Ms.*; women are addressed as **señora** or **señorita**.

Practice more at vhlcentral.com.

Hola, ¿qué tal? cinco 5

Comunicación

7 **Diálogos** With a partner, complete and act out these conversations.

Conversación 1
—Hola. Me llamo Teresa. ¿Cómo te llamas tú?
—_____
—Soy de Puerto Rico. ¿Y tú?
—_____

Conversación 2
—_____
—Muy bien, gracias. ¿Y usted, señora López?
—_____
—Hasta luego, señora. Saludos al señor López.
—_____

Conversación 3
—_____
—Regular. ¿Y tú?
—_____
—Nada.

8 **Conversaciones** This is the first day of class. Write four short conversations based on what the people in this scene would say.

9 **Situaciones** In groups of three, write and act out these situations.

1. On your way out of class on the first day of school, you strike up a conversation with the two students who were sitting next to you. You find out each student's name and where he or she is from before you say goodbye and go to your next class.
2. At the next class you meet up with a friend and find out how he or she is doing. As you are talking, your friend Elena enters. Introduce her to your friend.
3. As you're leaving school, you meet your parents' friends Mrs. Sánchez and Mr. Rodríguez. You greet them and ask how each person is. As you say goodbye, you send greetings to Mrs. Rodríguez.
4. Make up and act out a real-life situation that you and your classmates can role-play with the language you have learned.

1 fotonovela

Lección 1

Bienvenida, Marissa

Marissa llega a México para pasar un año con la familia Díaz.

PERSONAJES MARISSA  SRA. DÍAZ

Video: *Fotonovela*

1

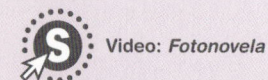

MARISSA ¿Usted es de Cuba?
SRA. DÍAZ Sí, de La Habana. Y Roberto es de Mérida. Tú eres de Wisconsin, ¿verdad?
MARISSA Sí, de Appleton, Wisconsin.

2

MARISSA ¿Quiénes son los dos chicos de las fotos? ¿Jimena y Felipe?
SRA. DÍAZ Sí. Ellos son estudiantes.

3

DON DIEGO Buenas tardes, señora. Señorita, bienvenida a la Ciudad de México.
MARISSA ¡Muchas gracias!

6

SRA. DÍAZ Ahí hay dos maletas. Son de Marissa.
DON DIEGO Con permiso.

7

SR. DÍAZ ¿Qué hora es?
FELIPE Son las cuatro y veinticinco.

8

SRA. DÍAZ Marissa, te presento a Roberto, mi esposo.
SR. DÍAZ Bienvenida, Marissa.
MARISSA Gracias, señor Díaz.

Hola, ¿qué tal?

siete 7

DON DIEGO  **SR. DÍAZ**  **FELIPE**  **JIMENA**

4

MARISSA ¿Cómo se llama usted?

DON DIEGO Yo soy Diego. Mucho gusto.

MARISSA El gusto es mío, don Diego.

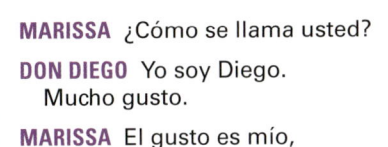

5

DON DIEGO ¿Cómo está usted hoy, señora Carolina?

SRA. DÍAZ Muy bien, gracias. ¿Y usted?

DON DIEGO Bien, gracias.

9

JIMENA ¿Qué hay en esta cosa?

MARISSA Bueno, a ver, hay tres cuadernos, un mapa... ¡Y un diccionario!

JIMENA ¿Cómo se dice mediodía en inglés?

FELIPE "Noon".

10

FELIPE Estás en México, ¿verdad?

MARISSA ¿Sí?

FELIPE Nosotros somos tu diccionario.

Expresiones útiles

Identifying yourself and others

¿Cómo se llama usted?
What's your name?
Yo soy Diego, el portero. Mucho gusto.
I'm Diego, the doorman. Nice to meet you.
¿Cómo te llamas?
What's your name?
Me llamo Marissa.
My name is Marissa.
¿Quién es...? / ¿Quiénes son...?
Who is...? / Who are...?
Es mi esposo.
He's my husband.
Tú eres..., ¿verdad?/¿cierto?/¿no?
You are..., right?

Identifying objects

¿Qué hay en esta cosa?
What's in this thing?
Bueno, a ver, aquí hay tres cuadernos...
Well, let's see, here are three notebooks...
Oye/Oiga, ¿cómo se dice *suitcase* en español?
Hey, how do you say suitcase in Spanish?
Se dice *maleta*.
You say maleta.

Saying what time it is

¿Qué hora es?
What time is it?
Es la una. / Son las dos.
It's one o'clock. / It's two o'clock.
Son las cuatro y veinticinco.
It's four twenty-five.

Polite expressions

Con permiso.
Pardon me; Excuse me. (to request permission)
Perdón.
Pardon me; Excuse me. (to get someone's attention or excuse yourself)
¡Bienvenido/a! *Welcome!*

---

recursos

vText   pp. 51–52   vhlcentral

¿Qué pasó?

1 ¿Cierto o falso? Indicate if each statement is **cierto** or **falso**. Then correct the false statements.

	Cierto	Falso
1. La Sra. Díaz es de Caracas.	○	○
2. El Sr. Díaz es de Mérida.	○	○
3. Marissa es de Los Ángeles, California.	○	○
4. Jimena y Felipe son profesores.	○	○
5. Las dos maletas son de Jimena.	○	○
6. El Sr. Díaz pregunta "¿qué hora es?".	○	○
7. Hay un diccionario en la mochila (*backpack*) de Marissa.	○	○

2 Identificar Indicate which person would make each statement. One name will be used twice.

1. Son las cuatro y veinticinco, papá.
2. Roberto es mi esposo.
3. Yo soy de Wisconsin, ¿de dónde es usted?
4. ¿Qué hay de nuevo, doña Carolina?
5. Yo soy de Cuba.
6. ¿Qué hay en la mochila, Marissa?

MARISSA    FELIPE    SRA. DÍAZ
DON DIEGO    JIMENA

> **¡LENGUA VIVA!**
> In Spanish-speaking countries, **don** and **doña** are used with first names to show respect: **don Diego**, **doña Carolina**. Note that these titles, like **señor** and **señora**, are not capitalized.

3 Completar Complete the conversation between Don Diego and Marissa.

DON DIEGO Hola, (1)_____.
MARISSA Hola, señor. ¿Cómo se (2)_____ usted?
DON DIEGO Yo me llamo Diego, ¿y (3)_____?
MARISSA Yo me llamo Marissa. (4)_____.
DON DIEGO (5)_____, señorita Marissa.
MARISSA Nos (6)_____, don Diego.
DON DIEGO Hasta (7)_____, señorita Marissa.

4 Conversar Imagine that you are chatting with a traveler you just met at the airport. With a partner, prepare a conversation using these cues.

Estudiante 1	Estudiante 2
Say "good afternoon" to your partner and ask for his or her name. →	Say hello and what your name is. Then ask what your partner's name is.
Say what your name is and that you are glad to meet your partner. →	Say that the pleasure is yours.
Ask how your partner is. →	Say that you're doing well, thank you.
Ask where your partner is from. →	Say where you're from.
Say it's one o'clock and say goodbye. →	Say goodbye.

Practice more at vhlcentral.com.

Hola, ¿qué tal?

Pronunciación

The Spanish alphabet

The Spanish and English alphabets are almost identical, with a few exceptions. For example, the Spanish letter **ñ (eñe)** doesn't appear in the English alphabet. Furthermore, the letters **k (ka)** and **w (doble ve)** are used only in words of foreign origin. Examine the chart below to find other differences.

Letra	Nombre(s)	Ejemplos	Letra	Nombre(s)	Ejemplos
a	a	adiós	o	o	once
b	be	bien, problema	p	pe	profesor
c	ce	cosa, cero	q	cu	qué
d	de	diario, nada	r	ere	regular, señora
e	e	estudiante	s	ese	señor
f	efe	foto	t	te	tú
g	ge	gracias, Gerardo, regular	u	u	usted
			v	ve	vista, nuevo
h	hache	hola	w	doble ve	*walkman*
i	i	igualmente	x	equis	existir, México
j	jota	Javier	y	i griega, ye	yo
k	ka, ca	kilómetro	z	zeta, ceta	zona
l	ele	lápiz	**Dígrafo**		**Ejemplos**
m	eme	mapa			
n	ene	nacionalidad	ch	che	chico
ñ	eñe	mañana	ll	elle	llave

AYUDA

The letter combination **rr** produces a strong trilled sound which does not have an English equivalent. English speakers commonly make this sound when imitating the sound of a motor. This trilled sound occurs between vowels or at the beginning of a word: **puertorriqueño, terrible, Roberto**, etc. See **Lección 7**, p. 233 for more information.

¡LENGUA VIVA!

Note that **ch** and **ll** are not letters but *digraphs*, or two letters that together produce one sound. Traditionally they were considered part of the alphabet and they were called **che** and **elle**, but nowadays **ch** and **ll** do not have their own entries when placing words in alphabetical order, as in a glossary.

El alfabeto Repeat the Spanish alphabet and example words after your instructor.

Práctica Spell these words aloud in Spanish.

1. nada
2. maleta
3. quince
4. muy
5. hombre
6. por favor
7. San Fernando
8. Estados Unidos
9. Puerto Rico
10. España
11. Javier
12. Ecuador
13. Maite
14. gracias
15. Nueva York

Refranes Read these sayings aloud.

Ver es creer.[1]

En boca cerrada no entran moscas.[2]

[1] Seeing is believing. [2] Silence is golden.

cultura

EN DETALLE

Additional Reading

Saludos y besos en los países hispanos

In Spanish-speaking countries, kissing on the cheek is a customary way to greet friends and family members. Even when people are introduced for the first time, it is common for them to kiss, particularly in non-business settings. Whereas North Americans maintain considerable personal space when greeting, Spaniards and Latin Americans tend to decrease their personal space and give one or two kisses (**besos**) on the cheek, sometimes accompanied by a handshake or a hug. In formal business settings, where associates do not know one another on a personal level, a simple handshake is appropriate.

Greeting someone with a **beso** varies according to gender and region. Men generally greet each other with a hug or warm handshake, except in Argentina, where male friends and relatives lightly kiss on the cheek. Greetings between men and women, and between women, can differ depending on the country and context. In Spain, it is customary to give **dos besos**, starting with the right cheek first. In Latin American countries, including Mexico, Costa Rica, Colombia, and Chile, a greeting consists of a single "air kiss" on the right cheek. Peruvians also "air kiss," but strangers will simply shake hands. In Colombia, female acquaintances tend to simply pat each other on the right forearm or shoulder.

Tendencias

País	Beso	País	Beso
Argentina	💋	España	💋💋
Bolivia	💋	México	💋
Chile	💋	Paraguay	💋💋
Colombia	💋	Puerto Rico	💋
El Salvador	💋	Venezuela	💋 / 💋💋

ACTIVIDADES

1 **¿Cierto o falso?** Indicate whether these statements are true (**cierto**) or false (**falso**). Correct the false statements.

1. In Spanish-speaking countries, people use less personal space when greeting than in the U.S.
2. Men never greet with a kiss in Spanish-speaking countries.
3. Shaking hands is not appropriate for a business setting in Latin America.
4. Spaniards greet with one kiss on the right cheek.
5. In Mexico, people greet with an "air kiss."
6. Gender can play a role in the type of greeting given.
7. If two women acquaintances meet in Colombia, they should exchange two kisses on the cheek.
8. In Peru, a man and a woman meeting for the first time would probably greet each other with an "air kiss."

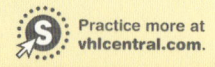

Practice more at vhlcentral.com.

Hola, ¿qué tal?

ASÍ SE DICE
Saludos y despedidas

¿Cómo te/le va?	How are things going (for you)?
¡Cuánto tiempo!	It's been a long time!
Hasta ahora.	See you soon.
¿Qué hay?	What's new?
¿Qué onda? (Méx., Arg., Chi.); ¿Qué más? (Ven., Col.)	What's going on?

EL MUNDO HISPANO
Parejas y amigos famosos

Here are some famous couples and friends from the Spanish-speaking world.

- **Penélope Cruz** (España) y **Javier Bardem** (España) Cruz and Bardem first appeared on film together in the 1992 film *Jamón jamón*, but didn't start dating until 2007. They were married in 2010 and had a son, Leonardo, in 2011.

- **Gael García Bernal** (México) y **Diego Luna** (México) These lifelong friends were made famous by their roles in the 2001 Mexican film *Y tu mamá también*. They continue to work together in other projects, such as the films *Rudo y Cursi* (2008) and *Casa de mi padre* (2012).

- **Selena Gomez** (Estados Unidos) y **Demi Lovato** (Estados Unidos) These close friends are both from Texas and have parents of Mexican descent. They've know each other since working together on *Barney* when they were 6 years old.

PERFIL
La plaza principal

In the Spanish-speaking world, public space is treasured. Small city and town life revolves around the **plaza principal**. Often surrounded by cathedrals or municipal buildings like the **ayuntamiento** (city hall), the pedestrian **plaza** is designated as a central meeting place for family and friends. During warmer months, when outdoor cafés usually line the **plaza**, it is a popular spot to have a leisurely cup of coffee, chat, and people watch. Many town festivals, or **ferias**, also take place in this space. One of the most famous town squares is the **Plaza Mayor** in the university town of Salamanca, Spain. Students gather underneath its famous clock tower to meet up with friends or simply take a coffee break.

La Plaza Mayor de Salamanca

La Plaza de Armas, Lima, Perú

Conexión Internet

What are the **plazas principales** in large cities such as Mexico City and Caracas?

Go to **vhlcentral.com** to find more cultural information related to this **Cultura** section.

ACTIVIDADES

2 Comprensión Answer these questions.
1. What are two types of buildings found on the **plaza principal**?
2. What two types of events or activities are common at a **plaza principal**?
3. Would Penélope Cruz greet her friends with one kiss or two?
4. What would Diego Luna say when greeting a friend?

3 Saludos Role-play these greetings with a partner. Include a verbal greeting as well as a handshake, as appropriate.
1. friends in Mexico
2. business associates at a conference in Chile
3. friends in Madrid's Plaza Mayor
4. Peruvians meeting for the first time
5. Relatives in Argentina

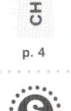

1 estructura

Lección 1

1.1 Nouns and articles

Spanish nouns

ANTE TODO A noun is a word used to identify people, animals, places, things, or ideas. Unlike English, all Spanish nouns, even those that refer to non-living things, have gender; that is, they are considered either masculine or feminine. As in English, nouns in Spanish also have number, meaning that they are either singular or plural.

Nouns that refer to living things

Masculine nouns		Feminine nouns	
el hombre	the man	la mujer	the woman
ending in –o		*ending in –a*	
el chico	the boy	la chica	the girl
el pasajero	the (male) passenger	la pasajera	the (female) passenger
ending in –or		*ending in –ora*	
el conductor	the (male) driver	la conductora	the (female) driver
el profesor	the (male) teacher	la profesora	the (female) teacher
ending in –ista		*ending in –ista*	
el turista	the (male) tourist	la turista	the (female) tourist

▶ Generally, nouns that refer to males, like **el hombre**, are masculine, while nouns that refer to females, like **la mujer**, are feminine.

▶ Many nouns that refer to male beings end in **–o** or **–or**. Their corresponding feminine forms end in **–a** and **–ora**, respectively.

el conductor

la profesora

▶ The masculine and feminine forms of nouns that end in **–ista**, like **turista**, are the same, so gender is indicated by the article **el** (masculine) or **la** (feminine). Some other nouns have identical masculine and feminine forms.

el joven
the youth; the young man

la joven
the youth; the young woman

el estudiante
the (male) student

la estudiante
the (female) student

¡LENGUA VIVA!

Profesor(a) and **turista** are *cognates*—words that share similar spellings and meanings in Spanish and English. Recognizing cognates will help you determine the meaning of many Spanish words. Here are some other cognates:
**la administración,
el animal,
el apartamento,
el cálculo, el color,
la decisión, la historia,
la música,
el restaurante,
el/la secretario/a**

AYUDA

Cognates can certainly be very helpful in your study of Spanish. However, beware of "false" cognates, those that have similar spellings in Spanish and English, but different meanings:
la carpeta *file folder*
el/la conductor(a) *driver*
el éxito *success*
la fábrica *factory*

Hola, ¿qué tal?

Nouns that refer to non-living things

Masculine nouns

ending in –o

el cuaderno	the notebook
el diario	the diary
el diccionario	the dictionary
el número	the number
el video	the video

ending in –ma

el problema	the problem
el programa	the program

ending in –s

el autobús	the bus
el país	the country

Feminine nouns

ending in –a

la cosa	the thing
la escuela	the school
la computadora	the computer
la maleta	the suitcase
la palabra	the word

ending in –ción

la lección	the lesson
la conversación	the conversation

ending in –dad

la nacionalidad	the nationality
la comunidad	the community

¡LENGUA VIVA!

The Spanish word for *video* can be pronounced with the stress on the **i** or the **e**. For that reason, you might see the word written with or without an accent: **video** or **vídeo**.

▶ As shown above, certain noun endings are strongly associated with a specific gender, so you can use them to determine if a noun is masculine or feminine.

▶ Because the gender of nouns that refer to non-living things cannot be determined by foolproof rules, you should memorize the gender of each noun you learn. It is helpful to memorize each noun with its corresponding article, **el** for masculine and **la** for feminine.

▶ Another reason to memorize the gender of every noun is that there are common exceptions to the rules of gender. For example, **el mapa** (*map*) and **el día** (*day*) end in **–a**, but are masculine. **La mano** (*hand*) ends in **–o**, but is feminine.

Plural of nouns

▶ To form the plural, add **–s** to nouns that end in a vowel. Nouns that end in a consonant add **–es**. Nouns that end in **–z** change the **z** to **c**, then add **–es**.

el chico ⟶ los chicos
el diario ⟶ los diarios
el problema ⟶ los problemas

la nacionalidad ⟶ las nacionalidades
el país ⟶ los países
el lápiz (*pencil*) ⟶ los lápices

▶ In general, when a singular noun has an accent mark on the last syllable, the accent is dropped from the plural form.

la lección ⟶ las lecciones
el autobús ⟶ los autobuses

CONSULTA

You will learn more about accent marks in **Lección 4, Pronunciación**, p. 123.

▶ Use the masculine plural form to refer to a group that includes both males and females.

1 pasajero + 2 pasajeras = 3 pasajeros 2 chicos + 2 chicas = 4 chicos

Spanish articles

ANTE TODO As you know, English often uses definite articles (*the*) and indefinite articles (*a, an*) before nouns. Spanish also has definite and indefinite articles. Unlike English, Spanish articles vary in form because they agree in gender and number with the nouns they modify.

Definite articles

▶ Spanish has four forms that are equivalent to the English definite article *the*. Use definite articles to refer to specific nouns.

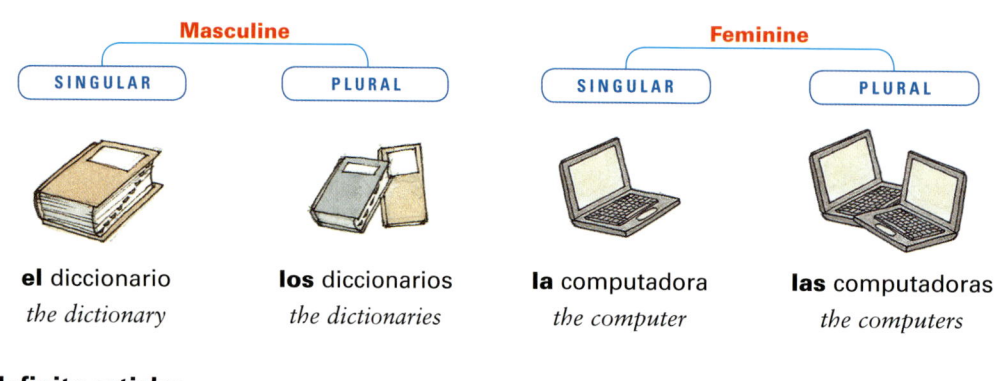

Masculine

SINGULAR — **el** diccionario — *the dictionary*

PLURAL — **los** diccionarios — *the dictionaries*

Feminine

SINGULAR — **la** computadora — *the computer*

PLURAL — **las** computadoras — *the computers*

Indefinite articles

▶ Spanish has four forms that are equivalent to the English indefinite article, which according to context may mean *a, an,* or *some*. Use indefinite articles to refer to unspecified persons or things.

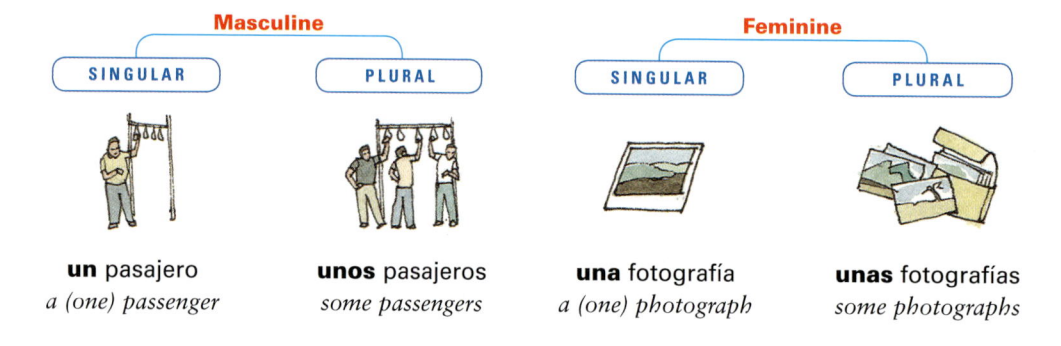

Masculine

SINGULAR — **un** pasajero — *a (one) passenger*

PLURAL — **unos** pasajeros — *some passengers*

Feminine

SINGULAR — **una** fotografía — *a (one) photograph*

PLURAL — **unas** fotografías — *some photographs*

¡LENGUA VIVA!

Feminine singular nouns that begin with stressed **a-** or **ha-** require the masculine articles **el** and **un**. The plural forms still use the feminine articles.

el agua water
las aguas waters
un hacha ax
unas hachas axes

¡LENGUA VIVA!

Since **la fotografía** is feminine, so is its shortened form, **la foto**, even though it ends in –o.

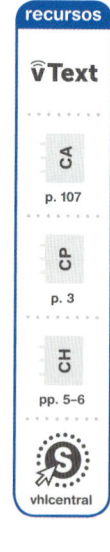

¡INTÉNTALO! Provide a definite article for each noun in the first column and an indefinite article for each noun in the second column.

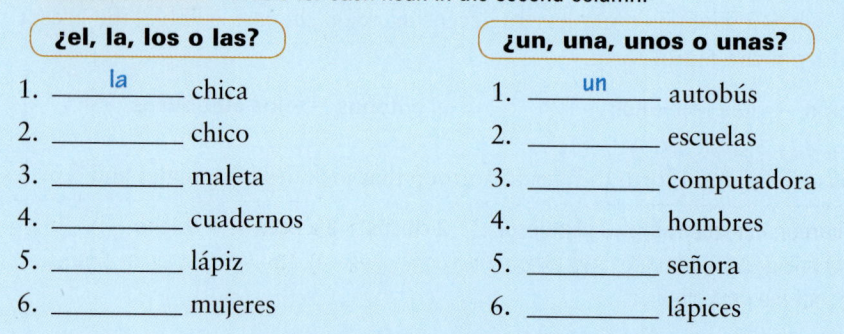

¿el, la, los o las?
1. _la_ chica
2. _____ chico
3. _____ maleta
4. _____ cuadernos
5. _____ lápiz
6. _____ mujeres

¿un, una, unos o unas?
1. _un_ autobús
2. _____ escuelas
3. _____ computadora
4. _____ hombres
5. _____ señora
6. _____ lápices

Práctica

1 **¿Singular o plural?** If the word is singular, make it plural. If it is plural, make it singular.

1. el número
2. un diario
3. la estudiante
4. el conductor
5. el país
6. las cosas
7. unos turistas
8. las nacionalidades
9. unas computadoras
10. los problemas
11. una fotografía
12. los profesores
13. unas señoritas
14. el hombre
15. la maleta
16. la señora

2 **Identificar** For each drawing, provide the noun with its corresponding definite and indefinite articles.

modelo
las maletas, unas maletas

1. _____
2. _____
3. _____
4. _____
5. _____
6. _____
7. _____
8. _____

Practice more at vhlcentral.com.

Comunicación

3 **Charadas** In groups, play a game of charades. Individually, think of two nouns for each charade, for example, a boy using a computer (**un chico; una computadora**). The first person to guess correctly acts out the next charade.

1.2 Numbers 0–30

Los números 0 a 30

0	cero				
1	uno	11	once	21	veintiuno
2	dos	12	doce	22	veintidós
3	tres	13	trece	23	veintitrés
4	cuatro	14	catorce	24	veinticuatro
5	cinco	15	quince	25	veinticinco
6	seis	16	dieciséis	26	veintiséis
7	siete	17	diecisiete	27	veintisiete
8	ocho	18	dieciocho	28	veintiocho
9	nueve	19	diecinueve	29	veintinueve
10	diez	20	veinte	30	treinta

▶ The number **uno** (*one*) and numbers ending in **–uno**, such as **veintiuno**, have more than one form. Before masculine nouns, **uno** shortens to **un**. Before feminine nouns, **uno** changes to **una**.

un hombre ⟶ veintiún hombres   una mujer ⟶ veintiuna mujeres

▶ **¡Atención!** The forms **uno** and **veintiuno** are used when counting (**uno, dos, tres... veinte, veintiuno, veintidós...**). They are also used when the number *follows* a noun, even if the noun is feminine: **la lección uno**.

▶ To ask *how many people* or *things* there are, use **cuántos** before masculine nouns and **cuántas** before feminine nouns.

▶ The Spanish equivalent of both *there is* and *there are* is **hay**. Use **¿Hay...?** to ask *Is there...?* or *Are there...?* Use **no hay** to express *there is not* or *there are not*.

—**¿Cuántos** estudiantes **hay**?
How many students are there?

—**Hay** seis estudiantes en la foto.
There are six students in the photo.

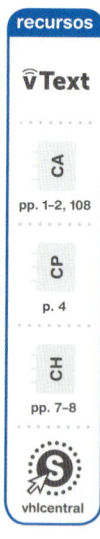

—**¿Hay** chicos en la fotografía?
Are there guys in the picture?

—**Hay** tres chicas y **no hay** chicos.
There are three girls, and there are no guys.

¡INTÉNTALO! Provide the Spanish words for these numbers.

1. 7 _____
2. 16 _____
3. 29 _____
4. 1 _____
5. 0 _____
6. 15 _____
7. 21 _____
8. 9 _____
9. 23 _____
10. 11 _____
11. 30 _____
12. 4 _____
13. 12 _____
14. 28 _____
15. 14 _____
16. 10 _____

Práctica

1 Contar Following the pattern, write out the missing numbers in Spanish.

1. 1, 3, 5, ..., 29
2. 2, 4, 6, ..., 30
3. 3, 6, 9, ..., 30
4. 30, 28, 26, ..., 0
5. 30, 25, 20, ..., 0
6. 28, 24, 20, ..., 0

2 Resolver Solve these math problems with a partner.

> **modelo**
> 5 + 3 = **Estudiante 1:** cinco más tres son…
> **Estudiante 2:** ocho

1. 2 + 15 =
2. 20 − 1 =
3. 5 + 7 =
4. 18 + 12 =
5. 3 + 22 =
6. 6 − 3 =
7. 11 + 12 =
8. 7 − 2 =
9. 8 + 5 =
10. 23 − 14 =

AYUDA
+ → más
− → menos
= → son

3 ¿Cuántos hay? How many persons or things are there in these drawings?

> **modelo**
> Hay tres maletas.

1. _____
2. _____
3. _____ (Chicos) 
4. _____
5. _____ 
6. _____ 
7. _____ 
8. _____ (Chicas) 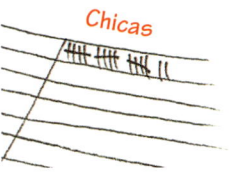

Practice more at vhlcentral.com.

Comunicación

4 **En la clase** With a classmate, take turns asking and answering these questions about your classroom.

1. ¿Cuántos estudiantes hay?
2. ¿Cuántos profesores hay?
3. ¿Hay una computadora?
4. ¿Hay una maleta?
5. ¿Cuántos mapas hay?
6. ¿Cuántos lápices hay?
7. ¿Hay cuadernos?
8. ¿Cuántos diccionarios hay?
9. ¿Hay hombres?
10. ¿Cuántas mujeres hay?

5 **Preguntas** With a classmate, take turns asking and answering questions about the drawing. Talk about:

1. how many children there are
2. how many women there are
3. if there are some photographs
4. if there is a boy
5. how many notebooks there are
6. if there is a bus
7. if there are tourists
8. how many pencils there are
9. if there is a man
10. how many computers there are

1.3 Present tense of ser

Subject pronouns

ANTE TODO In order to use verbs, you will need to learn about subject pronouns. A subject pronoun replaces the name or title of a person or thing and acts as the subject of a verb. In both Spanish and English, subject pronouns are divided into three groups: first person, second person, and third person.

Subject pronouns

	SINGULAR		PLURAL	
FIRST PERSON	yo	I	nosotros	we (masculine)
			nosotras	we (feminine)
SECOND PERSON	tú	you (familiar)	vosotros	you (masc., fam.)
	usted (Ud.)	you (formal)	vosotras	you (fem., fam.)
			ustedes (Uds.)	you (form.)
THIRD PERSON	él	he	ellos	they (masc.)
	ella	she	ellas	they (fem.)

¡LENGUA VIVA!
In Latin America, **ustedes** is used as the plural for both **tú** and **usted**. In Spain, however, **vosotros** and **vosotras** are used as the plural of **tú**, and **ustedes** is used only as the plural of **usted**.
•••
Usted and **ustedes** are abbreviated as **Ud.** and **Uds.**, or occasionally as **Vd.** and **Vds.**

▶ Spanish has two subject pronouns that mean *you* (singular). Use **tú** when addressing a friend, a family member, or a child. Use **usted** to address a person with whom you have a formal or more distant relationship, such as a superior at work, a professor, or a person older than you.

Tú eres de Canadá, ¿verdad, David?
You are from Canada, right, David?

¿**Usted** es la profesora de español?
Are you the Spanish professor?

▶ The masculine plural forms **nosotros**, **vosotros**, and **ellos** refer to a group of males or to a group of males and females. The feminine plural forms **nosotras**, **vosotras**, and **ellas** can refer only to groups made up exclusively of females.

nosotros, vosotros, ellos    nosotros, vosotros, ellos    nosotras, vosotras, ellas

▶ There is no Spanish equivalent of the English subject pronoun *it*. Generally *it* is not expressed in Spanish.

Es un problema.
It's a problem.

Es una computadora.
It's a computer.

The present tense of ser

ANTE TODO In **Contextos** and **Fotonovela**, you have already used several present-tense forms of **ser** (*to be*) to identify yourself and others, and to talk about where you and others are from. **Ser** is an irregular verb; its forms do not follow the regular patterns that most verbs follow. You need to memorize the forms, which appear in this chart.

The verb ser (*to be*)

SINGULAR FORMS	yo	**soy**	*I am*
	tú	**eres**	*you are* (fam.)
	Ud./él/ella	**es**	*you are* (form.); *he/she is*
PLURAL FORMS	nosotros/as	**somos**	*we are*
	vosotros/as	**sois**	*you are* (fam.)
	Uds./ellos/ellas	**son**	*you are* (form.); *they are*

Uses of *ser*

▶ Use **ser** to identify people and things.

—¿Quién **es** él?
Who is he?

—**Es** Felipe Díaz Velázquez.
He's Felipe Díaz Velázquez.

—¿Qué **es**?
What is it?

—**Es** un mapa de España.
It's a map of Spain.

Es Marissa.

Es una maleta.

▶ **Ser** also expresses possession, with the preposition **de**. There is no Spanish equivalent of the English construction [*noun*] + 's (*Maru's*). In its place, Spanish uses [*noun*] + **de** + [*owner*].

—¿**De** quién **es**?
Whose is it?

—**Es** el diario **de** Maru.
It's Maru's diary.

—¿**De** quién **son**?
Whose are they?

—**Son** los lápices **de** la chica.
They are the girl's pencils.

▶ When **de** is followed by the article **el**, the two combine to form the contraction **del**. **De** does *not* contract with **la**, **las**, or **los**.

—**Es** la computadora **del** conductor.
It's the driver's computer.

—**Son** las maletas **del** chico.
They are the boy's suitcases.

Hola, ¿qué tal?

¡LENGUA VIVA!

Some geographic locations can be referred to either with or without a definite article:
Soy de Estados Unidos./Soy de los Estados Unidos.

• • •

Sometimes a definite article is a part of a proper name, as in **El Salvador**, **El Paso**, and **Los Ángeles**. In these cases, **de** and **el** do not contract:
Soy de El Salvador.

CONSULTA

You will learn more about adjectives in **Estructura 3.1**, pp. 88–90.

NOTA CULTURAL

Created in 1998, LAN Perú is an affiliate of the Chilean-based LAN Airlines, one of the largest carriers in South America. LAN Perú operates out of Lima, offering domestic flights and international service to select major cities in the Americas and Spain.

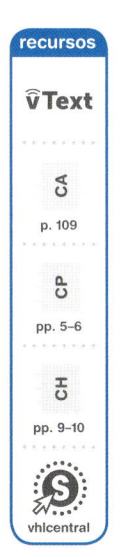

▶ **Ser** also uses the preposition **de** to express origin.

¿De dónde eres?
Yo soy de Wisconsin.

¿De dónde es usted?
Yo soy de Cuba.

—¿**De** dónde **es** Juan Carlos?
Where is Juan Carlos from?

—**Es de** Argentina.
He's from Argentina.

—¿**De** dónde **es** Maru?
Where is Maru from?

—**Es de** Costa Rica.
She's from Costa Rica.

▶ Use **ser** to express profession or occupation.

Don Francisco **es conductor**.
Don Francisco is a driver.

Yo **soy estudiante**.
I am a student.

▶ Unlike English, Spanish does not use the indefinite article (**un**, **una**) after **ser** when referring to professions, unless accompanied by an adjective or other description.

Marta **es** profesora.
Marta is a teacher.

Marta **es una** profesora excelente.
Marta is an excellent teacher.

Somos Perú

LanPerú

recursos

vText

CA
p. 109

CP
pp. 5–6

CH
pp. 9–10

vhlcentral

¡INTÉNTALO! Provide the correct subject pronouns and the present forms of **ser**. The first item has been done for you.

1. Gabriel   _él_   _es_
2. Juan y yo   ____ ____
3. Óscar y Flora ____ ____
4. Adriana   ____ ____
5. las turistas   ____ ____
6. el chico   ____ ____
7. los conductores ____ ____
8. los señores Ruiz ____ ____

Práctica

1. Pronombres What subject pronouns would you use to (a) talk *to* these people directly and (b) talk *about* them to others?

> **modelo**
> un joven tú, él

1. una chica
2. el presidente de México
3. tres chicas y un chico
4. un estudiante
5. la señora Ochoa
6. dos profesoras

2. Identidad y origen With a partner, take turns asking and answering these questions about the people indicated: **¿Quién es?/¿Quiénes son?** and **¿De dónde es?/¿De dónde son?**

> **modelo**
> Selena Gomez (Estados Unidos)
> **Estudiante 1:** ¿Quién es?   **Estudiante 1:** ¿De dónde es?
> **Estudiante 2:** Es Selena Gomez.   **Estudiante 2:** Es de los Estados Unidos.

1. Enrique Iglesias (España)
2. Robinson Canó (República Dominicana)
3. Eva Mendes y Prince Royce (Estados Unidos)
4. Carlos Santana y Salma Hayek (México)
5. Shakira (Colombia)
6. Antonio Banderas y Penélope Cruz (España)
7. Taylor Swift y Demi Lovato (Estados Unidos)
8. Daisy Fuentes (Cuba)

3. ¿Qué es? Ask your partner what each object is and to whom it belongs.

> **modelo**
> **Estudiante 1:** ¿Qué es?   **Estudiante 1:** ¿De quién es?
> **Estudiante 2:** Es un diccionario.   **Estudiante 2:** Es del profesor Núñez.

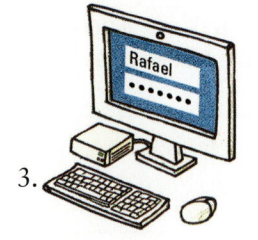

1. 2. 3. 4.

Practice more at vhlcentral.com.

Hola, ¿qué tal?

Comunicación

4 **Preguntas** Using the items in the word bank, ask your partner questions about the ad. Be imaginative in your responses.

¿Cuántas?   ¿De dónde?   ¿Qué?
¿Cuántos?   ¿De quién?   ¿Quién?

SOMOS ECOTURISTA, S.A.
Los autobuses oficiales de la Ruta Maya

- 25 autobuses en total
- 30 conductores del área
- pasajeros internacionales
- mapas de la región

¡Todos a bordo!

5 **¿Quién es?** In small groups, take turns pretending to be a famous person from a Spanish-speaking country (such as Spain, Mexico, Puerto Rico, Cuba, or the United States). Use the list of professions to think of people from a variety of backgrounds. Your partners will ask you questions and try to guess who you are.

| actor *actor* | cantante *singer* | escritor(a) *writer* |
| actriz *actress* | deportista *athlete* | músico/a *musician* |

modelo
Estudiante 3: ¿Eres de Puerto Rico?
Estudiante 1: No. Soy de Colombia.
Estudiante 2: ¿Eres hombre?
Estudiante 1: Sí. Soy hombre.
Estudiante 3: ¿Eres escritor?
Estudiante 1: No. Soy actor.
Estudiante 2: ¿Eres John Leguizamo?
Estudiante 1: ¡Sí! ¡Sí!

NOTA CULTURAL

John Leguizamo was born in Bogotá, Colombia. John is best known for his work as an actor and comedian. He has appeared in movies such as *Moulin Rouge*, *The Happening*, and *The Lincoln Lawyer*. Other Hispanic celebrities: Laura Esquivel (writer from Mexico), Andy García (actor from Cuba), and Don Omar (singer from Puerto Rico).

1.4 Telling time

ANTE TODO In both English and Spanish, the verb *to be* (**ser**) and numbers are used to tell time.

▶ To ask what time it is, use **¿Qué hora es?** When telling time, use **es + la** with **una** and **son + las** with all other hours.

Es la una.    **Son las** dos.    **Son las** seis.

▶ As in English, you express time from the hour to the half hour in Spanish by adding minutes.

Son las cuatro **y cinco**.    Son las once **y veinte**.

▶ You may use either **y cuarto** or **y quince** to express fifteen minutes or quarter past the hour. For thirty minutes or half past the hour, you may use either **y media** or **y treinta**.

Es la una **y cuarto**.    Son las nueve **y quince**.    Son las doce **y media**.    Son las siete **y treinta**.

▶ You express time from the half hour to the hour in Spanish by subtracting minutes or a portion of an hour from the next hour.

Es la una **menos cuarto**.    Son las tres **menos quince**.    Son las ocho **menos veinte**.    Son las tres **menos diez**.

Hola, ¿qué tal?

▶ To ask at what time a particular event takes place, use the phrase **¿A qué hora (...)?** To state at what time something takes place, use the construction **a la(s)** + *time*.

¿A qué hora es la clase de biología?
(At) what time is biology class?

La clase es **a las dos**.
The class is at two o'clock.

¿A qué hora es la fiesta?
(At) what time is the party?

A las ocho.
At eight.

▶ Here are some useful words and phrases associated with telling time.

Son las ocho **en punto**.
It's 8 o'clock on the dot/sharp.

Son las nueve **de la mañana**.
It's 9 a.m./in the morning.

Es **el mediodía**.
It's noon.

Son las cuatro y cuarto **de la tarde**.
It's 4:15 p.m./in the afternoon.

Es **la medianoche**.
It's midnight.

Son las diez y media **de la noche**.
It's 10:30 p.m./at night.

¡LENGUA VIVA!

Other useful expressions for telling time:
Son las doce (del día).
It is twelve o'clock (p.m.).
Son las doce (de la noche).
It is twelve o'clock (a.m.).

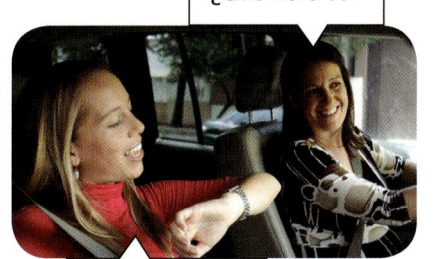

¿Qué hora es?
Son las cuatro menos diez.

¿Qué hora es?
Son las cuatro y veinticinco.

¡INTÉNTALO! Practice telling time by completing these sentences. The first item has been done for you.

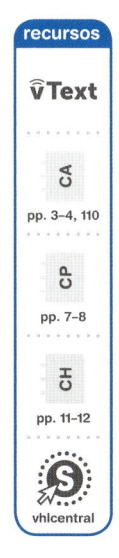

1. (1:00 a.m.) Es la ____una____ de la mañana.
2. (2:50 a.m.) Son las tres _____ diez de la mañana.
3. (4:15 p.m.) Son las cuatro y _____ de la tarde.
4. (8:30 p.m.) Son las ocho y _____ de la noche.
5. (9:15 a.m.) Son las nueve y quince de la _____.
6. (12:00 p.m.) Es el _____.
7. (6:00 a.m.) Son las seis de la _____.
8. (4:05 p.m.) Son las cuatro y cinco de la _____.
9. (12:00 a.m.) Es la _____.
10. (3:45 a.m.) Son las cuatro menos _____ de la mañana.
11. (2:15 a.m.) Son las _____ y cuarto de la mañana.
12. (1:25 p.m.) Es la una y _____ de la tarde.
13. (6:50 a.m.) Son las _____ menos diez de la mañana.
14. (10:40 p.m.) Son las once menos veinte de la _____.

recursos

vText

CA
pp. 3–4, 110

CP
pp. 7–8

CH
pp. 11–12

S
vhlcentral

Práctica

1 Ordenar Put these times in order, from the earliest to the latest.

a. Son las dos de la tarde.
b. Son las once de la mañana.
c. Son las siete y media de la noche.
d. Son las seis menos cuarto de la tarde.
e. Son las dos menos diez de la tarde.
f. Son las ocho y veintidós de la mañana.

2 ¿Qué hora es? Give the times shown on each clock or watch.

modelo
Son las cuatro y cuarto/quince de la tarde.

1. _____ 2. _____ p.m. 3. _____ p.m. 4. _____ 5. _____

6. _____ a.m. 7. _____ 8. _____ a.m. 9. _____ p.m. 10. _____

NOTA CULTURAL

Many Spanish-speaking countries use both the 12-hour clock and the 24-hour clock (that is, military time). The 24-hour clock is commonly used in written form on signs and schedules. For example, 1 p.m. is **13 h** or **13:00**, 2 p.m. is **14 h** or **14:00**, and so on. See the photo on p. 33 for a sample schedule.

3 ¿A qué hora? Ask your partner at what time these events take place. Your partner will answer according to the cues provided.

modelo
la clase de matemáticas (2:30 p.m.)
Estudiante 1: ¿A qué hora es la clase de matemáticas?
Estudiante 2: Es a las dos y media de la tarde.

1. el programa *Las cuatro amigas* (11:30 a.m.)
2. el drama *La casa de Bernarda Alba* (7:00 p.m.)
3. el programa *Las computadoras* (8:30 a.m.)
4. la clase de español (10:30 a.m.)
5. la clase de biología (9:40 a.m.)
6. la clase de historia (10:50 a.m.)
7. el partido (*game*) de béisbol (5:15 p.m.)
8. el partido de tenis (12:45 p.m.)
9. el partido de baloncesto (*basketball*) (7:45 p.m.)

NOTA CULTURAL

La casa de Bernarda Alba is a famous play by Spanish poet and playwright **Federico García Lorca** (1898–1936). Lorca was one of the most famous writers of the 20th century and a close friend of Spain's most talented artists, including the painter Salvador Dalí and the filmmaker Luis Buñuel.

Practice more at vhlcentral.com.

Hola, ¿qué tal?

Comunicación

4 **En la televisión** With a partner, take turns asking questions about these television listings.

modelo
Estudiante 1: ¿A qué hora es el documental *Las computadoras*?
Estudiante 2: Es a las nueve en punto de la noche.

NOTA CULTURAL

Telenovelas are the Latin American version of soap operas, but they differ from North American soaps in many ways. Many **telenovelas** are prime-time shows enjoyed by a large segment of the population. They seldom run for more than one season and they are sometimes based on famous novels.

TV Hoy – Programación

11:00 am	Telenovela: *La casa de la familia Díaz*
12:00 pm	Película: *El cóndor* (drama)
2:00 pm	Telenovela: *Dos mujeres y dos hombres*
3:00 pm	Programa juvenil: *Fiesta*
3:30 pm	Telenovela: *¡Sí, sí, sí!*
4:00 pm	Telenovela: *El diario de la Sra. González*
5:00 pm	Telenovela: *Tres mujeres*
6:00 pm	Noticias
7:00 pm	Especial musical: *Música folclórica de México*
7:30 pm	La naturaleza: *Jardín secreto*
8:00 pm	Noticiero: *Veinticuatro horas*
9:00 pm	Documental: *Las computadoras*

5 **Preguntas** With a partner, answer these questions based on your own knowledge.

1. Son las tres de la tarde en Nueva York. ¿Qué hora es en Los Ángeles?
2. Son las ocho y media en Chicago. ¿Qué hora es en Miami?
3. Son las dos menos cinco en San Francisco. ¿Qué hora es en San Antonio?
4. ¿A qué hora es el programa *Saturday Night Live*? ¿A qué hora es el programa *American Idol*?

6 **Más preguntas** Using the questions in the previous activity as a model, make up four questions of your own. Then get together with a classmate and take turns asking and answering each other's questions.

Síntesis

7 **Situación** With a partner, play the roles of a student on the school newspaper interviewing the new Spanish teacher (**profesor(a) de español**) from Venezuela. Be prepared to act out the conversation for your classmates.

Estudiante	Profesor(a) de español
Ask the teacher his/her name.	Ask the student his/her name.
Ask the teacher what time his/her Spanish classes are.	Ask the student where he/she is from.
Ask how many students are in his/her classes.	Ask to whom the notebook belongs.
Say thank you and goodbye.	Say thank you and you are pleased to meet him/her.

Recapitulación

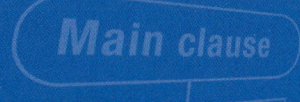

Diagnostics

Review the grammar concepts you have learned in this lesson by completing these activities.

1 Completar Complete the charts according to the models. 28 pts.

Masculino	Femenino
el chico	la chica
	la profesora
	la amiga
el señor	
	la pasajera
el estudiante	
	la turista
el joven	

Singular	Plural
una cosa	unas cosas
un libro	
	unas clases
una lección	
un conductor	
	unos países
	unos lápices
un problema	

2 En la clase Complete each conversation with the correct word. 22 pts.

César / **Beatriz**

CÉSAR ¿(1) _____ (Cuántos/Cuántas) chicas hay en la (2) _____ (maleta/clase)?

BEATRIZ Hay (3) _____ (catorce/cuatro) [14] chicas.

CÉSAR Y, ¿(4) _____ (cuántos/cuántas) chicos hay?

BEATRIZ Hay (5) _____ (tres/trece) [13] chicos.

CÉSAR Entonces (*Then*), en total hay (6) _____ (veintiséis/veintisiete) (7) _____ (estudiantes/chicas) en la clase.

Ariana / **Daniel**

ARIANA ¿Tienes (*Do you have*) (8) _____ (un/una) diccionario?

DANIEL No, pero (*but*) aquí (9) _____ (es/hay) uno.

ARIANA ¿De quién (10) _____ (son/es)?

DANIEL (11) _____ (Son/Es) de Carlos.

RESUMEN GRAMATICAL

1.1 Nouns and articles pp. 12–14

Gender of nouns

Nouns that refer to living things

	Masculine		Feminine
-o	el chico	-a	la chica
-or	el profesor	-ora	la profesora
-ista	el turista	-ista	la turista

Nouns that refer to non-living things

	Masculine		Feminine
-o	el libro	-a	la cosa
-ma	el programa	-ción	la lección
-s	el autobús	-dad	la nacionalidad

Plural of nouns

▶ ending in vowels + -s   la chica → las chicas

▶ ending in consonant + -es
  el señor → los señores
  (-z → -ces un lápiz → unos lápices)

Spanish articles

▶ Definite articles: el, la, los, las
▶ Indefinite articles: un, una, unos, unas

1.2 Numbers 0–30 p. 16

0	cero	8	ocho	16	dieciséis
1	uno	9	nueve	17	diecisiete
2	dos	10	diez	18	dieciocho
3	tres	11	once	19	diecinueve
4	cuatro	12	doce	20	veinte
5	cinco	13	trece	21	veintiuno
6	seis	14	catorce	22	veintidós
7	siete	15	quince	30	treinta

1.3 Present tense of ser pp. 19–21

yo	soy	nosotros/as	somos
tú	eres	vosotros/as	sois
Ud./él/ella	es	Uds./ellos/ellas	son

Hola, ¿qué tal?

3 Presentaciones Complete this conversation with the correct form of the verb **ser**. `12 pts.`

JUAN ¡Hola! Me llamo Juan. (1) _____ estudiante en la clase de español.

DANIELA ¡Hola! Mucho gusto. Yo (2) _____ Daniela y ella (3) _____ Mónica. ¿De dónde (4) _____ (tú), Juan?

JUAN De California. Y ustedes, ¿de dónde (5) _____ ?

MÓNICA Nosotras (6) _____ de Florida.

1.4 Telling time *pp. 24–25*

Es la una.	It's 1:00.
Son las dos.	It's 2:00.
Son las tres y diez.	It's 3:10.
Es la una y cuarto/quince.	It's 1:15.
Son las siete y media/treinta.	It's 7:30.
Es la una menos cuarto/quince.	It's 12:45.
Son las once menos veinte.	It's 10:40.
Es el mediodía.	It's noon.
Es la medianoche.	It's midnight.

4 ¿Qué hora es? Write out in words the following times, indicating whether it's morning, noon, afternoon, or night. `10 pts.`

1. It's 12:00 p.m.
   _____

2. It's 7:05 a.m.
   _____

3. It's 9:35 p.m.
   _____

4. It's 5:15 p.m.
   _____

5. It's 1:30 p.m.
   _____

5 ¡Hola! Write five sentences introducing yourself and talking about your classes. You may want to include: your name, where you are from, who your Spanish teacher is, the time of your Spanish class, how many students are in the class, etc. `28 pts.`

_____
_____
_____
_____

6 Canción Write the missing words to complete this children's song. `4 EXTRA points!`

cinco	media
cuántas	quiénes
cuatro	

"¿ _____ patas° tiene un gato°?
Una, dos, tres y _____ ."

patas *legs*   tiene un gato *does a cat have*

Lectura

**Audio: Reading
Additional Reading**

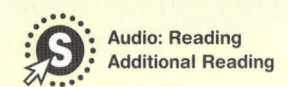

Antes de leer

Estrategia
Recognizing cognates

As you learned earlier in this lesson, cognates are words that share similar meanings and spellings in two or more languages. When reading in Spanish, it's helpful to look for cognates and use them to guess the meaning of what you're reading. But watch out for false cognates. For example, **librería** means *bookstore*, not *library*, and **embarazada** means *pregnant*, not *embarrassed*. Look at this list of Spanish words, paying special attention to prefixes and suffixes. Can you guess the meaning of each word?

importante	oportunidad
farmacia	cultura
inteligente	activo
dentista	sociología
decisión	espectacular
televisión	restaurante
médico	policía

Examinar el texto
Glance quickly at the reading selection and guess what type of document it is. Explain your answer.

Cognados
Read the document and make a list of the cognates you find. Guess their English equivalents, then compare your answers with those of a classmate.

Teléfonos importantes

Policía

Médico

Dentista

Pediatra

Farmacia

Banco Central

Aerolíneas Nacionales

Cine Metro

Hora/Temperatura

Profesora Salgado (escuela)

Papá (oficina)

Gimnasio Gente Activa

Restaurante Roma

Supermercado Famoso

Librería El Inteligente

Hola, ¿qué tal? treinta y uno 31

54.11.11

54.36.92

54.87.11

53.14.57

54.03.06

54.90.83

54.87.40

53.45.96

53.24.81

54.15.33

54.84.99

54.36.04

53.75.44

54.77.23

54.66.04

Después de leer

¿Cierto o falso?
Indicate whether each statement is **cierto** or **falso**. Then correct the false statements.

1. There is a child in this household.

2. To renew a prescription, you would dial 54.90.83.

3. If you wanted the exact time and information about the weather you'd dial 53.24.81.

4. Papá probably works outdoors.

5. This household probably orders a lot of Chinese food.

6. If you had a toothache, you would dial 54.87.11.

7. You would dial 54.87.40 to make a flight reservation.

8. To find out if a best-selling book were in stock, you would dial 54.66.04.

9. If you needed information about aerobics classes, you would dial 54.15.33.

10. You would call **Cine Metro** to find out what time a movie starts.

Números de teléfono
Make your own list of phone numbers like the one shown in this reading. Include emergency phone numbers as well as frequently called numbers. Use as many cognates from the reading as you can.

Practice more at vhlcentral.com.

Escritura

Estrategia
Writing in Spanish

Why do we write? All writing has a purpose. For example, we may write an e-mail to share important information or compose an essay to persuade others to accept a point of view. Proficient writers are not born, however. Writing requires time, thought, effort, and a lot of practice. Here are some tips to help you write more effectively in Spanish.

DO

- Try to write your ideas in Spanish
- Use the grammar and vocabulary that you know
- Use your textbook for examples of style, format, and expression in Spanish
- Use your imagination and creativity
- Put yourself in your reader's place to determine if your writing is interesting

AVOID

- Translating your ideas from English to Spanish
- Simply repeating what is in the textbook or on a web page
- Using a dictionary until you have learned how to use foreign language dictionaries

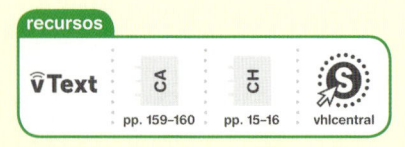

Tema

Hacer una lista

Create a telephone/address list that includes important names, numbers, and websites that will be helpful to you in your study of Spanish. Make whatever entries you can in Spanish without using a dictionary. You might want to include this information:

- The names, phone numbers, and e-mail addresses of at least four classmates
- Your teacher's name, e-mail address, and phone number
- Three phone numbers and e-mail addresses of locations related to your study of Spanish
- Five electronic resources for students of Spanish, such as sites dedicated to the study of Spanish as a second language

Nombre Sally
Teléfono 655-8888
Dirección electrónica sally@uru.edu

Nombre Profesor José Ramón Casas
Teléfono 655-8090
Dirección electrónica jrcasas@uru.edu

Nombre Biblioteca 655-7000
Dirección electrónica library@uru.edu

Hola, ¿qué tal?   treinta y tres   **33**

Escuchar Audio

> ### Estrategia
> **Listening for words you know**
>
> You can get the gist of a conversation by listening for words and phrases you already know.
>
> 🔊 To help you practice this strategy, listen to the following sentence and make a list of the words you have already learned.

Preparación

Based on the photograph, what do you think Dr. Cavazos and Srta. Martínez are talking about? How would you get the gist of their conversation, based on what you know about Spanish?

Ahora escucha 🔊

Now you are going to hear Dr. Cavazos's conversation with Srta. Martínez. List the familiar words and phrases each person says.

Dr. Cavazos	Srta. Martínez
1. _____	9. _____
2. _____	10. _____
3. _____	11. _____
4. _____	12. _____
5. _____	13. _____
6. _____	14. _____
7. _____	15. _____
8. _____	16. _____

With a classmate, use your lists of familiar words as a guide to come up with a summary of what happened in the conversation.

recursos
vText vhlcentral

Comprensión

Identificar
Who would say the following things, Dr. Cavazos or Srta. Martínez?

1. Me llamo…
2. De nada.
3. Gracias. Muchas gracias.
4. Aquí tiene usted los documentos de viaje, señor.
5. Usted tiene tres maletas, ¿no?
6. Tengo dos maletas.
7. Hola, señor.
8. ¿Viaja usted a Buenos Aires?

Contestar

1. Does this scene take place in the morning, afternoon, or evening? How do you know?

2. How many suitcases does Dr. Cavazos have?

3. Using the words you already know to determine the context, what might the following words and expressions mean?

   - boleto
   - pasaporte
   - un viaje de ida y vuelta
   - ¡Buen viaje!

Practice more at vhlcentral.com.

en pantalla

Video: TV Clip

Anuncio de MasterCard

Un domingo en familia...

Preparación
Answer these questions in English.
1. Name some foods your family buys at the supermarket.
2. What is something you consider precious that cannot be bought?

Anuncios para los latinos
Latinos form the fastest-growing minority group in the United States; Census Bureau projections show Hispanic populations doubling from 2015–2050, to 106 million. Viewership of the two major Spanish language TV stations, **Univisión** and **Telemundo**, has skyrocketed, sometimes surpassing that of the four major English-language networks. With Latino purchasing power estimated at $1.7 trillion for 2017, many companies have responded by adapting successful marketing campaigns to target a Spanish-speaking audience. Along with the change in language, there often come cultural adaptations important to Latino viewers.

Vocabulario útil

aperitivo	appetizer
carne en salsa	beef with sauce
copa de helado	cup of ice cream
no tiene precio	priceless
plato principal	main dish
postre	dessert
un domingo en familia	Sunday with the family

Comprensión
Complete the chart below based on what you see in the video.

	salami	
plato principal		
		$6

Conversación
Based on the video, discuss in English the following questions with a partner.
1. In what ways do the food purchasing choices of this family differ from your own? In what ways are they alike?
2. How does the role of the pet in this video reflect that of your family or culture? How is it different?

Aplicación
With a partner, use a dictionary to prepare an ad in Spanish like that in the video. Present your ad to the class. How did your food choices vary from the ad? What was your "priceless" item?

Hola, ¿qué tal?   treinta y cinco   **35**

Flash Cultura

Video: Flash cultura

Encuentros en la plaza

The **Plaza de Mayo** in Buenos Aires, Argentina, is perhaps best known as a place of political protest due to its weekly demonstrations. Despite this reputation, for many it is also a traditional **plaza**, a spot to escape from the hustle of city life. In warmer months, office workers from neighboring buildings flock to the plaza during lunch hour. **Plaza de Mayo** is also a favorite spot for families, couples, and friends to gather, stroll, or simply sit and chat. Tourists come year-round to take in the iconic surroundings: **Plaza de Mayo** is flanked by the rose-colored presidential palace (**Casa Rosada**), city hall (**municipalidad**), a colonial-era museum (**Cabildo**), and a spectacular cathedral (**Catedral Metropolitana**).

Vocabulario útil

abrazo	hug
¡Cuánto tiempo!	It's been a long time!
encuentro	encounter
plaza	city or town square
¡Qué bueno verte!	It's great to see you!
¡Qué suerte verlos!	How lucky to see you!

Preparación

Where do you and your friends usually meet? Are there public places where you get together? What activities do you take part in there?

Identificar

Identify the person or people who make(s) each of these statements.

1. ¿Cómo están ustedes?
2. ¡Qué bueno verte!
3. Bien, ¿y vos?
4. Hola.
5. ¡Qué suerte verlos!

a. Gonzalo
b. Mariana
c. Mark
d. Silvina

1 Today we are at the Plaza de Mayo.

2 People come to walk and get some fresh air...

3 And children come to play...

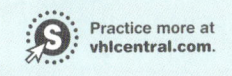

Practice more at vhlcentral.com.

recursos
vText   CA   pp. 87–88   vhlcentral

panorama

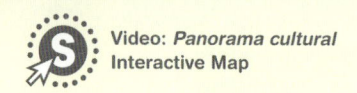

Lección 1

Video: *Panorama cultural*
Interactive Map

Estados Unidos
El país en cifras°

- Población° de los EE.UU.: 317 millones
- Población de origen hispano: 51 millones
- Lugar de origen de hispanos en los EE.UU.:

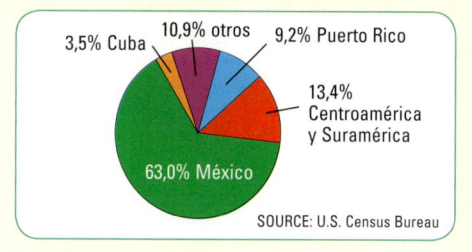

  - 3,5% Cuba
  - 10,9% otros
  - 9,2% Puerto Rico
  - 13,4% Centroamérica y Suramérica
  - 63,0% México

  SOURCE: U.S. Census Bureau

- Estados con la mayor° población hispana:

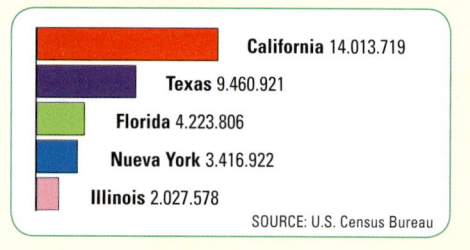

  - California 14.013.719
  - Texas 9.460.921
  - Florida 4.223.806
  - Nueva York 3.416.922
  - Illinois 2.027.578

  SOURCE: U.S. Census Bureau

Canadá
El país en cifras

- Población de Canadá: 35 millones
- Población de origen hispano: 700.000
- País de origen de hispanos en Canadá:

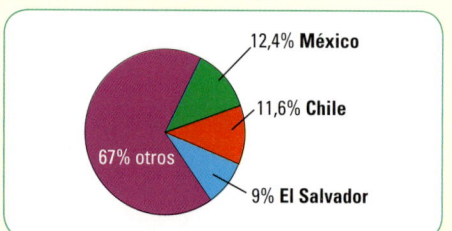

  - 12,4% México
  - 11,6% Chile
  - 67% otros
  - 9% El Salvador

- Ciudades° con la mayor población hispana:
  Montreal, Toronto, Vancouver

en cifras *by the numbers* Población *Population* mayor *largest*
Ciudades *Cities* creció *grew* más *more* cada *every* niños *children*
Se estima *It is estimated* va a ser *it is going to be*

Mission District, en San Francisco

AK   HI

CANADÁ
Vancouver • Calgary
Ottawa • Montre
Toronto •
San Francisco • Chicago • Nueva York
Las Vegas
Los Ángeles   EE.UU.   Washington, D.C.
San Diego
San Antonio
Océano Atlántico
MÉXICO
Miami
Golfo de México
Mar Caribe

El Álamo, en San Antonio, Texas

recursos

vText CA pp. 69–70 CP pp. 9–10 vhlcentral

¡Increíble pero cierto!

La población hispana en los EE.UU. creció° un 48% entre los años 2000 (dos mil) y 2011 (dos mil once) (16,7 millones de personas más°). Hoy, uno de cada° cinco niños° en los EE.UU. es de origen hispano. Se estima° que en el año 2034 va a ser° uno de cada tres.

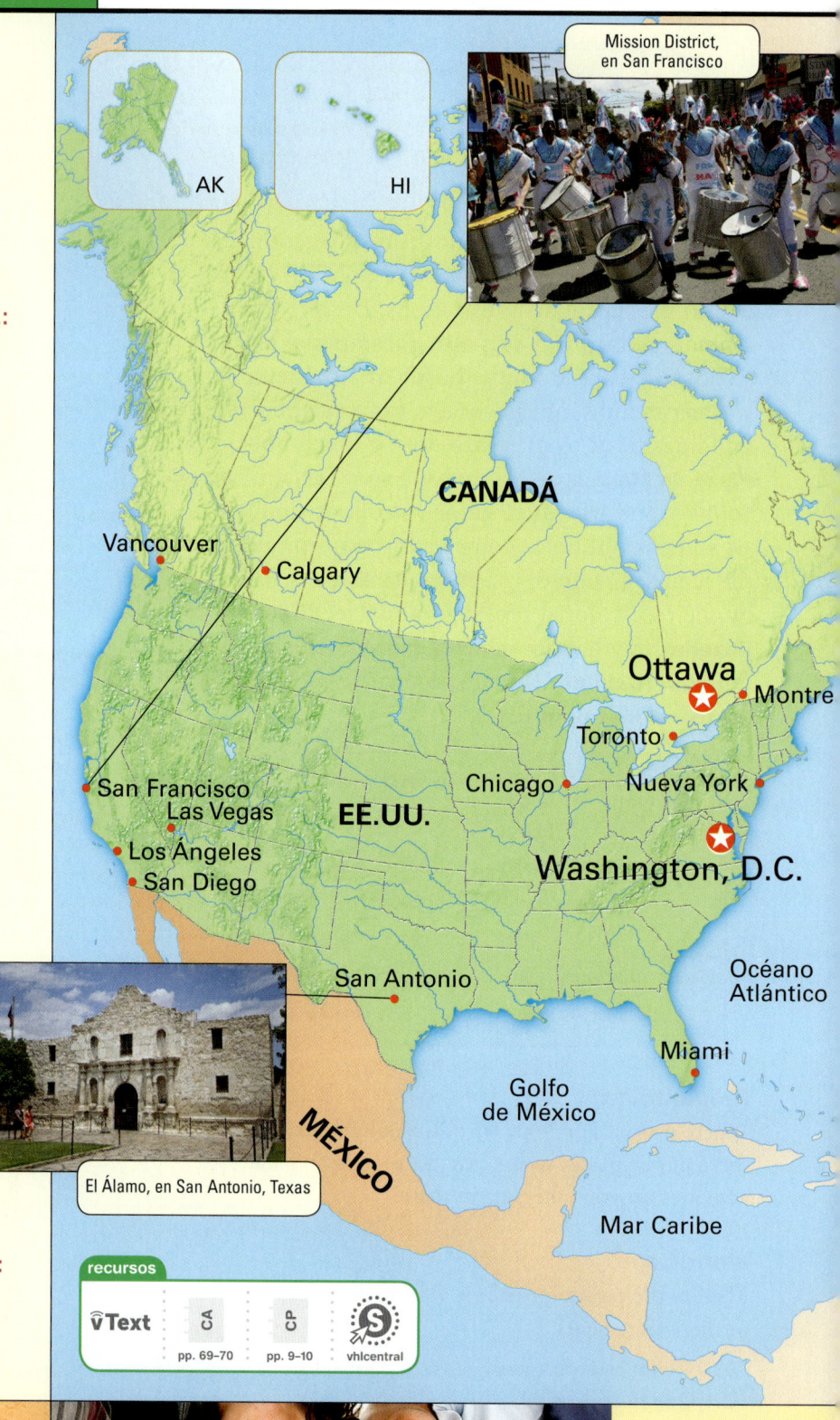

Hola, ¿qué tal?

Comida • La comida mexicana

La comida° mexicana es muy popular en los Estados Unidos. Los tacos, las enchiladas, las quesadillas y los frijoles frecuentemente forman parte de las comidas de muchos norteamericanos. También° son populares las variaciones de la comida mexicana en los Estados Unidos: el tex-mex y el cali-mex.

Lugares • La Pequeña Habana

La Pequeña Habana° es un barrio° de Miami, Florida, donde viven° muchos cubanoamericanos. Es un lugar° donde se encuentran° las costumbres° de la cultura cubana, los aromas y sabores° de su comida y la música salsa. La Pequeña Habana es una parte de Cuba en los Estados Unidos.

Costumbres • Desfile puertorriqueño

Cada junio, desde° 1958 (mil novecientos cincuenta y ocho), los puertorriqueños celebran su cultura con un desfile° en Nueva York. Es un gran espectáculo con carrozas° y música salsa, merengue y hip-hop. Muchos espectadores llevan° la bandera° de Puerto Rico en su ropa° o pintada en la cara°.

Comunidad • Hispanos en Canadá

En Canadá viven° muchos hispanos. Toronto y Montreal son las ciudades° con mayor° población hispana. La mayoría de ellos tienen estudios universitarios° y hablan° una de las lenguas° oficiales: inglés o francés°. Los hispanos participan activamente en la vida cotidiana° y profesional de Canadá.

¿Qué aprendiste? Completa las oraciones con la información adecuada (*appropriate*).

1. Hay _____ de personas de origen hispano en los Estados Unidos.
2. Los cuatro estados con las poblaciones hispanas más grandes son (en orden) _____, Texas, Florida y _____.
3. Toronto, Montreal y _____ son las ciudades con más población hispana de Canadá.
4. Las quesadillas y las enchiladas son platos (*dishes*) _____.
5. La Pequeña _____ es un barrio de Miami.
6. En Miami hay muchas personas de origen _____.
7. Cada junio se celebra en Nueva York un gran desfile para personas de origen _____.
8. Muchos hispanos en Canadá hablan _____ o francés.

Conexión Internet Investiga estos temas en **vhlcentral.com**.

1. Haz (*Make*) una lista de seis hispanos célebres de los EE.UU. o Canadá. Explica (*Explain*) por qué (*why*) son célebres.
2. Escoge (*Choose*) seis lugares en los Estados Unidos con nombres hispanos e investiga sobre el origen y el significado (*meaning*) de cada nombre.

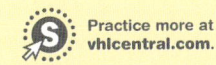

Practice more at **vhlcentral.com**.

comida *food* También *Also* La Pequeña Habana *Little Havana* barrio *neighborhood* viven *live* lugar *place* se encuentran *are found* costumbres *customs* sabores *flavors* Cada junio desde *Each June since* desfile *parade* con carrozas *with floats* llevan *wear* bandera *flag* ropa *clothing* cara *face* viven *live* ciudades *cities* mayor *most* tienen estudios universitarios *have a degree* hablan *speak* lenguas *languages* inglés o francés *English or French* vida cotidiana *daily life*

vocabulario

Saludos

Hola.	Hello; Hi.
Buenos días.	Good morning.
Buenas tardes.	Good afternoon.
Buenas noches.	Good evening; Good night.

Despedidas

Adiós.	Goodbye.
Nos vemos.	See you.
Hasta luego.	See you later.
Hasta la vista.	See you later.
Hasta pronto.	See you soon.
Hasta mañana.	See you tomorrow.
Saludos a…	Greetings to…
Chau.	Bye.

¿Cómo está?

¿Cómo está usted?	How are you? (form.)
¿Cómo estás?	How are you? (fam.)
¿Qué hay de nuevo?	What's new?
¿Qué pasa?	What's happening?; What's going on?
¿Qué tal?	How are you?; How is it going?
(Muy) bien, gracias.	(Very) well, thanks.
Nada.	Nothing.
No muy bien.	Not very well.
Regular.	So-so; OK.

Expresiones de cortesía

Con permiso.	Pardon me; Excuse me.
De nada.	You're welcome.
Lo siento.	I'm sorry.
(Muchas) gracias.	Thank you (very much); Thanks (a lot).
No hay de qué.	You're welcome.
Perdón.	Pardon me; Excuse me.
por favor	please

Títulos

señor (Sr.); don	Mr.; sir
señora (Sra.); doña	Mrs.; ma'am
señorita (Srta.)	Miss

Presentaciones

¿Cómo se llama usted?	What's your name? (form.)
¿Cómo te llamas?	What's your name? (fam.)
Me llamo…	My name is…
¿Y usted?	And you? (form.)
¿Y tú?	And you? (fam.)
Mucho gusto.	Pleased to meet you.
El gusto es mío.	The pleasure is mine.
Encantado/a.	Delighted; Pleased to meet you.
Igualmente.	Likewise.
Éste/Ésta es…	This is…
Le presento a…	I would like to introduce you to (name). (form.)
Te presento a…	I would like to introduce you to (name). (fam.)
el nombre	name

¿De dónde es?

¿De dónde es usted?	Where are you from? (form.)
¿De dónde eres?	Where are you from? (fam.)
Soy de…	I'm from…

Palabras adicionales

¿cuánto(s)/a(s)?	how much/many?
¿de quién…?	whose…? (sing.)
¿de quiénes…?	whose…? (plural)
(no) hay	there is (not); there are (not)

Países

Argentina	Argentina
Canadá	Canada
Costa Rica	Costa Rica
Cuba	Cuba
Ecuador	Ecuador
España	Spain
Estados Unidos (EE.UU.)	United States
México	Mexico
Puerto Rico	Puerto Rico

Verbo

ser	to be

Sustantivos

el autobús	bus
la capital	capital city
el chico	boy
la chica	girl
la computadora	computer
la comunidad	community
el/la conductor(a)	driver
la conversación	conversation
la cosa	thing
el cuaderno	notebook
el día	day
el diario	diary
el diccionario	dictionary
la escuela	school
el/la estudiante	student
la foto(grafía)	photograph
el hombre	man
el/la joven	youth; young person
el lápiz	pencil
la lección	lesson
la maleta	suitcase
la mano	hand
el mapa	map
la mujer	woman
la nacionalidad	nationality
el número	number
el país	country
la palabra	word
el/la pasajero/a	passenger
el problema	problem
el/la profesor(a)	teacher
el programa	program
el/la turista	tourist
el video	video

Numbers 0–30	See page 16.
Telling time	See pages 24–25.
Expresiones útiles	See page 7.

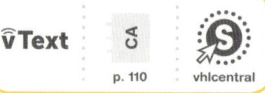

En la clase

2

Communicative Goals

I will be able to:
- Talk about my classes and school life
- Discuss everyday activities
- Ask questions in Spanish
- Describe the location of people and things

contextos
pages 40–43
- The classroom and school life
- Days of the week
- Fields of study and school subjects
- Class schedules

fotonovela
pages 44–47
Felipe takes Marissa around Mexico City. Along the way, they meet some friends and discuss the upcoming semester.

cultura
pages 48–49
- Secondary school in the Spanish-speaking world
- The **INFRAMEN**

estructura
pages 50–67
- Present tense of **-ar** verbs
- Forming questions in Spanish
- Present tense of **estar**
- Numbers 31 and higher
- **Recapitulación**

adelante
pages 68–75
Lectura: A brochure for a summer course in Madrid
Escritura: A description of yourself
Escuchar: A conversation about courses
En pantalla
Flash cultura
Panorama: España

A PRIMERA VISTA
- ¿Hay dos chicas en la foto?
- ¿Hay una computadora o dos?
- ¿Son turistas o estudiantes?
- ¿Qué hora es, la una de la mañana o de la tarde?

2 contextos

Lección 2

En la clase

🔊 My Vocabulary Tutorials

Más vocabulario

la biblioteca	library
la cafetería	cafeteria
la casa	house; home
el estadio	stadium
el laboratorio	laboratory
la librería	bookstore
la residencia estudiantil	dormitory
la universidad	university; college
el/la compañero/a de clase	classmate
el/la compañero/a de cuarto	roommate
la clase	class
el curso	course
la especialización	major
el examen	test; exam
el horario	schedule
la prueba	test; quiz
el semestre	semester
la tarea	homework
el trimestre	trimester; quarter
la administración de empresas	business administration
el arte	art
la biología	biology
las ciencias	sciences
la computación	computer science
la contabilidad	accounting
la economía	economics
el español	Spanish
la física	physics
la geografía	geography
la música	music

Variación léxica

pluma ⟷ bolígrafo
pizarra ⟷ tablero (Col.)

Labels in illustration: el reloj, la ventana, la puerta, el estudiante, la profesora, la mesa, la calculadora, el libro, la pluma

recursos: vText p. 111, CA pp. 11–12, CP pp. 17–18, CH vhlcentral

En la clase

LAS MATERIAS — **COURSES**
- la historia — history
- las humanidades — humanities
- el inglés — English
- las lenguas extranjeras — foreign languages
- la literatura — literature
- las matemáticas — mathematics
- el periodismo — journalism
- la psicología — psychology
- la química — chemistry
- la sociología — sociology

Labels in illustration: el mapa, la pizarra, el papel, el borrador, la tiza, la papelera, el escritorio, la mochila, la estudiante, la silla

Práctica

1 Escuchar Listen to Professor Morales talk about her Spanish classroom, then check the items she mentions.

puerta ○	tiza ○	plumas ○
ventanas ○	escritorios ○	mochilas ○
pizarra ○	sillas ○	papel ○
borrador ○	libros ○	reloj ○

2 Identificar You will hear a series of words. Write each one in the appropriate category.

Personas	Lugares	Materias
_____	_____	_____
_____	_____	_____
_____	_____	_____

3 Emparejar Match each question with its most logical response. ¡Ojo! (*Careful!*) One response will not be used.

1. ¿Qué clase es?
2. ¿Quiénes son?
3. ¿Quién es?
4. ¿De dónde es?
5. ¿A qué hora es la clase de inglés?
6. ¿Cuántos estudiantes hay?

a. Hay veinticinco.
b. Es un reloj.
c. Es de Perú.
d. Es la clase de química.
e. Es el señor Bastos.
f. Es a las nueve en punto.
g. Son los profesores.

4 Identificar Identify the word that does not belong in each group.

1. examen • casa • tarea • prueba
2. economía • matemáticas • biblioteca • contabilidad
3. pizarra • tiza • borrador • librería
4. lápiz • cafetería • papel • calculadora
5. veinte • diez • pluma • treinta
6. conductor • laboratorio • autobús • pasajero

5 ¿Qué clase es? Name the class associated with the subject matter.

modelo
los elementos, los átomos   *Es la clase de química.*

1. Abraham Lincoln, Winston Churchill
2. Picasso, Leonardo da Vinci
3. Freud, Jung
4. África, el océano Pacífico
5. la cultura de España, verbos
6. Hemingway, Shakespeare
7. geometría, trigonometría

Los días de la semana

¿Qué día es hoy (today)?
Hoy es martes.
¿Cuándo (When) es el examen?
Es el viernes.

septiembre

lunes	martes	miércoles	jueves	viernes	sábado	domingo
	1	2	3	4	5	6
7	8	9	10			

¡LENGUA VIVA!
The days of the week are never capitalized in Spanish.

Monday is usually considered the first day of the week in Spanish-speaking countries.

CONSULTA
Note that September in Spanish is **septiembre**. For all of the months of the year, go to **Contextos, Lección 5,** p. 154.

6 ¿Qué día es hoy? Complete each statement with the correct day of the week.

1. Hoy es martes. Mañana es _____. Ayer fue (*Yesterday was*) _____.
2. Ayer fue sábado. Mañana es _____. Hoy es _____.
3. Mañana es viernes. Hoy es _____. Ayer fue _____.
4. Ayer fue domingo. Hoy es _____. Mañana es _____.
5. Hoy es jueves. Ayer fue _____. Mañana es _____.
6. Mañana es lunes. Hoy es _____. Ayer fue _____.

7 Analogías Use these words to complete the analogies. Some words will not be used.

arte	día	martes	pizarra
biblioteca	domingo	matemáticas	profesor
catorce	estudiante	mujer	reloj

1. maleta ↔ pasajero ⊜ mochila ↔ _____
2. chico ↔ chica ⊜ hombre ↔ _____
3. pluma ↔ papel ⊜ tiza ↔ _____
4. inglés ↔ lengua ⊜ miércoles ↔ _____
5. papel ↔ cuaderno ⊜ libro ↔ _____
6. quince ↔ dieciséis ⊜ lunes ↔ _____
7. Cervantes ↔ literatura ⊜ Dalí ↔ _____
8. autobús ↔ conductor ⊜ clase ↔ _____
9. los EE.UU. ↔ mapa ⊜ hora ↔ _____
10. veinte ↔ veintitrés ⊜ jueves ↔ _____

Practice more at vhlcentral.com.

En la clase — cuarenta y tres — 43

Comunicación

8 Horario Choose three classes from the chart to create your own class schedule, then discuss it with a classmate.

materia	horas	días	profesor(a)
inglés	9:50	lunes, miércoles, viernes	Prof. Ordóñez
historia	9:00–10:30	martes, jueves	Profa. Dávila
biología	1:30–3:00	martes, jueves	Profa. Quiñones
matemáticas	2:10–3:00	lunes, miércoles, viernes	Prof. Jiménez
arte	10:40–12:10	jueves	Prof. Molina

> **¡ATENCIÓN!**
> Use **el** + [day of the week] when an activity occurs on a specific day and **los** + [day of the week] when an activity occurs regularly.
> **El lunes** tengo un examen.
> *On Monday I have an exam.*
> **Los lunes y miércoles** tomo biología.
> *On Mondays and Wednesdays I take biology.*
> •••
> Except for **sábados** and **domingos**, the singular and plural forms for days of the week are the same.

modelo
Estudiante 1: Tomo (*I take*) historia los martes y jueves, de 9 a 10:30, con (*with*) la profesora Dávila.
Estudiante 2: ¿Sí? Yo no tomo historia. Yo tomo arte los jueves, de 10:40 a 12:10, con el profesor Molina.

9 Memoria How well do you know your Spanish classroom? Take a good look around and then close your eyes. Your partner will ask you questions about the classroom, using these words and other vocabulary. Each person should answer six questions and switch roles every three questions.

escritorio	mapa	pizarra	reloj
estudiante	mesa	profesor(a)	silla
libro	mochila	puerta	ventana

modelo
Estudiante 1: ¿Cuántas ventanas hay?
Estudiante 2: Hay cuatro ventanas.

10 Nuevos amigos During the first week of class, you meet a new student in the cafeteria. With a partner, prepare a conversation using these cues. Then act it out for the class.

Estudiante 1
Greet your new acquaintance.
Find out about him or her.
Ask about your partner's class schedule.
Say nice to meet you and goodbye.

Estudiante 2
Introduce yourself.
Tell him or her about yourself.
Compare your schedule to your partner's.
Say nice to meet you and goodbye.

fotonovela

Lección 2

¿Qué estudias?

Felipe, Marissa, Juan Carlos y Miguel visitan Chapultepec y hablan de las clases.

PERSONAJES: MARISSA, FELIPE

Video: *Fotonovela*

1

FELIPE Dos boletos, por favor.

2

EMPLEADO Dos boletos son 64 pesos.
FELIPE Aquí están 100 pesos.
EMPLEADO 100 menos 64 son 36 pesos de cambio.

3

FELIPE Ésta es la Ciudad de México.

6

FELIPE Juan Carlos, ¿quién enseña la clase de química este semestre?
JUAN CARLOS El profesor Morales. Ah, ¿por qué tomo química y computación?
FELIPE Porque te gusta la tarea.

7

FELIPE Los lunes y los miércoles, economía a las 2:30. Tú tomas computación los martes en la tarde, y química, a ver... Los lunes, los miércoles y los viernes ¿a las 10? ¡Uf!

8

FELIPE Y Miguel, ¿cuándo regresa?
JUAN CARLOS Hoy estudia con Maru.
MARISSA ¿Quién es Maru?

En la clase

JUAN CARLOS **MIGUEL** **EMPLEADO** **MARU**

4

FELIPE Oye, Marissa, ¿cuántas clases tomas?

MARISSA Tomo cuatro clases: español, historia, literatura y también geografía. Me gusta mucho la cultura mexicana.

5

MIGUEL Marissa, hablas muy bien el español... ¿Y dónde está tu diccionario?

MARISSA En casa de los Díaz. Felipe necesita practicar inglés.

MIGUEL ¡Ay, Maru! Chicos, nos vemos más tarde.

9

MIGUEL ¿Hablas con tu mamá?

MARU Mamá habla. Yo escucho. Es la 1:30.

MIGUEL Ay, lo siento. Juan Carlos y Felipe...

MARU Ay, Felipe.

10

MARU Y ahora, ¿adónde? ¿A la biblioteca?

MIGUEL Sí, pero primero a la librería. Necesito comprar unos libros.

Expresiones útiles

Talking about classes

¿Cuántas clases tomas?
How many classes are you taking?
Tomo cuatro clases.
I'm taking four classes.
Mi especialización es en arqueología.
My major is archeology.
Este año, espero sacar buenas notas y, por supuesto, viajar por el país.
This year, I hope / I'm hoping to get good grades. And, of course, travel through the country.

Talking about likes/dislikes

Me gusta mucho la cultura mexicana.
I like Mexican culture a lot.
Me gustan las ciencias ambientales.
I like environmental science.
Me gusta dibujar.
I like to draw.
¿Te gusta este lugar?
Do you like this place?

Paying for tickets

Dos boletos, por favor.
Two tickets, please.
Dos boletos son sesenta y cuatro pesos.
Two tickets are sixty-four pesos.
Aquí están cien pesos.
Here's a hundred pesos.
Son treinta y seis pesos de cambio.
That's thirty-six pesos change.

Talking about location and direction

¿Dónde está tu diccionario?
Where is your dictionary?
Está en casa de los Díaz.
It's at the Díaz's house.
Y ahora, ¿adónde? ¿A la biblioteca?
And now, where to? To the library?
Sí, pero primero a la librería.
Está al lado.
Yes, but first to the bookstore. It's next door.

¿Qué pasó?

1 Escoger Choose the answer that best completes each sentence.

1. Marissa toma (*is taking*) _____ en la universidad.
   a. español, psicología, economía y música   b. historia, inglés, sociología y periodismo
   c. español, historia, literatura y geografía

2. El profesor Morales enseña (*teaches*) _____.
   a. química   b. matemáticas   c. historia

3. Juan Carlos toma química _____.
   a. los miércoles, jueves y viernes   b. los lunes, miércoles y viernes
   c. los lunes, martes y jueves

4. Miguel necesita ir a (*needs to go to*) _____.
   a. la biblioteca   b. la residencia estudiantil   c. la librería

2 Identificar Indicate which person would make each statement. The names may be used more than once.

1. ¿Maru es compañera de ustedes? _____
2. Mi mamá habla mucho. _____
3. El profesor Morales enseña la clase de química este semestre. _____
4. Mi diccionario está en casa de Felipe y Jimena. _____
5. Necesito estudiar con Maru. _____
6. Yo tomo clase de computación los martes por la tarde. _____

> **NOTA CULTURAL**
>
> **Maru** is a shortened version of the name **María Eugenia**. Other popular "combination names" in Spanish are **Juanjo (Juan José)** and **Maite (María Teresa)**.

3 Completar These sentences are similar to things said in the **Fotonovela**. Complete each sentence with the correct word(s).

| Castillo de Chapultepec | estudiar | miércoles |
| clase | inglés | tarea |

1. Marissa, éste es el _____.
2. Felipe tiene (*has*) el diccionario porque (*because*) necesita practicar _____.
3. A Juan Carlos le gusta mucho la _____.
4. Hay clase de economía los lunes y _____.
5. Miguel está con Maru para _____.

> **NOTA CULTURAL**
>
> The **Castillo de Chapultepec** is one of Mexico City's most historic landmarks. Constructed in 1785, it was the residence of emperors and presidents. It has been open to the public since 1944 and now houses the National Museum of History.

4 Preguntas personales Interview a classmate about his/her classes.

1. ¿Cuántas clases tomas?
2. ¿Qué clases tomas los martes?
3. ¿Qué clases tomas los viernes?
4. ¿En qué clase hay más chicos?
5. ¿En qué clase hay más chicas?
6. ¿Te gusta la clase de español?

Practice more at vhlcentral.com.

En la clase   cuarenta y siete   47

Pronunciación
Spanish vowels   🔊 Audio

a   e   i   o   u

Spanish vowels are never silent; they are always pronounced in a short, crisp way without the glide sounds used in English.

Álex   clase   nada   encantada
The letter **a** is pronounced like the *a* in *father*, but shorter.

el   ene   mesa   elefante
The letter **e** is pronounced like the *e* in *they*, but shorter.

Inés   chica   tiza   señorita
The letter **i** sounds like the *ee* in *beet*, but shorter.

hola   con   libro   don Francisco
The letter **o** is pronounced like the *o* in *tone*, but shorter.

uno   regular   saludos   gusto
The letter **u** sounds like the *oo* in *room*, but shorter.

Práctica Practice the vowels by saying the names of these places in Spain.
1. Madrid   3. Tenerife   5. Barcelona   7. Burgos
2. Alicante 4. Toledo   6. Granada   8. La Coruña

Oraciones Read the sentences aloud, focusing on the vowels.
1. Hola. Me llamo Ramiro Morgado.
2. Estudio arte en la Universidad de Salamanca.
3. Tomo también literatura y contabilidad.
4. Ay, tengo clase en cinco minutos. ¡Nos vemos!

Refranes Practice the vowels by reading these sayings aloud.

Del dicho al hecho hay un gran trecho.[1]

Cada loco con su tema.[2]

AYUDA
Although **hay** and **ay** are pronounced identically, they do not have the same meaning. As you learned in **Lección 1**, **hay** is a verb form that means *there is/are*. **Hay veinte libros.** (*There are twenty books.*) **¡Ay!** is an exclamation expressing pain, shock, or affliction: *Ouch!; Oh, my!*

[1] *Easier said than done.* [2] *To each his own.*

recursos
vText p. 112 | CA | CH p. 19 | vhlcentral

cultura

Lección 2

EN DETALLE

La escuela secundaria

Manuel, a 15-year-old student in Mexico, is taking an intense third level course focused on **la química**. This is a typical part of the studies for his grade. **Escuela secundaria** (*secondary school*), which in Mexico begins after six years of **escuela primaria** (*primary school*), has three grades for students between the ages of 12 and 15.

Students like Manuel must study courses in mathematics, science, Spanish, foreign languages (English or French), music, and more every year. After that, students choose a **plan de estudio** (*program of study*) in **preparatoria**, the three years (or two, depending on the program) of school after **escuela secundaria** and before university studies. The program of study that students choose requires them to study specific **materias** that are needed in preparation for their future career.

Some **bachilleratos** (*high school degrees*) are **terminales**, which means that when students graduate they are prepared with all of the skills and requirements to begin their field of work.

These students are not expected to continue studying. Some **modalidades** (*programs of study*) that are terminal include:
- **Educación Tecnológica Agropecuaria** (*Agriculture and Fishing*)
- **Comercio y Administración** (*Commerce, for administrative work*)

Other programs are designed for students who plan to continue their studies in a **carrera universitaria** (*college major*). Some programs that prepare students for university studies are:
- **Ciencias Biológicas**
- **Ciencias Contables, Económicas y Bancarias** (*Economic and Banking Sciences*)
- **Música y Arte**

Each program has courses that are designed for a specific career. This means that although all high school students may take a mathematics course, the type of mathematics studied varies according to the needs of each degree.

La escuela y la universidad

Some Mexican high schools are designed and managed by universities as well as by the Secretary of Education. One university that directs such schools is the **Universidad Nacional Autónoma de México (UNAM),** Mexico's largest university.

ACTIVIDADES

1 **¿Cierto o falso?** Indicate whether each statement is **cierto** or **falso**. Correct the false statements.

1. High schools are specialized in certain areas of study.
2. Students in Mexico cannot study art in school.
3. Students do not need to complete primary school before going to **escuela secundaria**.
4. The length of high school **planes de estudio** in Mexico varies between two and three years.
5. Students need to go to college to study to do administrative work.
6. All students must take the same mathematics courses at the high school level.
7. **La escuela secundaria** is for students from the ages of 16 to 18 years old.
8. All students in Mexico complete university studies.

En la clase

ASÍ SE DICE
Clases y exámenes

aprobar	to pass
el colegio/la escuela	school
la escuela secundaria/ la preparatoria (Méx.)/ el liceo (Ven.)/ el instituto (Esp.)	high school
el examen parcial	midterm exam
el horario	schedule
la matrícula	inscription (to school)
reprobar	to fail
sacar buenas/ malas notas	to get good/ bad grades

EL MUNDO HISPANO
La escuela en Latinoamérica

- **In Latin America**, public secondary schools are free of charge. Private schools, however, can be quite costly. At **la Escuela Campo Alegre** in Venezuela, annual tuition is about $25,000 a year.

- **Argentina** and **Chile** are the two Latin American countries with the most years of required schooling at 13 years each.

- **In Chile**, students begin the school year in March and finish in December. Of course—Chile lies south of the equator, so while it is winter in the United States, Chilean students are on their summer break!

PERFIL
El INFRAMEN

La ciudad de San Salvador

The **Instituto Nacional Francisco Menéndez (INFRAMEN)** is the largest public high school in El Salvador. So it should be: it is named after General Francisco Menéndez, an ex-president of the country who was the founder of **enseñanza secundaria** (*secondary studies*) for the entire country! The 1,900 students at the INFRAMEN can choose to complete one of four kinds of diplomas: general studies, health care, tourism, and business. The institution has changed locales (and even cities) many times since it was founded in 1885 and is currently located in the capital city of San Salvador. Students at the INFRAMEN begin their school year in mid January and finish in early November.

Conexión Internet

How do dress codes vary in schools across Latin America?

Go to **vhlcentral.com** to find more cultural information related to this **Cultura** section.

ACTIVIDADES

2 Comprensión Complete these sentences.
1. The INFRAMEN was founded in _____.
2. The programs of study available in the INFRAMEN are _____.
3. There are _____ students in the INFRAMEN.
4. General Francisco Menéndez was a _____ of El Salvador.
5. El _____ is a student's schedule.

3 ¡A estudiar! All students have classes they like and classes they don't. What are your favorite classes? Which are your least favorite? With a partner, discuss what you like and don't like about your classes and make a short list of what could be done to improve the classes you don't like.

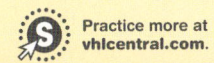

Practice more at vhlcentral.com.

2 estructura

2.1 Present tense of -ar verbs

ANTE TODO In order to talk about activities, you need to use verbs. Verbs express actions or states of being. In English and Spanish, the infinitive is the base form of the verb. In English, the infinitive is preceded by the word *to*: *to study*, *to be*. The infinitive in Spanish is a one-word form and can be recognized by its endings: **-ar**, **-er**, or **-ir**.

-ar verb	-er verb	-ir verb
estudiar — *to study*	comer — *to eat*	escribir — *to write*

▶ In this lesson, you will learn the forms of regular **-ar** verbs.

The verb estudiar (*to study*)

SINGULAR FORMS
yo	estudi**o**	*I study*
tú	estudi**as**	*you* (fam.) *study*
Ud./él/ella	estudi**a**	*you* (form.) *study; he/she studies*

PLURAL FORMS
nosotros/as	estudi**amos**	*we study*
vosotros/as	estudi**áis**	*you* (fam.) *study*
Uds./ellos/ellas	estudi**an**	*you* (form.) *study; they study*

> Juan Carlos estudia ciencias ambientales.

> Y tú, ¿qué estudias, Miguel?

▶ To create the forms of most regular verbs in Spanish, drop the infinitive endings (**-ar, -er, -ir**). You then add to the stem the endings that correspond to the different subject pronouns. This diagram will help you visualize the process by which verb forms are created.

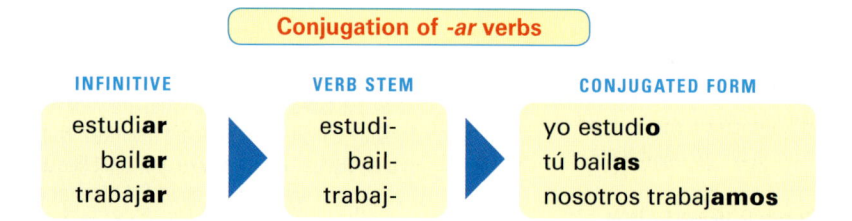

Conjugation of -ar verbs

INFINITIVE	VERB STEM	CONJUGATED FORM
estudi**ar**	estudi-	yo estudi**o**
bail**ar**	bail-	tú bail**as**
trabaj**ar**	trabaj-	nosotros trabaj**amos**

Lección 2

Tutorial

Common -ar verbs

bailar	to dance	estudiar	to study
buscar	to look for	explicar	to explain
caminar	to walk	hablar	to talk; to speak
cantar	to sing	llegar	to arrive
cenar	to have dinner	llevar	to carry
comprar	to buy	mirar	to look (at); to watch
contestar	to answer	necesitar (+ *inf.*)	to need
conversar	to converse, to chat	practicar	to practice
desayunar	to have breakfast	preguntar	to ask (a question)
descansar	to rest	preparar	to prepare
desear (+ *inf.*)	to desire; to wish	regresar	to return
dibujar	to draw	terminar	to end; to finish
enseñar	to teach	tomar	to take; to drink
escuchar	to listen (to)	trabajar	to work
esperar (+ *inf.*)	to wait (for); to hope	viajar	to travel

▶ **¡Atención!** Unless referring to a person, the Spanish verbs **buscar**, **escuchar**, **esperar**, and **mirar** do not need to be followed by prepositions as do their English equivalents.

Busco la tarea.
I'm looking for the homework.

Espero el autobús.
I'm waiting for the bus.

Escucho la música.
I'm listening to the music.

Miro la pizarra.
I'm looking at the blackboard.

COMPARE & CONTRAST

English uses three sets of forms to talk about the present: (1) the simple present (*Paco works*), (2) the present progressive (*Paco is working*), and (3) the emphatic present (*Paco does work*). In Spanish, the simple present can be used in all three cases.

Paco **trabaja** en la cafetería.
1. Paco *works* in the cafeteria.
2. Paco *is working* in the cafeteria.
3. Paco *does work* in the cafeteria.

In Spanish, the present tense is also sometimes used to express future action.

Marina **viaja** a Madrid mañana.
1. Marina *travels* to Madrid tomorrow.
2. Marina *will travel* to Madrid tomorrow.
3. Marina *is traveling* to Madrid tomorrow.

▶ When two verbs are used together with no change of subject, the second verb is generally in the infinitive. To make a sentence negative in Spanish, the word **no** is placed before the conjugated verb. In this case, **no** means *not*.

Deseo hablar con el señor Díaz.
I want to speak with Mr. Díaz.

Alicia **no** desea bailar ahora.
Alicia doesn't want to dance now.

▸ Spanish speakers often omit subject pronouns because the verb endings indicate who the subject is. In Spanish, subject pronouns are used for emphasis, clarification, or contrast.

—¿Qué enseñan?
What do they teach?

—**Ella** enseña arte y **él** enseña física.
She teaches art, and he teaches physics.

—¿Quién desea trabajar hoy?
Who wants to work today?

—**Yo** no deseo trabajar hoy.
I don't want to work today.

The verb gustar

▸ **Gustar** is different from other **-ar** verbs. To express your likes and dislikes, use the expression **(no) me gusta** + **el/la** + [*singular noun*] or **(no) me gustan** + **los/las** + [*plural noun*]. Note: You may use the phrase **a mí** for emphasis, but never the subject pronoun **yo**.

Me gusta la música clásica.
I like classical music.

Me gustan las clases de español y biología.
I like Spanish and biology classes.

A mí me gustan las artes.
I like the arts.

A mí no me gusta el programa.
I don't like the program.

▸ To talk about what you like and don't like to do, use **(no) me gusta** + [*infinitive(s)*]. Note that the singular **gusta** is always used, even with more than one infinitive.

No me gusta viajar en autobús.
I don't like to travel by bus.

Me gusta cantar y **bailar**.
I like to sing and dance.

▸ To ask a classmate about likes and dislikes, use the pronoun **te** instead of **me**. Note: You may use **a ti** for emphasis, but never the subject pronoun **tú**.

—¿**Te gusta** la geografía?
Do you like geography?

—Sí, me gusta. Y a ti, ¿te gusta el inglés?
Yes, I like it. And you, do you like English?

▸ You can use this same structure to talk about other people by using the pronouns **nos**, **le**, and **les**. Unless your instructor tells you otherwise, only the **me** and **te** forms will appear on test materials until **Lección 7**.

Nos gusta dibujar. (nosotros)
We like to draw.

Nos gustan las clases de español e inglés. (nosotros)
We like Spanish class and English class.

No le gusta trabajar.
(usted, él, ella)
You don't like to work.
He/She doesn't like to work.

Les gusta el arte.
(ustedes, ellos, ellas)
You like art.
They like art.

¡ATENCIÓN!
Note that **gustar** does not behave like other **-ar** verbs. You must study its use carefully and pay attention to prepositions, pronouns, and agreement.

AYUDA
Use the construction **a** + [*name/pronoun*] to clarify to whom you are referring. This construction is not always necessary.
A Gabriela le gusta bailar.
A Sara y a él les gustan los animales.

CONSULTA
For more on **gustar** and other verbs like it, see **Estructura 7.4**, pp. 246–247.

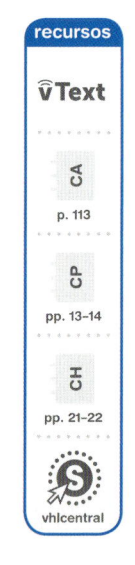

¡INTÉNTALO! Provide the present tense forms of these verbs. The first items have been done for you.

hablar
1. Yo _hablo_ español.
2. Ellos _____ español.
3. Inés _____ español.
4. Nosotras _____ español.
5. Tú _____ español.

gustar
1. _Me gusta_ el café. (a mí)
2. ¿_____ las clases? (a ti)
3. No _____ el café. (a ti)
4. No _____ las clases. (a mí)
5. No _____ el café. (a mí)

En la clase

Práctica

1 **Completar** Complete the conversation with the appropriate forms of the verbs.

JUAN ¡Hola, Linda! ¿Qué tal las clases?
LINDA Bien. (1)_____ (Tomar) tres clases… química, biología y computación. Y tú, ¿cuántas clases (2)_____ (tomar)?
JUAN (3)_____ (Tomar) tres también… biología, arte y literatura. El doctor Cárdenas (4)_____ (enseñar) la clase de biología.
LINDA ¿Ah, sí? Lily, Alberto y yo (5)_____ (tomar) biología a las diez con la profesora Garza.
JUAN ¿(6)_____ (Estudiar) mucho ustedes?
LINDA Sí, porque hay muchos exámenes. Alberto y yo (7)_____ (necesitar) estudiar dos horas todos los días (*every day*).

2 **Oraciones** Form sentences using the words provided. Remember to conjugate the verbs and add any other necessary words.

1. ustedes / practicar / vocabulario
2. ¿preparar (tú) / tarea?
3. clase de español / terminar / once
4. ¿qué / buscar / ustedes?
5. (nosotros) buscar / pluma
6. (yo) comprar / calculadora

3 **Gustos** Read what these people do. Then use the information in parentheses to tell what they like.

> **modelo**
> Yo enseño en la universidad. (las clases) Me gustan las clases.

1. Tú deseas mirar cuadros (*paintings*) de Picasso. (el arte)
2. Soy estudiante de economía. (estudiar)
3. Tú estudias italiano y español. (las lenguas extranjeras)
4. No descansas los sábados. (cantar y bailar)
5. Busco una computadora. (la computación)

4 **Actividades** Get together with a classmate and take turns asking each other if you do these activities. Which activities does your partner like? Which do you both like?

> **modelo**
> tomar el autobús
> **Estudiante 1:** ¿Tomas el autobús?
> **Estudiante 2:** Sí, tomo el autobús, pero (*but*) no me gusta. / No, no tomo el autobús.

bailar merengue	dibujar en clase	mirar la televisión
cantar bien	escuchar música rock	practicar el español
conversar con amigos	estudiar física	viajar a Europa

AYUDA

The Spanish **no** translates to both *no* and *not* in English. In negative answers to questions, you will need to use **no** twice:
¿Estudias geografía?
No, no estudio geografía.

Practice more at **vhlcentral.com**.

Comunicación

5 **Describir** With a partner, use the given verbs to ask and answer questions about what you see in the pictures.

> **modelo**
> enseñar, explicar
> **Estudiante 1:** ¿Qué enseña la profesora?
> **Estudiante 2:** Enseña química.
> **Estudiante 1:** ¿Explica la lección?
> **Estudiante 2:** Sí, explica la lección.

1. caminar, hablar, llevar

2. buscar, descansar, estudiar

3. dibujar, cantar, escuchar

4. llevar, tomar, viajar

6 **Charadas** In groups of three, play a game of charades using the verbs in the word bank. For example, if someone is studying, you say "**Estudias.**" The first person to guess correctly acts out the next charade.

| bailar | cantar | descansar | enseñar | mirar |
| caminar | conversar | dibujar | escuchar | preguntar |

Síntesis

7 **Conversación** Pretend that you and a classmate are friends who have not seen each other at school for a few days. Have a conversation in which you catch up on things. Mention how you're feeling, what classes you're taking, what days and times you have classes, and which classes you like and don't like.

En la clase cincuenta y cinco **55**

2.2 Forming questions in Spanish *Tutorial*

ANTE TODO There are three basic ways to ask questions in Spanish. Can you guess what they are by looking at the photos and photo captions on this page?

> Te gusta mucho la tarea, ¿no?

> ¿Hablas con tu mamá?

> ¿Estudia Maru?

▶ One way to form a question is to raise the pitch of your voice at the end of a declarative sentence. When writing any question in Spanish, be sure to use an upside-down question mark (¿) at the beginning and a regular question mark (?) at the end of the sentence.

Statement	Question
Ustedes trabajan los sábados.	¿Ustedes trabajan los sábados?
You work on Saturdays.	*Do you work on Saturdays?*
Carlota busca un mapa.	¿Carlota busca un mapa?
Carlota is looking for a map.	*Is Carlota looking for a map?*

▶ You can also form a question by inverting the order of the subject and the verb of a declarative statement. The subject may even be placed at the end of the sentence.

Statement	Question
SUBJECT VERB	VERB SUBJECT
Ustedes trabajan los sábados.	¿**Trabajan ustedes** los sábados?
You work on Saturdays.	*Do you work on Saturdays?*
SUBJECT VERB	VERB SUBJECT
Carlota regresa a las seis.	¿**Regresa** a las seis **Carlota**?
Carlota returns at six.	*Does Carlota return at six?*

▶ Questions can also be formed by adding the tags **¿no?** or **¿verdad?** at the end of a statement.

Statement	Question
Ustedes trabajan los sábados.	Ustedes trabajan los sábados, **¿no?**
You work on Saturdays.	*You work on Saturdays, don't you?*
Carlota regresa a las seis.	Carlota regresa a las seis, **¿verdad?**
Carlota returns at six.	*Carlota returns at six, right?*

AYUDA

With a partner, take turns saying the example statements and questions on this page out loud. Your pitch indicates whether you are making a statement or asking a question. Then take turns making up statements of your own and turning them into questions, using all three methods.

AYUDA

With negative statements, only the tag **¿verdad?** may be used.

Statement
Ustedes **no** trabajan los sábados.
You don't work on Saturdays.

Question
Ustedes **no** trabajan los sábados, **¿verdad?**
You don't work on Saturdays, right?

Question words

Interrogative words

¿Adónde?	Where (to)?	¿De dónde?	From where?
¿Cómo?	How?	¿Dónde?	Where?
¿Cuál?, ¿Cuáles?	Which?; Which one(s)?	¿Por qué?	Why?
¿Cuándo?	When?	¿Qué?	What?; Which?
¿Cuánto/a?	How much?	¿Quién?	Who?
¿Cuántos/as?	How many?	¿Quiénes?	Who (plural)?

▶ To ask a question that requires more than a *yes* or *no* answer, use an interrogative word.

¿**Cuál** de ellos estudia en la biblioteca?
Which one of them studies in the library?

¿**Adónde** caminamos?
Where are we walking to?

¿**Cuántos** estudiantes hablan español?
How many students speak Spanish?

¿**Por qué** necesitas hablar con ella?
Why do you need to talk to her?

¿**Dónde** trabaja Ricardo?
Where does Ricardo work?

¿**Quién** enseña la clase de arte?
Who teaches the art class?

¿**Qué** clases tomas?
What classes are you taking?

¿**Cuánta** tarea hay?
How much homework is there?

▶ When pronouncing this type of question, the pitch of your voice falls at the end of the sentence.

¿**Cómo** llegas a clase?
How do you get to class?

¿**Por qué** necesitas estudiar?
Why do you need to study?

▶ Notice the difference between ¿**por qué**?, which is written as two words and has an accent, and **porque**, which is written as one word without an accent.

¿**Por qué** estudias español?
Why do you study Spanish?

¡**Porque** es divertido!
Because it's fun!

▶ In Spanish **no** can mean both *no* and *not*. Therefore, when answering a yes/no question in the negative, you need to use **no** twice.

¿Caminan a clase?
Do you walk to class?

No, no caminamos a clase.
No, we do not walk to class.

> **CONSULTA**
>
> You will learn more about the difference between **qué** and **cuál** in **Estructura 9.3**, p. 316.

¡INTÉNTALO! Make questions out of these statements. Use intonation in column 1 and the tag **¿no?** in column 2. The first item has been done for you.

Statement	Intonation	Tag question
1. Hablas inglés.	¿Hablas inglés?	Hablas inglés, ¿no?
2. Trabajamos mañana.		
3. Ustedes desean bailar.		
4. Raúl estudia mucho.		
5. Enseño a las nueve.		
6. Luz mira la televisión.		

Práctica

1 Preguntas Change these sentences into questions by inverting the word order.

> **modelo**
> Ernesto habla con su compañero de clase.
> ¿Habla Ernesto con su compañero de clase? /
> ¿Habla con su compañero de clase Ernesto?

1. La profesora Cruz prepara la prueba.
2. Sandra y yo necesitamos estudiar.
3. Los chicos practican el vocabulario.
4. Jaime termina la tarea.
5. Tú trabajas en la biblioteca.

2 Completar Irene and Manolo are chatting in the library. Complete their conversation with the appropriate questions.

IRENE Hola, Manolo. (1)_____
MANOLO Bien, gracias. (2)_____
IRENE Muy bien. (3)_____
MANOLO Son las nueve.
IRENE (4)_____
MANOLO Estudio historia.
IRENE (5)_____
MANOLO Porque hay un examen mañana.
IRENE (6)_____
MANOLO Sí, me gusta mucho la clase.
IRENE (7)_____
MANOLO El profesor Padilla enseña la clase.
IRENE (8)_____
MANOLO No, no tomo psicología este semestre.
IRENE (9)_____
MANOLO Regreso a la casa a las tres y media.
IRENE (10)_____
MANOLO No, no deseo tomar una soda. ¡Deseo estudiar!

3 Dos profesores In pairs, create a dialogue, similar to the one in **Actividad 2**, between two teachers, Mr. Padilla and his colleague Ms. Martínez. Use question words.

> **modelo**
> **Señor Padilla:** ¿Qué enseñas este semestre?
> **Señora Martínez:** Enseño dos cursos de sociología.

Practice more at vhlcentral.com.

Comunicación

4 Encuesta Your teacher will give you a worksheet. Change the categories in the first column into questions, then use them to survey your classmates. Find at least one person for each category. Be prepared to report the results of your survey to the class.

5 Un juego In groups of four or five, play a game (**un juego**) of Jeopardy®. Each person has to write two clues. Then take turns reading the clues and guessing the questions. The person who guesses correctly reads the next clue.

Es algo que...	**Es un lugar donde...**	**Es una persona que...**
It's something that...	*It's a place where...*	*It's a person that...*

modelo

Estudiante 1: Es un lugar donde estudiamos.
Estudiante 2: ¿Qué es la biblioteca?

Estudiante 1: Es algo que escuchamos.
Estudiante 2: ¿Qué es la música?

Estudiante 1: Es un director de España.
Estudiante 2: ¿Quién es Pedro Almodóvar?

6 El nuevo estudiante Imagine you are a transfer student and today is your first day of Spanish class. Ask your partner questions to find out all you can about the class, your classmates, and the school. Then switch roles.

modelo

Estudiante 1: Hola, me llamo Samuel. ¿Cómo te llamas?
Estudiante 2: Me llamo Laura.
Estudiante 1: ¿Quiénes son ellos?
Estudiante 2: Son Melanie y Lucas.
Estudiante 1: Y el profesor, ¿de dónde es?
Estudiante 2: Es de California.
Estudiante 1: En la escuela hay cursos de ciencias, ¿verdad?
Estudiante 2: Sí, hay clases de biología, química y física.
Estudiante 1: ¿Cuántos exámenes hay en esta clase?
Estudiante 2: Hay dos.

Síntesis

7 Entrevista Imagine that you are a reporter for the school newspaper. Write five questions about student life at your school and use them to interview two classmates. Be prepared to report your findings to the class.

NOTA CULTURAL

Pedro Almodóvar is a film director from Spain. His films are full of both humor and melodrama, and their controversial subject matter has often sparked great debate. His 1999 film *Todo sobre mi madre* (*All About My Mother*) received the Oscar for Best Foreign Film, followed by *Hable con ella*, which won the Oscar for Best Original Screenplay in 2002. *Volver* (2006) and *Los abrazos rotos* (2009) garnered numerous nominations and awards. His eighteenth film, *La piel que habito*, was released in 2011.

En la clase

cincuenta y nueve 59

2.3 Present tense of estar   Tutorial

ANTE TODO In **Lección 1**, you learned how to conjugate and use the verb **ser** (*to be*). You will now learn a second verb which means *to be*, the verb **estar**. Although **estar** ends in **-ar**, it does not follow the pattern of regular **-ar** verbs. The **yo** form (**estoy**) is irregular. Also, all forms have an accented **á** except the **yo** and **nosotros/as** forms.

CONSULTA
To review the forms of **ser**, see **Estructura 1.3**, pp. 19–21.

The verb estar (to be)

SINGULAR FORMS	yo	est**oy**	*I am*
	tú	est**ás**	*you* (fam.) *are*
	Ud./él/ella	est**á**	*you* (form.) *are; he/she is*
PLURAL FORMS	nosotros/as	est**amos**	*we are*
	vosotros/as	est**áis**	*you* (fam.) *are*
	Uds./ellos/ellas	est**án**	*you* (form.) *are; they are*

¡Estamos en Perú!

María está en la biblioteca.

COMPARE & CONTRAST

Compare the uses of the verb **estar** to those of the verb **ser**.

Uses of *estar*

Location
Estoy en casa.
I am at home.

Marissa **está** al lado de Felipe.
Marissa is next to Felipe.

Health
Juan Carlos **está** enfermo hoy.
Juan Carlos is sick today.

Well-being
—¿Cómo **estás**, Jimena?
How are you, Jimena?

—**Estoy** muy bien, gracias.
I'm very well, thank you.

Uses of *ser*

Identity
Hola, **soy** Maru.
Hello, I'm Maru.

Occupation
Soy estudiante.
I'm a student.

Origin
—¿**Eres** de México?
Are you from Mexico?

—Sí, **soy** de México.
Yes, I'm from Mexico.

Telling time
Son las cuatro.
It's four o'clock.

AYUDA
Use **la casa** to express *the house*, but **en casa** to express *at home*.

CONSULTA
To learn more about the difference between **ser** and **estar**, see **Estructura 5.3**, pp. 170–171.

▶ **Estar** is often used with certain prepositions and adverbs to describe the location of a person or an object.

Prepositions and adverbs often used with estar

al lado de	next to; beside	delante de	in front of
a la derecha de	to the right of	detrás de	behind
a la izquierda de	to the left of	en	in; on
allá	over there	encima de	on top of
allí	there	entre	between; among
cerca de	near	lejos de	far from
con	with	sin	without
debajo de	below	sobre	on; over

La tiza **está al lado de** la pluma.
The chalk is next to the pen.

Los libros **están encima del** escritorio.
The books are on top of the desk.

El laboratorio **está cerca de** la clase.
The lab is near the classroom.

Maribel **está delante de** José.
Maribel is in front of José.

La maleta **está allí**.
The suitcase is over there.

El estadio no **está lejos de** la librería.
The stadium isn't far from the bookstore.

El mapa **está entre** la pizarra y la puerta.
The map is between the blackboard and the door.

Los estudiantes **están en** la clase.
The students are in class.

La calculadora **está sobre** la mesa.
The calculator is on the table.

Los turistas **están allá**.
The tourists are over there.

Estamos lejos de casa.

La biblioteca está al lado de la librería.

¡INTÉNTALO!

Provide the present tense forms of **estar**.

1. Ustedes _están_ en la clase.
2. José _____ en la biblioteca.
3. Yo _____ bien, gracias.
4. Nosotras _____ en la cafetería.
5. Tú _____ en el laboratorio.
6. Elena _____ en la librería.
7. Ellas _____ en la clase.
8. Ana y yo _____ en la clase.
9. ¿Cómo _____ usted?
10. Javier y Maribel _____ en el estadio.
11. Nosotros _____ en la cafetería.
12. Yo _____ en el laboratorio.
13. Carmen y María _____ enfermas.
14. Tú _____ en la clase.

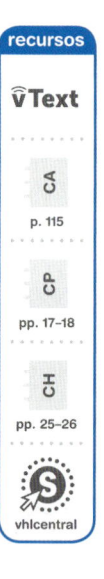

recursos

vText

CA
p. 115

CP
pp. 17–18

CH
pp. 25–26

vhlcentral

Práctica

1 Completar Daniela has just returned home from school. Complete this conversation with the appropriate forms of **ser** or **estar**.

MAMÁ   Hola, Daniela. ¿Cómo (1)_____?
DANIELA Hola, mamá. (2)_____ bien. ¿Dónde (3)_____ papá?
¡Ya (*Already*) (4)_____ las seis de la tarde!
MAMÁ   No (5)_____ aquí. (6)_____ en la oficina.
DANIELA Y Andrés y Margarita, ¿dónde (7)_____ ellos?
MAMÁ   (8)_____ en el restaurante La Palma con Martín.
DANIELA ¿Quién (9)_____ Martín?
MAMÁ   (10)_____ un compañero de clase. (11)_____ de México.
DANIELA Ah. Y el restaurante La Palma, ¿dónde (12)_____?
MAMÁ   (13)_____ cerca de la Plaza Mayor, en San Modesto.
DANIELA Gracias, mamá. Voy (*I'm going*) al restaurante. ¡Hasta pronto!

2 Escoger Choose the preposition that best completes each sentence.

1. La pluma está (encima de / detrás de) la mesa.
2. La ventana está (a la izquierda de / debajo de) la puerta.
3. La pizarra está (debajo de / delante de) los estudiantes.
4. Las sillas están (encima de / detrás de) los escritorios.
5. Los estudiantes llevan los libros (en / sobre) la mochila.
6. La biblioteca está (sobre / al lado de) la residencia estudiantil.
7. España está (cerca de / lejos de) Puerto Rico.
8. México está (cerca de / lejos de) los Estados Unidos.
9. Felipe trabaja (con / en) Ricardo en la cafetería.

3 Buscar Imagine that you are in a school supply store and can't find various items. Ask the clerk (your partner) about the location of five items in the drawing. Then switch roles.

modelo
Estudiante 1: ¿Dónde están los diccionarios?
Estudiante 2: Los diccionarios están debajo de los libros de literatura.

Comunicación

4 **¿Dónde estás...?** With a partner, take turns asking where you are at these times.

> **modelo**
> lunes / 10:00 a.m.
> **Estudiante 1:** ¿Dónde estás los lunes a las diez de la mañana?
> **Estudiante 2:** Estoy en la clase de español.

1. sábados / 6:00 a.m.
2. miércoles / 9:15 a.m.
3. lunes / 11:10 a.m.
4. jueves / 12:30 a.m.
5. viernes / 2:25 p.m.
6. martes / 3:50 p.m.
7. jueves / 5:45 p.m.
8. miércoles / 8:20 p.m.

5 **La ciudad universitaria** You are visiting your older sister, who is an exchange student at a Spanish university. Tell a classmate which buildings you are looking for and ask for their location relative to where you are.

> **modelo**
> **Estudiante 1:** ¿Está lejos la Facultad de Medicina?
> **Estudiante 2:** No, está cerca. Está a la izquierda de la Facultad de Administración de Empresas.

Facultad de Medicina
Facultad de Administración de Empresas
Biblioteca
Facultad de Química
Tú estás aquí.
Colegio Mayor Cervantes
Facultad de Bellas Artes

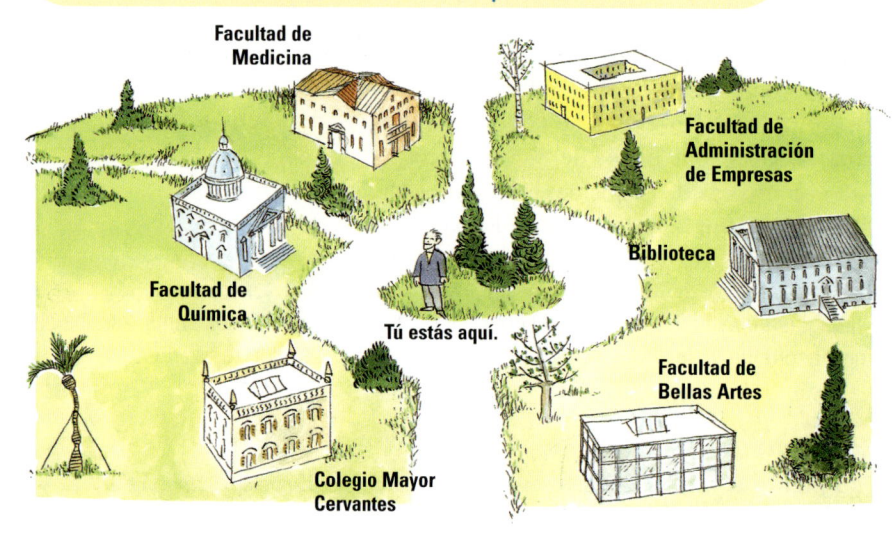

¡LENGUA VIVA!

La Facultad (*School*) de Filosofía y Letras includes departments such as language, literature, philosophy, history, and linguistics. Fine arts can be studied in la Facultad de Bellas Artes. In Spain the business school is sometimes called la Facultad de Administración de Empresas. Residencias estudiantiles are referred to as colegios mayores.

Síntesis

6 **Entrevista** In groups of three, ask each other these questions.

1. ¿Cómo estás?
2. ¿Dónde tomas la clase de inglés/arte/biología/computación?
3. ¿Dónde está tu (*your*) padre ahora?
4. ¿Cuántos estudiantes hay en tu clase de historia/literatura/música/matemáticas?
5. ¿Quién(es) no está(n) en la clase hoy?
6. ¿A qué hora terminan tus clases los lunes?
7. ¿Estudias mucho?
8. ¿Cuántas horas estudias para (*for*) una prueba?

2.4 Numbers 31 and higher

Tutorial

ANTE TODO You have already learned numbers 0–30. Now you will learn the rest of the numbers.

Numbers 31–100

▶ Numbers 31–99 follow the same basic pattern as 21–29.

	Numbers 31–100				
31	treinta y uno	40	cuarenta	50	cincuenta
32	treinta y dos	41	cuarenta y uno	51	cincuenta y uno
33	treinta y tres	42	cuarenta y dos	52	cincuenta y dos
34	treinta y cuatro	43	cuarenta y tres	60	sesenta
35	treinta y cinco	44	cuarenta y cuatro	63	sesenta y tres
36	treinta y seis	45	cuarenta y cinco	64	sesenta y cuatro
37	treinta y siete	46	cuarenta y seis	70	setenta
38	treinta y ocho	47	cuarenta y siete	80	ochenta
39	treinta y nueve	48	cuarenta y ocho	90	noventa
		49	cuarenta y nueve	100	cien, ciento

▶ **Y** is used in most numbers from **31** through **99**. Unlike numbers 21–29, these numbers must be written as three separate words.

Hay **noventa y dos** exámenes.
There are ninety-two exams.

Hay **cuarenta y dos** estudiantes.
There are forty-two students.

Hay cuarenta y siete estudiantes en la clase de geografía.

Cien menos sesenta y cuatro son treinta y seis pesos de cambio.

▶ With numbers that end in **uno** (31, 41, etc.), **uno** becomes **un** before a masculine noun and **una** before a feminine noun.

Hay **treinta y un** chicos.
There are thirty-one guys.

Hay **treinta y una** chicas.
There are thirty-one girls.

▶ **Cien** is used before nouns and in counting. The words **un, una,** and **uno** are never used before **cien** in Spanish. Use **cientos** to say *hundreds*.

Hay **cien** libros y **cien** sillas.
There are one hundred books and one hundred chairs.

¿Cuántos libros hay? **Cientos.**
How many books are there? Hundreds.

Numbers 101 and higher

▶ As shown in the chart, Spanish traditionally uses a period to indicate thousands and millions, rather than a comma as used in English.

Numbers 101 and higher			
101	ciento uno	1.000	mil
200	doscientos/as	1.100	mil cien
300	trescientos/as	2.000	dos mil
400	cuatrocientos/as	5.000	cinco mil
500	quinientos/as	100.000	cien mil
600	seiscientos/as	200.000	doscientos/as mil
700	setecientos/as	550.000	quinientos/as cincuenta mil
800	ochocientos/as	1.000.000	un millón (de)
900	novecientos/as	8.000.000	ocho millones (de)

▶ Notice that you should use **ciento**, not **cien**, to count numbers over 100.

110 = **ciento diez**   118 = **ciento dieciocho**   150 = **ciento cincuenta**

▶ The numbers 200 through 999 agree in gender with the nouns they modify.

324 plum**as**
trescient**as** veinticuatro plum**as**

605 libr**os**
seiscient**os** cinco libr**os**

Hay tres mil quinient**os** libr**os** en la biblioteca.

▶ The word **mil**, which can mean *a thousand* and *one thousand*, is not usually used in the plural form to refer to an exact number, but it can be used to express the idea of *a lot*, *many*, or *thousands*. **Cientos** can also be used to express *hundreds* in this manner.

Hay **miles** de personas en el estadio.
There are thousands of people in the stadium.

▶ To express a complex number (including years), string together all of its components.

55.422   cincuenta y cinco mil cuatrocientos veintidós

¡LENGUA VIVA!

In Spanish, years are not expressed as pairs of two-digit numbers as they are in English (1979, *nineteen seventy-nine*): 1776, mil setecientos setenta y seis; 1945, mil novecientos cuarenta y cinco; 2015, dos mil quince.

¡ATENCIÓN!

When **millón** or **millones** is used before a noun, the word **de** is placed between the two:
1.000.000 hombres = un millón de hombres
12.000.000 casas = doce millones de casas

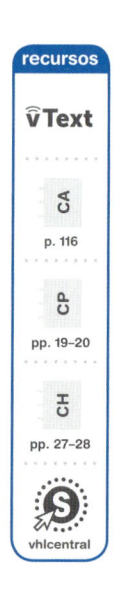

¡INTÉNTALO!

Give the Spanish equivalent of each number. The first item has been done for you.

1. **102** _ciento dos_
2. **5.000.000** _____
3. **201** _____
4. **76** _____
5. **92** _____
6. **550.300** _____
7. **235** _____
8. **79** _____
9. **113** _____
10. **88** _____
11. **17.123** _____
12. **497** _____

En la clase

Práctica y Comunicación

1 **Baloncesto** Provide these basketball scores in Spanish.

1. Ohio State 76, Michigan 65
2. Florida 92, Florida State 104
3. Stanford 78, UCLA 89
4. Purdue 81, Indiana 78
5. Princeton 67, Harvard 55
6. Duke 115, Virginia 121

2 **Completar** Complete these sequences of numbers.

1. 50, 150, 250 … 1.050
2. 5.000, 20.000, 35.000 … 95.000
3. 100.000, 200.000, 300.000 … 1.000.000
4. 100.000.000, 90.000.000, 80.000.000 … 0

3 **Resolver** In pairs, take turns reading the math problems aloud for your partner to solve.

> **modelo**
> 200 + 300 =
> **Estudiante 1:** Doscientos más trescientos son…
> **Estudiante 2:** … quinientos.

AYUDA
+ → más
− → menos
= → son

1. 1.000 + 753 =
2. 1.000.000 − 30.000 =
3. 10.000 + 555 =
4. 15 + 150 =
5. 100.000 + 205.000 =
6. 29.000 − 10.000 =

4 **Entrevista** Find out the telephone numbers and e-mail addresses of four classmates.

> **modelo**
> **Estudiante 1:** ¿Cuál es tu (your) número de teléfono?
> **Estudiante 2:** Es el 635-19-51.
> **Estudiante 1:** ¿Y tu dirección de correo electrónico?
> **Estudiante 2:** Es a-Smith-arroba-pe-ele-punto-e-de-u. (asmith@pl.edu)

AYUDA
arroba *at* (@)
punto *dot* (.)

Practice more at **vhlcentral.com**.

Síntesis

5 **¿A qué distancia…?** Your teacher will give you and a partner incomplete charts that indicate the distances between Madrid and various locations. Fill in the missing information on your chart by asking your partner questions.

> **modelo**
> **Estudiante 1:** ¿A qué distancia está Arganda del Rey?
> **Estudiante 2:** Está a veintisiete kilómetros de Madrid.

recursos
vText
CA
pp. 5–8

Recapitulación

Review the grammar concepts you have learned in this lesson by completing these activities.

1 Completar Complete the chart with the correct verb forms. **24 pts.**

yo	tú	nosotros	ellas
compro			
	deseas		
		miramos	
			preguntan

2 Números Write these numbers in Spanish. **16 pts.**

modelo
645: seiscientos cuarenta y cinco

1. **49:** _____
2. **97:** _____
3. **113:** _____
4. **632:** _____
5. **1.781:** _____
6. **3.558:** _____
7. **1.006.015:** _____
8. **67.224.370:** _____

3 Preguntas Write questions for these answers. **12 pts.**

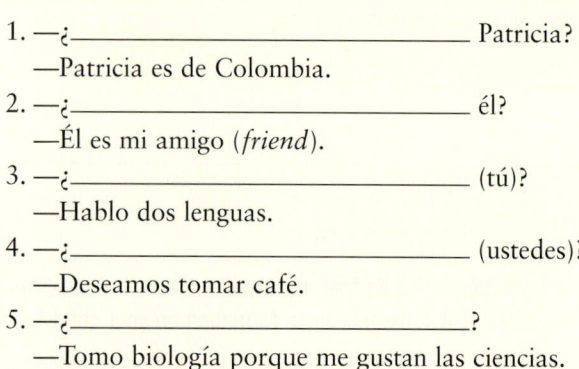

1. —¿_____ Patricia?
   —Patricia es de Colombia.
2. —¿_____ él?
   —Él es mi amigo (*friend*).
3. —¿_____ (tú)?
   —Hablo dos lenguas.
4. —¿_____ (ustedes)?
   —Deseamos tomar café.
5. —¿_____?
   —Tomo biología porque me gustan las ciencias.
6. —¿_____?
   —Camilo descansa por las mañanas.

RESUMEN GRAMATICAL

2.1 Present tense of -ar verbs pp. 50–52

estudiar

estudio	estudiamos
estudias	estudiáis
estudia	estudian

The verb gustar

(no) me gusta + el/la + [*singular noun*]

(no) me gustan + los/las + [*plural noun*]

(no) me gusta + [*infinitive(s)*]

Note: You may use **a mí** for emphasis, but never **yo**.

To ask a classmate about likes and dislikes, use **te** instead of **me**, but never **tú**.

¿Te gusta la historia?

2.2 Forming questions in Spanish pp. 55–56

▶ ¿Ustedes trabajan los sábados?
▶ ¿Trabajan ustedes los sábados?
▶ Ustedes trabajan los sábados, ¿verdad?/¿no?

Interrogative words

¿Adónde?	¿Cuánto/a?	¿Por qué?
¿Cómo?	¿Cuántos/as?	¿Qué?
¿Cuál(es)?	¿De dónde?	¿Quién(es)?
¿Cuándo?	¿Dónde?	

2.3 Present tense of estar pp. 59–60

▶ estar: estoy, estás, está, estamos, estáis, están

2.4 Numbers 31 and higher pp. 63–64

31	treinta y uno	101	ciento uno
32	treinta y dos	200	doscientos/as
	(and so on)	500	quinientos/as
40	cuarenta	700	setecientos/as
50	cincuenta	900	novecientos/as
60	sesenta	1.000	mil
70	setenta	2.000	dos mil
80	ochenta	5.100	cinco mil cien
90	noventa	100.000	cien mil
100	cien, ciento	1.000.000	un millón (de)

En la clase

4 **Al teléfono** Complete this telephone conversation with the correct forms of the verb **estar**. 16 pts.

MARÍA TERESA Hola, señora López. (1) ¿_____ Elisa en casa?

SRA. LÓPEZ Hola, ¿quién es?

MARÍA TERESA Soy María Teresa. Elisa y yo (2) _____ en la misma (*same*) clase de literatura.

SRA. LÓPEZ ¡Ah, María Teresa! ¿Cómo (3) _____?

MARÍA TERESA (4) _____ muy bien, gracias. Y usted, ¿cómo (5) _____?

SRA. LÓPEZ Bien, gracias. Pues, no, Elisa no (6) _____ en casa. Ella y su hermano (*her brother*) (7) _____ en la Biblioteca Cervantes.

MARÍA TERESA ¿Cervantes?

SRA. LÓPEZ Es la biblioteca que (8) _____ al lado del café Bambú.

MARÍA TERESA ¡Ah, sí! Gracias, señora López.

SRA. LÓPEZ Hasta luego, María Teresa.

5 **¿Qué te gusta?** Write a paragraph of at least five sentences stating what you like and don't like about your school. If possible, explain your likes and dislikes. 32 pts.

Me gusta la clase de música porque no hay muchos exámenes. No me gusta estudiar en la cafetería...

6 **Canción** Use the appropriate forms of the verb **gustar** to complete the beginning of a popular song by Manu Chao. 2 EXTRA points!

"Me _____ los aviones°,
me gustas tú,
me _____ viajar,
me gustas tú,
me gusta la mañana,
me gustas tú."

aviones *airplanes*

Lectura

Audio: Reading
Additional Reading

Antes de leer

Estrategia

Predicting Content through Formats

Recognizing the format of a document can help you to predict its content. For instance, invitations, greeting cards, and classified ads follow an easily identifiable format, which usually gives you a general idea of the information they contain. Look at the text and identify it based on its format.

	lunes	martes	miércoles	jueves	viernes
8:30	biología		biología		biología
9:00		historia		historia	
9:30	inglés		inglés		inglés
10:00					
10:30					
11:00					
12:00					
12:30					
1:00					
2:00	arte		arte		arte

If you guessed that this is a page from a student's schedule, you are correct. You can now infer that the document contains information about a student's weekly schedule, including days, times, and activities.

Cognados

With a classmate, make a list of the cognates in the document entitled *¡Español en Madrid!* and guess their English meanings. What do cognates reveal about the content of the document?

Examinar el texto

Look at the format of the document. What type of text is it? What information do you expect to find in this type of document?

recursos
vText CH pp. 29–30 vhlcentral

¡ESPAÑOL EN MADRID!

UAE

Programa de Cursos Intensivos de Español
Universidad Autónoma Española

Después de leer

Correspondencias

Match each item in Column B with the correct word in Column A. Two items will not be used.

A
1. profesores
2. vivienda
3. Madrid
4. número de teléfono
5. Español 2B
6. número de fax

B
a. (34) 91 779 4500
b. (34) 91 779 0210
c. 23 junio–30 julio
d. capital cultural de Europa
e. 23 junio–22 julio
f. especializados en enseñar español como lengua extranjera
g. (34) 91 779 4623
h. familias españolas

En la clase

Universidad Autónoma Española

Madrid, la capital cultural de Europa, y la UAE te ofrecen cursos intensivos de verano° para aprender° español como nunca antes°.

Cursos	Empieza°	Termina
Español 1A	16 junio	22 julio
Español 1B	23 junio	30 julio
Español 1C	30 junio	10 agosto
Español 2A	16 junio	22 julio
Español 2B	23 junio	30 julio
Español 3A	16 junio	22 julio
Español 3B	23 junio	30 julio

¿Dónde?
En el campus de la UAE, edificio° de la Facultad de Filosofía y Letras.

¿Quiénes son los profesores?
Son todos hablantes nativos del español y catedráticos° de la UAE especializados en enseñar el español como lengua extranjera.

¿Qué niveles se ofrecen?
Se ofrecen tres niveles° básicos:
1. Español Elemental, A, B y C
2. Español Intermedio, A y B
3. Español Avanzado, A y B

Viviendas
Para estudiantes extranjeros se ofrece vivienda° con familias españolas.

¿Cuándo?
Este verano desde° el 16 de junio hasta el 10 de agosto. Los cursos tienen una duración de 6 semanas.

Información
Para mayor información, sirvan comunicarse con la siguiente° oficina:

Universidad Autónoma Española
Programa de Español como Lengua Extranjera
Ctra. Villalba, Km. 32, 28049 Madrid, España
Tel. (34) 91 779 4500, **Fax** (34) 91 779 4623
www.uae.es

---

verano *summer* **aprender** *to learn* **nunca antes** *never before* **edificio** *building* **catedráticos** *professors* **niveles** *levels* **vivienda** *housing* **desde** *from* **Empieza** *Begins* **siguiente** *following*

¿Cierto o falso?

Indicate whether each statement is **cierto** or **falso**. Then correct the false statements.

Cierto Falso

1. La Universidad Autónoma Española ofrece (*offers*) cursos intensivos de italiano. ○ ○
2. La lengua nativa de los profesores del programa es el inglés. ○ ○
3. Los cursos de español son en la Facultad de Ciencias. ○ ○
4. Los estudiantes pueden vivir (*can live*) con familias españolas. ○ ○

5. La universidad que ofrece los cursos intensivos está en Salamanca. ○ ○
6. Español 2A termina en agosto. ○ ○
7. Si deseas información sobre (*about*) los cursos intensivos de español, puedes llamar al (34) 91 779 4500. ○ ○
8. Español 1B empieza en julio. ○ ○

Practice more at vhlcentral.com.

Escritura

Estrategia
Brainstorming

How do you find ideas to write about? In the early stages of writing, brainstorming can help you generate ideas on a specific topic. You should spend ten to fifteen minutes brainstorming and jotting down any ideas about the topic.

Whenever possible, try to write your ideas in Spanish. Express your ideas in single words or phrases, and jot them down in any order. While brainstorming, don't worry about whether your ideas are good or bad. Selecting and organizing ideas should be the second stage of your writing. Remember that the more ideas you write down while you're brainstorming, the more options you'll have to choose from later when you start to organize your ideas.

Me gusta
- bailar
- viajar
- mirar la televisión
- la clase de español
- la clase de psicología

No me gusta
- cantar
- dibujar
- trabajar
- la clase de química
- la clase de biología

recursos
vText pp. 161–162 | CA pp. 31–32 | CH | vhlcentral

Tema

Una descripción

Write a description of yourself to post in a chat room on a website in order to meet Spanish-speaking people. Include this information in your description:

▶ your name, where you are from, and a photo (optional) of yourself
▶ where you go to school
▶ the courses you are taking
▶ where you work (if you have a job)
▶ some of your likes and dislikes

¡Hola! Me llamo Alicia Roberts. Estudio matemáticas y economía. Me gusta dibujar, cantar y viajar.

En la clase setenta y uno

Escuchar 🔊 Audio

> **Estrategia**
>
> **Listening for cognates**
>
> You already know that cognates are words that have similar spellings and meanings in two or more languages: for example, *group* and **grupo** or *stereo* and **estéreo**. Listen for cognates to increase your comprehension of spoken Spanish.
>
> 🔊 To help you practice this strategy, you will now listen to two sentences. Make a list of all the cognates you hear.

Preparación

Based on the photograph, who do you think Armando and Julia are? What do you think they are talking about?

Ahora escucha 🔊

Now you are going to hear Armando and Julia's conversation. Make a list of the cognates they use.

Armando	Julia
_____	_____
_____	_____
_____	_____
_____	_____

Based on your knowledge of cognates, decide whether the following statements are **cierto** or **falso**.

	Cierto	Falso
1. Armando y Julia hablan de la familia.	○	○
2. Armando y Julia toman una clase de matemáticas.	○	○
3. Julia toma clases de ciencias.	○	○
4. Armando estudia lenguas extranjeras.	○	○
5. Julia toma una clase de religión.	○	○

Practice more at **vhlcentral.com**.

Comprensión

Preguntas
Answer these questions about Armando and Julia's conversation.
1. ¿Qué clases toma Armando?
   _____
2. ¿Qué clases toma Julia?
   _____

Seleccionar
Choose the answer that best completes each sentence.
1. Armando toma _____ clases en la universidad.
   a. cuatro   b. cinco   c. seis
2. Julia toma dos clases de _____.
   a. matemáticas b. lengua c. ciencias
3. Armando toma italiano y _____.
   a. astronomía b. japonés c. geología
4. Armando y Julia estudian _____ los martes y jueves.
   a. filosofía   b. matemáticas c. italiano

Preguntas personales
1. ¿Cuántas clases tomas tú este semestre?
2. ¿Qué clases tomas este semestre?
3. ¿Qué clases te gustan y qué clases no te gustan?

recursos
vText
vhlcentral

en pantalla

Video: TV Clip

Anuncio de Jumbo

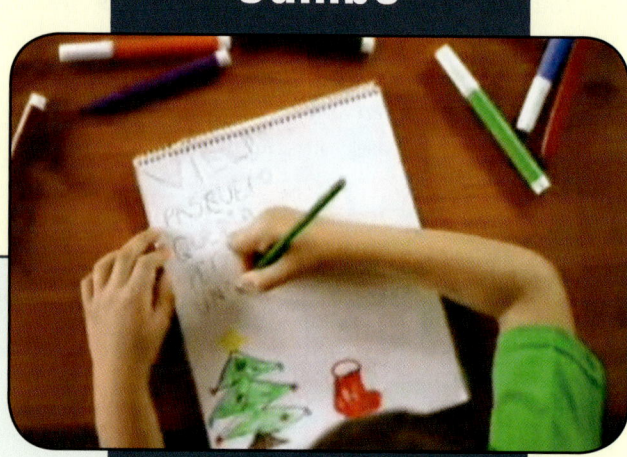

Viejito Pascuero°...

Preparación
Answer the following questions in English.
1. For what occasions do you give and get gifts?
2. When did you get a very special or needed gift? What was the gift?

Calendarios
During the months of cold weather and snow in North America, the southern hemisphere enjoys warm weather and longer days. Since Chile's summer lasts from December to February, school vacation coincides with these months. In Chile, the school year starts in early March and finishes toward the end of December. All schools, from preschools to universities, observe this scholastic calendar, with only a few days' variation between institutions.

Viejito Pascuero *Santa Claus (Chile)*

Vocabulario útil
ahorrar	to save (money)
Navidad	Christmas
pedirte	to ask you
quería	I wanted
te preocupa	it worries you

Comprensión
Answer the following questions, using both English and Spanish as directed.
1. In the video, what was the young boy doing?
2. Who else is in the video? How do you know who he is?
3. What did the boy ask? Give both the Spanish and the English equivalent.
4. What answer was he given? Give both the Spanish and the English equivalent.

Conversación
With a partner, take turns asking for something and being sure of the spelling. Each of you should ask for four different things. Follow the model.

modelo
Estudiante 1: ¿Qué quieres?
Estudiante 2: Quiero un diccionario.
Estudiante 1: ¿Cómo se escribe "diccionario"?
Estudiante 2: D-I-C-C-I-O-N-A-R-I-O

Aplicación
With a partner, describe your school calendar and vacations. Then research and describe the same for a Spanish-speaking culture. Include the following elements: at what age students start school, the first and last days of the school year, and the dates of school vacations. Present your descriptions to the class, comparing the two as you present.

Practice more at vhlcentral.com.

recursos
vText
vhlcentral

En la clase

Flash Cultura

Video: Flash cultura

Mexican author and diplomat Octavio Paz (March 31, 1914–April 19, 1998) studied both law and literature at the **Universidad Nacional Autónoma de México** (**UNAM**), but after graduating he immersed himself in the art of writing. An incredibly prolific writer of novels, poetry, and essays, Paz solidified his prestige as Mexico's preeminent author with his 1950 book *El laberinto de la soledad*, a fundamental study of Mexican identity. Among the many awards he received in his lifetime are the **Premio Miguel de Cervantes** (1981) and Nobel Prize for Literature (1990). Paz foremost considered himself a poet and affirmed that poetry constitutes "**la religión secreta de la edad° moderna.**"

Vocabulario útil

¿Cuál es tu materia favorita?	What is your favorite subject?
¿Cuántos años tienes?	How old are you?
¿Qué estudias?	What do you study?
el/la alumno/a	student
la carrera (de medicina)	(medical) degree program, major
derecho	law
reconocido	well-known

Preparación

What is the name of your school? What classes are you taking this semester?

Emparejar

Match the first part of the sentence in the left column with the appropriate ending in the right column.

1. En la UNAM no hay
2. México, D.F. es
3. La UNAM es
4. La UNAM ofrece (*offers*)

a. una universidad muy grande.
b. 74 carreras de estudio.
c. residencias estudiantiles.
d. la ciudad más grande (*biggest*) de Hispanoamérica.

edad *age* ¿Conoces a algún...? *Do you know any...?* que dé *that teaches*

Los estudios

—¿Qué estudias?
—Ciencias de la comunicación.

Estudio derecho en la UNAM.

¿Conoces a algún° profesor famoso que dé° clases... en la UNAM?

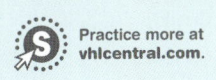

Practice more at vhlcentral.com.

recursos: vText, pp. 89–90, vhlcentral

2 panorama

Lección 2

España

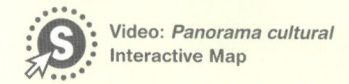

Video: *Panorama cultural*
Interactive Map

El país en cifras

- **Área:** 505.370 km² (kilómetros cuadrados) o 195.124 millas cuadradas°, incluyendo las islas Baleares y las islas Canarias
- **Población:** 47.043.000
- **Capital:** Madrid—6.213.000
- **Ciudades° principales:** Barcelona—5.029.000, Valencia—812.000, Sevilla, Zaragoza
- **Moneda°:** euro
- **Idiomas°:** español o castellano, catalán, gallego, valenciano, euskera

Regiones lingüísticas

Bandera de España

Españoles célebres

- **Miguel de Cervantes,** escritor° (1547–1616)
- **Pedro Almodóvar,** director de cine° (1949–)
- **Rosa Montero,** escritora y periodista° (1951–)
- **Fernando Alonso,** corredor de autos° (1981–)
- **Paz Vega,** actriz° (1976–)
- **Severo Ochoa,** Premio Nobel de Medicina, 1959; doctor y científico (1905–1993)

millas cuadradas *square miles* Ciudades *Cities* Moneda *Currency*
Idiomas *Languages* escritor *writer* cine *film* periodista *reporter*
corredor de autos *race car driver* actriz *actress* pueblo *town*
Cada año *Every year* Durante todo un día *All day long*
se tiran *throw at each other* varias toneladas *many tons*

La Sagrada Familia en Barcelona

Plaza Mayor en Madrid

El baile flamenco

Islas Canarias: La Palma, Tenerife, Gran Canaria, Lanzarote, Gomera, Fuerteventura, Hierro

recursos
vText
CA pp. 71–72
CP pp. 21–22
vhlcentral

¡Increíble pero cierto!

En Buñol, un pueblo° de Valencia, la producción de tomates es un recurso económico muy importante. Cada año° se celebra el festival de *La Tomatina*. Durante todo un día°, miles de personas se tiran° tomates. Llegan turistas de todo el país, y se usan varias toneladas° de tomates.

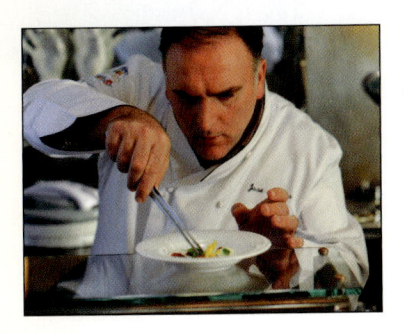

En la clase

setenta y cinco 75

Gastronomía • José Andrés

José Andrés es un chef español famoso internacionalmente°. Le gusta combinar platos° tradicionales de España con las técnicas de cocina más innovadoras°. Andrés vive° en Washington, DC, es dueño° de varios restaurantes en los EE.UU. y presenta° un programa en PBS. También° ha estado° en *Late Show with David Letterman* y *Top Chef*.

Cultura • La diversidad

La riqueza° cultural y lingüística de España refleja la combinación de las diversas culturas que han habitado° en su territorio durante siglos°. El español es la lengua oficial del país, pero también son oficiales el catalán, el gallego, el euskera y el valenciano.

Póster en catalán

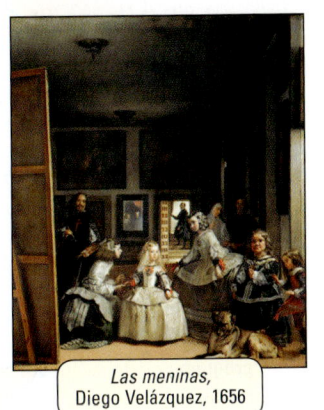

Artes • Velázquez y el Prado

El Prado, en Madrid, es uno de los museos más famosos del mundo°. En el Prado hay pinturas° importantes de Botticelli, de El Greco y de los españoles Goya y Velázquez. *Las meninas* es la obra° más conocida° de Diego Velázquez, pintor° oficial de la corte real° durante el siglo° XVII.

Las meninas, Diego Velázquez, 1656

Comida • La paella

La paella es uno de los platos más típicos de España. Siempre se prepara° con arroz° y azafrán°, pero hay diferentes recetas°. La paella valenciana, por ejemplo, es de pollo° y conejo°, y la paella marinera es de mariscos°.

La costa de Ibiza

¿Qué aprendiste? Completa las oraciones con la información adecuada.

1. El chef español _____ es muy famoso.
2. El arroz y el azafrán son ingredientes básicos de la _____.
3. El Prado está en _____.
4. _____ es una pintura famosa de Diego Velázquez.
5. El chef José Andrés tiene un _____ de televisión en PBS.
6. El gallego es una de las lenguas oficiales de _____.

Conexión Internet Investiga estos temas en **vhlcentral.com**.

1. Busca información sobre la Universidad de Salamanca u otra universidad española. ¿Qué cursos ofrece (*does it offer*)?
2. Busca información sobre un español o una española célebre (por ejemplo, un[a] político/a, un actor, una actriz, un[a] artista). ¿De qué parte de España es y por qué es célebre?

Practice more at vhlcentral.com.

internacionalmente *internationally* **platos** *dishes* **más innovadoras** *most innovative* **vive** *lives* **dueño** *owner* **presenta** *he hosts* **También** *Also* **ha estado** *he has been* **riqueza** *richness* **han habitado** *have lived* **durante siglos** *for centuries* **mundo** *world* **pinturas** *paintings* **obra** *work* **más conocida** *best-known* **pintor** *painter* **corte real** *royal court* **siglo** *century* **Siempre se prepara** *It is always prepared* **arroz** *rice* **azafrán** *saffron* **recetas** *recipes* **pollo** *chicken* **conejo** *rabbit* **mariscos** *seafood*

vocabulario

My Vocabulary

La clase

el/la compañero/a de clase	classmate
el/la compañero/a de cuarto	roommate
el/la estudiante	student
el/la profesor(a)	teacher
el borrador	eraser
la calculadora	calculator
el escritorio	desk
el libro	book
el mapa	map
la mesa	table
la mochila	backpack
el papel	paper
la papelera	wastebasket
la pizarra	blackboard
la pluma	pen
la puerta	door
el reloj	clock; watch
la silla	seat
la tiza	chalk
la ventana	window
la biblioteca	library
la cafetería	cafeteria
la casa	house; home
el estadio	stadium
el laboratorio	laboratory
la librería	bookstore
la residencia estudiantil	dormitory
la universidad	university; college
la clase	class
el curso, la materia	course
la especialización	major
el examen	test; exam
el horario	schedule
la prueba	test; quiz
el semestre	semester
la tarea	homework
el trimestre	trimester; quarter

Las materias

la administración de empresas	business administration
el arte	art
la biología	biology
las ciencias	sciences
la computación	computer science
la contabilidad	accounting
la economía	economics
el español	Spanish
la física	physics
la geografía	geography
la historia	history
las humanidades	humanities
el inglés	English
las lenguas extranjeras	foreign languages
la literatura	literature
las matemáticas	mathematics
la música	music
el periodismo	journalism
la psicología	psychology
la química	chemistry
la sociología	sociology

Preposiciones

al lado de	next to; beside
a la derecha de	to the right of
a la izquierda de	to the left of
allá	over there
allí	there
cerca de	near
con	with
debajo de	below; under
delante de	in front of
detrás de	behind
en	in; on
encima de	on top of
entre	between; among
lejos de	far from
sin	without
sobre	on; over

Palabras adicionales

¿Adónde?	Where (to)?
ahora	now
¿Cuál?, ¿Cuáles?	Which?; Which one(s)?
¿Por qué?	Why?
porque	because

Verbos

bailar	to dance
buscar	to look for
caminar	to walk
cantar	to sing
cenar	to have dinner
comprar	to buy
contestar	to answer
conversar	to converse, to chat
desayunar	to have breakfast
descansar	to rest
desear	to wish; to desire
dibujar	to draw
enseñar	to teach
escuchar la radio/música	to listen (to) the radio/music
esperar (+ *inf.*)	to wait (for); to hope
estar	to be
estudiar	to study
explicar	to explain
gustar	to like
hablar	to talk; to speak
llegar	to arrive
llevar	to carry
mirar	to look (at); to watch
necesitar (+ *inf.*)	to need
practicar	to practice
preguntar	to ask (a question)
preparar	to prepare
regresar	to return
terminar	to end; to finish
tomar	to take; to drink
trabajar	to work
viajar	to travel

Los días de la semana

¿Cuándo?	When?
¿Qué día es hoy?	What day is it?
Hoy es…	Today is…
la semana	week
lunes	Monday
martes	Tuesday
miércoles	Wednesday
jueves	Thursday
viernes	Friday
sábado	Saturday
domingo	Sunday

Numbers 31 and higher	See pages 63–64.
Expresiones útiles	See page 45.

La familia

3

Communicative Goals

I will be able to:
- Talk about my family and friends
- Describe people and things
- Express possession

contextos
pages 78–81
- The family
- Identifying people
- Professions and occupations

fotonovela
pages 82–85
The Díaz family spends Sunday afternoon in Xochimilco. Marissa meets the extended family and answers questions about her own family. The group has a picnic and takes a boat ride through the canals.

cultura
pages 86–87
- Surnames and families in the Spanish-speaking world
- Spain's Royal Family

estructura
pages 88–105
- Descriptive adjectives
- Possessive adjectives
- Present tense of **-er** and **-ir** verbs
- Present tense of **tener** and **venir**
- **Recapitulación**

adelante
pages 106–113
Lectura: A brief article about families
Escritura: A letter to a friend
Escuchar: A conversation between friends
En pantalla
Flash cultura
Panorama: Ecuador

A PRIMERA VISTA
- ¿Cuántas personas hay en la foto?
- ¿La mujer está a la izquierda o a la derecha?
- ¿Está el hombre al lado de la mujer?
- ¿Conversan ellos? ¿Trabajan? ¿Viajan? ¿Caminan?

3 contextos

Lección 3

La familia

My Vocabulary Tutorials

La familia de José Miguel Pérez Santoro

Juan Santoro Sánchez
mi abuelo (*my grandfather*)

Ernesto Santoro González
mi tío (*uncle*)
hijo (*son*) de Juan y Socorro

Marina Gutiérrez de Santoro
mi tía (*aunt*)
esposa (*wife*) de Ernesto

Silvia Socorro Santoro Gutiérrez
mi prima (*cousin*)
hija (*daughter*) de Ernesto y Marina

Héctor Manuel Santoro Gutiérrez
mi primo (*cousin*)
nieto (*grandson*) de Juan y Socorro

Carmen Santoro Gutiérrez
mi prima
hija de Ernesto y Marina

Más vocabulario

los abuelos	grandparents
el/la bisabuelo/a	great-grandfather/great-grandmother
el/la gemelo/a	twin
el/la hermanastro/a	stepbrother/stepsister
el/la hijastro/a	stepson/stepdaughter
la madrastra	stepmother
el medio hermano/la media hermana	half-brother/half-sister
el padrastro	stepfather
los padres	parents
los parientes	relatives
el/la cuñado/a	brother-in-law/sister-in-law
la nuera	daughter-in-law
el/la suegro/a	father-in-law/mother-in-law
el yerno	son-in-law
el/la amigo/a	friend
el apellido	last name
la gente	people
el/la muchacho/a	boy/girl
el/la niño/a	child
el/la novio/a	boyfriend/girlfriend
la persona	person
el/la artista	artist
el/la ingeniero/a	engineer
el/la doctor(a), el/la médico/a	doctor; physician
el/la periodista	journalist
el/la programador(a)	computer programmer

Variación léxica

madre ↔ mamá, mami (*colloquial*)
padre ↔ papá, papi (*colloquial*)
muchacho/a ↔ chico/a

¡LENGUA VIVA!

In Spanish-speaking countries, it is common for people to go by both their first name and middle name, such as **José Miguel** or **María Teresa**. You will learn more about names and naming conventions on p. 86.

recursos

vText p. 117 | CA pp. 23–24 | CP pp. 33–34 | CH vhlcentral

La familia

setenta y nueve 79

Socorro González de Santoro
mi abuela (*my grandmother*)

Mirta Santoro de Pérez
mi madre (*mother*)
hija de Juan y Socorro

Rubén Ernesto Pérez Gómez
mi padre (*father*)
esposo de mi madre

José Miguel Pérez Santoro
hijo de Rubén y de Mirta

Beatriz Alicia Pérez de Morales
mi hermana (*sister*)

Felipe Morales Zapata
esposo (*husband*) de Beatriz Alicia

Víctor Miguel Morales Pérez
mi sobrino (*nephew*)
hermano (*brother*) de Anita

Anita Morales Pérez
mi sobrina (*niece*)
nieta (*granddaughter*) de mis padres

los hijos (*children*) de Beatriz Alicia y de Felipe

Práctica

1 Escuchar Listen to each statement made by José Miguel Pérez Santoro, then indicate whether it is **cierto** or **falso**, based on his family tree.

	Cierto	Falso		Cierto	Falso
1.	○	○	6.	○	○
2.	○	○	7.	○	○
3.	○	○	8.	○	○
4.	○	○	9.	○	○
5.	○	○	10.	○	○

2 Personas Indicate each word that you hear mentioned in the narration.

1. _____ cuñado
2. _____ tía
3. _____ periodista
4. _____ niño
5. _____ esposo
6. _____ abuelos
7. _____ ingeniera
8. _____ primo

3 Emparejar Match the letter of each phrase with the correct description. Two items will not be used.

1. Mi hermano programa las computadoras.
2. Son los padres de mi esposo.
3. Son los hijos de mis (*my*) tíos.
4. Mi tía trabaja en un hospital.
5. Es el hijo de mi madrastra y el hijastro de mi padre.
6. Es el esposo de mi hija.
7. Es el hijo de mi hermana.
8. Mi primo dibuja y pinta mucho.
9. Mi hermanastra enseña en la universidad.
10. Mi padre trabaja con planos (*blueprints*).

a. Es médica.
b. Es mi hermanastro.
c. Es programador.
d. Es ingeniero.
e. Son mis suegros.
f. Es mi novio.
g. Es mi padrastro.
h. Son mis primos.
i. Es artista.
j. Es profesora.
k. Es mi sobrino.
l. Es mi yerno.

4 Definiciones Define these family terms in Spanish.

modelo
hijastro Es el hijo de mi esposo/a, pero no es mi hijo.

1. abuela
2. bisabuelo
3. tío
4. primas
5. suegra
6. cuñado
7. nietos
8. medio hermano

5 **Escoger** Complete the description of each photo using words you have learned in **Contextos**.

1. La _____ de Sara es grande.

2. Héctor y Lupita son _____.

3. Maira Díaz es _____.

4. Rubén habla con su _____.

5. Los dos _____ están en el parque.

6. Irene es _____.

7. Elena Vargas Soto es _____.

8. Don Armando es el _____ de Martín.

La familia

ochenta y uno 81

Comunicación

6 **Una familia** With a classmate, identify the members in the family tree by asking questions about how each family member is related to Graciela Vargas García.

> **modelo**
> **Estudiante 1:** ¿Quién es Beatriz Pardo de Vargas?
> **Estudiante 2:** Es la abuela de Graciela.

CONSULTA
To see the cities where these family members live, look at the map in **Panorama** on p. 112.

David Vargas Olmedo — de Quito
Beatriz Pardo de Vargas — de Ibarra
Carlos Antonio López Ríos — de Cuenca
Lupe Vargas de López — de Quito
Juan Vargas Pardo — de Quito
María Susana García de Vargas — de Guayaquil
Ernesto López Vargas — de Loja
Ramón Vargas García — de Machala
Graciela Vargas García — de Machala

Now take turns asking each other these questions. Then invent three original questions.

1. ¿Cómo se llama el primo de Graciela?
2. ¿Cómo se llama la hija de David y de Beatriz?
3. ¿De dónde es María Susana?
4. ¿De dónde son Ramón y Graciela?
5. ¿Cómo se llama el yerno de David y de Beatriz?
6. ¿De dónde es Carlos Antonio?
7. ¿De dónde es Ernesto?
8. ¿Cuáles son los apellidos del sobrino de Lupe?

7 **Preguntas personales** With a classmate, take turns asking each other these questions.

1. ¿Cuántas personas hay en tu familia?
2. ¿Cómo se llaman tus padres? ¿De dónde son? ¿Dónde trabajan?
3. ¿Cuántos hermanos tienes? ¿Cómo se llaman? ¿Dónde estudian o trabajan?
4. ¿Cuántos primos tienes? ¿Cuáles son los apellidos de ellos? ¿Cuántos son niños y cuántos son adultos? ¿Hay más chicos o más chicas en tu familia?
5. ¿Quién es tu pariente favorito?
6. ¿Tienes un(a) mejor amigo/a? ¿Cómo se llama?

AYUDA
tu *your* (sing.)
tus *your* (plural)
mi *my* (sing.)
mis *my* (plural)
tienes *you have*
tengo *I have*

fotonovela

Lección 3

Un domingo en familia

Marissa pasa el día en Xochimilco con la familia Díaz.

PERSONAJES: FELIPE, TÍA NAYELI

Video: *Fotonovela*

1.

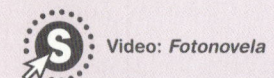

JIMENA Hola, tía Nayeli.

TÍA NAYELI ¡Hola, Jimena! ¿Cómo estás?

JIMENA Bien, gracias. Y, ¿dónde están mis primas?

TÍA NAYELI No sé. ¿Dónde están mis hijas? ¡Ah!

2.

MARISSA ¡Qué bonitas son tus hijas! Y ¡qué simpáticas!

3.

FELIPE Soy guapo y delgado.

JIMENA Ay, ¡por favor! Eres gordo, antipático y muy feo.

6.

MARISSA Tía Nayeli, ¿cuántos años tienen tus hijas?

TÍA NAYELI Marta tiene ocho años y Valentina, doce.

7.

SRA. DÍAZ Chicas, ¿compartimos una trajinera?

MARISSA ¡Claro que sí! ¡Qué bonitas son!

SRA. DÍAZ ¿Vienes, Jimena?

JIMENA No, gracias. Tengo que leer.

8.

MARISSA Me gusta mucho este sitio. Tengo ganas de visitar otros lugares en México.

SRA. DÍAZ ¡Debes viajar a Mérida!

TÍA NAYELI ¡Sí, con tus amigos! Debes visitar a Ana María, la hermana de Roberto y de Ramón.

La familia

JIMENA  • **MARTA**  • **VALENTINA**  • **SRA. DÍAZ**  • **TÍO RAMÓN**  • **SR. DÍAZ**  • **MARISSA**

TÍO RAMÓN ¿Tienes una familia grande, Marissa?

MARISSA Tengo dos hermanos mayores, Zack y Jennifer, y un hermano menor, Adam.

MARISSA La verdad, mi familia es pequeña.

SRA. DÍAZ ¿Pequeña? Yo soy hija única. Bueno, y ¿qué más? ¿Tienes novio?

MARISSA No. Tengo mala suerte con los novios.

(*La Sra. Díaz habla por teléfono con la tía Ana María.*)

SRA. DÍAZ ¡Qué bien! Excelente. Sí, la próxima semana. Muchísimas gracias.

MARISSA ¡Gracias, Sra. Díaz!
SRA. DÍAZ Tía Ana María.
MARISSA Tía Ana María.
SRA. DÍAZ ¡Un beso, chau!
MARISSA Bye!

Expresiones útiles

Talking about your family
¿Tienes una familia grande?
Do you have a big family?
Tengo dos hermanos mayores y un hermano menor.
I have two older siblings and a younger brother.
La verdad, mi familia es pequeña.
The truth is, my family is small.
¿Pequeña? Yo soy hija única.
Small? I'm an only child.

Describing people
¡Qué bonitas son tus hijas!
Y ¡qué simpáticas!
Your daughters are so pretty! And so nice!
Soy guapo y delgado.
I'm handsome and slim.
¡Por favor! Eres gordo, antipático y muy feo.
Please! You're fat, unpleasant, and very ugly.

Talking about plans
¿Compartimos una trajinera?
Shall we share a trajinera?
¡Claro que sí! ¡Qué bonitas son!
Of course! They're so pretty!
¿Vienes, Jimena?
Are you coming, Jimena?
No, gracias. Tengo que leer.
No, thanks. I have to read.

Saying how old people are
¿Cuántos años tienen tus hijas?
How old are your daughters?
Marta tiene ocho años y Valentina, doce.
Marta is eight and Valentina twelve.

Additional vocabulary
ensayo *essay*
pobrecito/a *poor thing*
próxima *next*
sitio *place*
todavía *still*
trajinera *type of barge*

¿Qué pasó?

1 **¿Cierto o falso?** Indicate whether each sentence is **cierto** or **falso**. Correct the false statements.

	Cierto	Falso
1. Marissa dice que (*says that*) tiene una familia grande.	○	○
2. La Sra. Díaz tiene dos hermanos.	○	○
3. Marissa no tiene novio.	○	○
4. Valentina tiene veinte años.	○	○
5. Marissa comparte una trajinera con la Sra. Díaz y la tía Nayeli.	○	○
6. A Marissa le gusta mucho Xochimilco.	○	○

> **NOTA CULTURAL**
>
> **Xochimilco** is famous for its system of canals and **chinampas**, or artificial islands, which have been used for agricultural purposes since Pre-Hispanic times. In 1987, UNESCO declared **Xochimilco** a World Heritage Site.

2 **Identificar** Indicate which person would make each statement. The names may be used more than once. **¡Ojo!** One name will not be used.

1. Felipe es antipático y feo.
2. Mis hermanos se llaman Jennifer, Adam y Zack.
3. ¡Soy un joven muy guapo!
4. Mis hijas tienen ocho y doce años.
5. ¡Qué bonitas son las trajineras!
6. Ana María es la hermana de Ramón y Roberto.
7. No puedo (*I can't*) compartir una trajinera porque tengo que leer.
8. Tus hijas son bonitas y simpáticas, tía Nayeli.

SRA. DÍAZ    JIMENA
MARISSA    FELIPE 
TÍA NAYELI 

> **NOTA CULTURAL**
>
> **Trajineras** are large passenger barges that you can rent in **Xochimilco**. Each boat is named and decorated and has a table and chairs so passengers can picnic while they ride.

3 **Escribir** In pairs, choose Marissa, Sra. Díaz, or tía Nayeli and write a brief description of her family. Be creative!

MARISSA
Marissa es de los EE.UU.
¿Cómo es su familia?

SRA. DÍAZ
La Sra. Díaz es de Cuba.
¿Cómo es su familia?

TÍA NAYELI
La tía Nayeli es de México.
¿Cómo es su familia?

4 **Conversar** With a partner, use these questions to talk about your families.

1. ¿Cuántos años tienes?
2. ¿Tienes una familia grande?
3. ¿Tienes hermanos o hermanas?
4. ¿Cuántos años tiene tu abuelo (tu hermana, tu primo, etc.)?
5. ¿De dónde son tus padres?

> **AYUDA**
>
> Here are some expressions to help you talk about age.
> **Yo tengo… años.**
> *I am… years old.*
> **Mi abuelo tiene… años.**
> *My grandfather is… years old.*

Practice more at vhlcentral.com.

Pronunciación
Diphthongs and linking

he**rm**a**n**o   **niñ**a   **cuñ**a**d**o

In Spanish, **a**, **e**, and **o** are considered strong vowels. The weak vowels are **i** and **u**.

ru**i**d**o**   **p**ar**i**e**nt**es   **p**er**i**o**d**ista

A diphthong is a combination of two weak vowels or of a strong vowel and a weak vowel. Diphthongs are pronounced as a single syllable.

m**i** **h**ijo   una clas**e** **e**xcelente

Two identical vowel sounds that appear together are pronounced like one long vowel.

l**a** **a**buela

co**n** **N**atalia   su**s** **s**obrinos   la**s** **s**illas

Two identical consonants together sound like a single consonant.

e**s** **i**ngeniera   mi**s** **a**buelos   su**s** **h**ijos

A consonant at the end of a word is linked with the vowel at the beginning of the next word.

m**i** **h**ermano   s**u** **e**sposa   nuestr**o** **a**migo

A vowel at the end of a word is linked with the vowel at the beginning of the next word.

Práctica Say these words aloud, focusing on the diphthongs.

1. historia
2. nieto
3. parientes
4. novia
5. residencia
6. prueba
7. puerta
8. ciencias
9. lenguas
10. estudiar
11. izquierda
12. ecuatoriano

Oraciones Read these sentences aloud to practice diphthongs and linking words.

1. Hola. Me llamo Anita Amaral. Soy del Ecuador.
2. Somos seis en mi familia.
3. Tengo dos hermanos y una hermana.
4. Mi papá es del Ecuador y mi mamá es de España.

Refranes Read these sayings aloud to practice diphthongs and linking sounds.

Cuando una puerta se cierra, otra se abre.[1]

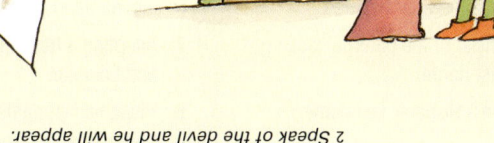

Hablando del rey de Roma, por la puerta se asoma.[2]

[1] When one door closes, another opens.
[2] Speak of the devil and he will appear.

La familia — ochenta y cinco

cultura

EN DETALLE

Additional Reading

¿Cómo te llamas?

In the Spanish-speaking world, it is common to have two last names: one paternal and one maternal. In some cases, the conjunctions **de** or **y** are used to connect the two last names. For example, in the name **Juan Martínez de Velasco**, *Martínez* is the paternal surname (**el apellido paterno**), and *Velasco* is the maternal surname (**el apellido materno**); **de** simply links the two. This convention of using two last names (**doble apellido**) is a European tradition that Spaniards brought to the Americas. It continues to be practiced in many countries, including Chile, Colombia, Mexico, Peru, and Venezuela. There are exceptions, however; in Argentina, the prevailing custom is for children to inherit only the father's last name.

When a woman marries in a country where two last names are used, legally she retains her two maiden surnames. However, socially she may take her husband's paternal surname in place of her inherited maternal surname. For example, **Mercedes Barcha Pardo**, wife of Colombian writer **Gabriel García Márquez**,

Gabriel García Márquez   Mercedes Barcha Pardo

Rodrigo García Barcha

might use the names **Mercedes Barcha García** or **Mercedes Barcha de García** in social situations (although officially her name remains **Mercedes Barcha Pardo**). Adopting a husband's last name for social purposes, though widespread, is only legally recognized in Ecuador and Peru.

Regardless of the surnames the mother uses, most parents do not break tradition upon naming their children; they maintain the father's first surname followed by the mother's first surname, as in the name **Rodrigo García Barcha**. However, one should note that both surnames come from the grandfathers, and therefore all **apellidos** are effectively paternal.

Hijos en la casa

In Spanish-speaking countries, family and society place very little pressure on young adults to live on their own (**independizarse**), and children often live with their parents well into their thirties. For example, about 60% of Spaniards under 34 years of age live at home with their parents. This delay in moving out is both cultural and economic—lack of job security or low wages coupled with a high cost of living may make it impractical for young adults to live independently before they marry.

ACTIVIDADES

1 **¿Cierto o falso?** Indicate whether these statements are **cierto** or **falso**. Correct the false statements.

1. Most Spanish-speaking people have three last names.
2. Hispanic last names generally consist of the paternal last name followed by the maternal last name.
3. It is common to see **de** or **y** used in a Hispanic last name.
4. Someone from Argentina would most likely have two last names.
5. Generally, married women legally retain two maiden surnames.
6. In social situations, a married woman often uses her husband's last name in place of her inherited paternal surname.
7. Adopting a husband's surname is only legally recognized in Peru and Ecuador.
8. Hispanic last names are effectively a combination of the maternal surnames from the previous generation.

La familia

ASÍ SE DICE
Familia y amigos

el/la bisnieto/a	great-grandson/daughter
el/la chamaco/a (Méx.); el/la chamo/a (Ven.); el/la chaval(a) (Esp.); el/la pibe/a (Arg.)	el/la muchacho/a
el/la colega (Esp.) mi cuate (Méx.); mi parcero/a (Col.); mi pana (Ven., P. Rico, Rep. Dom.)	el/la amigo/a my pal; my buddy
la madrina	godmother
el padrino	godfather
el/la tatarabuelo/a	great-great-grandfather/ great-great-grandmother

EL MUNDO HISPANO
Las familias

Although worldwide population trends show a decrease in average family size, households in many Spanish-speaking countries are still larger than their U.S. counterparts.

- **México** 4,0 personas
- **Colombia** 3,9 personas
- **Argentina** 3,6 personas
- **Uruguay** 3,0 personas
- **España** 2,9 personas
- **Estados Unidos** 2,6 personas

PERFIL
La familia real española

Undoubtedly, Spain's most famous family is **la familia real** (*Royal*). In 1962, then-prince **Juan Carlos de Borbón** married Princess **Sofía** of Greece. In the late 1970s, **el rey** (*King*) **Juan Carlos** and **la reina** (*Queen*) **Sofía** returned to Spain and helped transition the country to democracy after a forty-year dictatorship. The royal couple, who enjoys immense public support, has three children: **las infantas** (*Princesses*) **Elena** and **Cristina**, and a son, **Felipe**. In 2004, Felipe married **Letizia Ortiz Rocasolano**, a journalist and TV presenter. In June 2014, King Juan Carlos abdicated in favor of his son Felipe VI, who is now King of Spain. The king and queen have two daughters, **las infantas Leonor** (born in 2005) and **Sofía** (born in 2007).

Conexión Internet

What role do **padrinos** and **madrinas** have in today's Hispanic family?

Go to vhlcentral.com to find more cultural information related to this **Cultura** section.

ACTIVIDADES

2 Comprensión Complete these sentences.
1. Spain's royals were responsible for guiding in _____.
2. In Spanish, your godmother is called _____.
3. Princess Leonor is the _____ of Queen Sofía.
4. Uruguay's average household has _____ people.
5. If a Venezuelan calls you **mi pana**, you are that person's _____.

3 Una familia famosa Create a genealogical tree of a famous family, using photos or drawings labeled with names and ages. Present the family tree to a classmate and explain who the people are and their relationships to each other.

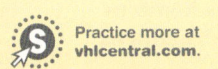

Practice more at vhlcentral.com.

3 estructura

Lección 3

3.1 Descriptive adjectives

ANTE TODO Adjectives are words that describe people, places, and things. In Spanish, descriptive adjectives are used with the verb **ser** to point out characteristics such as nationality, size, color, shape, personality, and appearance.

Forms and agreement of adjectives

COMPARE & CONTRAST

In English, the forms of descriptive adjectives do not change to reflect the gender (masculine/feminine) and number (singular/plural) of the noun or pronoun they describe.

    Juan is **nice**.   Elena is **nice**.   They are **nice**.

In Spanish, the forms of descriptive adjectives agree in gender and/or number with the nouns or pronouns they describe.

    Juan es simpátic**o**.   Elena es simpátic**a**.   Ellos son simpátic**os**.

▶ Adjectives that end in **-o** have four different forms. The feminine singular is formed by changing the **-o** to **-a**. The plural is formed by adding **-s** to the singular forms.

Masculine		Feminine	
SINGULAR	PLURAL	SINGULAR	PLURAL
el muchach**o** alt**o**	los muchach**os** alt**os**	la muchach**a** alt**a**	las muchach**as** alt**as**

¡Qué bonitas son tus hijas, tía Nayeli!

Felipe es gordo, antipático y muy feo.

▶ Adjectives that end in **-e** or a consonant have the same masculine and feminine forms.

Masculine		Feminine	
SINGULAR	PLURAL	SINGULAR	PLURAL
el chico inteligent**e**	los chicos inteligent**es**	la chica inteligent**e**	las chicas inteligent**es**
el examen difíci**l**	los exámenes difíci**les**	la clase difíci**l**	las clases difíci**les**

▶ Adjectives that end in **-or** are variable in both gender and number.

Masculine		Feminine	
SINGULAR	PLURAL	SINGULAR	PLURAL
el hombre trabajad**or**	los hombres trabajad**ores**	la mujer trabajad**ora**	las mujeres trabajad**oras**

La familia

AYUDA

Many adjectives are cognates, that is, words that share similar spellings and meanings in Spanish and English. A cognate can be a noun like **profesor** or a descriptive adjective like **interesante**.

▶ Adjectives that refer to nouns of different genders use the masculine plural form.

Manuel es alt**o**.   Lola es alt**a**.   Manuel y Lola son alt**os**.

Common adjectives

alto/a	tall	**gordo/a**	fat	**moreno/a**	brunet(te)
antipático/a	unpleasant	**grande**	big; large	**mucho/a**	much; many; a lot of
bajo/a	short (in height)	**guapo/a**	good-looking		
		importante	important	**pelirrojo/a**	red-haired
bonito/a	pretty	**inteligente**	intelligent	**pequeño/a**	small
bueno/a	good	**interesante**	interesting	**rubio/a**	blond(e)
delgado/a	thin; slender	**joven**	young	**simpático/a**	nice; likeable
difícil	hard; difficult	**(jóvenes)**		**tonto/a**	silly; foolish
fácil	easy	**malo/a**	bad	**trabajador(a)**	hard-working
feo/a	ugly	**mismo/a**	same	**viejo/a**	old

¡ATENCIÓN!

Note that **joven** takes an accent in its plural form. **Los jóvenes estudian mucho.**

Colors

amarillo/a	yellow		**negro/a**	black
azul	blue		**rojo/a**	red
blanco/a	white		**verde**	green

Some adjectives of nationality

alemán, alemana	German	**francés, francesa**	French
argentino/a	Argentine	**inglés, inglesa**	English
canadiense	Canadian	**italiano/a**	Italian
chino/a	Chinese	**japonés, japonesa**	Japanese
costarricense	Costa Rican	**mexicano/a**	Mexican
cubano/a	Cuban	**norteamericano/a**	(North) American
ecuatoriano/a	Ecuadorian	**puertorriqueño/a**	Puerto Rican
español(a)	Spanish	**ruso/a**	Russian
estadounidense	from the U.S.		

▶ In Spanish, country names are capitalized, but adjectives of nationality are **not**.

▶ Adjectives of nationality that end in a consonant form the feminine by adding **-a**.

japoné**s** ⟶ japone**sa**   españo**l** ⟶ españo**la**

¡ATENCIÓN!

Note that adjectives with an accent on the last syllable drop the accent in the feminine and plural forms.
inglés → inglesa
alemán → alemanes

▶ Adjectives of color and nationality are formed like other descriptive adjectives.

Masculine		Feminine	
SINGULAR	PLURAL	SINGULAR	PLURAL
argentin**o**	argentin**os**	argentin**a**	argentin**as**
azul	azul**es**	azul	azul**es**
verde	verde**s**	verde	verde**s**

Position of adjectives

▶ Descriptive adjectives and adjectives of nationality generally follow the nouns they modify.

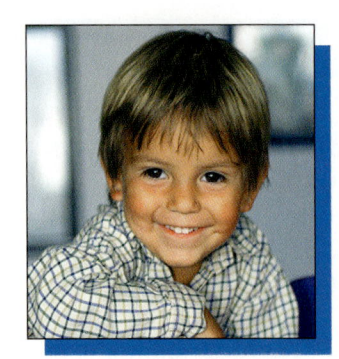

El niño **rubio** es de España.
The blond boy is from Spain.

La mujer **española** habla inglés.
The Spanish woman speaks English.

▶ Unlike descriptive adjectives, adjectives of quantity precede the modified noun.

Hay **muchos** libros en la biblioteca.
There are many books in the library.

Hablo con **dos** turistas puertorriqueños.
I am talking with two Puerto Rican tourists.

▶ **Bueno/a** and **malo/a** can appear before or after a noun. When placed before a masculine singular noun, the forms are shortened: **bueno** → **buen**; **malo** → **mal**.

Joaquín es un **buen** amigo.
Joaquín es un amigo **bueno**. → *Joaquín is a good friend.*

Hoy es un **mal** día.
Hoy es un día **malo**. → *Today is a bad day.*

▶ When **grande** appears before a singular noun, it is shortened to **gran,** and the meaning of the word changes: **gran** = *great* and **grande** = *big, large*.

Don Francisco es un **gran** hombre.
Don Francisco is a great man.

La familia de Inés es **grande**.
Inés' family is large.

¡LENGUA VIVA!

Like **bueno** and **grande**, **santo** (*saint*) is also shortened before masculine nouns (unless they begin with **To-** or **Do-**): **San Francisco, San José** (but: **Santo Tomás, Santo Domingo**). **Santa** is used with names of female saints: **Santa Bárbara, Santa Clara**.

¡INTÉNTALO! Provide the appropriate forms of the adjectives.

simpático
1. Mi hermano es _simpático_.
2. La profesora Martínez es _____.
3. Rosa y Teresa son _____.
4. Nosotros somos _____.

alemán
1. Hans es _alemán_.
2. Mis primas son _____.
3. Marcus y yo somos _____.
4. Mi tía es _____.

azul
1. La calculadora es _azul_.
2. El papel es _____.
3. Las maletas son _____.
4. Los libros son _____.

guapo
1. Su esposo es _guapo_.
2. Mis sobrinas son _____.
3. Los padres de ella son _____.
4. Marta es _____.

La familia

Práctica

1. Emparejar Find the words in column B that are the opposite of the words in column A. One word in B will not be used.

A	B
1. guapo	a. delgado
2. moreno	b. pequeño
3. alto	c. verde
4. gordo	d. feo
5. joven	e. viejo
6. grande	f. rubio
7. blanco	g. negro
	h. bajo

2. Completar Indicate the nationalities of these people by selecting the correct adjectives and changing their forms when necessary.

1. Penélope Cruz es _____.
2. Alfonso Cuarón es un gran director de cine de México; es _____.
3. Ellen Page y Avril Lavigne son _____.
4. Giorgio Armani es un diseñador de modas (*fashion designer*) _____.
5. Daisy Fuentes es de La Habana, Cuba; ella es _____.
6. Emma Watson y Daniel Radcliffe son actores _____.
7. Heidi Klum y Boris Becker son _____.
8. Apolo Anton Ohno y Shaun White son _____.

NOTA CULTURAL

Alfonso Cuarón (1961–) became the first Mexican winner of the Best Director Academy Award for his film *Gravity* (2013).

3. Describir Describe the drawing using as many adjectives as possible.

1. Susana Romero Barcos es _____.
2. Tomás Romero Barcos es _____.
3. Tomás y su (*his*) padre, Carlos, son _____.
4. Los libros de Tomás son de color _____.
5. Carlos Romero Sandoval es _____.
6. Alberto Romero Pereda es _____.
7. Los dos hermanos son _____.
8. Susana y su (*her*) madre, Josefina, son _____.

4. ¿Como son? Now, look at the drawing in Activity 1 and form sentences that describe Jorge and Marcos and their houses.

modelo
La casa de Marcos es azul.

Practice more at vhlcentral.com.

Comunicación

5 **¿Cómo es?** With a partner, take turns describing each item on the list. Tell your partner whether you agree (**Estoy de acuerdo**) or disagree (**No estoy de acuerdo**) with their descriptions.

> **modelo**
> San Francisco
> **Estudiante 1:** San Francisco es una ciudad (*city*) muy bonita.
> **Estudiante 2:** No estoy de acuerdo. Es muy fea.

1. Nueva York
2. Steve Carell
3. las canciones (*songs*) de Taylor Swift
4. el presidente de los Estados Unidos
5. Steven Spielberg
6. la primera dama (*first lady*) de los Estados Unidos
7. el/la profesor(a) de español
8. las personas de Los Ángeles
9. las flores de primavera (*spring*)
10. mi clase de español

AYUDA

Here is some information to help you complete the descriptions:
- Steve Carell es actor de cine y de televisión.
- Taylor Swift es cantante.
- Steven Spielberg es director de cine.

6 **Perfil personal** Write a personal profile for your school newspaper. Describe yourself and your ideal best friend. Then compare your profile with a classmate's. How are you similar and how are you different? Are you looking for the same things in a best friend?

SOY ALTA, morena y bonita. Soy cubana, de Holguín. Me gusta mucho el arte. Busco una amiga similar. Mi amiga ideal es alta, morena, inteligente y muy simpática.

Síntesis

7 **Diferencias** Your teacher will give you and a partner each a drawing of a family. Describe your version of the drawing to your partner in order to find at least five differences between your picture and your partner's.

> **modelo**
> **Estudiante 1:** Susana, la madre, es rubia.
> **Estudiante 2:** No, la madre es morena.

3.2 Possessive adjectives *Tutorial*

ANTE TODO Possessive adjectives, like descriptive adjectives, are words that are used to qualify people, places, or things. Possessive adjectives express the quality of ownership or possession.

Forms of possessive adjectives

SINGULAR FORMS	PLURAL FORMS	
mi	mis	my
tu	tus	your (fam.)
su	sus	his, her, its, your (form.)
nuestro/a	nuestros/as	our
vuestro/a	vuestros/as	your (fam.)
su	sus	their, your (form.)

COMPARE & CONTRAST

In English, possessive adjectives are invariable; that is, they do not agree in gender and number with the nouns they modify. Spanish possessive adjectives, however, do agree in number with the nouns they modify.

my cousin	*my* cousins	*my* aunt	*my* aunts
mi primo	**mis** primos	**mi** tía	**mis** tías

The forms **nuestro** and **vuestro** agree in both gender and number with the nouns they modify.

nuestr**o** prim**o**   nuestr**os** prim**os**   nuestr**a** tía   nuestr**as** tí**as**

▶ Possessive adjectives are always placed before the nouns they modify.

—¿Está **tu novio** aquí?   —No, **mi novio** está en la biblioteca.
Is your boyfriend here?   *No, my boyfriend is in the library.*

▶ Because **su** and **sus** have multiple meanings (*your, his, her, their, its*), you can avoid confusion by using this construction instead: [article] + [noun] + **de** + [subject pronoun].

sus parientes ◀ los parientes **de él/ella**   *his/her* relatives
los parientes **de Ud./Uds.**   *your* relatives
los parientes **de ellos/ellas**   *their* relatives

AYUDA
Look at the context, focusing on nouns and pronouns, to help you determine the meaning of **su(s)**.

¡INTÉNTALO! Provide the appropriate form of each possessive adjective.

Singular
1. Es ___mi___ (*my*) libro.
2. _____ (*My*) familia es ecuatoriana.
3. ____ (*Your*, fam.) novio es italiano.
4. _____ (*Our*) profesor es español.
5. Es _____ (*her*) reloj.
6. Es _____ (*your*, fam.) mochila.
7. Es _____ (*your*, form.) maleta.
8. _____ (*Their*) casa es amarilla.

Plural
1. ___Sus___ (*Her*) primos son franceses.
2. _____ (*Our*) cuadernos son verdes.
3. Son _____ (*their*) lápices.
4. _____ (*Their*) nietos son japoneses.
5. Son _____ (*our*) plumas.
6. Son _____ (*my*) papeles.
7. _____ (*My*) amigas son inglesas.
8. Son _____ (*his*) cuadernos.

Práctica

1 **La familia de Manolo** Complete each sentence with the correct possessive adjective from the options in parentheses. Use the subject of each sentence as a guide.

1. Me llamo Manolo, y _____ (nuestro, mi, sus) hermano es Federico.
2. _____ (Nuestra, Sus, Mis) madre Silvia es profesora y enseña química.
3. Ella admira a _____ (tu, nuestro, sus) estudiantes porque trabajan mucho.
4. Yo estudio en la misma escuela, pero no tomo clases con _____ (mi, nuestras, tus) madre.
5. Federico trabaja en una oficina con _____ (mis, tu, nuestro) padre.
6. _____ (Mi, Su, Tu) oficina está en el centro de la Ciudad de México.
7. Javier y Óscar son _____ (mis, mi, sus) tíos de Oaxaca.
8. ¿Y tú? ¿Cómo es _____ (mi, su, tu) familia?

> **AYUDA**
> Remember that possessive adjectives don't agree in number or gender with the *owner* of an item, but rather with the item(s) or person(s) they describe.

2 **Clarificar** Clarify each sentence with a prepositional phrase. Follow the model.

> **modelo**
> Su hermana es muy bonita. (ella)
> La hermana de ella es muy bonita.

1. Su casa es muy grande. (ellos) _____
2. ¿Cómo se llama su hermano? (ellas) _____
3. Sus padres trabajan en el centro. (ella) _____
4. Sus abuelos son muy simpáticos. (él) _____
5. Maribel es su prima. (ella) _____
6. Su primo lee los libros. (ellos) _____

3 **¿Dónde está?** With a partner, imagine that you can't remember where you put some of the belongings you see in the pictures. Your partner will help you by reminding you where your things are. Take turns playing each role.

> **modelo**
> Estudiante 1: ¿Dónde está mi mochila?
> Estudiante 2: Tu mochila está encima del escritorio.

> **CONSULTA**
> For a list of useful prepositions, refer to the table *Prepositions often used with estar*, in **Estructura 2.3**, p. 60.

1.   2.   3.

4.   5.   6.

Practice more at vhlcentral.com.

Comunicación

4 **Describir** With a partner, take turns describing the people and places listed below. Make note of any similarities and be prepared to share them with the class.

> **modelo**
> la biblioteca de su escuela
> La biblioteca de nuestra escuela es muy grande. Hay muchos libros en la biblioteca. Mis amigos y yo estudiamos en la biblioteca.

1. tu profesor favorito
2. tu profesora favorita
3. su clase de español
4. la biblioteca de su escuela
5. tus padres
6. tus abuelos
7. tu mejor (*best*) amigo
8. tu mejor amiga
9. su escuela
10. tu país de origen

5 **Una familia famosa** Assume the identity of a member of a famous family, real or fictional (the Obamas, Clintons, Bushes, Kardashians, Simpsons, etc.), and write a description of "your" family. Be sure not to use any names! Then, in small groups, take turns reading the descriptions aloud. The other group members may ask follow-up questions to help them identify the famous person.

> **modelo**
> **Estudiante 1:** Soy periodista. Mi esposo es el rey de un país. Tengo dos hijas.
> **Estudiante 2:** ¿Eres española?
> **Estudiante 1:** Sí.
> **Estudiante 3:** ¿Eres Letizia Ortiz Rocasolano, la reina de España?
> **Estudiante 1:** Sí.

Síntesis

6 **Describe a tu familia** Get together with two classmates and describe your family to them in several sentences (**Mi padre es alto y moreno. Mi madre es delgada y muy bonita. Mis hermanos son…**). They will work together to try to repeat your description (**Su padre es alto y moreno. Su madre…**). If they forget any details, they can ask you questions (**¿Es alto tu hermano?**). Alternate roles until all of you have described your families.

3.3 Present tense of -er and -ir verbs

ANTE TODO In **Lección 2,** you learned how to form the present tense of regular **-ar** verbs. You also learned about the importance of verb forms, which change to show who is performing the action. The chart below shows the forms from two other important groups, **-er** verbs and **-ir** verbs.

Present tense of -er and -ir verbs

		com**er** (to eat)	escrib**ir** (to write)
SINGULAR FORMS	yo	com**o**	escrib**o**
	tú	com**es**	escrib**es**
	Ud./él/ella	com**e**	escrib**e**
PLURAL FORMS	nosotros/as	com**emos**	escrib**imos**
	vosotros/as	com**éis**	escrib**ís**
	Uds./ellos/ellas	com**en**	escrib**en**

▶ **-Er** and **-ir** verbs have very similar endings. Study the preceding chart to detect the patterns that make it easier for you to use them to communicate in Spanish.

Felipe y su tío comen.

Jimena lee.

▶ Like **-ar** verbs, the **yo** forms of **-er** and **-ir** verbs end in **-o**.

   Yo com**o**.   Yo escrib**o**.

▶ Except for the **yo** form, all of the verb endings for **-er** verbs begin with **-e**.

   -es   -emos   -en
   -e   -éis

▶ **-Er** and **-ir** verbs have the exact same endings, except in the **nosotros/as** and **vosotros/as** forms.

   nosotros ◀ com**emos**   vosotros ◀ com**éis**
            escrib**imos**   escrib**ís**

CONSULTA
To review the conjugation of **-ar** verbs, see **Estructura 2.1**, p. 50.

AYUDA
Here are some tips on learning Spanish verbs:
1) Learn to identify the verb's stem, to which all endings attach.
2) Memorize the endings that go with each verb and verb tense.
3) As often as possible, practice using different forms of each verb in speech and writing.
4) Devote extra time to learning irregular verbs, such as **ser** and **estar**.

La familia

Common -er and -ir verbs

-er verbs		-ir verbs	
aprender (a + *inf.*)	to learn	abrir	to open
beber	to drink	asistir (a)	to attend
comer	to eat	compartir	to share
comprender	to understand	decidir (+ *inf.*)	to decide
correr	to run	describir	to describe
creer (en)	to believe (in)	escribir	to write
deber (+ *inf.*)	should; must; ought to	recibir	to receive
leer	to read	vivir	to live

Ellos **corren** en el parque.

Él **escribe** una carta.

¡INTÉNTALO!
Provide the appropriate present tense forms of these verbs.

correr
1. Graciela _corre_.
2. Tú _____.
3. Yo _____.
4. Sara y Ana _____.
5. Usted _____.
6. Ustedes _____.
7. La gente _____.
8. Marcos y yo _____.

abrir
1. Ellos _abren_ la puerta.
2. Carolina _____ la maleta.
3. Yo _____ las ventanas.
4. Nosotras _____ los libros.
5. Usted _____ el cuaderno.
6. Tú _____ la ventana.
7. Ustedes _____ las maletas.
8. Los muchachos _____ los cuadernos.

aprender
1. Él _aprende_ español.
2. Maribel y yo _____ inglés.
3. Tú _____ japonés.
4. Tú y tu hermanastra _____ francés.
5. Mi hijo _____ chino.
6. Yo _____ alemán.
7. Usted _____ inglés.
8. Nosotros _____ italiano.

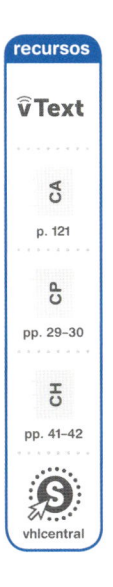

Práctica

1 Completar Complete Susana's sentences about her family with the correct forms of the verbs in parentheses. One of the verbs will remain in the infinitive.

1. Mi familia y yo _____ (vivir) en Mérida, Yucatán.
2. Tengo muchos libros. Me gusta _____ (leer).
3. Mi hermano Alfredo es muy inteligente. Alfredo _____ (asistir) a clases los lunes, miércoles y viernes.
4. Los martes y jueves Alfredo y yo _____ (correr) en el Parque del Centenario.
5. Mis padres _____ (comer) mucha lasaña los domingos y se quedan dormidos (*they fall asleep*).
6. Yo _____ (creer) que (*that*) mis padres deben comer menos (*less*).

2 Oraciones Juan is talking about what he and his friends do after school. Form complete sentences by adding any other necessary elements.

> **modelo**
> yo / correr / amigos / lunes y miércoles
> Yo corro con mis amigos los lunes y miércoles.

1. Manuela / asistir / clase / yoga
2. Eugenio / abrir / correo electrónico (*e-mail*)
3. Isabel y yo / leer / biblioteca
4. Sofía y Roberto / aprender / hablar / inglés
5. tú / comer / cafetería / escuela
6. mi novia y yo / compartir / libro de historia

3 Consejos Mario and his family are spending a year abroad to learn Japanese. In pairs, use the words below to say what he and/or his family members are doing or should do to adjust to life in Japan. Then, create one more sentence using a verb not on the list.

> **modelo**
> recibir libros / deber practicar japonés
> **Estudiante 1:** Mario y su esposa reciben muchos libros en japonés.
> **Estudiante 2:** Los hijos deben practicar japonés.

aprender japonés	decidir explorar el país
asistir a clases	escribir listas de palabras en japonés
beber té (*tea*)	leer novelas japonesas
deber comer cosas nuevas	vivir con una familia japonesa
¿?	¿?

La familia

Comunicación

4 Entrevista With a classmate, use these questions to interview each other. Be prepared to report the results of your interviews to the class.

1. ¿Dónde comes al mediodía? ¿Comes mucho?
2. ¿Cuándo asistes a tus clases?
3. ¿Cuál es tu clase favorita? ¿Por qué?
4. ¿Dónde vives?
5. ¿Con quién vives?
6. ¿Qué cursos debes tomar el próximo (*next*) semestre?
7. ¿Lees el periódico (*newspaper*)? ¿Qué periódico lees y cuándo?
8. ¿Recibes muchos mensajes de texto (*text messages*)? ¿De quién(es)?
9. ¿Escribes poemas?
10. ¿Crees en fantasmas (*ghosts*)?

5 Encuesta Your teacher will give you a worksheet. Walk around the class and ask a different classmate each question about his/her family members. Be prepared to report the results of your survey to the class.

Actividades	Miembros de la familia
1. vivir en una casa	los padres de Alicia
2. beber café	
3. correr todos los días (*every day*)	
4. comer mucho en restaurantes	
5. recibir mucho correo electrónico (*e-mail*)	
6. comprender tres lenguas	
7. deber estudiar más (*more*)	
8. leer muchos libros	

Síntesis

6 Horario Your teacher will give you and a partner incomplete versions of Alicia's schedule. Fill in the missing information on the schedule by talking to your partner. Be prepared to reconstruct Alicia's complete schedule with the class.

> **modelo**
> **Estudiante 1:** A las ocho, Alicia corre.
> **Estudiante 2:** ¡Ah, sí! (*Writes down information.*) A las nueve, ella...

3.4 Present tense of **tener** and **venir**

ANTE TODO The verbs **tener** (*to have*) and **venir** (*to come*) are among the most frequently used in Spanish. Because most of their forms are irregular, you will have to learn each one individually.

The verbs tener and venir

		tener	venir
SINGULAR FORMS	yo	tengo	vengo
	tú	tienes	vienes
	Ud./él/ella	tiene	viene
PLURAL FORMS	nosotros/as	tenemos	venimos
	vosotros/as	tenéis	venís
	Uds./ellos/ellas	tienen	vienen

▶ The endings are the same as those of regular **-er** and **-ir** verbs, except for the **yo** forms, which are irregular: **tengo, vengo**.

▶ In the **tú, Ud.,** and **Uds.** forms, the **e** of the stem changes to **ie**, as shown below.

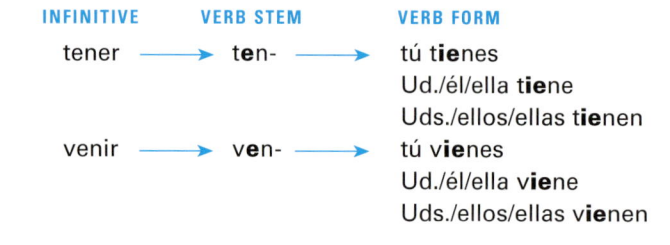

INFINITIVE	VERB STEM	VERB FORM
tener	ten-	tú tienes Ud./él/ella tiene Uds./ellos/ellas tienen
venir	ven-	tú vienes Ud./él/ella viene Uds./ellos/ellas vienen

¿Tienes una familia grande, Marissa?

No, tengo una familia pequeña.

AYUDA

Use what you already know about regular **-er** and **-ir** verbs to identify the irregularities in **tener** and **venir**.
1) Which verb forms use a regular stem? Which use an irregular stem?
2) Which verb forms use the regular endings? Which use irregular endings?

▶ Only the **nosotros** and **vosotros** forms are regular. Compare them to the forms of **comer** and **escribir** that you learned on page 96.

	tener	comer	venir	escribir
nosotros/as	tenemos	comemos	venimos	escribimos
vosotros/as	tenéis	coméis	venís	escribís

La familia

▶ In certain idiomatic or set expressions in Spanish, you use the construction **tener** + [*noun*] to express *to be* + [*adjective*]. This chart contains a list of the most common expressions with **tener**.

Expressions with tener

tener… años	to be… years old	tener (mucha) prisa	to be in a (big) hurry
tener (mucho) calor	to be (very) hot	tener razón	to be right
tener (mucho) cuidado	to be (very) careful	no tener razón	to be wrong
tener (mucho) frío	to be (very) cold	tener (mucha) sed	to be (very) thirsty
tener (mucha) hambre	to be (very) hungry	tener (mucho) sueño	to be (very) sleepy
tener (mucho) miedo (de)	to be (very) afraid/scared (of)	tener (mucha) suerte	to be (very) lucky

—¿**Tienen** hambre ustedes?
Are you hungry?

—Sí, y **tenemos** sed también.
Yes, and we're thirsty, too.

▶ To express an obligation, use **tener que** (*to have to*) + [*infinitive*].

—¿Qué **tienes que** estudiar hoy?
What do you have to study today?

—**Tengo que** estudiar biología.
I have to study biology.

▶ To ask people if they feel like doing something, use **tener ganas de** (*to feel like*) + [*infinitive*].

—¿**Tienes ganas de** comer?
Do you feel like eating?

—No, **tengo ganas de** dormir.
No, I feel like sleeping.

miciudad.com
Usted tiene que visitarnos.

¡INTÉNTALO! Provide the appropriate forms of **tener** and **venir**.

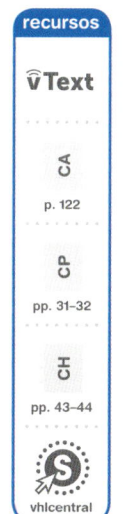

tener
1. Ellos __tienen__ dos hermanos.
2. Yo _____ una hermana.
3. El artista _____ tres primos.
4. Nosotros _____ diez tíos.
5. Eva y Diana _____ un sobrino.
6. Usted _____ cinco nietos.
7. Tú _____ dos hermanastras.
8. Ustedes _____ cuatro hijos.
9. Ella _____ una hija.

venir
1. Mis padres __vienen__ de México.
2. Tú _____ de España.
3. Nosotras _____ de Cuba.
4. Pepe _____ de Italia.
5. Yo _____ de Francia.
6. Ustedes _____ de Canadá.
7. Alfonso y yo _____ de Portugal.
8. Ellos _____ de Alemania.
9. Usted _____ de Venezuela.

Práctica

1 **Emparejar** Find the expression in column B that best matches an item in column A. Then, come up with a new item that corresponds with the leftover expression in column B.

A	B
1. el Polo Norte	a. tener calor
2. una sauna	b. tener sed
3. la comida salada (*salty food*)	c. tener frío
4. una persona muy inteligente	d. tener razón
5. un abuelo	e. tener ganas de
6. una dieta	f. tener hambre
	g. tener 75 años

2 **Completar** Complete the sentences with the correct forms of **tener** or **venir**.

1. Hoy nosotros _____ una reunión familiar (*family reunion*).
2. Yo _____ en autobús del aeropuerto (*airport*) de Quito.
3. Todos mis parientes _____, excepto mi tío Manolo y su esposa.
4. Ellos no _____ ganas de venir porque viven en Portoviejo.
5. Mi prima Susana y su novio no _____ hasta las ocho porque ella _____ que trabajar.
6. En las fiestas, mi hermana siempre (*always*) _____ muy tarde (*late*).
7. Nosotros _____ mucha suerte porque las reuniones son divertidas (*fun*).
8. Mi madre cree que mis sobrinos son muy simpáticos. Creo que ella _____ razón.

3 **Describir** Describe what these people are doing or feeling, using an expression with **tener**.

1. _____
2. _____ 
3. _____ 
4. _____ 
5. _____ 
6. _____

Comunicación

4 **¿Sí o no?** Indicate whether these statements apply to you by checking either **Sí** or **No**.

	Sí	No
1. Mi padre tiene 50 años.	○	○
2. Mis amigos vienen a mi casa todos los días (*every day*).	○	○
3. Vengo a clase a tiempo (*on time*).	○	○
4. Tengo hambre.	○	○
5. Tengo dos computadoras.	○	○
6. Tengo sed.	○	○
7. Tengo que estudiar los domingos.	○	○
8. Tengo una familia grande.	○	○

Now interview a classmate by transforming each statement into a question. Be prepared to report the results of your interview to the class.

> **modelo**
> **Estudiante 1:** ¿Tiene tu padre 50 años?
> **Estudiante 2:** No, no tiene 50 años. Tiene 40.

5 **Preguntas** With a classmate, ask each other these questions.

1. ¿Tienes que estudiar hoy?
2. ¿Cuántos años tienes? ¿Y tus hermanos/as?
3. ¿Cuándo vienes a la clase de español?
4. ¿Cuándo vienen tus amigos a tu casa o apartamento?
5. ¿De qué tienes miedo? ¿Por qué?
6. ¿Qué tienes ganas de hacer esta noche (*tonight*)?

6 **Conversación** Use an expression with **tener** to hint at what's on your mind. Your partner will ask questions to find out why you feel that way. If your partner cannot guess what's on your mind after three attempts, tell him/her. Then switch roles.

> **modelo**
> **Estudiante 1:** Tengo miedo.
> **Estudiante 2:** ¿Tienes que hablar en público?
> **Estudiante 1:** No.
> **Estudiante 2:** ¿Tienes un examen hoy?
> **Estudiante 1:** Sí, y no tengo tiempo para estudiar.

Síntesis

7 **Minidrama** Act out this situation with a partner: you are introducing your best friend to your extended family. To avoid any surprises before you go, talk about who is coming and what each family member is like. Switch roles.

Recapitulación

Diagnostics

Review the grammar concepts you have learned in this lesson by completing these activities.

1 **Adjetivos** Complete each sentence with the appropriate adjective. Change the form of the adjective as necessary for gender/number agreement. `12 pts.`

> antipático   interesante   mexicano
> difícil   joven   moreno

1. Mi tía es _____. Vive en Guadalajara.
2. Mi primo no es rubio, es _____.
3. Mi amigo cree que la clase no es fácil; es _____.
4. Los libros son _____; me gustan mucho.
5. Mis hermanos son _____; no tienen muchos amigos.
6. Las gemelas tienen nueve años. Son _____.

2 **Completar** For each set of sentences, provide the appropriate form of the verb **tener** and the possessive adjective. Follow the model. `24 pts.`

> **modelo**
> Él *tiene* un libro. Es *su* libro.

1. Esteban y Julio _____ una tía. Es _____ tía.
2. Yo _____ muchos amigos. Son _____ amigos.
3. Tú _____ tres primas. Son _____ primas.
4. María y tú _____ un hermano. Es _____ hermano.
5. Nosotras _____ unas mochilas. Son _____ mochilas.
6. Usted _____ dos sobrinos. Son _____ sobrinos.

3 **Oraciones** Arrange the words in the correct order to form complete logical sentences. ¡Ojo! Don't forget to conjugate the verbs. `10 pts.`

1. libros / unos / tener / interesantes / tú / muy
   _____
2. dos / leer / fáciles / compañera / tu / lecciones
   _____
3. mi / francés / ser / amigo / buen / Hugo
   _____
4. ser / simpáticas / dos / personas / nosotras
   _____
5. a / clases / menores / mismas / sus / asisitir / hermanos / las
   _____

RESUMEN GRAMATICAL

3.1 Descriptive adjectives *pp. 88–90*

Forms and agreement of adjectives

Masculine		Feminine	
Singular	Plural	Singular	Plural
alto	altos	alta	altas
inteligente	inteligentes	inteligente	inteligentes
trabajador	trabajadores	trabajadora	trabajadoras

▶ Descriptive adjectives follow the noun:
   el chico rubio

▶ Adjectives of color and nationality also follow the noun:
   la mujer española, el cuaderno azul

▶ Adjectives of quantity precede the noun:
   muchos libros, dos turistas

▶ When placed before a singular masculine noun, these adjectives are shortened:
   bueno → buen   malo → mal

▶ When placed before a singular noun, **grande** is shortened to **gran**.

3.2 Possessive adjectives *p. 93*

Singular		Plural	
mi	nuestro/a	mis	nuestros/as
tu	vuestro/a	tus	vuestros/as
su	su	sus	sus

3.3 Present tense of -er and -ir verbs *pp. 96–97*

comer		escribir	
como	comemos	escribo	escribimos
comes	coméis	escribes	escribís
come	comen	escribe	escriben

3.4 Present tense of tener and venir *pp. 100–101*

tener		venir	
tengo	tenemos	vengo	venimos
tienes	tenéis	vienes	venís
tiene	tienen	viene	vienen

La familia

4 Carta Complete this letter with the appropriate forms of the verbs in the word list. Not all verbs will be used. **20 pts.**

abrir	correr	recibir
asistir	creer	tener
compartir	escribir	venir
comprender	leer	vivir

Hola, Ángel:

¿Qué tal? (Yo) (1) _____ esta carta (*this letter*) en la biblioteca. Todos los días (2) _____ aquí y (3) _____ un buen libro. Yo (4) _____ que es importante leer por diversión. Mi amigo José Luis no (5) _____ por qué me gusta leer. Él sólo (6) _____ los libros de texto. Pero nosotros (7) _____ unos intereses. Por ejemplo, los dos somos atléticos; por las mañanas nosotros (8) _____. También nos gustan las ciencias; por las tardes (9) _____ a nuestra clase de biología. Y tú, ¿cómo estás? ¿(Tú) (10) _____ trabajo (*work*)?

5 Su familia Write a brief description of a friend's family. Describe the family members using vocabulary and structures from this lesson. Write at least five sentences. **34 pts.**

> **modelo**
> La familia de mi amiga Gabriela es grande. Ella tiene tres hermanos y una hermana. Su hermana mayor es periodista...

6 Proverbio Complete this proverb with the correct forms of the verbs in parentheses. **4 EXTRA points!**

"Dos andares° _____ (*tener*) el dinero°, _____ (*venir*) despacio° y se va° ligero°."

andares *speeds* dinero *money* despacio *slowly*
se va *it leaves* ligero *quickly*

3 adelante

Lección 3

Lectura

Audio: Reading Additional Reading

Antes de leer

Estrategia
Guessing meaning from context

As you read in Spanish, you'll often come across words you haven't learned. You can guess what they mean by looking at the surrounding words and sentences. Look at the following text and guess what **tía abuela** means, based on the context.

> ¡Hola, Claudia!
> ¿Qué hay de nuevo?
> ¿Sabes qué? Ayer fui a ver a mi tía abuela, la hermana de mi abuela. Tiene 85 años, pero es muy independiente. Vive en un apartamento en Quito con su prima Lorena, quien también tiene 85 años.

If you guessed *great-aunt*, you are correct, and you can conclude from this word and the format clues that this is a letter about someone's visit with his or her great-aunt.

Examinar el texto
Quickly read through the paragraphs and find two or three words you don't know. Using the context as your guide, guess what these words mean. Then glance at the paragraphs where these words appear and try to predict what the paragraphs are about.

Examinar el formato
Look at the format of the reading. What clues do the captions, photos, and layout give you about its content?

recursos
vText pp. 45–46 | CH | vhlcentral

Gente... Las familias

1. Me llamo Armando y tengo setenta años pero no me considero viejo. Tengo seis nietas y un nieto. Vivo con mi hija y tengo la oportunidad de pasar mucho tiempo con ella y con mi nieto. Por las tardes salgo a pasear° por el parque con él y por la noche le leo cuentos°.

Armando. Tiene seis nietas y un nieto.

2. Mi prima Victoria y yo nos llevamos muy bien. Estudiamos juntas° en la universidad y compartimos un apartamento. Ella es muy inteligente y me ayuda° con los estudios. Además°, es muy simpática y generosa. Si no tengo dinero°, ¡ella me lo presta!

Diana. Vive con su prima.

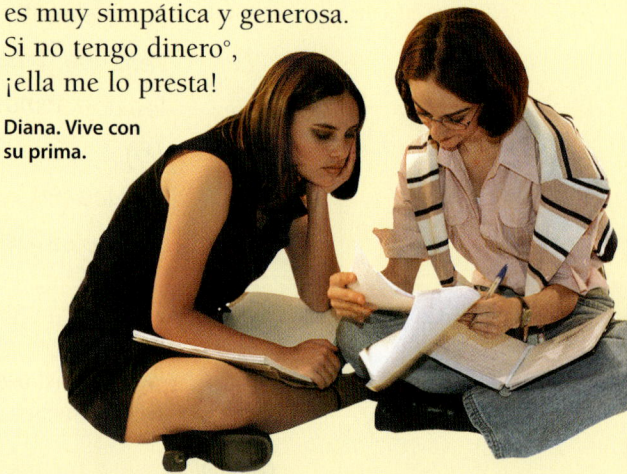

3. Me llamo Ramona y soy paraguaya, aunque° ahora vivo en los Estados Unidos. Tengo tres hijos, uno de nueve años, uno de doce y el mayor de quince. Es difícil a veces, pero mi esposo y yo tratamos° de ayudarlos y comprenderlos siempre°.

Ramona. Sus hijos son muy importantes para ella.

La familia

4. Tengo mucha suerte. Aunque mis padres están divorciados, tengo una familia muy unida. Tengo dos hermanos y dos hermanas. Me gusta hablar y salir a fiestas con ellos. Ahora tengo novio en la universidad y él no conoce a mis hermanos. ¡Espero que se lleven bien!

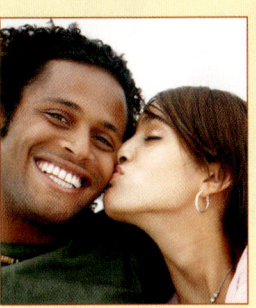

Ana María. Su familia es muy unida.

5. Antes quería° tener hermanos, pero ya no° es tan importante. Ser hijo único tiene muchas ventajas°: no tengo que compartir mis cosas con hermanos, no hay discusiones° y, como soy nieto único también, ¡mis abuelos piensan° que soy perfecto!

Fernando. Es hijo único.

6. No tengo ni esposa ni hijos. Pero tengo un sobrino, el hijo de mi hermano, que es muy especial para mí. Se llama Benjamín y tiene diez años. Es un muchacho muy simpático. Siempre tiene hambre y por lo tanto vamos° frecuentemente a comer hamburguesas. Nos gusta también ir al cine° a ver películas de acción. Hablamos de todo. ¡Creo que ser tío es mejor que ser padre!

Santiago. Cree que ser tío es divertido.

salgo a pasear *I go take a walk* **cuentos** *stories* **juntas** *together*
me ayuda *she helps me* **Además** *Besides* **dinero** *money* **aunque** *although*
tratamos *we try* **siempre** *always* **quería** *I wanted* **ya no** *no longer*
ventajas *advantages* **discusiones** *arguments* **piensan** *think* **vamos** *we go*
ir al cine *to go to the movies*

Después de leer

Emparejar

Glance at the paragraphs and see how the words and phrases in column A are used in context. Then find their definitions in column B.

A
1. me lo presta
2. nos llevamos bien
3. no conoce
4. películas
5. mejor que
6. el mayor

B
a. the oldest
b. movies
c. the youngest
d. loans it to me
e. borrows it from me
f. we see each other
g. doesn't know
h. we get along
i. portraits
j. better than

Seleccionar

Choose the sentence that best summarizes each paragraph.

1. Párrafo 1
    a. Me gusta mucho ser abuelo.
    b. No hablo mucho con mi nieto.
    c. No tengo nietos.
2. Párrafo 2
    a. Mi prima es antipática.
    b. Mi prima no es muy trabajadora.
    c. Mi prima y yo somos muy buenas amigas.
3. Párrafo 3
    a. Tener hijos es un gran sacrificio, pero es muy bonito también.
    b. No comprendo a mis hijos.
    c. Mi esposo y yo no tenemos hijos.
4. Párrafo 4
    a. No hablo mucho con mis hermanos.
    b. Comparto mis cosas con mis hermanos.
    c. Mis hermanos y yo somos como (*like*) amigos.
5. Párrafo 5
    a. Me gusta ser hijo único.
    b. Tengo hermanos y hermanas.
    c. Vivo con mis abuelos.
6. Párrafo 6
    a. Mi sobrino tiene diez años.
    b. Me gusta mucho ser tío.
    c. Mi esposa y yo no tenemos hijos.

Practice more at vhlcentral.com.

Escritura

Estrategia

Using idea maps

How do you organize ideas for a first draft? Often, the organization of ideas represents the most challenging part of the process. Idea maps are useful for organizing pertinent information. Here is an example of an idea map you can use:

MAPA DE IDEAS

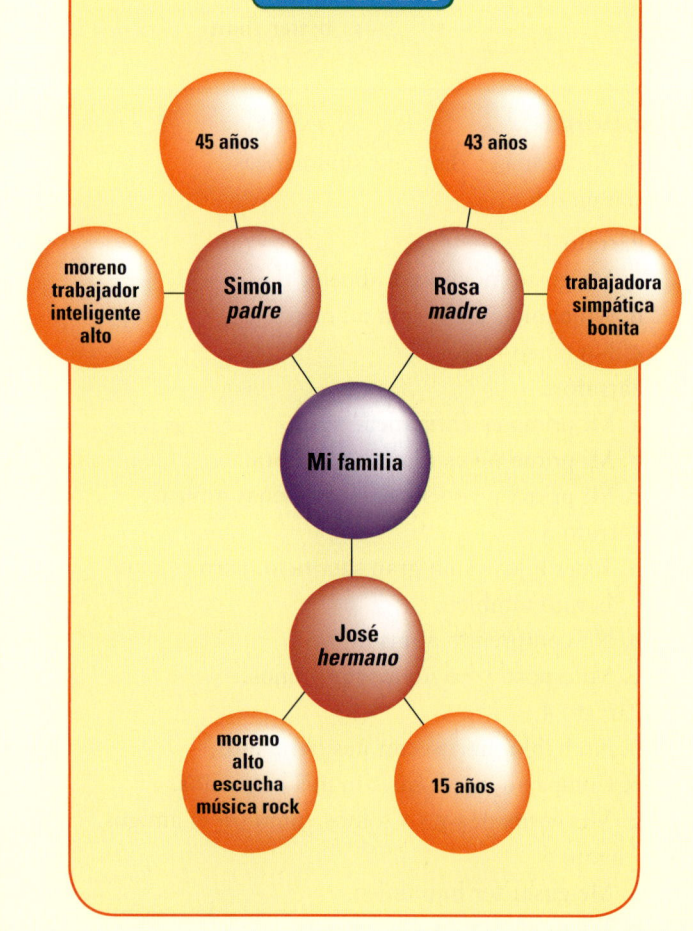

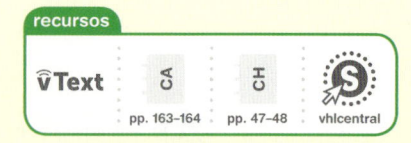

- 45 años
- 43 años
- moreno, trabajador, inteligente, alto
- Simón *padre*
- Rosa *madre*
- trabajadora, simpática, bonita
- Mi familia
- José *hermano*
- moreno, alto, escucha música rock
- 15 años

Tema

Escribir un mensaje electrónico

A friend you met in a chat room for Spanish speakers wants to know about your family. Using some of the verbs and adjectives you have learned in this lesson, write a brief e-mail describing your family or an imaginary family, including:

▶ Names and relationships
▶ Physical characteristics
▶ Hobbies and interests

Here are some useful expressions for writing a letter or e-mail in Spanish:

Salutations

Estimado/a Julio/Julia:	*Dear Julio/Julia,*
Querido/a Miguel/Ana María:	*Dear Miguel/Ana María,*

Closings

Un abrazo,	*A hug,*
Abrazos,	*Hugs,*
Cariños,	*Much love,*
¡Hasta pronto!	*See you soon!*
¡Hasta la próxima semana!	*See you next week!*

La familia   ciento nueve   **109**

Escuchar 🖱 Audio

Estrategia

**Asking for repetition/
Replaying the recording**

Sometimes it is difficult to understand what people say, especially in a noisy environment. During a conversation, you can ask someone to repeat by saying **¿Cómo?** (*What?*) or **¿Perdón?** (*Pardon me?*). In class, you can ask your teacher to repeat by saying **Repita, por favor** (*Repeat, please*). If you don't understand a recorded activity, you can simply replay it.

🔊 To help you practice this strategy, you will listen to a short paragraph. Ask your professor to repeat it or replay the recording, and then summarize what you heard.

Preparación

Based on the photograph, where do you think Cristina and Laura are? What do you think Laura is saying to Cristina?

Ahora escucha 🔊

Now you are going to hear Laura and Cristina's conversation. Use **R** to indicate which adjectives describe Cristina's boyfriend, Rafael. Use **E** for adjectives that describe Laura's boyfriend, Esteban. Some adjectives will not be used.

____ rubio   ____ interesante
____ feo   ____ antipático
____ alto   ____ inteligente
____ trabajador   ____ moreno
____ un poco gordo   ____ viejo

recursos

vText — vhlcentral

Comprensión

Identificar

Which person would make each statement: Cristina or Laura?

	Cristina	Laura
1. Mi novio habla sólo de fútbol y de béisbol.	○	○
2. Tengo un novio muy interesante y simpático.	○	○
3. Mi novio es alto y moreno.	○	○
4. Mi novio trabaja mucho.	○	○
5. Mi amiga no tiene buena suerte con los muchachos.	○	○
6. El novio de mi amiga es un poco gordo, pero guapo.	○	○

¿Cierto o falso?

Indicate whether each sentence is **cierto** or **falso**, then correct the false statements.

	Cierto	Falso
1. Esteban es un chico interesante y simpático.	○	○
2. Laura tiene mala suerte con los chicos.	○	○
3. Rafael es muy interesante.	○	○
4. Laura y su novio hablan de muchas cosas.	○	○

Practice more at **vhlcentral.com**.

en pantalla

Video: TV Clip

Anuncio de Pentel

Eres una buena chica.

Preparación

Answer these questions in English.

1. How do you and your friends communicate most effectively? Talking? Texting? In other ways?
2. If you have to give a friend bad news, how do you go about it? How hard or easy is it to tell someone something difficult? Why?

Un beso

The American concept of dating does not exist in the same way in the Spanish-speaking world. In many countries like Mexico, Spain, and Argentina, young people spend most of their time in groups of friends, learning about each other without pairing off right away. This approach means that young people can develop relationships without the social or psychological pressures and expectations of "being on a date." Relationships for young people develop just like in the rest of the world, but perhaps this approach allows for more spontaneity and less "labeling."

Vocabulario útil

has sido	you have been
te sorprenda	it catches you by surprise
quiero que me dejes	I want you to let me
por muy bajo que te parezca	however low it seems to you
Gracias por haberme querido escuchar.	Thank you for having wanted to listen to me.
que me dejes	that you leave me
haberme querido	having loved me
vida	life

Comprensión

Label the adjectives **a** (**el chico**) or **b** (**la chica**), based on what you see in the video.

___ 1. bajo/a
___ 2. bueno/a
___ 3. feo/a
___ 4. maravilloso/a *wonderful*
___ 5. tonto/a

Conversación

Talk with a classmate about these questions.

1. In the video, what did the young woman expect at the beginning? In what way did her experience differ from her expectation? How did she transform her experience from a negative to a positive one for herself?
2. How did the young man describe himself in the letter? The young woman? Why do you think he wrote in this way?

Aplicación

Work in small groups to create an ad for a product, using specific adjectives from this chapter to develop a positive message and image. Present the ad to the class, and discuss afterward which ads seem most effective in promoting the product, and why.

Practice more at vhlcentral.com.

recursos
vText
vhlcentral

La familia   ciento nueve   109

Escuchar 🔊 Audio

Estrategia

**Asking for repetition/
Replaying the recording**

Sometimes it is difficult to understand what people say, especially in a noisy environment. During a conversation, you can ask someone to repeat by saying **¿Cómo?** (*What?*) or **¿Perdón?** (*Pardon me?*). In class, you can ask your teacher to repeat by saying **Repita, por favor** (*Repeat, please*). If you don't understand a recorded activity, you can simply replay it.

🔊 To help you practice this strategy, you will listen to a short paragraph. Ask your professor to repeat it or replay the recording, and then summarize what you heard.

Preparación

Based on the photograph, where do you think Cristina and Laura are? What do you think Laura is saying to Cristina?

Ahora escucha 🔊

Now you are going to hear Laura and Cristina's conversation. Use **R** to indicate which adjectives describe Cristina's boyfriend, Rafael. Use **E** for adjectives that describe Laura's boyfriend, Esteban. Some adjectives will not be used.

____ rubio   ____ interesante
____ feo   ____ antipático
____ alto   ____ inteligente
____ trabajador   ____ moreno
____ un poco gordo   ____ viejo

recursos

vText — vhlcentral

Comprensión

Identificar

Which person would make each statement: Cristina or Laura?

	Cristina	Laura
1. Mi novio habla sólo de fútbol y de béisbol.	○	○
2. Tengo un novio muy interesante y simpático.	○	○
3. Mi novio es alto y moreno.	○	○
4. Mi novio trabaja mucho.	○	○
5. Mi amiga no tiene buena suerte con los muchachos.	○	○
6. El novio de mi amiga es un poco gordo, pero guapo.	○	○

¿Cierto o falso?

Indicate whether each sentence is **cierto** or **falso**, then correct the false statements.

	Cierto	Falso
1. Esteban es un chico interesante y simpático.	○	○
2. Laura tiene mala suerte con los chicos.	○	○
3. Rafael es muy interesante.	○	○
4. Laura y su novio hablan de muchas cosas.	○	○

Practice more at **vhlcentral.com**.

en pantalla

Video: TV Clip

Anuncio de Pentel

Eres una buena chica.

Preparación
Answer these questions in English.
1. How do you and your friends communicate most effectively? Talking? Texting? In other ways?
2. If you have to give a friend bad news, how do you go about it? How hard or easy is it to tell someone something difficult? Why?

Un beso
The American concept of dating does not exist in the same way in the Spanish-speaking world. In many countries like Mexico, Spain, and Argentina, young people spend most of their time in groups of friends, learning about each other without pairing off right away. This approach means that young people can develop relationships without the social or psychological pressures and expectations of "being on a date." Relationships for young people develop just like in the rest of the world, but perhaps this approach allows for more spontaneity and less "labeling."

Vocabulario útil

has sido	you have been
te sorprenda	it catches you by surprise
quiero que me dejes	I want you to let me
por muy bajo que te parezca	however low it seems to you
Gracias por haberme querido escuchar.	Thank you for having wanted to listen to me.
que me dejes	that you leave me
haberme querido	having loved me
vida	life

Comprensión
Label the adjectives **a** (**el chico**) or **b** (**la chica**), based on what you see in the video.

___ 1. bajo/a
___ 2. bueno/a
___ 3. feo/a
___ 4. maravilloso/a *wonderful*
___ 5. tonto/a

Conversación
Talk with a classmate about these questions.
1. In the video, what did the young woman expect at the beginning? In what way did her experience differ from her expectation? How did she transform her experience from a negative to a positive one for herself?
2. How did the young man describe himself in the letter? The young woman? Why do you think he wrote in this way?

Aplicación
Work in small groups to create an ad for a product, using specific adjectives from this chapter to develop a positive message and image. Present the ad to the class, and discuss afterward which ads seem most effective in promoting the product, and why.

Practice more at **vhlcentral.com**.

recursos
vText
vhlcentral

La familia

Flash Cultura

Video: Flash cultura

If a Spanish-speaking friend told you he was going to a **reunión familiar**, what type of event would you picture? Most likely, your friend would not be referring to an annual event reuniting family members from far-flung cities. In Hispanic culture, family gatherings are much more frequent and relaxed, and thus do not require intensive planning or juggling of schedules. Some families gather every Sunday afternoon to enjoy a leisurely meal; others may prefer to hold get-togethers on a Saturday evening, with food, music, and dancing. In any case, gatherings tend to be laid-back events in which family members spend hours chatting, sharing stories, and telling jokes.

Vocabulario útil	
el Día de la Madre	Mother's Day
estamos celebrando	we are celebrating
familia grande y feliz	a big, happy family
familia numerosa	a large family
hacer (algo) juntos	to do (something) together
el patio interior	courtyard
pelear	to fight
reuniones familiares	family gatherings, reunions

Preparación
What is a "typical family" like where you live? Is there such a thing? What members of a family usually live together?

Completar
Complete this paragraph with the correct options.

Los Valdivieso y los Bolaños son dos ejemplos de familias en Ecuador. Los Valdivieso son una familia (1) _____ (difícil/numerosa). Viven en una casa (2) _____ (grande/buena). En el patio, hacen (*they have*) muchas reuniones (3) _____ (familiares/con amigos). Los Bolaños son una familia pequeña. Ellos comen (4) _____ (separados/juntos) y preparan canelazo, una bebida (*drink*) típica ecuatoriana.

tan *so*

La familia

1

—Érica, ¿y cómo se llaman tus padres?
—Mi mamá, Lorena y mi papá, Miguel.

2

¡Qué familia tan° grande tiene!

3

Te presento a la familia Bolaños.

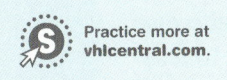

Practice more at vhlcentral.com.

panorama

Ecuador

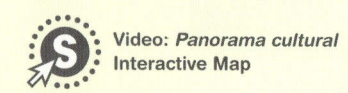

Video: *Panorama cultural*
Interactive Map

El país en cifras

- **Área:** 283.560 km2 (109.483 millas²), incluyendo las islas Galápagos, aproximadamente el área de Colorado
- **Población:** 15.439.000
- **Capital:** Quito—1.622.000
- **Ciudades° principales:** Guayaquil—2.634.000, Cuenca, Machala, Portoviejo
- **Moneda:** dólar estadounidense
- **Idiomas:** español (oficial), quichua

La lengua oficial de Ecuador es el español, pero también se hablan° otras° lenguas en el país. Aproximadamente unos 4.000.000 de ecuatorianos hablan lenguas indígenas; la mayoría° de ellos habla quichua. El quichua es el dialecto ecuatoriano del quechua, la lengua de los incas.

Bandera de Ecuador

Ecuatorianos célebres

- **Francisco Eugenio De Santa Cruz y Espejo,** médico, periodista y patriota (1747–1795)
- **Juan León Mera,** novelista (1832–1894)
- **Eduardo Kingman,** pintor° (1913–1998)
- **Rosalía Arteaga,** abogada°, política y ex vicepresidenta (1956–)
- **Iván Vallejo Ricafuerte,** montañista (1959–)

Ciudades *cities*   se hablan *are spoken*   otras *other*   mayoría *majority*
pintor *painter*   abogada *lawyer*   sur *south*   mundo *world*   pies *feet*
dos veces más alto que *twice as tall as*

Las islas Galápagos

COLOMBIA

Indígenas del Amazonas

Río Esmeraldas
Ibarra
Quito
Océano Pacífico
Volcán Cotopaxi
Río Napo
Portoviejo
Volcán Tungurahua
Río Daule
Río Pastaza
Guayaquil
Volcán Chimborazo
Cordillera de los Andes
Cuenca
Machala
Muchos indígenas de Ecuador hablan quichua.
Loja
La ciudad de Quito y la Cordillera de los Andes
PERÚ
Catedral de Guayaquil

recursos
vText | CA pp. 73–74 | CP pp. 33–34 | vhlcentral

¡Increíble pero cierto!

El volcán Cotopaxi, situado a unos 60 kilómetros al sur° de Quito, es considerado el volcán activo más alto del mundo°. Tiene una altura de 5.897 metros (19.340 pies°). Es dos veces más alto que° el monte Santa Elena (2.550 metros o 9.215 pies) en el estado de Washington.

La familia   ciento trece   113

Lugares • Las islas Galápagos
Muchas personas vienen de lejos a visitar las islas Galápagos porque son un verdadero tesoro° ecológico. Aquí Charles Darwin estudió° las especies que inspiraron° sus ideas sobre la evolución. Como las Galápagos están lejos del continente, sus plantas y animales son únicos. Las islas son famosas por sus tortugas° gigantes.

Artes • Oswaldo Guayasamín
Oswaldo Guayasamín fue° uno de los artistas latinoamericanos más famosos del mundo. Fue escultor° y muralista. Su expresivo estilo viene del cubismo y sus temas preferidos son la injusticia y la pobreza° sufridas° por los indígenas de su país.

Madre y niño en azul, 1986, Oswaldo Guayasamín

Deportes • El *trekking*
El sistema montañoso de los Andes cruza° y divide Ecuador en varias regiones. La Sierra, que tiene volcanes, grandes valles y una variedad increíble de plantas y animales, es perfecta para el *trekking*. Muchos turistas visitan Ecuador cada° año para hacer° *trekking* y escalar montañas°.

Lugares • Latitud 0
Hay un monumento en Ecuador, a unos 22 kilómetros (14 millas) de Quito, donde los visitantes están en el hemisferio norte y el hemisferio sur a la vez°. Este monumento se llama la Mitad del Mundo° y es un destino turístico muy popular.

Explosión del volcán Tungurahua

¿Qué aprendiste? Completa las oraciones con la información correcta.
1. La ciudad más grande (*biggest*) de Ecuador es _____.
2. La capital de Ecuador es _____.
3. Unos 4.000.000 de ecuatorianos hablan _____.
4. Darwin estudió el proceso de la evolución en _____.
5. Dos temas del arte de _____ son la pobreza y la _____.
6. Un monumento muy popular es _____.
7. La Sierra es un lugar perfecto para el _____.
8. El volcán _____ es el volcán activo más alto del mundo.

Conexión Internet Investiga estos temas en **vhlcentral.com**.
1. Busca información sobre una ciudad de Ecuador. ¿Te gustaría (*Would you like*) visitar la ciudad? ¿Por qué?
2. Haz una lista de tres animales o plantas que viven sólo en las islas Galápagos. ¿Dónde hay animales o plantas similares?

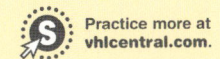

Practice more at vhlcentral.com.

verdadero tesoro *true treasure* **estudió** *studied* **inspiraron** *inspired* **tortugas** *tortoises* **fue** *was* **escultor** *sculptor* **pobreza** *poverty* **sufridas** *suffered* **cruza** *crosses* **cada** *every* **hacer** *to do* **escalar montañas** *to climb mountains* **a la vez** *at the same time* **Mitad del Mundo** *Equatorial Line Monument (lit. Midpoint of the World)*

vocabulario

La familia

el/la abuelo/a	grandfather/grandmother
los abuelos	grandparents
el apellido	last name
el/la bisabuelo/a	great-grandfather/great-grandmother
el/la cuñado/a	brother-in-law/sister-in-law
el/la esposo/a	husband/wife; spouse
la familia	family
el/la gemelo/a	twin
el/la hermanastro/a	stepbrother/stepsister
el/la hermano/a	brother/sister
el/la hijastro/a	stepson/stepdaughter
el/la hijo/a	son/daughter
los hijos	children
la madrastra	stepmother
la madre	mother
el/la medio/a hermano/a	half-brother/half-sister
el/la nieto/a	grandson/granddaughter
la nuera	daughter-in-law
el padrastro	stepfather
el padre	father
los padres	parents
los parientes	relatives
el/la primo/a	cousin
el/la sobrino/a	nephew/niece
el/la suegro/a	father-in-law/mother-in-law
el/la tío/a	uncle/aunt
el yerno	son-in-law

Otras personas

el/la amigo/a	friend
la gente	people
el/la muchacho/a	boy/girl
el/la niño/a	child
el/la novio/a	boyfriend/girlfriend
la persona	person

Profesiones

el/la artista	artist
el/la doctor(a), el/la médico/a	doctor; physician
el/la ingeniero/a	engineer
el/la periodista	journalist
el/la programador(a)	computer programmer

Adjetivos

alto/a	tall
antipático/a	unpleasant
bajo/a	short (in height)
bonito/a	pretty
buen, bueno/a	good
delgado/a	thin; slender
difícil	difficult; hard
fácil	easy
feo/a	ugly
gordo/a	fat
gran, grande	big; large
guapo/a	good-looking
importante	important
inteligente	intelligent
interesante	interesting
joven (sing.), jóvenes (pl.)	young
mal, malo/a	bad
mismo/a	same
moreno/a	brunet(te)
mucho/a	much; many; a lot of
pelirrojo/a	red-haired
pequeño/a	small
rubio/a	blond(e)
simpático/a	nice; likeable
tonto/a	silly; foolish
trabajador(a)	hard-working
viejo/a	old

Colores

amarillo/a	yellow
azul	blue
blanco/a	white
negro/a	black
rojo/a	red
verde	green

Nacionalidades

alemán, alemana	German
argentino/a	Argentine
canadiense	Canadian
chino/a	Chinese
costarricense	Costa Rican
cubano/a	Cuban
ecuatoriano/a	Ecuadorian
español(a)	Spanish
estadounidense	from the U.S.
francés, francesa	French
inglés, inglesa	English
italiano/a	Italian
japonés, japonesa	Japanese
mexicano/a	Mexican
norteamericano/a	(North) American
puertorriqueño/a	Puerto Rican
ruso/a	Russian

Verbos

abrir	to open
aprender (a + *inf.*)	to learn
asistir (a)	to attend
beber	to drink
comer	to eat
compartir	to share
comprender	to understand
correr	to run
creer (en)	to believe (in)
deber (+ *inf.*)	should; must; ought to
decidir (+ *inf.*)	to decide
describir	to describe
escribir	to write
leer	to read
recibir	to receive
tener	to have
venir	to come
vivir	to live

Possessive adjectives	See page 93.
Expressions with *tener*	See page 101.
Expresiones útiles	See page 83.

Los pasatiempos

4

Communicative Goals

I will be able to:
- Talk about pastimes, weekend activities, and sports
- Make plans and invitations

contextos
pages 116–119
- Pastimes
- Sports
- Places in the city

fotonovela
pages 120–123
The friends spend the day exploring Mérida and the surrounding area. Maru, Jimena, and Miguel take Marissa to a **cenote**; Felipe and Juan Carlos join Felipe's cousins for soccer and lunch.

cultura
pages 124–125
- Soccer rivalries
- Miguel Cabrera and Paola Espinosa

estructura
pages 126–141
- Present tense of **ir**
- Stem-changing verbs: **e:ie; o:ue**
- Stem-changing verbs: **e:i**
- Verbs with irregular **yo** forms
- **Recapitulación**

adelante
pages 142–149
Lectura: Popular sports in Latin America
Escritura: A pamphlet about activities in your area
Escuchar: A conversation about pastimes
En pantalla
Flash cultura
Panorama: México

A PRIMERA VISTA
- ¿Es esta persona un atleta o un artista?
- ¿En qué tiene interés, en el ciclismo o en el tenis?
- ¿Es viejo? ¿Es delgado?
- ¿Tiene frío o calor?

4 contextos
Lección 4

Los pasatiempos

My Vocabulary Tutorials

Más vocabulario

el béisbol	baseball
el ciclismo	cycling
el esquí (acuático)	(water) skiing
el fútbol americano	football
el golf	golf
el hockey	hockey
la natación	swimming
el tenis	tennis
el vóleibol	volleyball
el equipo	team
el parque	park
el partido	game; match
la plaza	city or town square
andar en patineta	to skateboard
bucear	to scuba dive
escalar montañas (*f., pl.*)	to climb mountains
esquiar	to ski
ganar	to win
ir de excursión	to go on a hike
practicar deportes (*m., pl.*)	to play sports
escribir una carta/ un mensaje electrónico	to write a letter/ an e-mail
leer correo electrónico	to read e-mail
leer una revista	to read a magazine
deportivo/a	sports-related

Variación léxica

piscina ⟷ pileta (*Arg.*); alberca (*Méx.*)
baloncesto ⟷ básquetbol (*Amér. L.*)
béisbol ⟷ pelota (*P. Rico, Rep. Dom.*)

Lee el periódico. (leer)

Pasea en bicicleta. (pasear)

la pelota

el fútbol

la jugadora

Visitan el monumento. (visitar)

Pasean. (pasear)

Toma el sol. (tomar)

Nada. (nadar)

la piscina

PARQUE MUNICIPAL

recursos

vText CA p. 123 CP pp. 37–38 CH pp. 49–50 vhlcentral

Los pasatiempos

ciento diecisiete **117**

Práctica

1 Escuchar Indicate the letter of the activity in Column B that best corresponds to each statement you hear. Two items in Column B will not be used.

A
1. _____
2. _____
3. _____
4. _____
5. _____
6. _____

B
a. leer correo electrónico
b. tomar el sol
c. pasear en bicicleta
d. ir a un partido de fútbol americano
e. escribir una carta
f. practicar muchos deportes
g. nadar
h. ir de excursión

2 Ordenar Order these activities according to what you hear in the narration.

_____ a. pasear en bicicleta
_____ b. nadar
_____ c. leer una revista
_____ d. tomar el sol
_____ e. practicar deportes
_____ f. patinar en línea

3 ¿Cierto o falso? Indicate whether each statement is **cierto** or **falso** based on the illustration.

	Cierto	Falso
1. Un hombre nada en la piscina.	○	○
2. Un hombre lee una revista.	○	○
3. Un chico pasea en bicicleta.	○	○
4. Dos muchachos esquían.	○	○
5. Una mujer y dos niños visitan un monumento.	○	○
6. Un hombre bucea.	○	○
7. Hay un equipo de hockey.	○	○
8. Una mujer toma el sol.	○	○

4 Clasificar Fill in the chart below with as many terms from **Contextos** as you can.

Actividades	Deportes	Personas
_____	_____	_____
_____	_____	_____
_____	_____	_____
_____	_____	_____
_____	_____	_____
_____	_____	_____

Patina en línea. (patinar)

el jugador

el baloncesto

En el centro

- el cine
- el museo
- el gimnasio
- el restaurante
- el café

Más vocabulario

la diversión	fun activity; entertainment; recreation
el fin de semana	weekend
el pasatiempo	pastime; hobby
los ratos libres	spare (free) time
el videojuego	video game
la iglesia	church
el lugar	place
ver películas (*f., pl.*)	to watch movies
favorito/a	favorite

5 Identificar
Identify the place where these activities would take place.

modelo
Esquiamos. *Es una montaña.*

1. Tomamos una limonada.
2. Vemos una película.
3. Nadamos y tomamos el sol.
4. Hay muchos monumentos.
5. Comemos tacos y fajitas.
6. Miramos pinturas (*paintings*) de Diego Rivera y Frida Kahlo.
7. Hay mucho tráfico.
8. Practicamos deportes.

6 Preguntar
Ask a classmate what he or she does in the places mentioned below. Your classmate will respond using verbs from the word bank.

modelo
una plaza
Estudiante 1: ¿Qué haces (*do you do*) cuando estás en una plaza?
Estudiante 2: *Camino por la plaza y miro a las personas.*

beber	escalar	mirar	practicar
caminar	escribir	nadar	tomar
correr	leer	patinar	visitar

1. una biblioteca
2. un estadio
3. una plaza
4. una piscina
5. las montañas
6. un parque
7. un café
8. un museo

Practice more at **vhlcentral.com**.

Los pasatiempos ciento diecinueve 119

Comunicación

7 **Crucigrama** Your instructor will give you and your partner an incomplete crossword puzzle. Yours has the words your partner needs and vice versa. In order to complete the puzzle, take turns giving each other clues, using definitions, examples, and phrases.

modelo
2 horizontal: Es un deporte que practicamos en la piscina.
6 vertical: Es un mensaje que escribimos con lápiz o con pluma.

8 **Entrevista** In pairs, take turns asking and answering these questions.

1. ¿Hay un café cerca de la escuela? ¿Dónde está?
2. ¿Cuál es tu restaurante favorito?
3. ¿Te gusta viajar y visitar monumentos? ¿Por qué?
4. ¿Te gusta ir al cine los fines de semana?
5. ¿Cuáles son tus películas favoritas?
6. ¿Te gusta practicar deportes?
7. ¿Cuáles son tus deportes favoritos? ¿Por qué?
8. ¿Cuáles son tus pasatiempos favoritos?

CONSULTA
To review the verb **gustar**, see **Estructura 2.1**, p. 52.

9 **Conversación** Using the words and expressions provided, work with a partner to prepare a short conversation about pastimes.

¿a qué hora?   ¿con quién(es)?   ¿dónde?
¿cómo?   ¿cuándo?   ¿qué?

modelo
Estudiante 1: ¿Cuándo patinas en línea?
Estudiante 2: Patino en línea los domingos. Y tú, ¿patinas en línea?
Estudiante 1: No, no me gusta patinar en línea. Me gusta practicar el béisbol.

10 **Pasatiempos** In pairs, tell each other what pastimes three of your friends and family members enjoy. Be prepared to share with the class any pastimes they have in common.

modelo
Estudiante 1: Mi hermana pasea mucho en bicicleta, pero mis padres practican la natación. Mi hermano no nada, pero visita muchos museos.
Estudiante 2: Mi primo lee muchas revistas, pero no practica muchos deportes. Mis tíos esquían y practican el golf...

recursos
vText
CA
pp. 17–18

fotonovela

Fútbol, cenotes y mole

Maru, Miguel, Jimena y Marissa visitan un cenote, mientras Felipe y Juan Carlos van a un partido de fútbol.

Video: *Fotonovela*

PERSONAJES: MIGUEL, PABLO

1.

MIGUEL Buenos días a todos.

TÍA ANA MARÍA Hola, Miguel. Maru, ¿qué van a hacer hoy?

MARU Miguel y yo vamos a llevar a Marissa a un cenote.

2.

MARISSA ¿No vamos a nadar? ¿Qué es un cenote?

MIGUEL Sí, sí vamos a nadar. Un cenote... difícil de explicar. Es una piscina natural en un hueco profundo.

MARU ¡Ya vas a ver! Seguro que te va a gustar.

3.

ANA MARÍA Marissa, ¿qué te gusta hacer? ¿Escalar montañas? ¿Ir de excursión?

MARISSA Sí, me gusta ir de excursión y practicar el esquí acuático. Y usted, ¿qué prefiere hacer en sus ratos libres?

6.

FELIPE ¿Recuerdas el restaurante del mole?

EDUARDO ¿Qué restaurante?

JIMENA El mole de mi tía Ana María es mi favorito.

MARU Chicos, ya es hora. ¡Vamos!

7.

(*más tarde, en el parque*)

PABLO No puede ser. ¡Cinco a uno!

FELIPE ¡Vamos a jugar! Si perdemos, compramos el almuerzo. Y si ganamos...

EDUARDO ¡Empezamos!

8.

(*mientras tanto, en el cenote*)

MARISSA ¿Hay muchos cenotes en México?

MIGUEL Sólo en la península de Yucatán.

MARISSA ¡Vamos a nadar!

Los pasatiempos

ANA MARÍA    **MARU**    **MARISSA**    **EDUARDO**    **FELIPE**    **JUAN CARLOS**    **JIMENA**    **DON GUILLERMO**

4

PABLO Mi mamá tiene muchos pasatiempos y actividades.
EDUARDO Sí. Ella nada y juega al tenis y al golf.
PABLO Va al cine y a los museos.
ANA MARÍA Sí, salgo mucho los fines de semana.

5

(*unos minutos después*)
EDUARDO Hay un partido de fútbol en el parque. ¿Quieren ir conmigo?
PABLO Y conmigo. Si no consigo más jugadores, nuestro equipo va a perder.

9

(*Los chicos visitan a don Guillermo, un vendedor de paletas heladas.*)
JUAN CARLOS Don Guillermo, ¿dónde podemos conseguir un buen mole?
FELIPE Eduardo y Pablo van a pagar el almuerzo. Y yo voy a pedir un montón de comida.

10

FELIPE Sí, éste es el restaurante. Recuerdo la comida.
EDUARDO Oye, Pablo... No tengo...
PABLO No te preocupes, hermanito.
FELIPE ¿Qué buscas? (*muestra la cartera de Pablo*) ¿Esto?

Expresiones útiles

Making invitations
Hay un partido de fútbol en el parque. ¿Quieren ir conmigo?
There's a soccer game in the park. Do you want to come with me?
¡Yo puedo jugar!
I can play!
Mmm... no quiero.
Hmm... I don't want to.
Lo siento, pero no puedo.
I'm sorry, but I can't.
¡Vamos a nadar!
Let's go swimming!
Sí, vamos.
Yes, let's go.

Making plans
¿Qué van a hacer hoy?
What are you going to do today?
Vamos a llevar a Marissa a un cenote.
We are taking Marissa to a cenote.
Vamos a comprar unas paletas heladas.
We're going to buy some popsicles.
Vamos a jugar. Si perdemos, compramos el almuerzo.
Let's play. If we lose, we'll buy lunch.

Talking about pastimes
¿Qué te gusta hacer? ¿Escalar montañas? ¿Ir de excursión?
What do you like to do? Mountain climbing? Hiking?
Sí, me gusta ir de excursión y practicar esquí acuático.
Yes, I like hiking and water skiing.
Y usted, ¿qué prefiere hacer en sus ratos libres?
And you, what do you like to do in your free time?
Salgo mucho los fines de semana.
I go out a lot on the weekends.
Voy al cine y a los museos.
I go to the movies and to museums.

Additional vocabulary
la cartera *wallet*
el hueco *hole*
un montón de *a lot of*
el/la aficionado/a *fan*

¿Qué pasó?

1 Escoger Choose the answer that best completes each sentence.

1. Marissa, Maru y Miguel desean _____.
   a. nadar b. correr por el parque c. leer el periódico

2. A Marissa le gusta _____.
   a. el tenis b. el vóleibol c. ir de excursión y practicar esquí acuático

3. A la tía Ana María le gusta _____.
   a. jugar al hockey b. nadar y jugar al tenis y al golf c. hacer ciclismo

4. Pablo y Eduardo pierden el partido de _____.
   a. fútbol b. béisbol c. baloncesto

5. Juan Carlos y Felipe desean _____.
   a. patinar b. esquiar c. comer mole

NOTA CULTURAL

Mole is a typical sauce in Mexican cuisine. It is made from pumpkin seeds, chile, and chocolate, and it is usually served with chicken, beef, or pork. To learn more about **mole**, go to page 272.

2 Identificar Identify the person who would make each statement.

1. A mí me gusta nadar, pero no sé qué es un cenote. _____
2. Mamá va al cine y al museo en sus ratos libres. _____
3. Yo voy a pedir mucha comida. _____
4. ¿Quieren ir a jugar al fútbol con nosotros en el parque? _____
5. Me gusta salir los fines de semana. _____

MARISSA
FELIPE
EDUARDO
PABLO
TÍA ANA MARÍA

NOTA CULTURAL

Cenotes are deep, freshwater sinkholes found in caves throughout the Yucatán peninsula. They were formed in prehistoric times by the erosion and collapse of cave walls. The Mayan civilization considered the **cenotes** sacred, and performed rituals there. Today, they are popular destinations for swimming and diving.

3 Preguntas Answer the questions using the information from the **Fotonovela**.

1. ¿Qué van a hacer Miguel y Maru?
2. ¿Adónde van Felipe y Juan Carlos mientras sus amigos van al cenote?
3. ¿Quién gana el partido de fútbol?
4. ¿Quiénes van al cenote con Maru y Miguel?

4 Conversación With a partner, prepare a conversation in which you talk about pastimes and invite each other to do some activity together. Use these expressions and also look at **Expresiones útiles** on the previous page.

¿A qué hora? (At) What time?	¿Dónde? Where?	Nos vemos a las siete. See you at seven.
contigo with you	No puedo porque... I can't because...	

▶ ¿Eres aficionado/a a…?
▶ ¿Te gusta…?
▶ ¿Por qué no…?
▶ ¿Quieres… conmigo?
▶ ¿Qué vas a hacer esta noche?

Practice more at vhlcentral.com.

Pronunciación
Word stress and accent marks

pe-lí-cu-la   **e-di-fi-cio**   **ver**   **yo**

Every Spanish syllable contains at least one vowel. When two vowels are joined in the same syllable they form a **diphthong***. A **monosyllable** is a word formed by a single syllable.

bi-blio-te-ca   **vi-si-tar**   **par-que**   **fút-bol**

The syllable of a Spanish word that is pronounced most emphatically is the "stressed" syllable.

pe-lo-ta   **pis-ci-na**   **ra-tos**   **ha-blan**

Words that end in **n**, **s**, or a **vowel** are usually stressed on the next-to-last syllable.

na-ta-ción   **pa-pá**   **in-glés**   **Jo-sé**

If words that end in **n**, **s**, or a **vowel** are stressed on the last syllable, they must carry an accent mark on the stressed syllable.

bai-lar   **es-pa-ñol**   **u-ni-ver-si-dad**   **tra-ba-ja-dor**

Words that do *not* end in **n**, **s**, or a **vowel** are usually stressed on the last syllable.

béis-bol   **lá-piz**   **ár-bol**   **Gó-mez**

If words that do *not* end in **n**, **s**, or a **vowel** are stressed on the next-to-last syllable, they must carry an accent mark on the stressed syllable.

*The two vowels that form a diphthong are either both weak or one is weak and the other is strong.

Práctica Pronounce each word, stressing the correct syllable. Then give the word stress rule for each word.

1. profesor
2. Puebla
3. ¿Cuántos?
4. Mazatlán
5. examen
6. ¿Cómo?
7. niños
8. Guadalajara
9. programador
10. México
11. están
12. geografía

Oraciones Read the conversation aloud to practice word stress.

MARINA Hola, Carlos. ¿Qué tal?
CARLOS Bien. Oye, ¿a qué hora es el partido de fútbol?
MARINA Creo que es a las siete.
CARLOS ¿Quieres ir?
MARINA Lo siento, pero no puedo. Tengo que estudiar biología.

Refranes Read these sayings aloud to practice word stress.

En la unión está la fuerza.[2]

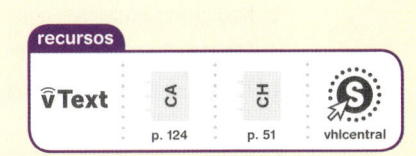

Quien ríe de último, ríe mejor.[1]

[1] He who laughs last, laughs the loudest.
[2] United we stand.

cultura

Lección 4

EN DETALLE

Additional Reading

Real Madrid y Barça: rivalidad total

Whether the venue is Madrid's **Santiago Bernabéu** or Barcelona's **Camp Nou,** both cities become paralyzed by **fútbol** fever. A ticket to the actual game is always the hottest ticket in town.

The rivalry between **Real Madrid** and **Barça** is about more than soccer. As the two biggest, most powerful cities in Spain, Barcelona and Madrid are constantly compared to one another and have a natural rivalry. There is also a political component to the dynamic. Barcelona, with its distinct language and culture, has long struggled for increased autonomy from Madrid's centralized government. Under Francisco Franco's rule (1939–1975), when repression of the Catalan identity was at its height, a game between **Real Madrid** and **FC Barcelona** was wrapped up with all the symbolism of the regime versus the resistance, even though both teams suffered casualties in Spain's civil war and the subsequent Franco dictatorship.

Although the dictatorship is long over, the legacy of decades' worth of competition still transforms both cities into a frenzied, tense panic leading up to the game. Once the final score is announced, one of those cities transforms again, this time into the best party in the country.

Soccer in Spain is a force to be reckoned with, and no two teams draw more attention than **Real Madrid** and the **Fútbol Club Barcelona**.

Rivalidades del fútbol

Argentina: Boca Juniors vs River Plate
México: Águilas del América vs Chivas del Guadalajara
Chile: Colo Colo vs Universidad de Chile
Guatemala: Comunicaciones vs Municipal
Uruguay: Peñarol vs Nacional
Colombia: Millonarios vs Independiente Santa Fe

ACTIVIDADES

1 **¿Cierto o falso?** Indicate whether each statement is **cierto** or **falso**. Correct the false statements.

1. People from Spain don't like soccer.
2. Madrid and Barcelona are the most important cities in Spain.
3. Santiago Bernabéu is a stadium in Barcelona.
4. The rivalry between Real Madrid and FC Barcelona is not only in soccer.
5. Barcelona has resisted Madrid's centralized government.
6. Only the FC Barcelona team was affected by the civil war.
7. During Franco's regime, the Catalan culture thrived.
8. There are many famous rivalries between soccer teams in the Spanish-speaking world.
9. River Plate is a popular team from Argentina.
10. Comunicaciones and Peñarol are famous rivals in Guatemala.

Los pasatiempos

ASÍ SE DICE
Los deportes

el/la árbitro/a	referee
el/la atleta	athlete
la bola; el balón	la pelota
el campeón/ la campeona	champion
la carrera	race
competir	to compete
empatar	to draw; to tie
la medalla	medal
el/la mejor	the best
mundial	worldwide
el torneo	tournament

EL MUNDO HISPANO
Atletas importantes

World-renowned Hispanic athletes:

- **Rafael Nadal** (España) has won 14 Grand Slam singles titles and the 2008 Olympic gold medal in singles.
- **Lionel Andrés Messi** (Argentina) is one of the world's top soccer players. He plays for **FC Barcelona** and for the Argentine national team.
- **Mireia Belmonte García** (España), won two silver medals in swimming at the 2012 Olympics.
- **Lorena Ochoa** (México) was the top-ranked female golfer in the world when she retired in 2010 at the age of 28.

PERFILES
Miguel Cabrera y Paola Espinosa

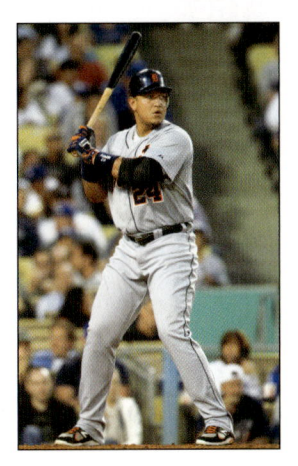

Miguel Cabrera, considered one of the best hitters in baseball, now plays first base for the Detroit Tigers. Born in Venezuela in 1983, he made his Major League debut at the age of 20. Cabrera has been selected for both the National League and American League All-Star Teams. In 2012, he became the first player since 1967 to win the Triple Crown.

Mexican diver **Paola Milagros Espinosa Sánchez**, born in 1986, has competed in three Olympics (2004, 2008, and 2012). She and her partner Tatiana Ortiz took home a bronze medal in 2008. In 2012, she won a silver medal with partner Alejandra Orozco. She won three gold medals at the Pan American Games in 2007 and again in 2011.

Conexión Internet

¿Qué deportes son populares en los países hispanos?

Go to **vhlcentral.com** to find more cultural information related to this **Cultura** section.

ACTIVIDADES

2. Comprensión Write the name of the athlete described in each sentence.

1. Es un jugador de fútbol de Argentina. _____
2. Es una chica que practica el golf. _____
3. Es un jugador de béisbol de Venezuela. _____
4. Es una mujer mexicana que practica un deporte en la piscina. _____

3. ¿Quién es? Write a short paragraph describing an athlete that you like, but do not mention his or her name. What does he or she look like? What sport does he or she play? Where does he or she live? Read your description to the class to see if they can guess the identity of the athlete.

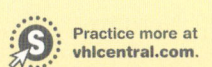

Practice more at **vhlcentral.com**.

4.1 Present tense of ir

ANTE TODO The verb **ir** (*to go*) is irregular in the present tense. Note that, except for the **yo** form (**voy**) and the lack of a written accent on the **vosotros** form (**vais**), the endings are the same as those for regular present-tense **-ar** verbs.

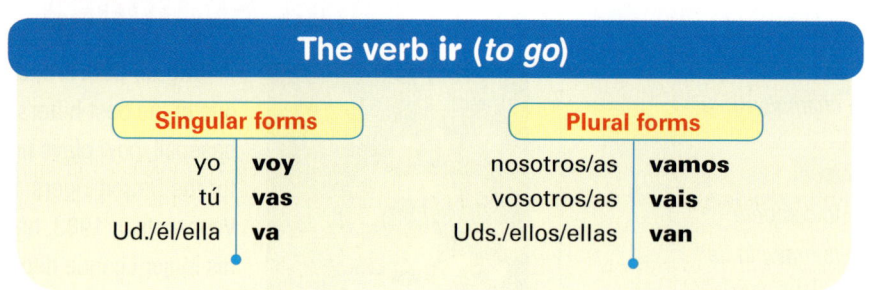

The verb ir (to go)

Singular forms		Plural forms	
yo	voy	nosotros/as	vamos
tú	vas	vosotros/as	vais
Ud./él/ella	va	Uds./ellos/ellas	van

▶ **Ir** is often used with the preposition **a** (*to*). If **a** is followed by the definite article **el**, they combine to form the contraction **al**. If **a** is followed by the other definite articles (**la, las, los**), there is no contraction.

$$a + el = al$$

Voy **al** parque con Juan.
I'm going to the park with Juan.

Mis amigos van **a las** montañas.
My friends are going to the mountains.

▶ The construction **ir a** + [*infinitive*] is used to talk about actions that are going to happen in the future. It is equivalent to the English *to be going* + [*infinitive*].

Va a leer el periódico.
He is going to read the newspaper.

Van a pasear por el pueblo.
They are going to walk around town.

¡Voy a ir con ellos!

Ella va al cine y a los museos.

▶ **Vamos a** + [*infinitive*] can also express the idea of *let's (do something)*.

Vamos a pasear.
Let's take a stroll.

¡**Vamos a** comer!
Let's eat!

¡INTÉNTALO! Provide the present tense forms of **ir**.

1. Ellos ___van___.
2. Yo _____.
3. Tu novio _____.
4. Adela _____.
5. Mi prima y yo _____.
6. Tú _____.
7. Ustedes _____.
8. Nosotros _____.
9. Usted _____.
10. Nosotras _____.
11. Miguel _____.
12. Ellas _____.

CONSULTA
To review the contraction **de** + **el**, see **Estructura 1.3**, pp. 20–21.

AYUDA
When asking a question that contains a form of the verb **ir**, remember to use **adónde**:
¿**Adónde** vas?
(To) Where are you going?

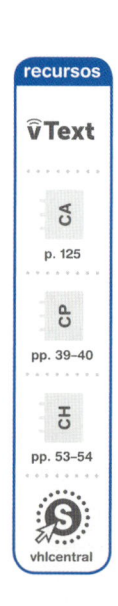

Práctica

1 **¿Adónde van?** Everyone in your neighborhood is dashing off to various places. Say where they are going.

1. la señora Castillo / el centro
2. las hermanas Gómez / la piscina
3. tu tío y tu papá / el partido de fútbol
4. yo / el Museo de Arte Moderno
5. nosotros / el restaurante Miramar

2 **¿Qué van a hacer?** These sentences describe what several students in a high school hiking club are doing today. Use **ir a** + [*infinitive*] to say that they are also going to do the same activities tomorrow.

> **modelo**
> Martín y Rodolfo nadan en la piscina.
> Van a nadar en la piscina mañana también.

1. Sara lee una revista.
2. Yo practico deportes.
3. Ustedes van de excursión.
4. El presidente del club patina.
5. Tú tomas el sol.
6. Paseamos con nuestros amigos.

3 **Preguntas** With a partner, take turns asking and answering questions about where the people are going and what they are going to do there.

> **modelo**
> **Estudiante 1:** ¿Adónde va Estela?
> **Estudiante 2:** Va a la Librería Sol.
> **Estudiante 1:** Va a comprar un libro.

Estela

1. Álex y Miguel
2. mi amigo 
3. tú 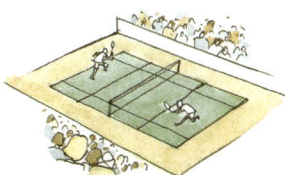
4. los estudiantes 
5. la profesora Torres 
6. ustedes

Comunicación

4 Situaciones Work with a partner and say where you and your friends go in these situations.

1. Cuando deseo descansar…
2. Cuando mi mejor amigo/a tiene que estudiar…
3. Si mis compañeros de clase necesitan practicar el español…
4. Si deseo hablar con mis amigos…
5. Cuando tengo dinero (*money*)…
6. Cuando mis amigos y yo tenemos hambre…
7. En mis ratos libres…
8. Cuando mis amigos desean esquiar…
9. Si estoy de vacaciones…
10. Si tengo ganas de leer…

5 Encuesta Your teacher will give you a worksheet. Walk around the class and ask your classmates if they are going to do these activities today. Find one person to answer **Sí** and one to answer **No** for each item and note their names on the worksheet in the appropriate column. Be prepared to report your findings to the class.

modelo
Tú: ¿Vas a leer el periódico hoy?
Ana: Sí, voy a leer el periódico hoy.
Luis: No, no voy a leer el periódico hoy.

Actividades	Sí	No
1. comer en un restaurante chino		
2. leer el periódico	Ana	Luis
3. escribir un mensaje electrónico		
4. correr 20 kilómetros		
5. ver una película de terror		
6. pasear en bicicleta		

6 Entrevista Talk to two classmates in order to find out where they are going and what they are going to do on their next vacation.

modelo
Estudiante 1: ¿Adónde vas de vacaciones (*on vacation*)?
Estudiante 2: Voy a Guadalajara con mi familia.
Estudiante 3: ¿Y qué van a hacer (*to do*) ustedes en Guadalajara?
Estudiante 2: Vamos a visitar unos monumentos y museos. ¿Y tú?

Síntesis

7 Planes Make a schedule of your activities for the weekend. Then, share with a partner.

▶ For each day, list at least three things you have to do.
▶ For each day, list at least two things you will do for fun.
▶ Tell a classmate what your weekend schedule is like. He or she will write down what you say.
▶ Switch roles to see if you have any plans in common.
▶ Take turns asking each other to participate in some of the activities you listed.

Los pasatiempos

4.2 Stem-changing verbs: e:ie, o:ue

Tutorial

ANTE TODO Stem-changing verbs deviate from the normal pattern of regular verbs. Note the spelling changes to the stem in the conjugations below.

CONSULTA
To review the present tense of regular -ar verbs, see **Estructura 2.1**, p. 50.

•••

To review the present tense of regular -er and -ir verbs, see **Estructura 3.3**, p. 96.

INFINITIVE	VERB STEM	STEM CHANGE	CONJUGATED FORM
empezar	emp**e**z-	emp**ie**z-	emp**ie**zo
volver	v**o**lv-	v**ue**lv-	v**ue**lvo

▶ In many verbs, such as **empezar** (*to begin*), the stem vowel changes from **e** to **ie**. Note that the **nosotros/as** and **vosotros/as** forms don't have a stem change.

The verb empezar (e:ie) (*to begin*)

Singular forms		Plural forms	
yo	emp**ie**zo	nosotros/as	empezamos
tú	emp**ie**zas	vosotros/as	empezáis
Ud./él/ella	emp**ie**za	Uds./ellos/ellas	emp**ie**zan

Los chicos empiezan a hablar de su visita al cenote.

Ellos vuelven a comer en el restaurante.

▶ In many other verbs, such as **volver** (*to return*), the stem vowel changes from **o** to **ue**. The **nosotros/as** and **vosotros/as** forms have no stem change.

The verb volver (o:ue) (*to return*)

Singular forms		Plural forms	
yo	v**ue**lvo	nosotros/as	volvemos
tú	v**ue**lves	vosotros/as	volvéis
Ud./él/ella	v**ue**lve	Uds./ellos/ellas	v**ue**lven

▶ To help you identify stem-changing verbs, they will appear as follows throughout the text:

empezar (e:ie), volver (o:ue)

Common stem-changing verbs

e:ie

cerrar	to close
comenzar (a + *inf.*)	to begin
empezar (a + *inf.*)	to begin
entender	to understand
pensar	to think
perder	to lose; to miss
preferir (+ *inf.*)	to prefer
querer (+ *inf.*)	to want; to love

o:ue

almorzar	to have lunch
contar	to count; to tell
dormir	to sleep
encontrar	to find
mostrar	to show
poder (+ *inf.*)	to be able to; can
recordar	to remember
volver	to return

¡LENGUA VIVA!

The verb **perder** can mean *to lose* or *to miss*, in the sense of "to miss a train."

Siempre pierdo mis llaves.
I always lose my keys.

Es importante no perder el autobús.
It's important not to miss the bus.

▶ **Jugar** (*to play a sport or a game*) is the only Spanish verb that has a **u:ue** stem change. **Jugar** is followed by **a** + [*definite article*] when the name of a sport or game is mentioned.

Ella juega al tenis y al golf.

Los chicos juegan al fútbol.

▶ **Comenzar** and **empezar** require the preposition **a** when they are followed by an infinitive.

Comienzan a jugar a las siete.
They begin playing at seven.

Ana **empieza a** escribir una postal.
Ana is starting to write a postcard.

▶ **Pensar** + [*infinitive*] means *to plan* or *to intend to do something*. **Pensar en** means *to think about someone* or *something*.

¿Piensan ir al gimnasio?
Are you planning to go to the gym?

¿En qué **piensas**?
What are you thinking about?

¡INTÉNTALO! Provide the present tense forms of these verbs.

cerrar (e:ie)

1. Ustedes _cierran_.
2. Tú _____.
3. Nosotras _____.
4. Mi hermano _____.
5. Yo _____.
6. Usted _____.
7. Los chicos _____.
8. Ella _____.

dormir (o:ue)

1. Mi abuela no _duerme_.
2. Yo no _____.
3. Tú no _____.
4. Mis hijos no _____.
5. Usted no _____.
6. Nosotros no _____.
7. Él no _____.
8. Ustedes no _____.

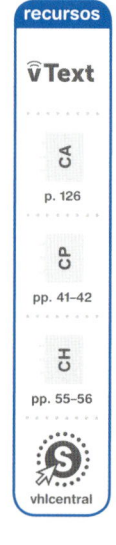

recursos

vText

CA
p. 126

CP
pp. 41–42

CH
pp. 55–56

vhlcentral

Práctica

1 Completar Complete this conversation with the appropriate forms of the verbs. Then act it out with a partner.

PABLO Óscar, voy al centro ahora.

ÓSCAR ¿A qué hora (1)_____ (pensar) volver? El partido de fútbol (2)_____ (empezar) a las dos.

PABLO (3)_____ (Volver) a la una. (4)_____ (Querer) ver el partido.

ÓSCAR (5)¿_____ (Recordar) que (*that*) nuestro equipo es muy bueno? (6)¡_____ (Poder) ganar!

PABLO No, (7)_____ (pensar) que va a (8)_____ (perder). Los jugadores de Guadalajara son salvajes (*wild*) cuando (9)_____ (jugar).

2 Preferencias With a partner, take turns asking and answering questions about what these people want to do, using the cues provided.

modelo
Guillermo: estudiar / pasear en bicicleta
Estudiante 1: ¿Quiere estudiar Guillermo?
Estudiante 2: No, prefiere pasear en bicicleta.

1. tú: trabajar / dormir
2. ustedes: mirar la televisión / jugar al dominó
3. tus amigos: ir de excursión / descansar
4. tú: comer en la cafetería / ir a un restaurante
5. Elisa: ver una película / leer una revista
6. María y su hermana: tomar el sol / practicar el esquí acuático

NOTA CULTURAL

Dominó (*Dominoes*) is a popular pastime throughout Colombia, Venezuela, Central America, and the Spanish-speaking countries of the Caribbean. It's played both socially and competitively by people of all ages.

3 Describir Use a verb from the list to describe what these people are doing.

almorzar   cerrar   contar   dormir   encontrar   mostrar

1. las niñas
2. yo 
3. nosotros 
4. tú 
5. Pedro 
6. Teresa 

Practice more at vhlcentral.com.

Comunicación

4 Frecuencia In pairs, take turns using the verbs from the list and other stem-changing verbs you know to tell your partner which activities you do daily (**todos los días**), which you do once a month (**una vez al mes**), and which you do once a year (**una vez al año**). Record your partner's responses in the chart so that you can report back to class.

modelo

Estudiante 1: *Yo recuerdo a mis abuelos todos los días.*
Estudiante 2: *Yo pierdo uno de mis libros una vez al año.*

cerrar	perder
dormir	poder
empezar	preferir
encontrar	querer
jugar	recordar
¿?	¿?

todos los días	una vez al mes	una vez al año

5 En la televisión Read the television listings for Saturday. In pairs, write a conversation between two siblings arguing about what to watch. Be creative and be prepared to act out your conversation for the class.

modelo

Hermano: *Podemos ver la Copa Mundial.*
Hermana: *¡No, no quiero ver la Copa Mundial! Prefiero ver…*

	13:00	14:00	15:00	16:00	17:00	18:00	19:00	20:00	21:00	22:00	23:00
7	Copa Mundial (*World Cup*) de fútbol			República Deportiva		Campeonato (*Championship*) Mundial de Vóleibol: México-Argentina			Torneo de Natación	
8	Abierto (*Open*) Mexicano de Tenis: Santiago González (México) vs. Nicolás Almagro (España). Semifinales				Campeonato de baloncesto: Los Correcaminos de Tampico vs. los Santos de San Luis			Aficionados al buceo		Cozumel: Aventuras	
12	Yo soy Betty, la fea		Héroes	Hermanos y hermanas			Película: Sin nombre		Película: **El coronel no tiene quien le escriba**		
13	El padrastro		60 Minutos			El esquí acuático			Patinaje artístico		
17	Biografías: La artista Frida Kahlo			Música de la semana		Entrevista del día: Iker Casillas y su pasión por el fútbol			Cine de la noche: **Elsa y Fred**		

NOTA CULTURAL

Iker Casillas Fernández is a famous goalkeeper for **Real Madrid**. A native of Madrid, he is among the best goalkeepers of his generation.

Síntesis

6 Situación Your teacher will give you and your partner each a partially illustrated itinerary of a city tour. Complete the itineraries by asking each other questions using the verbs in the captions and vocabulary you have learned.

modelo

Estudiante 1: *Por la mañana, empiezan en el café.*
Estudiante 2: *Y luego…*

recursos

vText

CA
pp. 19–20

Los pasatiempos

4.3 Stem-changing verbs: e:i — Tutorial

ANTE TODO You've already seen that many verbs in Spanish change their stem vowel when conjugated. There is a third kind of stem-vowel change in some verbs, such as **pedir** (*to ask for; to request*). In these verbs, the stressed vowel in the stem changes from **e** to **i**, as shown in the diagram.

INFINITIVE	VERB STEM	STEM CHANGE	CONJUGATED FORM
pedir	p**e**d-	p**i**d-	p**i**do

▶ As with other stem-changing verbs you have learned, there is no stem change in the **nosotros/as** or **vosotros/as** forms in the present tense.

The verb pedir (e:i) (to ask for; to request)

Singular forms		Plural forms	
yo	p**i**do	nosotros/as	pedimos
tú	p**i**des	vosotros/as	pedís
Ud./él/ella	p**i**de	Uds./ellos/ellas	p**i**den

¡LENGUA VIVA!
As you learned in **Lección 2**, **preguntar** means *to ask a question*. **Pedir**, however, means *to ask for something*.
Ella me pregunta cuántos años tengo.
She asks me how old I am.
Él me pide ayuda.
He asks me for help.

▶ To help you identify verbs with the **e:i** stem change, they will appear as follows throughout the text:

pedir (e:i)

▶ These are the most common **e:i** stem-changing verbs:

conseguir	**decir**	**repetir**	**seguir**
to get; to obtain	to say; to tell	to repeat	to follow; to continue; to keep (doing something)

Pido favores cuando es necesario.
I ask for favors when it's necessary.

Sigue con su tarea.
He continues with his homework.

Javier **dice** la verdad.
Javier is telling the truth.

Consiguen ver buenas películas.
They get to see good movies.

▶ **¡Atención!** The verb **decir** is irregular in its **yo** form: **yo digo**.

▶ The **yo** forms of **seguir** and **conseguir** have a spelling change in addition to the stem change **e:i**.

Sigo su plan.
I'm following their plan.

Consigo novelas en la librería.
I get novels at the bookstore.

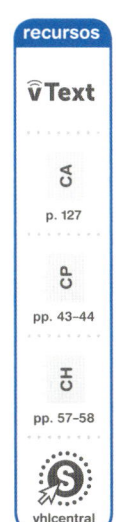

¡INTÉNTALO! Provide the correct forms of the verbs.

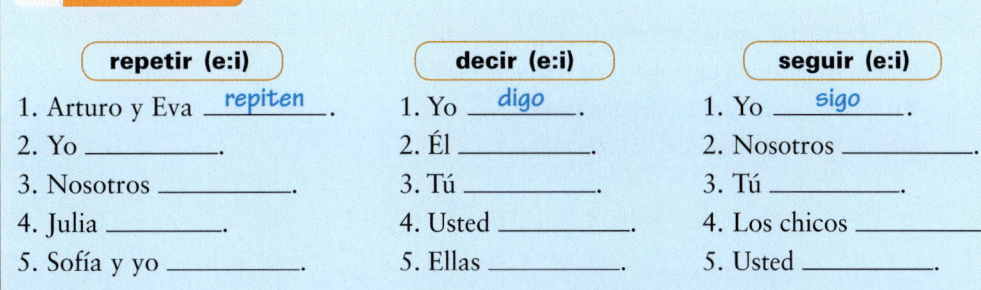

repetir (e:i)
1. Arturo y Eva _repiten_.
2. Yo _____.
3. Nosotros _____.
4. Julia _____.
5. Sofía y yo _____.

decir (e:i)
1. Yo _digo_.
2. Él _____.
3. Tú _____.
4. Usted _____.
5. Ellas _____.

seguir (e:i)
1. Yo _sigo_.
2. Nosotros _____.
3. Tú _____.
4. Los chicos _____.
5. Usted _____.

Práctica

1 Completar Complete these sentences with the correct form of the verb provided.

1. Cuando mi familia pasea por la ciudad, mi madre siempre (*always*) va a un café y _____ (pedir) una soda.
2. Pero mi padre _____ (decir) que perdemos mucho tiempo. Tiene prisa por llegar al Bosque de Chapultepec.
3. Mi padre tiene suerte, porque él siempre _____ (conseguir) lo que (*that which*) desea.
4. Cuando llegamos al parque, mis hermanos y yo _____ (seguir) conversando (*talking*) con nuestros padres.
5. Mis padres siempre _____ (repetir) la misma cosa: "Nosotros tomamos el sol aquí sin ustedes."
6. Yo siempre _____ (pedir) permiso para volver a casa un poco más tarde porque me gusta mucho el parque.

> **NOTA CULTURAL**
>
> A popular weekend destination for residents and tourists, **el Bosque de Chapultepec** is a beautiful park located in Mexico City. It occupies over 1.5 square miles and includes lakes, wooded areas, several museums, and a botanical garden. You may recognize this park from **Fotonovela, Lección 2**.

2 Combinar Combine words from the columns to create sentences about yourself and people you know.

A	B
yo	(no) pedir muchos favores
mi mejor (*best*) amigo/a	nunca (*never*) pedir perdón
mi familia	nunca seguir las instrucciones
mis amigos/as	siempre seguir las instrucciones
mis amigos/as y yo	conseguir libros en Internet
mis padres	repetir el vocabulario
mi hermano/a	poder hablar dos lenguas
mi profesor(a) de español	dormir hasta el mediodía
	siempre perder sus libros

3 Opiniones In pairs, take turns guessing how your partner completed the sentences from **Actividad 2**. If you guess incorrectly, your partner must supply the correct answer.

> **modelo**
>
> **Estudiante 1:** Creo que tus padres consiguen libros en Internet.
> **Estudiante 2:** ¡No! Mi hermana consigue libros en Internet.

> **CONSULTA**
>
> To review possessive adjectives, see **Estructura 3.2**, p. 93.

4 ¿Quién? Your instructor will give you a worksheet. Talk to your classmates until you find one person who does each of the activities. Use **e:ie**, **o:ue**, and **e:i** stem-changing verbs.

> **modelo**
>
> **Tú:** ¿Pides consejos con frecuencia?
> **Maira:** No, no pido consejos con frecuencia.
> **Tú:** ¿Pides consejos con frecuencia?
> **Lucas:** Sí, pido consejos con frecuencia.

# Comunicación

5 **Las películas** Use these questions to interview a classmate.

1. ¿Prefieres las películas románticas, las películas de acción o las películas de terror? ¿Por qué?
2. ¿Dónde consigues información sobre (*about*) cine y televisión?
3. ¿Dónde consigues las entradas (*tickets*) para ver una película?
4. Para decidir qué películas vas a ver, ¿sigues las recomendaciones de tus amigos? ¿Qué dicen tus amigos en general?
5. ¿Qué cines en tu comunidad muestran las mejores (*best*) películas?
6. ¿Vas a ver una película esta semana? ¿A qué hora empieza la película?

Síntesis

6 **El cine** In pairs, first scan the ad and jot down all the stem-changing verbs. Then answer the questions. Be prepared to share your answers with the class.

1. ¿Qué palabras indican que *Gravity* es una película dramática?
2. ¿Cómo está el personaje (*character*) del póster? ¿Qué quiere hacer?
3. ¿Te gustan las películas como ésta (*this one*)? ¿Por qué?
4. Describe tu película favorita con los verbos de la **Lección 4**.

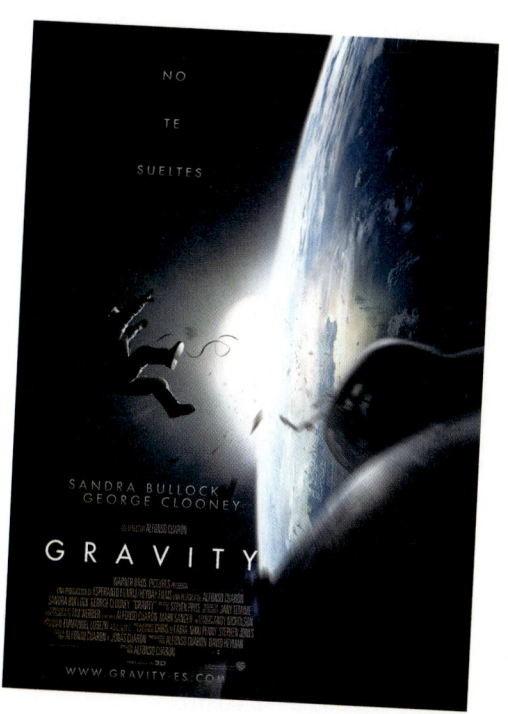

★★★★★

Ganadora de siete premios Óscar

Cuando todo comienza a fallar, ellos no pierden la esperanza.

Del director de **Hijos de los hombres** y **Harry Potter y el prisionero de Azkaban**

Un accidente espacial deja a Ryan Stone y Matt Kowalski atrapados en el espacio. Sólo quieren una cosa: seguir vivos.

¿Consiguen sobrevivir? ¿Vuelven finalmente a la Tierra?

4.4 Verbs with irregular yo forms

ANTE TODO In Spanish, several verbs have irregular **yo** forms in the present tense. You have already seen three verbs with the **-go** ending in the **yo** form: **decir → digo**, **tener → tengo**, and **venir → vengo**.

▶ Here are some common expressions with **decir**.

decir la verdad *to tell the truth*	**decir mentiras** *to tell lies*
decir que *to say that*	**decir la respuesta** *to say the answer*

▶ The verb **hacer** is often used to ask questions about what someone does. Note that when answering, **hacer** is frequently replaced with another, more specific action verb.

Verbs with irregular yo forms

	hacer (to do; to make)	poner (to put; to place)	salir (to leave)	suponer (to suppose)	traer (to bring)
SINGULAR FORMS	hago haces hace	pongo pones pone	salgo sales sale	supongo supones supone	traigo traes trae
PLURAL FORMS	hacemos hacéis hacen	ponemos ponéis ponen	salimos salís salen	suponemos suponéis suponen	traemos traéis traen

Salgo mucho los fines de semana.

Yo no salgo, yo hago la tarea y veo películas en la televisión.

▶ **Poner** can also mean *to turn on* a household appliance.

Carlos **pone** la radio. María **pone** la televisión.
Carlos turns on the radio. *María turns on the television.*

▶ **Salir de** is used to indicate that someone is leaving a particular place.

Hoy **salgo del** hospital. **Sale de** la clase a las cuatro.
Today I leave the hospital. *He leaves class at four.*

Los pasatiempos

▶ **Salir para** is used to indicate someone's destination.

> Mañana **salgo para** México.
> *Tomorrow I leave for Mexico.*
>
> Hoy **salen para** España.
> *Today they leave for Spain.*

▶ **Salir con** means *to leave with someone* or *something*, or *to date someone*.

> Alberto **sale con** su mochila.
> *Alberto is leaving with his backpack.*
>
> Margarita **sale con** Guillermo.
> *Margarita is going out with Guillermo.*

The verbs ver and oír

▶ The verb **ver** (*to see*) has an irregular **yo** form. The other forms of **ver** are regular.

The verb ver (*to see*)

Singular forms		Plural forms	
yo	**veo**	nosotros/as	vemos
tú	ves	vosotros/as	veis
Ud./él/ella	ve	Uds./ellos/ellas	ven

▶ The verb **oír** (*to hear*) has an irregular **yo** form and the spelling change **i:y** in the **tú**, **usted/él/ella**, and **ustedes/ellos/ellas** forms. The **nosotros/as** and **vosotros/as** forms have an accent mark.

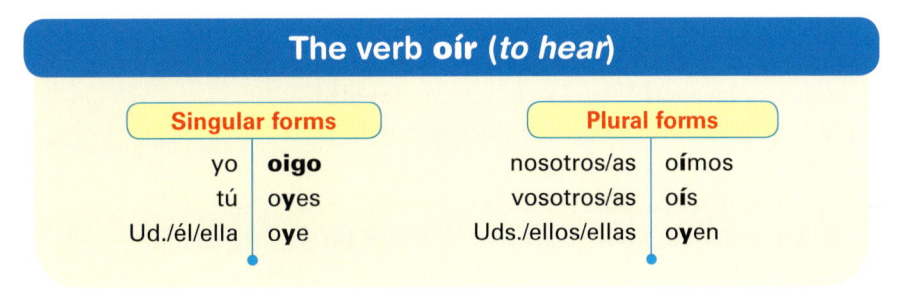

The verb oír (*to hear*)

Singular forms		Plural forms	
yo	o**i**go	nosotros/as	o**í**mos
tú	o**y**es	vosotros/as	o**í**s
Ud./él/ella	o**y**e	Uds./ellos/ellas	o**y**en

▶ While most commonly translated as *to hear*, **oír** is also used in contexts where English would use *to listen*.

> **Oigo** a unas personas en la otra sala.
> *I hear some people in the other room.*
>
> ¿**Oyes** la radio por la mañana?
> *Do you listen to the radio in the morning?*

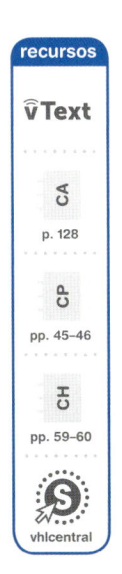

¡INTÉNTALO! Provide the appropriate forms of these verbs.

1. salir — Isabel _sale_. Nosotros _____. Yo _____.
2. ver — Yo _____. Uds. _____. Tú _____.
3. poner — Rita y yo _____. Yo _____. Los niños _____.
4. hacer — Yo _____. Tú _____. Ud. _____.
5. oír — Él _____. Nosotros _____. Yo _____.
6. traer — Ellas _____. Yo _____. Tú _____.
7. suponer — Yo _____. Mi amigo _____. Nosotras _____.

Práctica

1 **Completar** Complete this conversation with the appropriate forms of the verbs. Then act it out with a partner.

ERNESTO David, ¿qué (1)_____ (hacer) hoy?
DAVID Ahora estudio biología, pero esta noche (2)_____ (salir) con Luisa. Vamos al cine. (3)_____ (Decir) que la nueva (*new*) película de Almodóvar es buena.
ERNESTO ¿Y Diana? ¿Qué (4)_____ (hacer) ella?
DAVID (5)_____ (Salir) a comer con sus padres.
ERNESTO ¿Qué (6)_____ (hacer) Andrés y Javier?
DAVID Tienen que (7)_____ (hacer) las maletas. (8)_____ (Salir) para Monterrey mañana.
ERNESTO Pues, ¿qué (9)_____ (hacer) yo?
DAVID (10)_____ (Suponer) que puedes estudiar o (11)_____ (ver) la televisión.
ERNESTO No quiero estudiar. Mejor (12)_____ (poner) la televisión. Mi programa favorito empieza en unos minutos.

2 **Oraciones** Form sentences using the cues provided and verbs from **Estructura 4.4**.

modelo
tú / _____ / cosas / en / su lugar / antes de (*before*) / salir
Tú pones las cosas en su lugar antes de salir.

1. mis amigos / _____ / conmigo / centro
2. tú / _____ / mentiras / pero / yo / _____ / verdad
3. Alberto / _____ / música del café Pasatiempos
4. yo / no / _____ / muchas películas
5. domingo / nosotros / _____ / mucha / tarea
6. si / yo / _____ / que / yo / querer / ir / cine / mis amigos / ir / también

3 **Describir** Use the verbs from **Estructura 4.4** to describe what these people are doing.

1. Fernán
2. los aficionados 
3. yo 
4. nosotros 
5. la señora Vargas  
6. el estudiante 

Practice more at **vhlcentral.com**.

Comunicación

4 **Tu rutina** In pairs, take turns asking each other these questions.
1. ¿Qué traes a clase?
2. ¿Quiénes traen un diccionario a clase? ¿Por qué traen un diccionario?
3. ¿A qué hora sales de tu casa por la mañana? ¿A qué hora salen tus hermanos/as o tus padres?
4. ¿Dónde pones tus libros cuando regresas de clase? ¿Siempre (*Always*) pones tus cosas en su lugar?
5. ¿Qué prefieres hacer, oír la radio o ver la televisión?
6. ¿Oyes música cuando estudias?
7. ¿Ves películas en casa o prefieres ir al cine?
8. ¿Haces mucha tarea los fines de semana?
9. ¿Sales con tus amigos los fines de semana? ¿A qué hora? ¿Qué hacen?
10. ¿Te gusta ver deportes en la televisión o prefieres ver otros programas? ¿Cuáles?

5 **Charadas** In groups, play a game of charades. Each person should think of two phrases containing the verbs **hacer, oír, poner, salir, traer,** or **ver**. The first person to guess correctly acts out the next charade.

6 **Entrevista** You are doing a market research report on lifestyles. Interview a classmate to find out when he or she goes out with these people and what they do for entertainment.

- los/las amigos/as
- los/las hermanos/as
- los padres
- otros parientes

Síntesis

7 **Situación** Imagine that you are speaking with a member of your family or your best friend. With a partner, prepare a conversation using these cues.

Estudiante 1	Estudiante 2
Ask your partner what he or she is doing.	Tell your partner that you are watching TV.
Say what you suppose he or she is watching.	Say that you like the show _____. Ask if he or she wants to watch.
Say no, because you are going out with friends and tell where you are going.	Say you think it's a good idea, and ask what your partner and his or her friends are doing there.
Say what you are going to do, and ask your partner whether he or she wants to come along.	Say no and tell your partner what you prefer to do.

Recapitulación

Review the grammar concepts you have learned in this lesson by completing these activities.

1. Completar Complete the chart with the correct verb forms. **30 pts.**

Infinitive	yo	nosotros/as	ellos/as
	vuelvo		
comenzar		comenzamos	
		hacemos	hacen
ir			
	juego		
repetir			repiten

2. Un día típico Complete the paragraph with the appropriate forms of the stem-changing verbs in the word list. Not all verbs will be used. Some may be used more than once. **20 pts.**

almorzar	ir	salir
cerrar	jugar	seguir
empezar	mostrar	ver
hacer	querer	volver

¡Hola! Me llamo Cecilia y vivo en Puerto Vallarta, México. ¿Cómo es un día típico en mi vida (*life*)? Por la mañana como con mis padres y juntos (*together*) (1)_____ las noticias (*news*) en la televisión. A las siete y media, (yo) (2)_____ de mi casa y tomo el autobús. Me gusta llegar temprano (*early*) a la escuela porque siempre (*always*) (3)_____ a mis amigos en la cafetería. Conversamos y planeamos lo que (4)_____ hacer cada (*each*) día. A las ocho y cuarto, mi amiga Sandra y yo (5)_____ al laboratorio de lenguas. La clase de francés (6)_____ a las ocho y media. ¡Es mi clase favorita! A las doce y media (yo) (7)_____ en la cafetería con mis amigos. Después (*Afterwards*), yo (8)_____ con mis clases. Por las tardes, mis amigos (9)_____ a sus casas, pero yo (10)_____ al vóleibol con mi amigo Tomás.

RESUMEN GRAMATICAL

4.1 Present tense of ir *p. 126*

yo	voy	nosotros	vamos
tú	vas	vosotros	vais
él	va	ellas	van

▶ ir a + [*infinitive*] = *to be going* + [*infinitive*]
▶ a + el = al
▶ vamos a + [*infinitive*] = *let's* (*do something*)

4.2 Stem-changing verbs e:ie, o:ue, u:ue *pp. 129–130*

	empezar	volver	jugar
yo	emp**ie**zo	v**ue**lvo	j**ue**go
tú	emp**ie**zas	v**ue**lves	j**ue**gas
él	emp**ie**za	v**ue**lve	j**ue**ga
nos.	empezamos	volvemos	jugamos
vos.	empezáis	volvéis	jugáis
ellas	emp**ie**zan	v**ue**lven	j**ue**gan

▶ Other e:ie verbs: cerrar, comenzar, entender, pensar, perder, preferir, querer
▶ Other o:ue verbs: almorzar, contar, dormir, encontrar, mostrar, poder, recordar

4.3 Stem-changing verbs e:i *p. 133*

pedir			
yo	p**i**do	nos.	pedimos
tú	p**i**des	vos.	pedís
él	p**i**de	ellas	p**i**den

▶ Other e:i verbs: conseguir, decir, repetir, seguir

4.4 Verbs with irregular yo forms *pp. 136–137*

hacer	poner	salir	suponer	traer
hago	pongo	salgo	supongo	traigo

▶ **ver:** veo, ves, ve, vemos, veis, ven
▶ **oír:** o**i**go, o**y**es, o**y**e, oímos, oís, o**y**en

Los pasatiempos

3 Oraciones Arrange the cues provided in the correct order to form complete sentences. Make all necessary changes. **14 pts.**

1. tarea / los / hacer / sábados / nosotros / la
   _____

2. en / pizza / Andrés / una / restaurante / el / pedir
   _____

3. a / ? / museo / ir / ¿ / el / (tú)
   _____

4. de / oír / amigos / bien / los / no / Elena
   _____

5. libros / traer / yo / clase / mis / a
   _____

6. película / ver / en / Jorge y Carlos / pensar / cine / una / el
   _____

7. unos / escribir / Mariana / electrónicos / querer / mensajes
   _____

4 Escribir Write a short paragraph about what you do on a typical day. Use at least six of the verbs you have learned in this lesson. You can use the paragraph on the opposite page (**Actividad 2**) as a model. **36 pts.**

Un día típico

Hola, me llamo Julia y vivo en Vancouver, Canadá. Por la mañana, yo...

5 Adivinanza Complete the rhyme with the appropriate forms of the correct verbs from the list. **4 EXTRA points!**

| contar | poder |
| oír | suponer |

❝ Si no _____ dormir
y el sueño deseas,
lo vas a conseguir
si _____ ovejas°. ❞

ovejas *sheep*

4 adelante

Lección 4

Lectura
Audio: Reading / Additional Reading

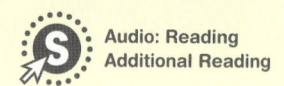

Antes de leer

Estrategia
Predicting content from visuals

When you are reading in Spanish, be sure to look for visual clues that will orient you to the content and purpose of what you are reading. Photos and illustrations, for example, will often give you a good idea of the main points that the reading covers. You may also encounter very helpful visuals that are used to summarize large amounts of data in a way that is easy to comprehend; these include bar graphs, pie charts, flow charts, lists of percentages, and other sorts of diagrams.

Examinar el texto
Take a quick look at the visual elements of the magazine article in order to generate a list of ideas about its content. Then compare your list with a classmate's. Are they the same or are they different? Discuss they and make any changes needed to produce a final list of ideas.

Contestar
Read the list of ideas you wrote in **Examinar el texto**, and look again at the visual elements of the magazine article. Then answer these questions:

1. Who is the woman in the photo, and what is her role?
2. What is the article about?
3. What is the subject of the pie chart?
4. What is the subject of the bar graph?

recursos
vText — CH pp. 61–62 — vhlcentral

por María Úrsula Echevarría

El fútbol es el deporte más popular en el mundo° hispano, según° una encuesta° reciente realizada entre jóvenes universitarios. Mucha gente practica este deporte y tiene un equipo de fútbol favorito. Cada cuatro años se realiza la Copa Mundial°. Argentina y Uruguay han ganado° este campeonato° más de una vez°. Los aficionados siguen los partidos de fútbol en casa por tele y en muchos otros lugares como bares, restaurantes, estadios y clubes deportivos. Los jóvenes juegan al fútbol con sus amigos en parques y gimnasios.

Países hispanos en campeonatos mundiales de fútbol (1930–2014)

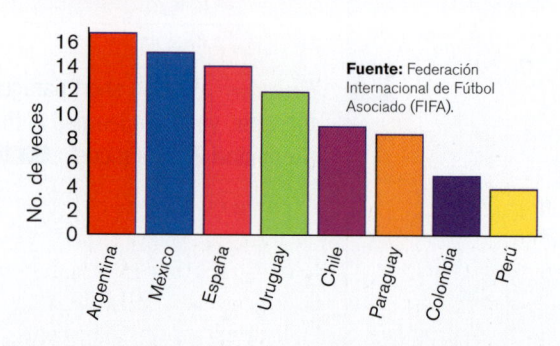

[Bar graph: No. de veces — Argentina 16, México 15, España 14, Uruguay 12, Chile 9, Paraguay 8, Colombia 5, Perú 4]

Fuente: Federación Internacional de Fútbol Asociado (FIFA).

Pero, por supuesto°, en los países de habla hispana también hay otros deportes populares. ¿Qué deporte sigue al fútbol en estos países? Bueno, ¡depende del país y de otros factores!

Después de leer
Evaluación y predicción

Which of the following sporting events would be most popular among the college students surveyed? Rate them from one (most popular) to five (least popular). Which would be the most popular at your school?

_____ 1. la Copa Mundial de Fútbol
_____ 2. los Juegos Olímpicos
_____ 3. el Campeonato de Wimbledon
_____ 4. la Serie Mundial de Béisbol
_____ 5. el Tour de Francia

No sólo el fútbol

En Colombia, el béisbol también es muy popular después del fútbol, aunque° esto varía según la región del país. En la costa del norte de Colombia, el béisbol es una pasión. Y el ciclismo también es un deporte que los colombianos siguen con mucho interés.

Donde el béisbol es más popular
En los países del Caribe, el béisbol es el deporte predominante. Éste es el caso en Puerto Rico, Cuba y la República Dominicana. Los niños empiezan a jugar cuando son muy pequeños. En Puerto Rico y la República Dominicana, la gente también quiere participar en otros deportes, como el baloncesto, o ver los partidos en la tele. Y para los espectadores aficionados del Caribe, el boxeo es número dos.

Deportes más populares
- Fútbol (69%)
- Béisbol (10%)
- Baloncesto (8%)
- Ciclismo (4%)
- Tenis (4%)
- Boxeo (3%)
- Vóleibol (2%)

Donde el fútbol es más popular
En México, el béisbol es el segundo° deporte más popular después° del fútbol. Pero en Argentina, después del fútbol, el rugby tiene mucha importancia. En Perú a la gente le gusta mucho ver partidos de vóleibol. ¿Y en España? Muchas personas prefieren el baloncesto, el tenis y el ciclismo.

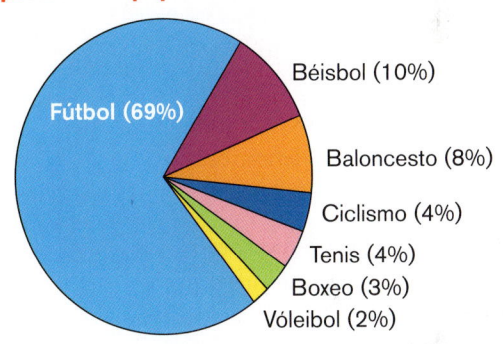

mundo *world* según *according to* encuesta *survey* se realiza la Copa Mundial *the World Cup is held* han ganado *have won* campeonato *championship* más de una vez *more than once* por supuesto *of course* segundo *second* después *after* aunque *although*

¿Cierto o falso?
Indicate whether each sentence is **cierto** or **falso**, then correct the false statements.

	Cierto	Falso
1. El vóleibol es el segundo deporte más popular en México.	○	○
2. En España a la gente le gustan varios deportes como el baloncesto y el ciclismo.	○	○
3. En la costa del norte de Colombia, el tenis es una pasión.	○	○
4. En el Caribe, el deporte más popular es el béisbol.	○	○

Preguntas
Answer these questions in Spanish.
1. ¿Dónde ven el fútbol los aficionados? Y tú, ¿cómo ves tus deportes favoritos?
2. ¿Te gusta el fútbol? ¿Por qué?
3. ¿Miras la Copa Mundial en la televisión?
4. ¿Qué deportes miras en la televisión?
5. En tu opinión, ¿cuáles son los tres deportes más populares en tu escuela? ¿En tu comunidad? ¿En tu país?
6. ¿Practicas deportes en tus ratos libres?

Practice more at vhlcentral.com.

Escritura

Estrategia
Using a dictionary

A common mistake made by beginning language learners is to embrace the dictionary as the ultimate resource for reading, writing, and speaking. While it is true that the dictionary is a useful tool that can provide valuable information about vocabulary, using the dictionary correctly requires that you understand the elements of each entry.

If you glance at a Spanish-English dictionary, you will notice that its format is similar to that of an English dictionary. The word is listed first, usually followed by its pronunciation. Then come the definitions, organized by parts of speech. Sometimes the most frequently used definitions are listed first.

To find the best word for your needs, you should refer to the abbreviations and the explanatory notes that appear next to the entries. For example, imagine that you are writing about your pastimes. You want to write, "I want to buy a new racket for my match tomorrow," but you don't know the Spanish word for "racket." In the dictionary, you may find an entry like this:

> **racket** *s* 1. alboroto; 2. raqueta (*dep.*)

The abbreviation key at the front of the dictionary says that *s* corresponds to **sustantivo** (*noun*). Then, the first word you see is **alboroto**. The definition of **alboroto** is *noise* or *racket*, so **alboroto** is probably not the word you're looking for. The second word is **raqueta**, followed by the abbreviation *dep.*, which stands for **deportes**. This indicates that the word **raqueta** is the best choice for your needs.

Tema

Escribir un folleto

Choose one topic to write a pamphlet.

1. You are on the Homecoming Committee at your school this year. Create a pamphlet that lists events for Friday night, Saturday, and Sunday. Include a brief description of each event and its time and location. Include activities for different age groups, since some alumni will bring their families.

2. You are on the Freshman Student Orientation Committee and are in charge of creating a pamphlet for new students that describes the sports offered at your school. Write the flyer, including a variety of activities.

3. You volunteer at your community's recreation center. It is your job to market your community to potential residents. Write a brief pamphlet that describes the recreational opportunities your community provides, the areas where the activities take place, and the costs, if any. Be sure to include activities that will appeal to singles as well as couples and families; you should include activities for all age groups and for both men and women.

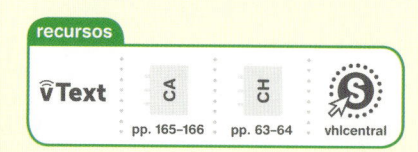

recursos

vText pp. 165–166 | CA pp. 63–64 | CH | S vhlcentral

Los pasatiempos

Escuchar Audio

Estrategia
Listening for the gist

Listening for the general idea, or gist, can help you follow what someone is saying even if you can't hear or understand some of the words. When you listen for the gist, you simply try to capture the essence of what you hear without focusing on individual words.

🔊 To help you practice this strategy, you will listen to a paragraph made up of three sentences. Jot down a brief summary of what you hear.

Preparación

Based on the photo, what do you think Anabela is like? Do you and Anabela have similar interests?

Ahora escucha 🔊

You will hear first José talking, then Anabela. As you listen, check off each person's favorite activities.

Pasatiempos favoritos de José

1. _____ leer el correo electrónico
2. _____ jugar al béisbol
3. _____ ver películas de acción
4. _____ ir al café
5. _____ ir a partidos de béisbol
6. _____ ver películas románticas
7. _____ dormir la siesta
8. _____ escribir mensajes electrónicos

Pasatiempos favoritos de Anabela

9. _____ esquiar
10. _____ nadar
11. _____ practicar el ciclismo
12. _____ jugar al golf
13. _____ jugar al baloncesto
14. _____ ir a ver partidos de tenis
15. _____ escalar montañas
16. _____ ver televisión

Comprensión

Preguntas

Answer these questions about José's and Anabela's pastimes.
1. ¿Quién practica más deportes?
2. ¿Quién piensa que es importante descansar?
3. ¿A qué deporte es aficionado José?
4. ¿Por qué Anabela no practica el baloncesto?
5. ¿Qué películas le gustan a la novia de José?
6. ¿Cuál es el deporte favorito de Anabela?

Seleccionar

Which person do these statements best describe?
1. Le gusta practicar deportes.
2. Prefiere las películas de acción.
3. Le gustan las computadoras.
4. Le gusta nadar.
5. Siempre (*Always*) duerme una siesta por la tarde.
6. Quiere ir de vacaciones a las montañas.

Practice more at **vhlcentral.com**.

en pantalla

Video: TV Clip

Anuncio de Totofútbol

Por eso° esperaban que yo fuera° el mejor de todos°.

Preparación
Answer these questions in English.
1. What role do sports play in your life? Which sports do you enjoy? Why?
2. Is there a sport you enjoy with other members of your family? With a group of friends? Is there a special season for that sport?

Más que un juego
In many Spanish-speaking countries, soccer isn't just a game; it's a way of life. Many countries have professional and amateur leagues, and soccer is even played in the streets. Every four years, during the World Cup, even those who aren't big fans of the sport find it impossible not to get swept up in "soccer fever." During the month-long Cup, companies also get caught up in the soccer craze, conducting ad campaigns and offering promotions and all kinds of prizes.

Por eso *That's why* esperaban que yo fuera *they expected that I'd be* el mejor de todos *the best of all*

Vocabulario útil
cracks	stars, aces (sports)
Dios me hizo	God made me
jugando	playing
lo tuvo a Pelé de hijo	he was a better player than Pelé (coll. expr. Peru)
patito feo	ugly duckling
plata	money (S. America)

Comprensión
Indicate whether each statement is **cierto** or **falso**.

	Cierto	Falso
1. La familia juega al baloncesto.	○	○
2. No hay mujeres en el anuncio (*ad*).	○	○
3. La pareja tiene cinco hijos.	○	○
4. El hijo más joven es un mariachi.	○	○

Conversación
With a partner, discuss these questions in Spanish.
1. En el anuncio hay varios elementos culturales representativos de la cultura de los países hispanos. ¿Cuáles son?
2. ¿Qué otros elementos culturales de los países hispanos conocen (*do you know*)?

Aplicación
The habit of playing sports should be an important part of everyone's life. With two classmates, prepare an oral presentation for your community. The objective of your presentation is to encourage families and communities to promote the habit of playing sports among kids from an early age. Include illustrations in your presentation.

Practice more at vhlcentral.com.

recursos: vText, vhlcentral

Los pasatiempos

Flash Cultura

Video: Flash cultura

The rivalry between the teams **Real Madrid** and **FC Barcelona** is perhaps the fiercest in all of soccer—just imagine if they occupied the same city! Well, each team also has competing clubs within its respective city: Spain's capital has the **Club Atlético de Madrid**, and Barcelona is home to **Espanyol**. In fact, across the Spanish-speaking world, it is common for a city to have more than one professional team, often with strikingly dissimilar origins, identity, and fan base. For example, in Bogotá, the **Millonarios** were so named for the large sums spent on players, while the **Santa Fe** team is one of the most traditional in Colombian soccer. **River Plate** and **Boca Juniors**, who enjoy a famous rivalry, are just two of twenty-four clubs in Buenos Aires—the city with the most professional soccer teams in the world.

Vocabulario útil

afición	fans
celebran	they celebrate
preferido/a	favorite
rivalidad	rivalry
se junta con	it's tied up with

Preparación
What is the most popular sport at your school? What teams are your rivals? How do students celebrate a win?

Escoger
Select the correct answer.
1. Un partido entre el Barça y el Real Madrid es un _____ (deporte/evento) importante en toda España.
2. El Camp Nou es el _____ (estadio/equipo) más grande (*largest*) de Europa.
3. Los aficionados _____ (miran/celebran) las victorias de sus equipos en las calles (*streets*).
4. La rivalidad entre el Real Madrid y el Barça está relacionada con la _____ (religión/política).

¡Fútbol en España!

(*Hay mucha afición al fútbol en España.*)

¿Y cuál es vuestro jugador favorito?

—¿Y quién va a ganar?
—El Real Madrid.

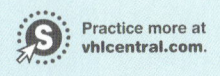

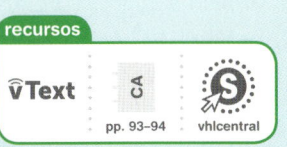

Practice more at vhlcentral.com.

4 panorama

México

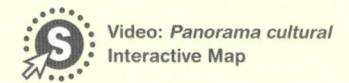

Video: *Panorama cultural*
Interactive Map

El país en cifras

▶ **Área:** 1.972.550 km² (761.603 millas²), casi° tres veces° el área de Texas

La situación geográfica de México, al sur° de los Estados Unidos, ha influido en° la economía y la sociedad de los dos países. Una de las consecuencias es la emigración de la población mexicana al país vecino°. Hoy día, más de 33 millones de personas de ascendencia mexicana viven en los Estados Unidos.

▶ **Población:** 118.818.000
▶ **Capital:** México, D.F. (y su área metropolitana)—19.319.000
▶ **Ciudades principales:**
  Guadalajara—4.338.000,
  Monterrey—3.838.000,
  Puebla—2.278.000,
  Ciudad Juárez—1.321.000
▶ **Moneda:** peso mexicano
▶ **Idiomas:** español (oficial), náhuatl, otras lenguas indígenas

Bandera de México

Mexicanos célebres

▶ **Benito Juárez,** héroe nacional (1806–1872)
▶ **Octavio Paz,** poeta (1914–1998)
▶ **Elena Poniatowska,** periodista y escritora (1932–)
▶ **Mario Molina,** Premio Nobel de Química, 1995; químico (1943–)
▶ **Paulina Rubio,** cantante (1971–)

casi *almost* veces *times* sur *south* ha influido en *has influenced* vecino *neighboring* se llenan de luz *get filled with light* flores *flowers* Muertos *Dead* se ríen *laugh* muerte *death* lo cual se refleja *which is reflected* calaveras de azúcar *sugar skulls* pan *bread* huesos *bones*

Cabo San Lucas

Autorretrato con mono (*Self-portrait with monkey*), 1938, Frida Kahlo

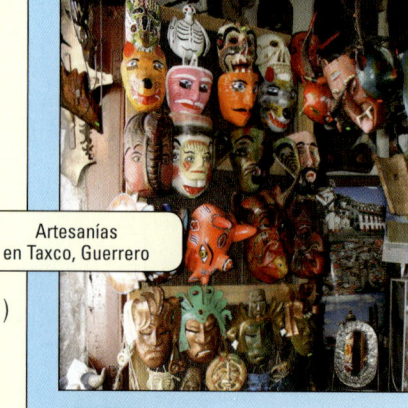

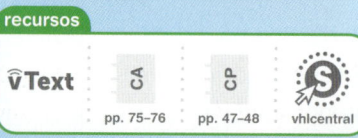

Artesanías en Taxco, Guerrero

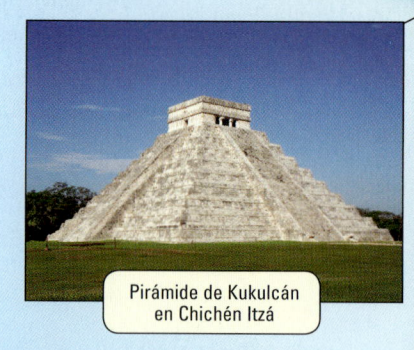

Pirámide de Kukulcán en Chichén Itzá

recursos
pp. 75–76 pp. 47–48 vhlcentral

¡Increíble pero cierto!

Cada dos de noviembre los cementerios de México se llenan de luz°, música y flores°. El Día de Muertos° no es un evento triste; es una fiesta en honor a las personas muertas. En ese día, los mexicanos se ríen° de la muerte°, lo cual se refleja° en detalles como las calaveras de azúcar° y el pan° de muerto —pan en forma de huesos°.

Los pasatiempos

Ciudades • México, D.F.
La Ciudad de México, fundada° en 1525, también se llama el D.F. o Distrito Federal. Muchos turistas e inmigrantes vienen a la ciudad porque es el centro cultural y económico del país. El crecimiento° de la población es de los más altos° del mundo°. El D.F. tiene una población mayor que las de Nueva York, Madrid o París.

Artes • Diego Rivera y Frida Kahlo
Frida Kahlo y Diego Rivera eran° artistas mexicanos muy famosos. Se casaron° en 1929. Los dos se interesaron° en las condiciones sociales de la gente indígena de su país. Puedes ver algunas° de sus obras° en el Museo de Arte Moderno de la Ciudad de México.

Historia • Los aztecas
Los aztecas dominaron° en México del siglo° XIV al siglo XVI. Sus canales, puentes° y pirámides con templos religiosos eran muy importantes.
El fin del imperio azteca comenzó° con la llegada° de los españoles en 1519, pero la presencia azteca sigue hoy. La Ciudad de México está situada en la capital azteca de Tenochtitlán, y muchos turistas van a visitar sus ruinas.

Economía • La plata
México es el mayor productor de plata° del mundo. Estados como Zacatecas y Durango tienen ciudades fundadas cerca de los más grandes yacimientos° de plata del país. Estas ciudades fueron° en la época colonial unas de las más ricas e importantes. Hoy en día, aún° conservan mucho de su encanto° y esplendor.

¿Qué aprendiste? Responde a cada pregunta con una oración completa.

1. ¿Qué lenguas hablan los mexicanos?
2. ¿Cómo es la población del D.F. en comparación con la de otras ciudades?
3. ¿En qué se interesaron Frida Kahlo y Diego Rivera?
4. Nombra algunas de las estructuras de la arquitectura azteca.
5. ¿Dónde está situada la capital de México?
6. ¿Qué estados de México tienen los mayores yacimientos de plata?

Conexión Internet Investiga estos temas en **vhlcentral.com**.

1. Busca información sobre dos lugares de México. ¿Te gustaría (*Would you like*) vivir allí? ¿Por qué?
2. Busca información sobre dos artistas mexicanos. ¿Cómo se llaman sus obras más famosas?

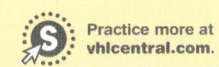

fundada *founded* crecimiento *growth* más altos *highest* mundo *world* eran *were* Se casaron *They got married* se interesaron *were interested* algunas *some* obras *works* dominaron *dominated* siglo *century* puentes *bridges* comenzó *started* llegada *arrival* plata *silver* yacimientos *deposits* fueron *were* aún *still* encanto *charm*

Pasatiempos

andar en patineta	to skateboard
bucear	to scuba dive
escalar montañas (*f., pl.*)	to climb mountains
escribir una carta	to write a letter
escribir un mensaje electrónico	to write an e-mail
esquiar	to ski
ganar	to win
ir de excursión	to go on a hike
leer correo electrónico	to read e-mail
leer un periódico	to read a newspaper
leer una revista	to read a magazine
nadar	to swim
pasear	to take a walk; to stroll
pasear en bicicleta	to ride a bicycle
patinar (en línea)	to (inline) skate
practicar deportes (*m., pl.*)	to play sports
tomar el sol	to sunbathe
ver películas (*f., pl.*)	to watch movies
visitar monumentos (*m., pl.*)	to visit monuments
la diversión	fun activity; entertainment; recreation
el fin de semana	weekend
el pasatiempo	pastime; hobby
los ratos libres	spare (free) time
el videojuego	video game

Deportes

el baloncesto	basketball
el béisbol	baseball
el ciclismo	cycling
el equipo	team
el esquí (acuático)	(water) skiing
el fútbol	soccer
el fútbol americano	football
el golf	golf
el hockey	hockey
el/la jugador(a)	player
la natación	swimming
el partido	game; match
la pelota	ball
el tenis	tennis
el vóleibol	volleyball

Adjetivos

deportivo/a	sports-related
favorito/a	favorite

Lugares

el café	café
el centro	downtown
el cine	movie theater
el gimnasio	gymnasium
la iglesia	church
el lugar	place
el museo	museum
el parque	park
la piscina	swimming pool
la plaza	city or town square
el restaurante	restaurant

Verbos

almorzar (o:ue)	to have lunch
cerrar (e:ie)	to close
comenzar (e:ie)	to begin
conseguir (e:i)	to get; to obtain
contar (o:ue)	to count; to tell
decir (e:i)	to say; to tell
dormir (o:ue)	to sleep
empezar (e:ie)	to begin
encontrar (o:ue)	to find
entender (e:ie)	to understand
hacer	to do; to make
ir	to go
jugar (u:ue)	to play (a sport or a game)
mostrar (o:ue)	to show
oír	to hear
pedir (e:i)	to ask for; to request
pensar (e:ie)	to think
pensar (+ *inf.*)	to intend
pensar en	to think about
perder (e:ie)	to lose; to miss
poder (o:ue)	to be able to; can
poner	to put; to place
preferir (e:ie)	to prefer
querer (e:ie)	to want; to love
recordar (o:ue)	to remember
repetir (e:i)	to repeat
salir	to leave
seguir (e:i)	to follow; to continue
suponer	to suppose
traer	to bring
ver	to see
volver (o:ue)	to return

Decir expressions	See page 136.
Expresiones útiles	See page 121.

Las vacaciones

5

Communicative Goals

I will be able to:
- Discuss and plan a vacation
- Describe a hotel
- Talk about how I feel
- Talk about the seasons and the weather

contextos
pages 152–157
- Travel and vacation
- Months of the year
- Seasons and weather
- Ordinal numbers

fotonovela
pages 158–161
Felipe plays a practical joke on Miguel and the friends take a trip to the coast. They check in to their hotel and go to the beach, where Miguel gets his revenge.

cultura
pages 162–163
- Las cataratas del Iguazú
- Punta del Este

estructura
pages 164–179
- **Estar** with conditions and emotions
- The present progressive
- **Ser** and **estar**
- Direct object nouns and pronouns
- **Recapitulación**

adelante
pages 180–187
Lectura: A hotel brochure from Puerto Rico
Escritura: A tourist brochure for a hotel
Escuchar: A weather report
En pantalla
Flash cultura
Panorama: Puerto Rico

A PRIMERA VISTA
- ¿Dónde están ellos: en la playa o en una ciudad?
- ¿Son viejos o jóvenes?
- ¿Toman el sol o nadan?
- ¿Qué crees que van a hacer ahora?

5 contextos

Lección 5

Las vacaciones

🔊 **My Vocabulary Tutorials**

Más vocabulario

la cama	bed
la habitación individual, doble	single, double room
el piso	floor (of a building)
la planta baja	ground floor
el campo	countryside
el paisaje	landscape
el equipaje	luggage
la estación de autobuses, del metro, de tren	bus, subway, train station
la llegada	arrival
el pasaje (de ida y vuelta)	(round-trip) ticket
la salida	departure; exit
la tabla de (wind)surf	surfboard/sailboard
acampar	to camp
estar de vacaciones	to be on vacation
hacer las maletas	to pack (one's suitcases)
hacer un viaje	to take a trip
hacer (wind)surf	to (wind)surf
ir de compras	to go shopping
ir de vacaciones	to go on vacation
ir en autobús (m.), auto(móvil) (m.), motocicleta (f.), taxi (m.)	to go by bus, car, motorcycle, taxi

Variación léxica

automóvil ⟷ coche (*Esp.*), carro (*Amér. L.*)
autobús ⟷ camión (*Méx.*), guagua (*Caribe*)
motocicleta ⟷ moto (*coloquial*)

recursos

vText   CA p. 129   CP pp. 49–50   CH pp. 65–66   vhlcentral

la agente de viajes

el pasaporte

Confirma una reservación. (confirmar)

En la agencia de viajes

la habitación

el ascensor

el empleado

la llave

la huésped

el botones

el huésped

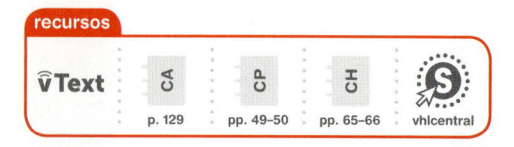

En el hotel

Las vacaciones

En el aeropuerto

- Saca/Toma fotos. (sacar, tomar)
- el avión
- el viajero
- la inspectora de aduanas
- BIENVENIDOS

En la playa

- Pesca. (pescar)
- Monta a caballo. (montar)
- Va en barco. (ir)
- el mar
- Juegan a las cartas. (jugar)
- la playa

Práctica

1 Escuchar Indicate who would probably make each statement you hear. Each answer is used twice.

a. el agente de viajes
b. el inspector de aduanas
c. un empleado del hotel

1. _____   4. _____
2. _____   5. _____
3. _____   6. _____

2 ¿Cierto o falso? Mario and his wife, Natalia, are planning their next vacation with a travel agent. Indicate whether each statement is **cierto** or **falso** according to what you hear in the conversation.

	Cierto	Falso
1. Mario y Natalia están en Puerto Rico.	○	○
2. Ellos quieren hacer un viaje a Puerto Rico.	○	○
3. Natalia prefiere ir a una montaña.	○	○
4. Mario quiere pescar en Puerto Rico.	○	○
5. La agente de viajes va a confirmar la reservación.	○	○

3 Escoger Choose the best answer for each sentence.

1. Un huésped es una persona que _____.
   a. toma fotos   b. está en un hotel   c. pesca en el mar
2. Abrimos la puerta con _____.
   a. una llave   b. un caballo   c. una llegada
3. Enrique tiene _____ porque va a viajar a otro (*another*) país.
   a. un pasaporte   b. una foto   c. una llegada
4. Antes de (*Before*) ir de vacaciones, hay que _____.
   a. pescar   b. ir en tren   c. hacer las maletas
5. Nosotros vamos en _____ al aeropuerto.
   a. autobús   b. pasaje   c. viajero
6. Me gusta mucho ir al campo. El _____ es increíble.
   a. paisaje   b. pasaje   c. equipaje

4 Analogías Complete the analogies using the words below. Two words will not be used.

| auto | huésped | mar | sacar |
| botones | llegada | pasaporte | tren |

1. acampar → campo ⊜ pescar →
2. agencia de viajes → agente ⊜ hotel →
3. llave → habitación ⊜ pasaje →
4. estudiante → libro ⊜ turista →
5. aeropuerto → viajero ⊜ hotel →
6. maleta → hacer ⊜ foto →

Las estaciones y los meses del año

el invierno: diciembre, enero, febrero

la primavera: marzo, abril, mayo

el verano: junio, julio, agosto

el otoño: septiembre, octubre, noviembre

—¿Cuál es la fecha de hoy?   What is today's date?
—Es el primero de octubre.   It's the first of October.
—Es el dos de marzo.   It's March 2nd.
—Es el diez de noviembre.   It's November 10th.

El tiempo

—¿Qué tiempo hace?   How's the weather?
—Hace buen/mal tiempo.   The weather is good/bad.

Hace (mucho) calor.
It's (very) hot.

Hace (mucho) frío.
It's (very) cold.

Llueve. (llover o:ue)
It's raining.

Está lloviendo.
It's raining.

Nieva. (nevar e:ie)
It's snowing.

Está nevando.
It's snowing.

Más vocabulario

Está (muy) nublado.	It's (very) cloudy.
Hace fresco.	It's cool.
Hace (mucho) sol.	It's (very) sunny.
Hace (mucho) viento.	It's (very) windy.

Las vacaciones

Los números ordinales	
primer (before a masculine singular noun), **primero/a**	first
segundo/a	second
tercer (before a masculine singular noun), **tercero/a**	third
cuarto/a	fourth
quinto/a	fifth
sexto/a	sixth
séptimo/a	seventh
octavo/a	eighth
noveno/a	ninth
décimo/a	tenth

5 El Hotel Regis Label the floors of the hotel.

a. _____ piso
b. _____ piso
c. _____ piso
d. _____ piso
e. _____ piso
f. _____ piso
g. _____ piso
h. _____ baja

6 Contestar Look at the illustrations of the months and seasons on the previous page. In pairs, take turns asking each other these questions.

> **modelo**
> **Estudiante 1:** ¿Cuál es el primer mes de la primavera?
> **Estudiante 2:** marzo

1. ¿Cuál es el primer mes del invierno?
2. ¿Cuál es el segundo mes de la primavera?
3. ¿Cuál es el tercer mes del otoño?
4. ¿Cuál es el primer mes del año?
5. ¿Cuál es el quinto mes del año?
6. ¿Cuál es el octavo mes del año?
7. ¿Cuál es el décimo mes del año?
8. ¿Cuál es el segundo mes del verano?
9. ¿Cuál es el tercer mes del invierno?
10. ¿Cuál es el sexto mes del año?

7 Las estaciones Name the season that applies to the description.

1. Las clases terminan.
2. Vamos a la playa.
3. Acampamos.
4. Nieva mucho.
5. Las clases empiezan.
6. Hace mucho calor.
7. Llueve mucho.
8. Esquiamos.
9. el entrenamiento (*training*) de béisbol
10. el Día de Acción de Gracias (*Thanksgiving*)

8 ¿Cuál es la fecha? Give the dates for these holidays.

> **modelo**
> el día de San Valentín   14 de febrero

1. el día de San Patricio
2. el día de Halloween
3. el primer día de verano
4. el Año Nuevo
5. mi cumpleaños (*birthday*)
6. mi día de fiesta favorito

9 Seleccionar
Paco is talking about his family and friends. Choose the word or phrase that best completes each sentence.

1. A mis padres les gusta ir a Yucatán porque (hace sol, nieva).
2. Mi primo de Kansas dice que durante (*during*) un tornado, hace mucho (sol, viento).
3. Mis amigos van a esquiar si (nieva, está nublado).
4. Tomo el sol cuando (hace calor, llueve).
5. Nosotros vamos a ver una película si hace (buen, mal) tiempo.
6. Mi hermana prefiere correr cuando (hace mucho calor, hace fresco).
7. Mis tíos van de excursión si hace (buen, mal) tiempo.
8. Mi padre no quiere jugar al golf si (hace fresco, llueve).
9. Cuando hace mucho (sol, frío) no salgo de casa y tomo chocolate caliente (*hot*).
10. Hoy mi sobrino va al parque porque (está lloviendo, hace buen tiempo).

10 El clima
With a partner, take turns asking and answering questions about the weather and temperatures in these cities. Use the model as a guide.

modelo

Estudiante 1: ¿Qué tiempo hace hoy en Nueva York?
Estudiante 2: Hace frío y hace viento.
Estudiante 1: ¿Cuál es la temperatura máxima?
Estudiante 2: Treinta y un grados (*degrees*).
Estudiante 1: ¿Y la temperatura mínima?
Estudiante 2: Diez grados.

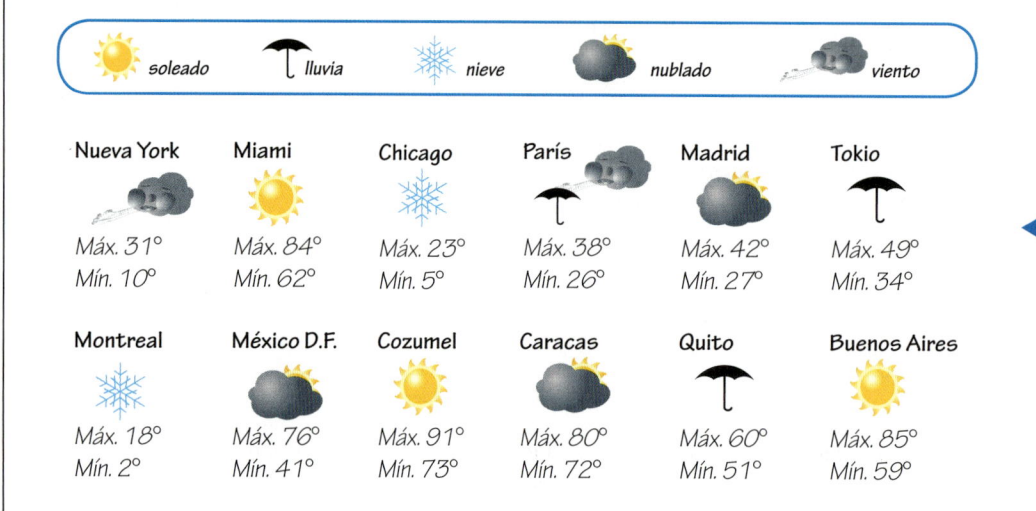

soleado   lluvia   nieve   nublado   viento

Nueva York	Miami	Chicago	París	Madrid	Tokio
Máx. 31°	Máx. 84°	Máx. 23°	Máx. 38°	Máx. 42°	Máx. 49°
Mín. 10°	Mín. 62°	Mín. 5°	Mín. 26°	Mín. 27°	Mín. 34°

Montreal	México D.F.	Cozumel	Caracas	Quito	Buenos Aires
Máx. 18°	Máx. 76°	Máx. 91°	Máx. 80°	Máx. 60°	Máx. 85°
Mín. 2°	Mín. 41°	Mín. 73°	Mín. 72°	Mín. 51°	Mín. 59°

11 Completar
Complete these sentences with your own ideas.

1. Cuando hace sol, yo...
2. Cuando llueve, mis amigos y yo...
3. Cuando hace calor, mi familia...
4. Cuando hace viento, la gente...
5. Cuando hace frío, yo...
6. Cuando hace mal tiempo, mis amigos...
7. Cuando nieva, muchas personas...
8. Cuando está nublado, mis amigos y yo...
9. Cuando hace fresco, mis padres...
10. Cuando hace buen tiempo, mis amigos...

Practice more at vhlcentral.com.

NOTA CULTURAL
In most Spanish-speaking countries, temperatures are given in degrees Celsius. Use these formulas to convert between **grados centígrados** and **grados Fahrenheit**.
degrees C. × 9 ÷ 5 + 32 = degrees F.
degrees F. - 32 × 5 ÷ 9 = degrees C.

CONSULTA
Calor and **frío** can apply to both weather and people. Use **hacer** to describe weather conditions or climate.
(**Hace frío en Santiago.** *It's cold in Santiago.*)
Use **tener** to refer to people.
(**El viajero tiene frío.** *The traveler is cold.*)
See **Estructura 3.4**, p. 101.

Las vacaciones

Comunicación

12 **Preguntas personales** In pairs, ask each other these questions.

1. ¿Cuál es la fecha de hoy?
2. ¿Qué estación es?
3. ¿Te gusta esta estación? ¿Por qué?
4. ¿Qué estación prefieres? ¿Por qué?
5. ¿Prefieres el mar o las montañas? ¿La playa o el campo? ¿Por qué?
6. Cuando estás de vacaciones, ¿qué haces?
7. Cuando haces un viaje, ¿qué te gusta hacer y ver?
8. ¿Piensas ir de vacaciones este verano? ¿Adónde quieres ir? ¿Por qué?
9. ¿Qué deseas ver y qué lugares quieres visitar?
10. ¿Cómo te gusta viajar? ¿En avión? ¿En motocicleta...?

13 **Encuesta** Your teacher will give you a worksheet. How does the weather affect what you do? Walk around the class and ask your classmates what they prefer or like to do in the weather conditions given. Note their responses on your worksheet. Be sure to personalize your survey by adding a few original questions to the list. Be prepared to report your findings to the class.

14 **La reservación** In pairs, imagine that one of you is a receptionist at a hotel and the other is a tourist calling to make a reservation. Read only the information that pertains to you. Then role-play the situation.

Turista
Vas a viajar a Yucatán con un amigo. Llegan a Cancún el 23 de febrero y necesitan una habitación con baño privado para cuatro noches. Ustedes quieren descansar y prefieren una habitación con vista (*view*) al mar. Averigua (*Find out*) toda la información que necesitas (el costo, cuántas camas, etc.) y decide si quieres hacer la reservación o no.

Empleado/a
Trabajas en la recepción del Hotel Oceanía en Cancún. Para el mes de febrero, sólo quedan (*remain*) dos habitaciones: una individual ($168/noche) en el primer piso y una doble ($134/noche) en el quinto piso que tiene descuento porque no hay ascensor. Todas las habitaciones tienen baño privado y vista (*view*) a la piscina.

15 **Minidrama** With two or three classmates, prepare a skit about people who are on vacation or are planning a vacation. The skit should take place in one of these locations.

- una agencia de viajes
- un aeropuerto, una estación de tren o una estación de autobuses
- un hotel
- una casa
- el campo o la playa

Síntesis

16 **Un viaje** You are planning a trip to Mexico and have many questions about your itinerary on which your partner, a travel agent, will advise you. Your teacher will give you and your partner each a sheet with different instructions for acting out the roles.

5 | fotonovela

Lección 5

¡Vamos a la playa!

Los seis amigos hacen un viaje a la playa.

PERSONAJES FELIPE   JUAN CARLOS

Video: *Fotonovela*

1

TÍA ANA MARÍA ¿Están listos para su viaje a la playa?
TODOS Sí.
TÍA ANA MARÍA Excelente... ¡A la estación de autobuses!
MARU ¿Dónde está Miguel?
FELIPE Yo lo traigo.

2

(*se escucha un grito de Miguel*)
FELIPE Ya está listo. Y tal vez enojado. Ahorita vamos.

3

EMPLEADO Bienvenidas. ¿En qué puedo servirles?
MARU Hola. Tenemos una reservación para seis personas para esta noche.
EMPLEADO ¿A nombre de quién?
JIMENA ¿Díaz? ¿López? No estoy segura.

6

EMPLEADO Aquí están las llaves de sus habitaciones.
MARU Gracias. Una cosa más. Mi novio y yo queremos hacer windsurf, pero no tenemos tablas.
EMPLEADO El botones las puede conseguir para ustedes.

7

JUAN CARLOS ¿Qué hace este libro aquí? ¿Estás estudiando en la playa?
JIMENA Sí, es que tengo un examen la próxima semana.

8

JUAN CARLOS Ay, Jimena. ¡No! ¿Vamos a nadar?
JIMENA Bueno, como estudiar es tan aburrido y el tiempo está tan bonito...

Las vacaciones

MARISSA  · **JIMENA**  · **MARU**  · **MIGUEL**  · **MAITE FUENTES**  · **ANA MARÍA**  · **EMPLEADO**

4

EMPLEADO No encuentro su nombre. Ah, no, ahora sí lo veo, aquí está. Díaz. Dos habitaciones en el primer piso para seis huéspedes.

5

FELIPE No está nada mal el hotel, ¿verdad? Limpio, cómodo... ¡Oye, Miguel! ¿Todavía estás enojado conmigo? (*a Juan Carlos*) Miguel está de mal humor. No me habla.

JUAN CARLOS ¿Todavía?

9

MARISSA Yo estoy un poco cansada. ¿Y tú? ¿Por qué no estás nadando?

FELIPE Es por causa de Miguel.

10

MARISSA Hmm, estoy confundida.

FELIPE Esta mañana. ¡Sigue enojado conmigo!

MARISSA No puede seguir enojado tanto tiempo.

Expresiones útiles

Talking with hotel personnel

¿En qué puedo servirles?
How can I help you?
Tenemos una reservación.
We have a reservation.
¿A nombre de quién?
In whose name?
¿Quizás López? ¿Tal vez Díaz?
Maybe López? Maybe Díaz?
Ahora lo veo, aquí está. Díaz.
Now I see it. Here it is. Díaz.
Dos habitaciones en el primer piso para seis huéspedes.
Two rooms on the first floor for six guests.
Aquí están las llaves.
Here are the keys.

Describing a hotel

No está nada mal el hotel.
The hotel isn't bad at all.
Todo está tan limpio y cómodo.
Everything is so clean and comfortable.
Es excelente/estupendo/fabuloso/ fenomenal/increíble/magnífico/ maravilloso/perfecto.
It's excellent/stupendous/fabulous/ phenomenal/incredible/magnificent/ marvelous/perfect.

Talking about how you feel

Yo estoy un poco cansado/a.
I am a little tired.
Estoy confundido/a. *I'm confused.*
Todavía estoy/Sigo enojado/a contigo.
I'm still angry with you.

Additional vocabulary

afuera *outside*
amable *nice; friendly*
el balde *bucket*
la crema de afeitar *shaving cream*
entonces *so, then*
es igual *it's the same*
el frente (frío) *(cold) front*
el grito *scream*
la temporada *period of time*

¿Qué pasó?

1 Completar Complete these sentences with the correct term from the word bank.

aburrido	la estación de autobuses	montar a caballo
el aeropuerto	habitaciones	reservación
amable	la llave	tablas de windsurf

1. Los amigos van a _____ para ir a la playa.
2. La _____ del hotel está a nombre de los Díaz.
3. Los amigos tienen dos _____ para seis personas.
4. El botones puede conseguir _____ para Maru.
5. Jimena dice que estudiar en vacaciones es muy _____.

> **CONSULTA**
> The meaning of some adjectives, such as **aburrido,** changes depending on whether they are used with **ser** or **estar.** See **Estructura 5.3,** pp. 170–171.

2 Identificar Identify the person who would make each statement.

EMPLEADO   **MARU**   **TÍA ANA MARÍA**   **FELIPE**   **JUAN CARLOS**

1. No lo encuentro, ¿a nombre de quién está su reservación?
2. ¿Por qué estás estudiando en la playa? ¡Mejor vamos a nadar!
3. Nuestra reservación es para seis personas en dos habitaciones.
4. El hotel es limpio y cómodo, pero estoy triste porque Miguel no me habla.
5. Suban al autobús y ¡buen viaje a la playa!

3 Ordenar Place these events in the correct order.

_____ a. El empleado busca la reservación.
_____ b. Marissa dice que está confundida.
_____ c. Los amigos están listos para ir a la playa.
_____ d. El empleado da (*gives*) las llaves de las habitaciones a las chicas.
_____ e. Miguel grita (*screams*).

4 Conversar With a partner, use these cues to create a conversation between a hotel employee and a guest in Mexico.

Huésped	**Empleado/a**
Say hi to the employee and ask for your reservation.	→ Tell the guest that you can't find his/her reservation.
Tell the employee that the reservation is in your name.	→ Tell him/her that you found the reservation and that it's for a double room.
Tell the employee that the hotel is very clean and orderly.	→ Say that you agree with the guest, welcome him/her, and give him/her the keys.
Ask the employee to call the bellhop to help you with your luggage.	→ Call the bellhop to help the guest with his/her luggage.

Practice more at vhlcentral.com.

Pronunciación
Spanish b and v

bueno   **v**ólei**b**ol   **b**i**b**lioteca   **v**i**v**ir

There is no difference in pronunciation between the Spanish letters **b** and **v**. However, each letter can be pronounced two different ways, depending on which letters appear next to them.

bonito   **v**iajar   tam**b**ién   in**v**estigar

B and **v** are pronounced like the English hard *b* when they appear either as the first letter of a word, at the beginning of a phrase, or after **m** or **n**.

de**b**er   no**v**io   a**b**ril   cer**v**eza

In all other positions, **b** and **v** have a softer pronunciation, which has no equivalent in English. Unlike the hard **b**, which is produced by tightly closing the lips and stopping the flow of air, the soft **b** is produced by keeping the lips slightly open.

bola   **v**ela   Cari**b**e   decli**v**e

In both pronunciations, there is no difference in sound between **b** and **v**. The English *v* sound, produced by friction between the upper teeth and lower lip, does not exist in Spanish. Instead, the soft **b** comes from friction between the two lips.

Verónica y su esposo cantan **b**oleros.

When **b** or **v** begins a word, its pronunciation depends on the previous word. At the beginning of a phrase or after a word that ends in **m** or **n**, it is pronounced as a hard **b**.

Benito es de **B**oquerón pero **v**ive en **V**ictoria.

Words that begin with **b** or **v** are pronounced with a soft **b** if they appear immediately after a word that ends in a vowel or any consonant other than **m** or **n**.

Práctica Read these words aloud to practice the **b** and the **v**.

1. hablamos
2. trabajar
3. botones
4. van
5. contabilidad
6. bien
7. doble
8. novia
9. béisbol
10. nublado
11. llave
12. invierno

Oraciones Read these sentences aloud to practice the **b** and the **v**.

1. Vamos a Guaynabo en autobús.
2. Voy de vacaciones a la Isla Culebra.
3. Tengo una habitación individual en el octavo piso.
4. Víctor y Eva van por avión al Caribe.
5. La planta baja es bonita también.
6. ¿Qué vamos a ver en Bayamón?
7. Beatriz, la novia de Víctor, es de Arecibo, Puerto Rico.

Refranes Read these sayings aloud to practice the **b** and the **v**.

No hay mal que por bien no venga.[1]

Hombre prevenido vale por dos.[2]

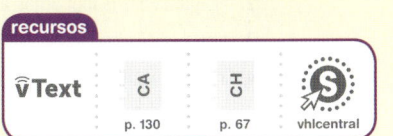

[1] *Every cloud has a silver lining.*
[2] *An ounce of prevention equals a pound of cure.*

cultura

EN DETALLE

Las cataratas del Iguazú

Imagine the impressive and majestic Niagara Falls, the most powerful waterfall in North America. Now, if you can, imagine a waterfall four times as wide and almost twice as tall that caused Eleanor Roosevelt to exclaim "Poor Niagara!" upon seeing it for the first time. Welcome to **las cataratas del Iguazú!**

Iguazú is located in Iguazú National Park, an area of subtropical jungle where Argentina meets Brazil. Its name comes from the indigenous Guaraní word for "great water." A UNESCO World Heritage Site, **las cataratas del Iguazú** span three kilometers and comprise 275 cascades split into two main sections by San Martín Island. Most of the falls are about 82 meters (270 feet) high. The horseshoe-shaped cataract **Garganta del Diablo** (*Devil's Throat*) has the greatest water flow and is considered to be the most impressive; it also marks the border between Argentina and Brazil.

Each country offers different views and tourist options. Most visitors opt to use the numerous catwalks that are available on both sides; however, from the Argentinean side, tourists can get very close to the falls, whereas Brazil provides more panoramic views. If you don't mind getting wet, a jet boat tour is a good choice; those looking for wildlife—such as toucans, ocelots, butterflies, and jaguars—should head for San Martín Island. Brazil boasts less conventional ways to view the falls, such as helicopter rides and rappelling, while Argentina focuses on sustainability with its **Tren Ecológico de la Selva** (*Ecological Jungle Train*), an environmentally friendly way to reach the walkways.

No matter which way you choose to enjoy the falls, you are certain to be captivated.

Más cascadas° en Latinoamérica

Nombre	País	Altura°	Datos
Salto Ángel	Venezuela	979 metros	la más alta° del mundo°
Catarata del Gocta	Perú	771 metros	descubierta° en 2006
Piedra Volada	México	453 metros	la más alta de México

cascadas *waterfalls* Altura *Height* más alta *tallest* mundo *world* descubierta *discovered*

ACTIVIDADES

1 **¿Cierto o falso?** Indicate whether these statements are **cierto** or **falso**. Correct the false statements.

1. Iguazú Falls is located on the border of Argentina and Brazil.
2. Niagara Falls is four times as wide as Iguazú Falls.
3. Iguazú Falls has a few cascades, each about 82 meters.
4. Tourists visiting Iguazú can see exotic wildlife.
5. *Iguazú* is the Guaraní word for "blue water."
6. You can access the walkways by taking the **Garganta del Diablo**.
7. It is possible for tourists to visit Iguazú Falls by air.
8. **Salto Ángel** is the tallest waterfall in the world.
9. There are no waterfalls in Mexico.
10. For the best views of Iguazú Falls, tourists should visit the Brazilian side.

Las vacaciones

ASÍ SE DICE
Viajes y turismo

el asiento del medio, del pasillo, de la ventanilla	center, aisle, window seat
el itinerario	itinerary
media pensión	breakfast and one meal included
el ómnibus (Perú)	el autobús
pensión completa	all meals included
el puente	long weekend (lit., bridge)

EL MUNDO HISPANO
Destinos populares

- **Las playas del Parque Nacional Manuel Antonio** (Costa Rica) ofrecen° la oportunidad de nadar y luego caminar por el bosque tropical°.

- **Teotihuacán** (México) Desde antes de la época° de los aztecas, aquí se celebra el equinoccio de primavera en la Pirámide del Sol.

- **Puerto Chicama** (Perú), con sus olas° de cuatro kilómetros de largo°, es un destino para surfistas expertos.

- **Tikal** (Guatemala) Aquí puedes ver las maravillas de la selva° y ruinas de la civilización maya.

- **Las playas de Rincón** (Puerto Rico) Son ideales para descansar y observar ballenas°.

ofrecen *offer* bosque tropical *rainforest* Desde antes de la época *Since before the time* olas *waves* de largo *in length* selva *jungle* ballenas *whales*

PERFIL
Punta del Este

One of South America's largest and most fashionable beach resort towns is Uruguay's **Punta del Este**, a narrow strip of land containing twenty miles of pristine beaches. Its peninsular shape gives it two very different seascapes. **La Playa Mansa**, facing the bay and therefore the more protected side, has calm waters. Here, people practice water sports like swimming, water skiing, windsurfing, and diving. **La Playa Brava**, facing east, receives the Atlantic Ocean's powerful, wave-producing winds, making it popular for surfing, body boarding, and kite surfing. Besides the beaches, posh shopping, and world-famous nightlife, **Punta** offers its 600,000 yearly visitors yacht and fishing clubs, golf courses, and excursions to observe sea lions at the **Isla de Lobos** nature reserve.

Conexión Internet

¿Cuáles son los sitios más populares para el turismo en Puerto Rico?

Go to **vhlcentral.com** to find more cultural information related to this **Cultura** section.

ACTIVIDADES

2 Comprensión Complete the sentences.
1. En las playas de Rincón puedes ver _____.
2. Cerca de 600.000 turistas visitan _____ cada año.
3. En el avión pides el _____ si te gusta ver el paisaje.
4. En Punta del Este, la gente prefiere nadar en la Playa _____.
5. El _____ es un medio de transporte en Perú.

3 De vacaciones Spring break is coming up, and your class is going on a trip abroad. Working in a small group, decide where you will go, how you will get there, and what each of you will do. Present your trip to the class.

Practice more at **vhlcentral.com**.

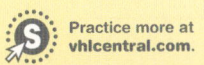

5 estructura

Lección 5

5.1 Estar with conditions and emotions

ANTE TODO As you have already learned, the verb **estar** is used to talk about how you feel and to say where people, places, and things are located. **Estar** is also used with adjectives to talk about certain emotional and physical conditions.

▶ Use **estar** with adjectives to describe the physical condition of places and things.

La habitación **está** sucia.
The room is dirty.

La puerta **está** cerrada.
The door is closed.

▶ Use **estar** with adjectives to describe how people feel, both mentally and physically.

> Yo estoy cansada.

> ¿Están listos para su viaje?

▶ **¡Atención!** Two important expressions with **estar** that you can use to talk about conditions and emotions are **estar de buen humor** (*to be in a good mood*) and **estar de mal humor** (*to be in a bad mood*).

CONSULTA

To review the present tense of **estar**, see **Estructura 2.3**, p. 59.

To review the present tense of **ser**, see **Estructura 1.3**, p. 20.

Adjectives that describe emotions and conditions

abierto/a	open	contento/a	happy; content	listo/a	ready
aburrido/a	bored	desordenado/a	disorderly	nervioso/a	nervous
alegre	happy; joyful	enamorado/a (de)	in love (with)	ocupado/a	busy
avergonzado/a	embarrassed			ordenado/a	orderly
cansado/a	tired	enojado/a	mad; angry	preocupado/a (por)	worried (about)
cerrado/a	closed	equivocado/a	wrong		
cómodo/a	comfortable	feliz	happy	seguro/a	sure
confundido/a	confused	limpio/a	clean	sucio/a	dirty
				triste	sad

¡INTÉNTALO! Provide the present tense forms of **estar**, and choose which adjective best completes the sentence.

1. La biblioteca ___está___ (cerrada / nerviosa) los domingos por la noche. *cerrada*
2. Nosotros _____ muy (ocupados / equivocados) todos los lunes.
3. Ellas _____ (alegres / confundidas) porque tienen vacaciones.
4. Javier _____ (enamorado / ordenado) de Maribel.
5. Diana _____ (enojada / limpia) con su hermano.
6. Yo _____ (nerviosa / abierta) por el viaje.
7. La habitación siempre _____ (ordenada / segura) cuando vuelven sus padres.
8. Ustedes no comprenden; _____ (equivocados / tristes).

recursos

vText

CA p. 131

CP pp. 51–52

CH pp. 69–70

vhlcentral

Práctica y Comunicación

1 **¿Cómo están?** Complete Martín's statements about how he and other people are feeling. In the first blank, fill in the correct form of **estar**. In the second blank, fill in the adjective that best fits the context.

> **AYUDA**
>
> Make sure that you have agreement between:
> • Subjects and verbs in person and number
> • Nouns and adjectives in gender and number
>
> Ell**os** no est**án** enferm**os**.
> They are not sick.

1. Yo _____ un poco _____ porque tengo un examen mañana.
2. Mi hermana Patricia _____ muy _____ porque mañana va a hacer una excursión al campo.
3. Mis hermanos Juan y José salen de la casa a las cinco de la mañana. Por la noche, siempre _____ muy _____ .
4. Mi amigo Ramiro _____ _____ ; su novia se llama Adela.
5. Mi papá y sus colegas _____ muy _____ hoy. ¡Hay mucho trabajo!
6. Patricia y yo _____ un poco _____ por ellos porque trabajan mucho.
7. Mi amiga Mónica _____ un poco _____ porque sus amigos no pueden salir esta noche.
8. Esta clase no es muy interesante. ¿Tú _____ _____ también?

2 **Describir** Describe these people and places.

1. Anabela
2. Juan y Luisa 
3. la habitación de Teresa 
4. la habitación de César 

3 **Situaciones** With a partner, use **estar** to talk about how you feel in these situations.

1. Cuando hace sol...
2. Cuando tomas un examen...
3. Cuando viajas en avión...
4. Cuando estás en la clase de español...
5. Cuando ves una película con tu actor/actriz favorito/a...

4 **En la tele** In small groups, imagine that you are a family that stars on a reality TV show. You are vacationing together, but the trip isn't going well for everyone. Write the script of a scene from the show and then act it out. Use at least six adjectives from the previous page and be creative!

> **modelo**
> **Papá:** ¿Por qué estás enojada, María Rosa? El hotel es muy bonito y las habitaciones están limpias.
> **Mamá:** ¡Pero mira, Roberto! Las maletas de Elisa están abiertas y, como siempre, sus cosas están muy desordenadas.

Practice more at vhlcentral.com.

5.2 The present progressive

ANTE TODO Both Spanish and English use the present progressive, which consists of the present tense of the verb *to be* and the present participle of another verb (the *-ing* form in English).

Las chicas están hablando con el empleado del hotel.

¿Estás estudiando en la playa?

▶ Form the present progressive with the present tense of **estar** and a present participle.

FORM OF ESTAR	+ PRESENT PARTICIPLE	FORM OF ESTAR	+ PRESENT PARTICIPLE
Estoy	**pescando.**	**Estamos**	**comiendo.**
I am	fishing.	We are	eating.

▶ The present participle of regular **-ar**, **-er**, and **-ir** verbs is formed as follows:

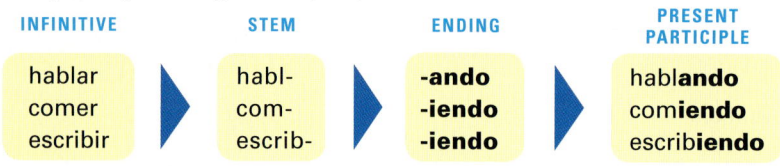

INFINITIVE	STEM	ENDING	PRESENT PARTICIPLE
hablar	habl-	-ando	habl**ando**
comer	com-	-iendo	com**iendo**
escribir	escrib-	-iendo	escrib**iendo**

▶ **¡Atención!** When the stem of an **-er** or **-ir** verb ends in a vowel, the present participle ends in **-yendo**.

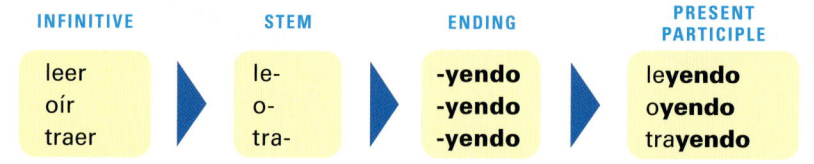

INFINITIVE	STEM	ENDING	PRESENT PARTICIPLE
leer	le-	-yendo	le**yendo**
oír	o-	-yendo	o**yendo**
traer	tra-	-yendo	tra**yendo**

▶ **Ir**, **poder**, and **venir** have irregular present participles (**yendo**, **pudiendo**, **viniendo**). Several other verbs have irregular present participles that you will need to learn.

▶ **-Ir** stem-changing verbs have a stem change in the present participle.

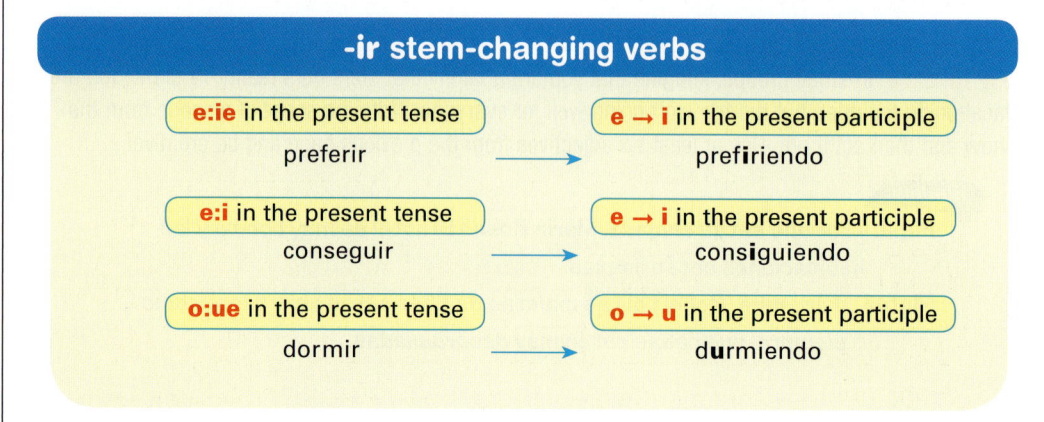

-ir stem-changing verbs

e:ie in the present tense	e → i in the present participle
preferir	pref**i**riendo

e:i in the present tense	e → i in the present participle
conseguir	cons**i**guiendo

o:ue in the present tense	o → u in the present participle
dormir	d**u**rmiendo

Las vacaciones

> **COMPARE & CONTRAST**
>
> The use of the present progressive is much more restricted in Spanish than in English. In Spanish, the present progressive is mainly used to emphasize that an action is in progress at the time of speaking.
>
> Maru **está escuchando** música latina **ahora mismo**.
> Maru *is listening* to Latin music *right now*.
>
> Felipe y su amigo **todavía están jugando** al fútbol.
> Felipe and his friend *are still playing* soccer.
>
> In English, the present progressive is often used to talk about situations and actions that occur over an extended period of time or in the future. In Spanish, the simple present tense is often used instead.
>
> Xavier **estudia** computación este semestre.
> Xavier *is studying* computer science this semester.
>
> Marissa **sale** mañana para los Estados Unidos.
> Marissa *is leaving* tomorrow for the United States.

¿Está pensando en su futuro?
Nosotros, sí.

BANCO CONGRESO

Preparándolo para el mañana

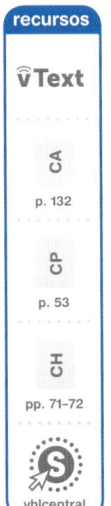

¡INTÉNTALO! Create complete sentences by putting the verbs in the present progressive.

1. mis amigos / descansar en la playa *Mis amigos están descansando en la playa.*
2. nosotros / practicar deportes _____
3. Carmen / comer en casa _____
4. nuestro equipo / ganar el partido _____
5. yo / leer el periódico _____
6. él / pensar comprar una bicicleta roja _____
7. ustedes / jugar a las cartas _____
8. José y Francisco / dormir _____
9. Marisa / leer correo electrónico _____
10. yo / preparar sándwiches _____
11. Carlos / tomar fotos _____
12. ¿dormir / tú? _____

Práctica

1 Completar Alfredo's Spanish class is preparing to travel to Puerto Rico. Use the present progressive of the verb in parentheses to complete Alfredo's description of what everyone is doing.

1. Yo _____ (investigar) la situación política de la isla (*island*).
2. La esposa del profesor _____ (hacer) las maletas.
3. Marta y José Luis _____ (buscar) información sobre San Juan en Internet.
4. Enrique y yo _____ (leer) un correo electrónico de nuestro amigo puertorriqueño.
5. Javier _____ (aprender) mucho sobre la cultura puertorriqueña.
6. Y tú _____ (practicar) el español, ¿verdad?

2 ¿Qué están haciendo? María and her friends are vacationing at a resort in San Juan, Puerto Rico. Complete her description of what everyone is doing right now.

1. Yo
2. Javier 
3. Alejandra y Rebeca 
4. Celia y yo 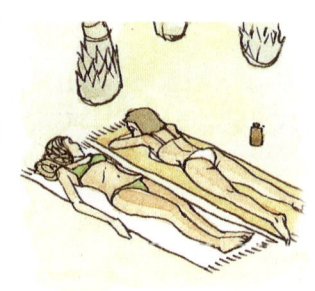
5. Samuel 
6. Lorenzo 

CONSULTA

For more information about Puerto Rico, see **Panorama**, pp. 186–187.

3 Personajes famosos Say what these celebrities are doing right now, using the cues provided.

modelo
Shakira
Shakira está cantando una canción ahora mismo.

A		B	
Isabel Allende	Nelly Furtado	bailar	hacer
Rachel Ray	Dwight Howard	cantar	jugar
James Cameron	Las Rockettes de	correr	preparar
Venus y Serena	Nueva York	escribir	¿?
Williams	¿?	hablar	¿?
Joey Votto	¿?		

AYUDA

Isabel Allende: **novelas**
Rachel Ray: **televisión, negocios** (*business*)
James Cameron: **cine**
Venus y Serena Williams: **tenis**
Joey Votto: **béisbol**
Nelly Furtado: **canciones**
Dwight Howard: **baloncesto**
Las Rockettes de Nueva York: **baile**

Practice more at vhlcentral.com.

Las vacaciones   ciento sesenta y nueve   **169**

Comunicación

4 **Preguntar** With a partner, take turns asking each other what you are doing at these times.

> **modelo**
> **Estudiante 1:** ¡Hola, Andrés! Son las ocho de la mañana. ¿Qué estás haciendo?
> **Estudiante 2:** Estoy desayunando.

1. 5:00 a.m.   3. 11:00 a.m.   5. 2:00 p.m.   7. 9:00 p.m.
2. 9:30 a.m.   4. 12:00 p.m.   6. 5:00 p.m.   8. 11:30 p.m.

5 **Describir** Work with a partner and use the present progressive to describe what is going on in this Spanish beach scene.

NOTA CULTURAL

Nearly 60 million tourists travel to Spain every year, many of them drawn by the warm climate and beautiful coasts. Tourists wanting a beach vacation go mostly to the **Costa del Sol** or the Balearic Islands, in the Mediterranean.

6 **Conversar** Imagine that you and a classmate are each babysitting a group of children. With a partner, prepare a telephone conversation using these cues. Be creative and add further comments.

Estudiante 1	Estudiante 2
Say hello and ask what the kids are doing.	Say hello and tell your partner that two of your kids are doing their homework. Then ask what the kids at his/her house are doing.
Tell your partner that two of your kids are running and dancing in the house.	Tell your partner that one of the kids is reading.
Tell your partner that you are tired and that two of your kids are watching TV and eating pizza.	Tell your partner that one of the kids is sleeping.
Tell your partner you have to go; the kids are playing soccer in the house.	Say goodbye and good luck (**¡Buena suerte!**).

Síntesis

7 **¿Qué están haciendo?** A group of classmates is traveling to San Juan, Puerto Rico for a week-long Spanish immersion program. In order for the participants to be on time for their flight, you and your partner must locate them. Your teacher will give you each a handout to help you complete this task.

recursos
vText
CA
pp. 25–26

5.3 Ser and estar

ANTE TODO You have already learned that **ser** and **estar** both mean *to be* but are used for different purposes. These charts summarize the key differences in usage between **ser** and **estar**.

Uses of ser

1. Nationality and place of origin . . . . Juan Carlos **es** argentino.
   Es de Buenos Aires.
2. Profession or occupation . . . . Adela **es** agente de viajes.
   Francisco **es** médico.
3. Characteristics of people and things . . . José y Clara **son** simpáticos.
   El clima de Puerto Rico **es** agradable.
4. Generalizations . . . . ¡**Es** fabuloso viajar!
   Es difícil estudiar a la una de la mañana.
5. Possession . . . . **Es** la pluma de Jimena.
   Son las llaves del señor Díaz.
6. What something is made of . . . . La bicicleta **es** de metal.
   Los pasajes **son** de papel.
7. Time and date . . . . Hoy **es** martes. **Son** las dos.
   Hoy **es** el primero de julio.
8. Where or when an event takes place . . El partido **es** en el estadio Santa Fe.
   La conferencia **es** a las siete.

> **¡ATENCIÓN!**
>
> **Ser de** expresses not only origin (**Es de Buenos Aires.**) and possession (**Es la pluma de Jimena.**), but also what material something is made of (**La bicicleta es de metal.**).

Ellos son mis amigos.

Miguel está enojado conmigo.

Uses of estar

1. Location or spatial relationships . . . . . El aeropuerto **está** lejos de la ciudad.
   Tu habitación **está** en el tercer piso.
2. Health . . . . ¿Cómo **estás**?
   Estoy bien, gracias.
3. Physical states and conditions . . . . El profesor **está** ocupado.
   Las ventanas **están** abiertas.
4. Emotional states . . . . Marissa **está** feliz hoy.
   Estoy muy enojado con Maru.
5. Certain weather expressions . . . . **Está** lloviendo.
   Está nublado.
6. Ongoing actions (progressive tenses) . . **Estamos** estudiando para un examen.
   Ana **está** leyendo una novela.

Ser and estar with adjectives

▶ With many descriptive adjectives, **ser** and **estar** can both be used, but the meaning will change.

Juan es delgado.
Juan is thin.

Juan está más delgado hoy.
Juan looks thinner today.

Ana es nerviosa.
Ana is a nervous person.

Ana está nerviosa por el examen.
Ana is nervous because of the exam.

▶ In the examples above, the statements with **ser** are general observations about the inherent qualities of Juan and Ana. The statements with **estar** describe conditions that are variable.

▶ Here are some adjectives that change in meaning when used with **ser** and **estar**.

With ser

El chico **es listo**.
*The boy is **smart**.*

La profesora **es mala**.
*The professor is **bad**.*

Jaime **es aburrido**.
*Jaime is **boring**.*

Las peras **son verdes**.
*Pears are **green**.*

El gato **es muy vivo**.
*The cat is very **clever**.*

Iván **es un hombre seguro**.
*Iván is a **confident** man.*

With estar

El chico **está listo**.
*The boy is **ready**.*

La profesora **está mala**.
*The professor is **sick**.*

Jaime **está aburrido**.
*Jaime is **bored**.*

Las peras **están verdes**.
*The pears are **not ripe**.*

El gato **está vivo**.
*The cat is **alive**.*

Iván no **está seguro**.
*Iván is **not sure**.*

¡ATENCIÓN!
When referring to objects, **ser seguro/a** means *to be safe*. **El puente es seguro.** *The bridge is safe.*

¡INTÉNTALO! Form complete sentences by using the correct form of **ser** or **estar** and making any other necessary changes.

1. Alejandra / cansado
   Alejandra está cansada.
2. ellos / pelirrojo
3. Carmen / alto
4. yo / la clase de español
5. película / a las once
6. hoy / viernes
7. nosotras / enojado
8. Antonio / médico
9. Romeo y Julieta / enamorado
10. libros / de Ana
11. Marisa y Juan / estudiando
12. partido de baloncesto / gimnasio

Práctica

1 **¿Ser o estar?** Indicate whether each adjective takes **ser** or **estar**. **¡Ojo!** Three of them can take both verbs.

	ser	estar			ser	estar
1. delgada	○	○	5. seguro		○	○
2. canadiense	○	○	6. enojada		○	○
3. enamorado	○	○	7. importante		○	○
4. lista	○	○	8. avergonzada		○	○

2 **Completar** Complete this conversation with the appropriate forms of **ser** and **estar**.

EDUARDO ¡Hola, Ceci! ¿Cómo (1)_____?
CECILIA Hola, Eduardo. Bien, gracias. ¡Qué guapo (2)_____ hoy!
EDUARDO Gracias. (3)_____ muy amable. Oye, ¿qué (4)_____ haciendo? (5)¿_____ ocupada?
CECILIA No, sólo le (6)_____ escribiendo una carta a mi prima Pilar.
EDUARDO ¿De dónde (7)_____ ella?
CECILIA Pilar (8)_____ de Ecuador. Su papá (9)_____ médico en Quito. Pero ahora Pilar y su familia (10)_____ de vacaciones en Ponce, Puerto Rico.
EDUARDO Y… ¿cómo (11)_____ Pilar?
CECILIA (12)_____ muy lista. Y también (13)_____ alta, rubia y muy bonita.

3 **En el parque** With a partner, take turns describing the people in the drawing. Your descriptions should answer the questions provided.

1. ¿Quiénes son?
2. ¿Dónde están?
3. ¿Cómo son?
4. ¿Cómo están?
5. ¿Qué están haciendo?
6. ¿Qué estación es?
7. ¿Qué tiempo hace?
8. ¿Quiénes están de vacaciones?

Las vacaciones   ciento setenta y tres   **173**

Comunicación

4 **Describir** With a classmate, take turns describing these people. Mention where they are from, what they are like, how they are feeling, and what they are doing right now.

> **modelo**
> tu compañero/a de clase
> Mi compañera de clase es de San Juan, Puerto Rico. Es muy inteligente. Está cansada pero está estudiando porque tiene un examen.

1. tu mejor (*best*) amigo/a
2. tu actor/actriz favorito/a
3. tu profesor(a) favorito/a
4. tu vecino/a
5. tus abuelos
6. tus padres

5 **Adivinar** Get together with a partner and take turns describing a celebrity using these items as a guide. Don't mention the celebrity's name. Can your partner guess who you are describing?

- descripción física
- cómo está ahora
- origen
- dónde está ahora
- qué está haciendo ahora
- profesión u ocupación

6 **En el aeropuerto** In groups of three, take turns assuming the identity of a character from this drawing. Your partners will ask you questions using **ser** and **estar** until they figure out who you are.

> **modelo**
> Estudiante 3: ¿Dónde estás?
> Estudiante 1: Estoy cerca de la puerta.
> Estudiante 2: ¿Qué estás haciendo?
> Estudiante 1: Estoy escuchando a otra persona.
> Estudiante 3: ¿Eres uno de los pasajeros?
> Estudiante 1: No, soy empleado del aeropuerto.
> Estudiante 2: ¿Eres Camilo?

NOTA CULTURAL

Luis Muñoz Marín International Airport in San Juan, Puerto Rico, is a major transportation hub of the Caribbean. It is named after Puerto Rico's first elected governor.

Síntesis

7 **Conversación** In pairs, imagine that you and your partner are two of the characters in the drawing in **Actividad 6**. After boarding, you are seated next to each other and strike up a conversation. Act out what you would say to your fellow passenger.

5.4 Direct object nouns and pronouns

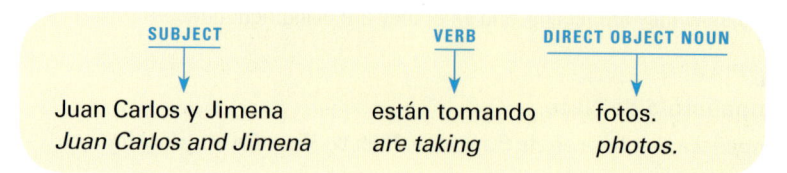

SUBJECT	VERB	DIRECT OBJECT NOUN
Juan Carlos y Jimena	están tomando	fotos.
Juan Carlos and Jimena	*are taking*	*photos.*

▶ A direct object noun receives the action of the verb directly and generally follows the verb. In the example above, the direct object noun answers the question *What are Juan Carlos and Jimena taking?*

▶ When a direct object noun in Spanish is a person or a pet, it is preceded by the word **a**. This is called the personal **a**; there is no English equivalent for this construction.

Mariela mira **a** Carlos.　　　　Mariela mira televisión.
Mariela is watching Carlos.　　*Mariela is watching TV.*

▶ In the first sentence above, the personal **a** is required because the direct object is a person. In the second sentence, the personal **a** is not required because the direct object is a place, not a person.

Miguel no me perdona.

No tenemos tablas de windsurf.

El botones las puede conseguir para ustedes.

▶ Direct object pronouns are words that replace direct object nouns. Like English, Spanish uses a direct object pronoun to avoid repeating a noun already mentioned.

	DIRECT OBJECT		DIRECT OBJECT PRONOUN
Maribel hace	las maletas.	Maribel	las hace.
Felipe compra	el sombrero.	Felipe	lo compra.
Vicky tiene	la llave.	Vicky	la tiene.

Direct object pronouns

SINGULAR		PLURAL	
me	*me*	nos	*us*
te	*you*	os	*you* (fam.)
lo	*you*	los	*you* (m., form.)
	him; it		*them* (m.)
la	*you her; it*	las	*you* (f., form.)
			them (f.)

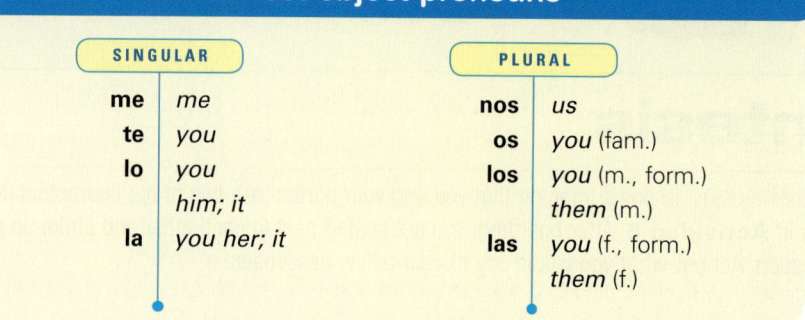

Las vacaciones   ciento setenta y tres   **173**

Comunicación

4 **Describir** With a classmate, take turns describing these people. Mention where they are from, what they are like, how they are feeling, and what they are doing right now.

> **modelo**
> tu compañero/a de clase
> Mi compañera de clase es de San Juan, Puerto Rico. Es muy inteligente. Está cansada pero está estudiando porque tiene un examen.

1. tu mejor (*best*) amigo/a
2. tu actor/actriz favorito/a
3. tu profesor(a) favorito/a
4. tu vecino/a
5. tus abuelos
6. tus padres

5 **Adivinar** Get together with a partner and take turns describing a celebrity using these items as a guide. Don't mention the celebrity's name. Can your partner guess who you are describing?

- descripción física
- cómo está ahora
- origen
- dónde está ahora
- qué está haciendo ahora
- profesión u ocupación

6 **En el aeropuerto** In groups of three, take turns assuming the identity of a character from this drawing. Your partners will ask you questions using **ser** and **estar** until they figure out who you are.

> **modelo**
> Estudiante 3: ¿Dónde estás?
> Estudiante 1: Estoy cerca de la puerta.
> Estudiante 2: ¿Qué estás haciendo?
> Estudiante 1: Estoy escuchando a otra persona.
> Estudiante 3: ¿Eres uno de los pasajeros?
> Estudiante 1: No, soy empleado del aeropuerto.
> Estudiante 2: ¿Eres Camilo?

NOTA CULTURAL

Luis Muñoz Marín International Airport in San Juan, Puerto Rico, is a major transportation hub of the Caribbean. It is named after Puerto Rico's first elected governor.

Síntesis

7 **Conversación** In pairs, imagine that you and your partner are two of the characters in the drawing in **Actividad 6**. After boarding, you are seated next to each other and strike up a conversation. Act out what you would say to your fellow passenger.

5.4 Direct object nouns and pronouns

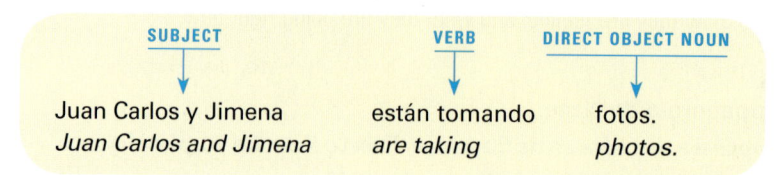

SUBJECT	VERB	DIRECT OBJECT NOUN
Juan Carlos y Jimena	están tomando	fotos.
Juan Carlos and Jimena	*are taking*	*photos.*

▸ A direct object noun receives the action of the verb directly and generally follows the verb. In the example above, the direct object noun answers the question *What are Juan Carlos and Jimena taking?*

▸ When a direct object noun in Spanish is a person or a pet, it is preceded by the word **a**. This is called the personal **a**; there is no English equivalent for this construction.

Mariela mira **a** Carlos. Mariela mira televisión.
Mariela is watching Carlos. *Mariela is watching TV.*

▸ In the first sentence above, the personal **a** is required because the direct object is a person. In the second sentence, the personal **a** is not required because the direct object is a place, not a person.

Miguel no me perdona.

No tenemos tablas de windsurf.

El botones las puede conseguir para ustedes.

▸ Direct object pronouns are words that replace direct object nouns. Like English, Spanish uses a direct object pronoun to avoid repeating a noun already mentioned.

	DIRECT OBJECT		DIRECT OBJECT PRONOUN
Maribel hace	las maletas.	Maribel	las hace.
Felipe compra	el sombrero.	Felipe	lo compra.
Vicky tiene	la llave.	Vicky	la tiene.

Direct object pronouns

SINGULAR		PLURAL	
me	me	nos	us
te	you	os	you (fam.)
lo	you	los	you (m., form.)
	him; it		them (m.)
la	you her; it	las	you (f., form.)
			them (f.)

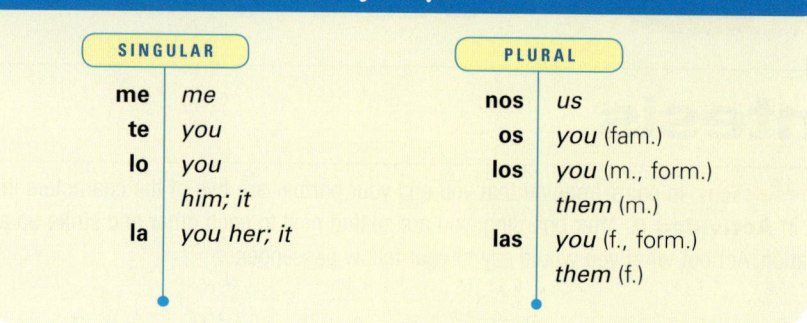

► In affirmative sentences, direct object pronouns generally appear before the conjugated verb. In negative sentences, the pronoun is placed between the word **no** and the verb.

Adela practica **el tenis**.
Adela **lo** practica.

Carmen compra **los pasajes**.
Carmen **los** compra.

Gabriela no tiene **las llaves**.
Gabriela **no las** tiene.

Diego no hace **las maletas**.
Diego **no las** hace.

► When the verb is an infinitive construction, such as **ir a** + [*infinitive*], the direct object pronoun can be placed before the conjugated form or attached to the infinitive.

Ellos van a escribir **unas postales**. ⟵ Ellos **las** van a escribir.
Ellos van a escribir**las**.

Lidia quiere ver **una película**. ⟵ Lidia **la** quiere ver.
Lidia quiere ver**la**.

► When the verb is in the present progressive, the direct object pronoun can be placed before the conjugated form or attached to the present participle. **¡Atención!** When a direct object pronoun is attached to the present participle, an accent mark is added to maintain the proper stress.

Gerardo está leyendo **la lección**. ⟵ Gerardo **la** está leyendo.
Gerardo está leyéndo**la**.

Toni está mirando **el partido**. ⟵ Toni **lo** está mirando.
Toni está mirándo**lo**.

¡INTÉNTALO!

Choose the correct direct object pronoun for each sentence.

1. Tienes el libro de español. _c_
   a. La tienes.   b. Los tienes.   c. Lo tienes.
2. Voy a ver el partido de baloncesto.
   a. Voy a verlo.   b. Voy a verte.   c. Voy a vernos.
3. El artista quiere dibujar a Luisa con su mamá.
   a. Quiere dibujarme.   b. Quiere dibujarla.   c. Quiere dibujarlas.
4. Marcos busca la llave.
   a. Me busca.   b. La busca.   c. Las busca.
5. Rita me lleva al aeropuerto y también lleva a Tomás.
   a. Nos lleva.   b. Las lleva.   c. Te lleva.
6. Puedo oír a Gerardo y a Miguel.
   a. Puedo oírte.   b. Puedo oírlos.   c. Puedo oírlo.
7. Quieren estudiar la gramática.
   a. Quieren estudiarnos.   b. Quieren estudiarlo.   c. Quieren estudiarla.
8. ¿Practicas los verbos irregulares?
   a. ¿Los practicas?   b. ¿Las practicas?   c. ¿Lo practicas?
9. Ignacio ve la película.
   a. La ve.   b. Lo ve.   c. Las ve.
10. Sandra va a invitar a Mario a la excursión. También me va a invitar a mí.
    a. Los va a invitar.   b. Lo va a invitar.   c. Nos va a invitar.

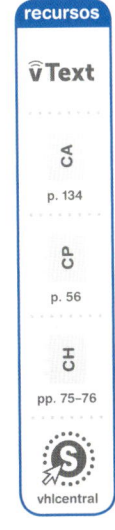

Práctica

1 Simplificar Señora Vega's class is planning a trip to Costa Rica. Describe their preparations by changing the direct object nouns into direct object pronouns.

> **modelo**
> La profesora Vega tiene su pasaporte.
> La profesora Vega lo tiene.

1. Gustavo y Héctor confirman las reservaciones.
2. Nosotros leemos los folletos (*brochures*).
3. Ana María estudia el mapa.
4. Yo aprendo los nombres de los monumentos de San José.
5. Alicia escucha a la profesora.
6. Miguel escribe las instrucciones para ir al hotel.
7. Esteban busca el pasaje.
8. Nosotros planeamos una excursión.

¡LENGUA VIVA!

There are many Spanish words that correspond to *ticket*. **Billete** and **pasaje** usually refer to a ticket for travel, such as an airplane ticket. **Entrada** refers to a ticket to an event, such as a concert or a movie. **Boleto** can be used in either case.

2 Vacaciones Ramón is going to San Juan, Puerto Rico with his friends, Javier and Marcos. Express his thoughts more succinctly using direct object pronouns.

> **modelo**
> Quiero hacer una excursión.
> Quiero hacerla./La quiero hacer.

1. Voy a hacer mi maleta.
2. Necesitamos llevar los pasaportes.
3. Marcos está pidiendo el folleto turístico.
4. Javier debe llamar a sus padres.
5. Ellos esperan visitar el Viejo San Juan.
6. Puedo llamar a Javier por la mañana.
7. Prefiero llevar mi cámara.
8. No queremos perder nuestras reservaciones de hotel.

NOTA CULTURAL

Since Puerto Rico is a U.S. territory, passengers traveling there from the U.S. mainland do not need passports or visas. Passengers traveling to Puerto Rico from a foreign country, however, must meet travel requirements identical to those required for travel to the U.S. mainland. Puerto Ricans are U.S. citizens and can therefore travel to the U.S. mainland without any travel documents.

3 ¿Quién? The Garza family is preparing to go on a vacation to Puerto Rico. Based on the clues, answer the questions. Use direct object pronouns in your answers.

> **modelo**
> ¿Quién hace las reservaciones para el hotel? (el Sr. Garza)
> El Sr. Garza las hace.

1. ¿Quién compra los pasajes de avión? (la Sra. Garza)
2. ¿Quién tiene que hacer las maletas de los niños? (María)
3. ¿Quiénes buscan los pasaportes? (Antonio y María)
4. ¿Quién va a confirmar las reservaciones de hotel? (la Sra. Garza)
5. ¿Quién busca la cámara? (María)
6. ¿Quién compra un mapa de Puerto Rico? (Antonio)

Practice more at **vhlcentral.com**.

Las vacaciones   ciento setenta y siete   **177**

Comunicación

4 **Entrevista** Take turns asking and answering these questions with a classmate. Be sure to use direct object pronouns in your responses.

1. ¿Ves mucho la televisión?
2. ¿Cuándo vas a ver tu programa favorito?
3. ¿Quién prepara la comida (*food*) en tu casa?
4. ¿Te visita mucho tu abuelo/a?
5. ¿Visitas mucho a tus abuelos?
6. ¿Nos entienden nuestros padres a nosotros?
7. ¿Cuándo ves a tus amigos/as?
8. ¿Cuándo te llaman tus amigos/as?

5 **Los pasajeros** With a partner, take turns asking each other questions about the drawing. Use the word bank and direct object pronouns.

> **AYUDA**
> For travel-related vocabulary, see **Contextos**, pp. 152–153.

modelo
Estudiante 1: ¿Quién está leyendo el libro?
Estudiante 2: Susana lo está leyendo./Susana está leyéndolo.

buscar	confirmar	escribir	leer	tener	vender
comprar	encontrar	escuchar	llevar	traer	¿?

Sra. Sánchez, Orlando, Sr. López

Marta   Sr. Sánchez   Susana   Miguelito

Síntesis

6 **Adivinanzas** In pairs, take turns describing a person, place, or thing for your partner to guess. Each of you should give at least five descriptions.

modelo
Estudiante 1: Lo uso para (*I use it to*) escribir en mi cuaderno. No es muy grande y tiene borrador. ¿Qué es?
Estudiante 2: ¿Es un lápiz?
Estudiante 1: ¡Sí!

Recapitulación

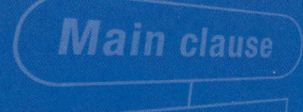

Review the grammar concepts you have learned in this lesson by completing these activities.

1 **Completar** Complete the chart with the correct present participle of these verbs. **16 pts.**

Infinitive	Present participle	Infinitive	Present participle
hacer		estar	
acampar		ser	
tener		vivir	
venir		estudiar	

2 **Vacaciones en París** Complete this paragraph about Julia's trip to Paris with the correct form of **ser** or **estar**. **24 pts.**

Hoy (1) _____ (es/está) el 3 de julio y voy a París por tres semanas. (Yo) (2) _____ (Soy/Estoy) muy feliz porque voy a ver a mi mejor amiga. Ella (3) _____ (es/está) de Puerto Rico, pero ahora (4) _____ (es/está) viviendo en París. También (yo) (5) _____ (soy/estoy) un poco nerviosa porque (6) _____ (es/está) mi primer viaje a Francia. El vuelo (*flight*) (7) _____ (es/está) hoy por la tarde, pero ahora (8) _____ (es/está) lloviendo. Por eso (9) _____ (somos/estamos) preocupadas, porque probablemente el avión va a salir tarde. Mi equipaje ya (10) _____ (es/está) listo. (11) _____ (Es/Está) tarde y me tengo que ir. ¡Va a (12) _____ (ser/estar) un viaje fenomenal!

3 **¿Qué hacen?** Respond to these questions by indicating what people do with the items mentioned. Use direct object pronouns. **10 pts.**

modelo
¿Qué hacen ellos con la película?
La ven.

1. ¿Qué haces tú con el libro de viajes? (leer) _____
2. ¿Qué hacen los turistas en la ciudad? (explorar) _____
3. ¿Qué hace el botones con el equipaje? (llevar) _____
4. ¿Qué hace la agente con las reservaciones? (confirmar) _____
5. ¿Qué hacen ustedes con los pasaportes? (mostrar) _____

RESUMEN GRAMATICAL

5.1 Estar with conditions and emotions p. 164

▸ Yo est**oy** aburrido/a, feliz, nervioso/a.
▸ El cuarto est**á** desordenado, limpio, ordenado.
▸ Estos libros est**án** abiertos, cerrados, sucios.

5.2 The present progressive pp. 166–167

▸ The present progressive is formed with the present tense of **estar** plus the present participle.

Forming the present participle

infinitive	stem	ending	present participle
hablar	habl-	-ando	habl**ando**
comer	com-	-iendo	com**iendo**
escribir	escrib-	-iendo	escrib**iendo**

-ir stem-changing verbs

	infinitive	present participle
e:ie	preferir	pref**i**riendo
e:i	conseguir	cons**i**guiendo
o:ue	dormir	d**u**rmiendo

▸ Irregular present participles: yendo (ir), pudiendo (poder), viniendo (venir)

5.3 Ser and estar pp. 170–171

▸ Uses of **ser**: nationality, origin, profession or occupation, characteristics, generalizations, possession, what something is made of, time and date, time and place of events

▸ Uses of **estar**: location, health, physical states and conditions, emotional states, weather expressions, ongoing actions

▸ **Ser** and **estar** can both be used with many adjectives, but the meaning will change.

Juan **es** delgado.   Juan **está** más delgado hoy.
Juan is thin.   *Juan looks thinner today.*

Las vacaciones

ciento setenta y nueve 179

4 Opuestos Complete these sentences with the appropriate form of the verb **estar** and an antonym for the underlined adjective. `10 pts.`

> **modelo**
> Yo estoy <u>interesado</u>, pero Susana **está aburrida**.

1. Las tiendas están <u>abiertas</u>, pero la agencia de viajes _____ _____.
2. No me gustan las habitaciones <u>desordenadas</u>. Incluso (*Even*) mi habitación de hotel _____ _____.
3. Nosotras estamos <u>tristes</u> cuando trabajamos. Hoy comienzan las vacaciones y _____ _____.
4. En esta ciudad los autobuses están <u>sucios</u>, pero los taxis _____ _____.
5. —El avión sale a las 5:30, ¿verdad? —No, estás <u>confundida</u>. Yo _____ _____ de que el avión sale a las 5:00.

5.4 Direct object nouns and pronouns *pp. 174–175*

Direct object pronouns

Singular		Plural	
me	lo	nos	los
te	la	os	las

In affirmative sentences:
Adela practica **el tenis**. → Adela **lo** practica.

In negative sentences: Adela **no lo** practica.

With an infinitive:
Adela **lo** va a practicar./Adela va a practicar**lo**.

With the present progressive:
Adela **lo** está practicando./Adela está practicándo**lo**.

---

5 En la playa Describe what these people are doing. Complete the sentences using the present progressive tense. `8 pts.`

1. El señor Camacho _____.
2. Felicia _____.
3. Leo _____.
4. Nosotros _____.

6 Antes del viaje Write a paragraph of at least six sentences describing the time right before you go on a trip. Say how you feel and what you are doing. You can use **Actividad 2** as a model. `32 pts.`

> **modelo**
> Hoy es viernes, 27 de octubre. Estoy en mi habitación...

7 Refrán Complete this Spanish saying by filling in the missing present participles. Refer to the translation and the drawing. `4 EXTRA points!`

¡LA CIUDAD ESTÁ MUY SUCIA!

“ Se consigue más _____ que _____. ”

(*You can accomplish more by doing than by saying.*)

5 adelante

Lectura
Audio: Reading / Additional Reading

Antes de leer

Estrategia
Scanning

Scanning involves glancing over a document in search of specific information. For example, you can scan a document to identify its format, to find cognates, to locate visual clues about the document's content, or to find specific facts. Scanning allows you to learn a great deal about a text without having to read it word for word.

Examinar el texto
Scan the reading selection for cognates and write down a few of them.

1. _____   4. _____
2. _____   5. _____
3. _____   6. _____

Based on the cognates you found, what do you think this document is about?
_____

Preguntas
Read these questions. Then scan the document again to look for answers.

1. What is the format of the reading selection?
   _____
2. Which place is the document about?
   _____
3. What are some of the visual cues this document provides? What do they tell you about the content of the document?
   _____
4. Who produced the document, and what do you think it is for?
   _____

recursos
vText pp. 77–78 CH vhlcentral

Turismo ecológico en Puerto Rico

Hotel Vistahermosa
~ Lajas, Puerto Rico ~

- 40 habitaciones individuales
- 15 habitaciones dobles
- Teléfono, TV por cable, Internet
- Aire acondicionado
- Restaurante (Bar)
- Piscina
- Área de juegos
- Cajero automático°

El hotel está situado en Playa Grande, un pequeño pueblo de pescadores del mar Caribe. Es el lugar perfecto para el viajero que viene de vacaciones. Las playas son seguras y limpias, ideales para tomar el sol, descansar, tomar fotografías y nadar. Está abierto los 365 días del año. Hay una rebaja° especial para estudiantes.

DIRECCIÓN: Playa Grande 406, Lajas, PR 00667, cerca del Parque Nacional Foresta.

Cajero automático *ATM*   rebaja *discount*

Las vacaciones

Atracciones cercanas

Playa Grande ¿Busca la playa perfecta? Playa Grande es la playa que está buscando. Usted puede pescar, sacar fotos, nadar y pasear en bicicleta. Playa Grande es un paraíso para el turista que quiere practicar deportes acuáticos. El lugar es bonito e interesante y usted tiene muchas oportunidades para descansar y disfrutar en familia.

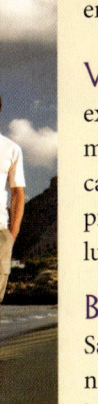

Valle Niebla Ir de excursión, tomar café, montar a caballo, caminar, acampar, hacer picnics. Más de cien lugares para acampar.

Bahía Fosforescente Sacar fotos, salidas de noche, excursión en barco. Una maravillosa experiencia llena de luz°.

Arrecifes de Coral Sacar fotos, bucear, explorar. Es un lugar único en el Caribe.

Playa Vieja Tomar el sol, pasear en bicicleta, jugar a las cartas, escuchar música. Ideal para la familia.

Parque Nacional Foresta Sacar fotos, visitar el Museo de Arte Nativo. Reserva Mundial de la Biosfera.

Santuario de las Aves Sacar fotos, observar aves°, seguir rutas de excursión.

llena de luz *full of light*   aves *birds*

Después de leer

Listas
Which amenities of Hotel Vistahermosa would most interest these potential guests? Explain your choices.

1. dos padres con un hijo de seis años y una hija de ocho años
   _____
2. un hombre y una mujer en su luna de miel (*honeymoon*)
   _____
3. una persona en un viaje de negocios (*business trip*)
   _____

Conversaciones
With a partner, take turns asking each other these questions.

1. ¿Quieres visitar el Hotel Vistahermosa? ¿Por qué?
2. Tienes tiempo de visitar sólo tres de las atracciones turísticas que están cerca del hotel. ¿Cuáles vas a visitar? ¿Por qué?
3. ¿Qué prefieres hacer en Valle Niebla? ¿En Playa Vieja? ¿En el Parque Nacional Foresta?

Situaciones
You have just arrived at Hotel Vistahermosa. Your classmate is the concierge. Use the phrases below to express your interests and ask for suggestions about where to go.

1. montar a caballo
2. bucear
3. pasear en bicicleta
4. pescar
5. observar aves

Contestar
Answer these questions.

1. ¿Quieres visitar Puerto Rico? Explica tu respuesta.
   _____
2. ¿Adónde quieres ir de vacaciones el verano que viene? Explica tu respuesta.
   _____

Practice more at vhlcentral.com.

Escritura

Estrategia

Making an outline

When we write to share information, an outline can serve to separate topics and subtopics, providing a framework for the presentation of data. Consider the following excerpt from an outline of the tourist brochure on pages 180–181.

IV. Descripción del sitio (con foto)
   A. Playa Grande
      1. Playas seguras y limpias
      2. Ideal para tomar el sol, descansar, tomar fotografías, nadar
   B. El hotel
      1. Abierto los 365 días del año
      2. Rebaja para estudiantes

Mapa de ideas

Idea maps can be used to create outlines. The major sections of an idea map correspond to the Roman numerals in an outline. The minor idea map sections correspond to the outline's capital letters, and so on. Examine the idea map that led to the outline above.

Tema

Escribir un folleto

Write a tourist brochure for a hotel or resort you have visited. If you wish, you may write about an imaginary location. You may want to include some of this information in your brochure:

▸ the name of the hotel or resort
▸ phone and fax numbers that tourists can use to make contact
▸ the hotel website that tourists can consult
▸ an e-mail address that tourists can use to request information
▸ a description of the exterior of the hotel or resort
▸ a description of the interior of the hotel or resort, including facilities and amenities
▸ a description of the surrounding area, including its climate
▸ a listing of nearby scenic natural attractions
▸ a listing of nearby cultural attractions
▸ a listing of recreational activities that tourists can pursue in the vicinity of the hotel or resort

Las vacaciones ciento ochenta y tres 183

Escuchar Audio

> **Estrategia**
>
> **Listening for key words**
>
> By listening for key words or phrases, you can identify the subject and main ideas of what you hear, as well as some of the details.
>
> 🔊 To practice this strategy, you will now listen to a short paragraph. As you listen, jot down the key words that help you identify the subject of the paragraph and its main ideas.

Preparación

Based on the illustration, who do you think Hernán Jiménez is, and what is he doing? What key words might you listen for to help you understand what he is saying?

Ahora escucha 🔊

Now you are going to listen to a weather report by Hernán Jiménez. Note which phrases are correct according to the key words and phrases you hear.

Santo Domingo
1. hace sol
2. va a hacer frío
3. una mañana de mal tiempo
4. va a estar nublado
5. buena tarde para tomar el sol
6. buena mañana para la playa

San Francisco de Macorís
1. hace frío
2. hace sol
3. va a nevar
4. va a llover
5. hace calor
6. mal día para excursiones

recursos

vText | vhlcentral

Comprensión

¿Cierto o falso?

Indicate whether each statement is **cierto** or **falso**, based on the weather report. Correct the false statements.

1. Según el meteorólogo, la temperatura en Santo Domingo es de 26 grados.
   _____
2. La temperatura máxima en Santo Domingo hoy va a ser de 30 grados.
   _____
3. Está lloviendo ahora en Santo Domingo.
   _____
4. En San Francisco de Macorís la temperatura mínima de hoy va a ser de 20 grados.
   _____
5. Va a llover mucho hoy en San Francisco de Macorís.
   _____

Preguntas

Answer these questions about the weather report.

1. ¿Hace viento en Santo Domingo ahora?
2. ¿Está nublado en Santo Domingo ahora?
3. ¿Está nevando ahora en San Francisco de Macorís?
4. ¿Qué tiempo hace en San Francisco de Macorís?

Practice more at **vhlcentral.com**.

en pantalla

Video: TV Clip

Anuncio de Santander LANPASS

Con lo que realmente nos importa°.

Preparación
Answer these questions in Spanish.
1. ¿Te gusta viajar? ¿Por qué? ¿A dónde te gusta viajar?
2. ¿Qué te gusta hacer cuando estás de vacaciones?
3. ¿Qué modo de transporte prefieres usar? ¿Por qué?

El arte de viajar
Millions of people travel on airlines every year for business and pleasure. The number of airline passengers is expected to double between 2014 and 2034 worldwide. This is true for Latin America, too, as airlines are looking at how to attract all those customers to their planes. The airline of Chile, LAN, has partnered with the international bank Santander to create the loyalty program LANPASS to encourage frequent travel on LAN. What does an airline say to travelers that captures their attention and makes their business seem like your pleasure?

importa *matters*

Vocabulario útil

arena	sand
cambiar	to change
destino	destination
medir	to measure
mismo/a	itself
piel	skin
puestas de sol	sunsets
recuerdos	memories
sentirse	to feel
sino	itself

Comprensión
Mark an X next to the phrases you hear in the ad. Irse es volver a....

_ cambiar de piel   _ trabajar   _ la oficina
_ desconectarnos   _ castillos de arena   _ sentirse vivo
_ estudiar mucho   _ destinos exóticos   _ las siestas
_ un mundo sin Internet _ la esencia de todo   _ tiempo en familia

Conversación
Answer these questions with a classmate.
1. Según el anuncio, ¿cuáles son algunas cosas positivas de viajar?
2. ¿Cuáles de estas cosas positivas son importantes para ti? ¿Por qué?
3. Para tener experiencias positivas, ¿a dónde viajas tú? ¿A dónde viaja tu familia? ¿Y tus amigos?

Aplicación
With a classmate, prepare an ad inviting other people to travel to a special place. Explain why it is a perfect or ideal place. What evocative words and images will you use? Present your ad to the class.

Practice more at vhlcentral.com.

recursos
vText
vhlcentral

Las vacaciones

Flash Cultura

Video: Flash cultura

Between 1438 and 1533, when the vast and powerful Incan Empire was at its height, the Incas built an elaborate network of **caminos** (*trails*) that traversed the Andes Mountains and converged on the empire's capital, Cuzco. Today, hundreds of thousands of tourists come to Peru annually to walk the surviving trails and enjoy the spectacular scenery. The most popular trail, **el Camino Inca**, leads from Cuzco to **Intipunku** (*Sun Gate*), the entrance to the ancient mountain city of Machu Picchu.

Vocabulario útil

ciudadela	citadel
de cultivo	farming
el/la guía	guide
maravilla	wonder
quechua	Quechua (indigenous Peruvian)
sector (urbano)	(urban) sector

Preparación
Have you ever visited an archeological or historic site? Where? Why did you go there?

Completar
Complete these sentences. Make the necessary changes.

1. Las ruinas de Machu Picchu son una antigua _____ inca.
2. La ciudadela estaba (*was*) dividida en tres sectores: _____, religioso y de cultivo.
3. Cada año los _____ reciben a cientos (*hundreds*) de turistas de diferentes países.
4. Hoy en día, la cultura _____ está presente en las comunidades andinas (*Andean*) de Perú.

¡Vacaciones en Perú!

Machu Picchu [...] se encuentra aislada sobre° esta montaña...

... siempre he querido° venir [...] Me encantan° las civilizaciones antiguas°.

Somos una familia francesa [...] Perú es un país muy, muy bonito de verdad.

Practice more at vhlcentral.com.

se encuentra aislada sobre *it is isolated on* siempre he querido *I have always wanted* Me encantan *I love* antiguas *ancient*

recursos
vText
CA
pp. 95–96
vhlcentral

panorama

Puerto Rico

Video: *Panorama cultural*
Interactive Map

El país en cifras

▶ **Área:** 8.959 km² (3.459 millas²), menor° que el área de Connecticut
▶ **Población:** 3.667.084
Puerto Rico es una de las islas más densamente pobladas° del mundo. Más de la mitad de la población vive en San Juan, la capital.
▶ **Capital:** San Juan—2.730.000
▶ **Ciudades principales:** Arecibo, Bayamón, Fajardo, Mayagüez, Ponce
▶ **Moneda:** dólar estadounidense
▶ **Idiomas:** español (oficial); inglés (oficial)
Aproximadamente la cuarta parte de la población puertorriqueña habla inglés, pero en las zonas turísticas este porcentaje es mucho más alto. El uso del inglés es obligatorio para documentos federales.

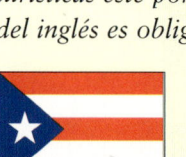

Bandera de Puerto Rico

Puertorriqueños célebres

▶ **Raúl Juliá,** actor (1940–1994)
▶ **Roberto Clemente,** beisbolista (1934–1972)
▶ **Julia de Burgos,** escritora (1914–1953)
▶ **Benicio del Toro,** actor y productor (1967–)
▶ **Rosie Pérez,** actriz y bailarina (1964–)
▶ **José Rivera,** dramaturgo y guionista (1955–)

menor *less* pobladas *populated* río subterráneo *underground river* más largo *longest* cuevas *caves* bóveda *vault* fortaleza *fort* caber *fit*

¡Increíble pero cierto!

El río Camuy es el tercer río subterráneo° más largo° del mundo y tiene el sistema de cuevas° más grande del hemisferio occidental. La Cueva de los Tres Pueblos es una gigantesca bóveda°, tan grande que toda la fortaleza° del Morro puede caber° en su interior.

Faro en Arecibo

Playa en San Juan

Clausura de los Juegos Centroamericanos y del Caribe en Mayagüez

Iglesia en Ponce

recursos
vText pp. 77–78 | CA | CP pp. 57–58 | vhlcentral

Las vacaciones

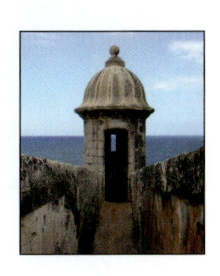

Lugares • El Morro
El Morro es una fortaleza que se construyó para proteger° la bahía° de San Juan desde principios del siglo° XVI hasta principios del siglo XX. Hoy día muchos turistas visitan este lugar, convertido en un museo. Es el sitio más fotografiado de Puerto Rico. La arquitectura de la fortaleza es impresionante. Tiene misteriosos túneles, oscuras mazmorras° y vistas fabulosas de la bahía.

Artes • Salsa
La salsa, un estilo musical de origen puertorriqueño y cubano, nació° en el barrio latino de la ciudad de Nueva York. Dos de los músicos de salsa más famosos son Tito Puente y Willie Colón, los dos de Nueva York. Las estrellas° de la salsa en Puerto Rico son Felipe Rodríguez y Héctor Lavoe. Hoy en día, Puerto Rico es el centro internacional de este estilo musical. El Gran Combo de Puerto Rico es una de las orquestas de salsa más famosas del mundo°.

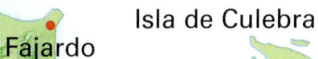

Ciencias • El Observatorio de Arecibo
El Observatorio de Arecibo tiene uno de los radiotelescopios más grandes del mundo. Gracias a este telescopio, los científicos° pueden estudiar las propiedades de la Tierra°, la Luna° y otros cuerpos celestes. También pueden analizar fenómenos celestiales como los quasares y pulsares, y detectar emisiones de radio de otras galaxias, en busca de inteligencia extraterrestre.

Historia • Relación con los Estados Unidos
Puerto Rico pasó a ser° parte de los Estados Unidos después de° la guerra° de 1898 y se hizo° un estado libre asociado en 1952. Los puertorriqueños, ciudadanos° estadounidenses desde° 1917, tienen representación política en el Congreso, pero no votan en las elecciones presidenciales y no pagan impuestos° federales. Hay un debate entre los puertorriqueños: ¿debe la isla seguir como estado libre asociado, hacerse un estado como los otros° o volverse° independiente?

¿Qué aprendiste? Responde a cada pregunta con una oración completa.
1. ¿Cuál es la moneda de Puerto Rico?
2. ¿Qué idiomas se hablan (*are spoken*) en Puerto Rico?
3. ¿Cuál es el sitio más fotografiado de Puerto Rico?
4. ¿Qué es el Gran Combo?
5. ¿Qué hacen los científicos en el Observatorio de Arecibo?

Conexión Internet Investiga estos temas en **vhlcentral.com**.
1. Describe a dos puertorriqueños famosos. ¿Cómo son? ¿Qué hacen? ¿Dónde viven? ¿Por qué son célebres?
2. Busca información sobre lugares en los que se puede hacer ecoturismo en Puerto Rico. Luego presenta un informe a la clase.

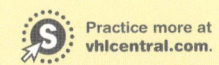

proteger *protect* bahía *bay* siglo *century* mazmorras *dungeons* nació *was born* estrellas *stars* mundo *world* científicos *scientists* Tierra *Earth* Luna *Moon* pasó a ser *became* después de *after* guerra *war* se hizo *became* ciudadanos *citizens* desde *since* pagan impuestos *pay taxes* otros *others* volverse *to become*

Los viajes y las vacaciones

acampar	to camp
confirmar una reservación	to confirm a reservation
estar de vacaciones (f. pl.)	to be on vacation
hacer las maletas	to pack (one's suitcases)
hacer un viaje	to take a trip
hacer (wind)surf	to (wind)surf
ir de compras (f. pl.)	to go shopping
ir de vacaciones	to go on vacation
ir en autobús (m.), auto(móvil) (m.), avión (m.), barco (m.), moto(cicleta) (f.), taxi (m.)	to go by bus, car, plane, boat, motorcycle, taxi
jugar a las cartas	to play cards
montar a caballo (m.)	to ride a horse
pescar	to fish
sacar/tomar fotos (f. pl.)	to take photos
el/la agente de viajes	travel agent
el/la inspector(a) de aduanas	customs inspector
el/la viajero/a	traveler
el aeropuerto	airport
la agencia de viajes	travel agency
el campo	countryside
el equipaje	luggage
la estación de autobuses, del metro, de tren	bus, subway, train station
la llegada	arrival
el mar	sea
el paisaje	landscape
el pasaje (de ida y vuelta)	(round-trip) ticket
el pasaporte	passport
la playa	beach
la salida	departure; exit
la tabla de (wind)surf	surfboard/sailboard

El hotel

el ascensor	elevator
el/la botones	bellhop
la cama	bed
el/la empleado/a	employee
la habitación individual, doble	single, double room
el hotel	hotel
el/la huésped	guest
la llave	key
el piso	floor (of a building)
la planta baja	ground floor

Adjetivos

abierto/a	open
aburrido/a	bored; boring
alegre	happy; joyful
amable	nice; friendly
avergonzado/a	embarrassed
cansado/a	tired
cerrado/a	closed
cómodo/a	comfortable
confundido/a	confused
contento/a	happy; content
desordenado/a	disorderly
enamorado/a (de)	in love (with)
enojado/a	mad; angry
equivocado/a	wrong
feliz	happy
limpio/a	clean
listo/a	ready; smart
nervioso/a	nervous
ocupado/a	busy
ordenado/a	orderly
preocupado/a (por)	worried (about)
seguro/a	sure; safe
sucio/a	dirty
triste	sad

Los números ordinales

primer, primero/a	first
segundo/a	second
tercer, tercero/a	third
cuarto/a	fourth
quinto/a	fifth
sexto/a	sixth
séptimo/a	seventh
octavo/a	eighth
noveno/a	ninth
décimo/a	tenth

Palabras adicionales

ahora mismo	right now
el año	year
¿Cuál es la fecha (de hoy)?	What is the date (today)?
de buen/mal humor	in a good/bad mood
la estación	season
el mes	month
todavía	yet; still

Seasons, months, and dates	See page 154.
Weather expressions	See page 154.
Direct object pronouns	See page 174.
Expresiones útiles	See page 159.

¡De compras!

6

Communicative Goals

I will be able to:
- Talk about and describe clothing
- Express preferences in a store
- Negotiate and pay for items I buy

contextos
pages 190–193
- Clothing and shopping
- Negotiating a price and buying
- Colors
- More adjectives

fotonovela
pages 194–197
The friends are back in Mérida, where they go to the market to do some shopping. Who will get the best deal?

cultura
pages 198–199
- Open-air markets
- Carolina Herrera

estructura
pages 200–215
- **Saber** and **conocer**
- Indirect object pronouns
- Preterite tense of regular verbs
- Demonstrative adjectives and pronouns
- **Recapitulación**

adelante
pages 216–223
Lectura: An advertisement for a store sale
Escritura: A report for the school newspaper
Escuchar: A conversation about clothes
En pantalla
Flash cultura
Panorama: Cuba

A PRIMERA VISTA
- ¿Está comprando algo la chica?
- ¿Crees que busca una maleta o una blusa?
- ¿Está contenta o enojada?
- ¿Cómo es ella?

6 contextos

Lección 6

¡De compras!

My Vocabulary Tutorials

Más vocabulario

el abrigo	coat
los calcetines (el calcetín)	sock(s)
el cinturón	belt
las gafas (de sol)	(sun)glasses
los guantes	gloves
el impermeable	raincoat
la ropa	clothing; clothes
la ropa interior	underwear
las sandalias	sandals
el traje	suit
el vestido	dress
los zapatos de tenis	sneakers
el regalo	gift
el almacén	department store
el centro comercial	shopping mall
el mercado (al aire libre)	(open-air) market
el precio (fijo)	(fixed; set) price
la rebaja	sale
la tienda	shop; store
costar (o:ue)	to cost
gastar	to spend (money)
pagar	to pay
regatear	to bargain
vender	to sell
hacer juego (con)	to match (with)
llevar	to wear; to take
usar	to wear; to use

Variación léxica

calcetines ⟷ medias (*Amér. L.*)
cinturón ⟷ correa (*Col., Venez.*)
gafas/lentes ⟷ espejuelos (*Cuba, P.R.*), anteojos (*Arg., Chile*)
zapatos de tenis ⟷ zapatillas de deporte (*Esp.*), zapatillas (*Arg., Perú*)

Damas

los pantalones cortos
el traje de baño
los pantalones
la camiseta
el dependiente/el vendedor
la camisa
la clienta
el dinero en efectivo
la blusa
el suéter
la bolsa
las medias
la falda

recursos
vText p. 135 | CA pp. 59–60 | CP pp. 81–82 | CH vhlcentral

¡De compras!

ciento noventa y uno **191**

Labels on illustration: el sombrero, un par de zapatos, los zapatos, la chaqueta, la caja, la cartera, la dependienta/la vendedora, la corbata, la tarjeta de crédito, los (blue)jeans, la bota

Práctica

1 **Escuchar** Listen to Juanita and Vicente talk about what they're packing for their vacations. Indicate who is packing each item. If both are packing an item, write both names. If neither is packing an item, write an **X**.

1. abrigo _____
2. zapatos de tenis _____
3. impermeable _____
4. chaqueta _____
5. sandalias _____
6. bluejeans _____
7. gafas de sol _____
8. camisetas _____
9. traje de baño _____
10. botas _____
11. pantalones cortos _____
12. suéter _____

2 **¿Lógico o ilógico?** Listen to Guillermo and Ana talk about vacation destinations. Indicate whether each statement is **lógico** or **ilógico**.

1. _____
2. _____
3. _____
4. _____

3 **Completar** Anita is talking about going shopping. Complete each sentence with the correct word(s), adding definite or indefinite articles when necessary.

caja	medias	tarjeta de crédito
centro comercial	par	traje de baño
dependientas	ropa	vendedores

1. Hoy voy a ir de compras al _____.
2. Voy a ir a la tienda de ropa para mujeres. Siempre hay muchas rebajas y las _____ son muy simpáticas.
3. Necesito comprar _____ de zapatos.
4. Y tengo que comprar _____ porque el sábado voy a la playa con mis amigos.
5. También voy a comprar unas _____ para mi mamá.
6. Voy a pagar todo (*everything*) en _____.
7. Pero hoy no tengo dinero. Voy a tener que usar mi _____.
8. Mañana voy al mercado al aire libre. Me gusta regatear con los _____.

4 **Escoger** Choose the item in each group that does not belong.

1. almacén • centro comercial • mercado • sombrero
2. camisa • camiseta • blusa • botas
3. jeans • bolsa • falda • pantalones
4. abrigo • suéter • corbata • chaqueta
5. mercado • tienda • almacén • cartera
6. pagar • llevar • hacer juego (con) • usar
7. botas • sandalias • zapatos • traje
8. vender • regatear • ropa interior • gastar

Los colores

- anaranjado/a
- gris
- marrón, café
- morado/a
- rosado/a

¡LENGUA VIVA!

The names of colors vary throughout the Spanish-speaking world. For example, in some countries, **anaranjado/a** may be referred to as **naranja**, **morado/a** as **púrpura**, and **rojo/a** as **colorado/a**. Other terms that will prove helpful include **claro** (*light*) and **oscuro** (*dark*): **café claro, café oscuro**.

Adjetivos

- barato/a
- corto/a 
- largo/a
- caro/a

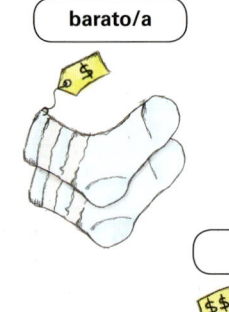

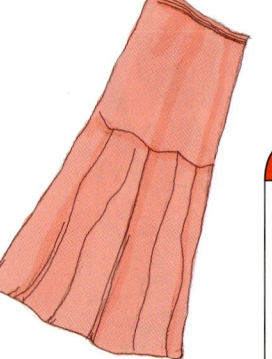

Más adjetivos

bueno/a	good
cada	each
elegante	elegant
hermoso/a	beautiful
loco/a	crazy
nuevo/a	new
otro/a	other; another
pobre	poor
rico/a	rich

5 **Contrastes** Complete each phrase with the opposite of the underlined word.

1. una corbata <u>barata</u> • unas camisas…
2. unas vendedoras <u>malas</u> • unos dependientes…
3. un vestido <u>corto</u> • una falda…
4. un hombre muy <u>pobre</u> • una mujer muy…
5. una cartera <u>nueva</u> • un cinturón…
6. unos trajes <u>hermosos</u> • unos jeans…
7. un impermeable <u>caro</u> • unos suéteres…
8. unos calcetines <u>blancos</u> • unas medias…

CONSULTA

Like other adjectives you have seen, colors must agree in gender and number with the nouns they modify. Ex: **las camisas grises, el vestido anaranjado**. For a review of basic colors and descriptive adjectives, see **Estructura 3.1**, pp. 88–89.

6 **Preguntas** Answer these questions with a classmate.

1. ¿De qué color es la rosa de Texas?
2. ¿De qué color es la bandera (*flag*) de Canadá?
3. ¿De qué color es la casa donde vive el presidente de los EE.UU.?
4. ¿De qué color es el océano Atlántico?
5. ¿De qué color es la nieve?
6. ¿De qué color es el café?
7. ¿De qué color es el dólar de los EE.UU.?
8. ¿De qué color son los elefantes (*elephants*)?

Practice more at vhlcentral.com.

Comunicación

7 **Las maletas** With a classmate, answer these questions about the drawings.

1. ¿Qué ropa hay al lado de la maleta de Carmela?
2. ¿Qué hay en la maleta?
3. ¿De qué color son las sandalias?
4. ¿Adónde va Carmela?
5. ¿Qué tiempo va a hacer?
6. ¿Qué hay al lado de la maleta de Pepe?
7. ¿Qué hay en la maleta?
8. ¿De qué color es el suéter?
9. ¿Qué va a hacer Pepe en Bariloche?
10. ¿Qué tiempo va a hacer?

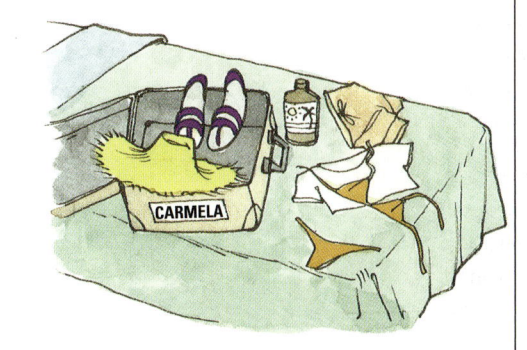

CONSULTA

To review weather, see **Lección 5, Contextos**, p. 154.

NOTA CULTURAL

Bariloche is a popular resort for skiing in South America. Located in Argentina's Patagonia region, the town is also known for its chocolate factories and its beautiful lakes, mountains, and forests.

8 **El viaje** Get together with two classmates and imagine that the three of you are going on vacation. Pick a destination and then draw three suitcases. Write what clothing each of you is taking. Present your lists to the class, answering these questions.

- ¿Adónde van?
- ¿Qué tiempo va a hacer allí?
- ¿Qué van a hacer allí?
- ¿Qué hay en sus maletas?
- ¿De qué color es la ropa que llevan?

9 **Preferencias** Take turns asking and answering these questions with a classmate.

1. ¿Adónde vas a comprar ropa? ¿Por qué?
2. ¿Qué tipo de ropa prefieres? ¿Por qué?
3. ¿Cuáles son tus colores favoritos?
4. En tu opinión, ¿es importante comprar ropa nueva frecuentemente? ¿Por qué?
5. Y tu familia, ¿gasta mucho dinero en ropa cada mes? ¿Buscan rebajas tus padres?
6. ¿Regatea tu familia cuando compra ropa? ¿Usan tus padres tarjetas de crédito?

6 fotonovela

Lección 6

En el mercado

Los chicos van de compras al mercado.
¿Quién hizo la mejor compra?

PERSONAJES: FELIPE,  JUAN CARLOS

Video: *Fotonovela*

1

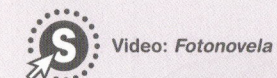

MARISSA Oigan, vamos al mercado.
JUAN CARLOS ¡Sí! Los chicos en un equipo y las chicas en otro.
FELIPE Tenemos dos horas para ir de compras.
MARU Y don Guillermo decide quién gana.

2

JIMENA Esta falda azul es muy elegante.
MARISSA ¡Sí! Además, este color está de moda.
MARU Éste rojo es de algodón.

3

MARISSA ¿Me das aquella blusa rosada? Me parece que hace juego con esta falda, ¿no? ¿No tienen otras tallas?
JIMENA Sí, aquí. ¿Qué talla usas?
MARISSA Uso talla 4.
JIMENA La encontré. ¡Qué ropa más bonita!

6

VENDEDOR Son 530 por las tres bolsas. Pero como ustedes son tan bonitas, son 500 pesos.
MARU Señor, no somos turistas ricas. Somos estudiantes pobres.
VENDEDOR Bueno, son 480 pesos.

7

JUAN CARLOS Miren, mi nueva camisa. Elegante, ¿verdad?
FELIPE A ver, Juan Carlos... te queda bien.

8

MARU ¿Qué compraste?
MIGUEL Sólo esto.
MARU ¡Qué bonitos aretes! Gracias, mi amor.

¡De compras! ciento noventa y cinco 195

MARISSA  **JIMENA**  **MARU**  **MIGUEL**  **DON GUILLERMO**  **VENDEDORA**  **VENDEDOR**

Expresiones útiles

Talking about clothing
¡Qué ropa más bonita!
What nice clothing!
Esta falda azul es muy elegante.
This blue skirt is very elegant.
Está de moda.
It's in style.
Éste rojo es de algodón/lana.
This red one is cotton/wool.
Ésta de rayas/lunares/cuadros es de seda.
This striped / polka-dotted / plaid one is silk.
Es de muy buena calidad.
It's very good quality.
¿Qué talla usas/llevas?
What size do you wear?
Uso/Llevo talla 4.
I wear a size 4.
¿Qué número calza?
What size shoe do you wear?
Yo calzo siete.
I wear a size seven.

Negotiating a price
¿Cuánto cuesta?
How much does it cost?
Demasiado caro/a.
Too expensive.
Es una ganga.
It's a bargain.

Saying what you bought
¿Qué compraste?/¿Qué compró usted?
What did you buy?
Sólo compré esto.
I only bought this.
¡Qué bonitos aretes!
What beautiful earrings!
Y ustedes, ¿qué compraron?
And you guys, what did you buy?

Additional vocabulary
híjole *wow*

---

4 (*En otra parte del mercado*)
FELIPE Juan Carlos compró una camisa de muy buena calidad.
MIGUEL (*a la vendedora*) ¿Puedo ver ésos, por favor?
VENDEDORA Sí, señor. Le doy un muy buen precio.

5 (*Las chicas encuentran unas bolsas.*)
VENDEDOR Ésta de rayas cuesta 190 pesos, ésta 120 pesos y ésta 220 pesos.

9 **JUAN CARLOS** Y ustedes, ¿qué compraron?
JIMENA Bolsas.
MARU Acabamos de comprar tres bolsas por sólo 480 pesos. ¡Una ganga!

10 **FELIPE** Don Guillermo, usted tiene que decidir quién gana. ¿Los chicos o las chicas?
DON GUILLERMO El ganador es... Miguel. ¡Porque no compró nada para él, sino para su novia!

¿Qué pasó?

1 ¿Cierto o falso? Indicate whether each sentence is **cierto** or **falso**. Correct the false statements.

	Cierto	Falso
1. Jimena dice que la falda azul no es elegante.	○	○
2. Juan Carlos compra una camisa.	○	○
3. Marissa dice que el azul es un color que está de moda.	○	○
4. Miguel compra unas sandalias para Maru.	○	○

2 Identificar Provide the first initial of the person who would make each statement.

___ 1. ¿Te gusta cómo se me ven mis nuevos aretes?
___ 2. Juan Carlos compró una camisa de muy buena calidad.
___ 3. No podemos pagar 500, señor, eso es muy caro.
___ 4. Aquí tienen ropa de muchas tallas.
___ 5. Esta falda me gusta mucho, el color azul es muy elegante.
___ 6. Hay que darnos prisa, sólo tenemos dos horas para ir de compras.

MARU

FELIPE

JIMENA

3 Completar Answer the questions using the information in the **Fotonovela**.

1. ¿Qué talla usa Marissa?
2. Normalmente (*normally*), ¿cuánto cuestan las tres bolsas?
3. ¿Cuál es el precio que pagan las tres amigas por las bolsas?
4. ¿Qué dice Juan Carlos sobre su nueva camisa?
5. ¿Quién ganó al hacer las compras? ¿Por qué?

4 Conversar With a partner, role-play a conversation between a customer and a salesperson in an open-air market. Use these expressions and also look at **Expresiones útiles** on the previous page.

¿Qué desea?	Estoy buscando...	Prefiero el/la rojo/a.
What would you like?	*I'm looking for...*	*I prefer the red one.*

Cliente/a
- Say good afternoon.
- Explain that you are looking for a particular item of clothing.
- Discuss colors and sizes.
- Ask for the price and begin bargaining.
- Settle on a price and purchase the item.

Vendedor(a)
- Greet the customer and ask what he/she would like.
- Show him/her some items and ask what he/she prefers.
- Discuss colors and sizes.
- Tell him/her a price. Negotiate a price.
- Accept a price and say thank you.

AYUDA

When discussing prices, it's important to keep in mind singular and plural forms of verbs.

La **camisa cuesta** diez dólares.

Las **botas cuestan** sesenta dólares.

El **precio** de las botas **es** sesenta dólares.

Los **precios** de la ropa **son** altos.

Pronunciación

The consonants d and t

¿Dónde?   **ven**d**er**   **na**d**ar**   **ver**d**ad**

Like **b** and **v**, the Spanish **d** can also have a hard sound or a soft sound, depending on which letters appear next to it.

Don   **d**inero   tie**d**a   fa**ld**a

At the beginning of a phrase and after **n** or **l**, the letter **d** is pronounced with a hard sound. This sound is similar to the English *d* in *dog*, but a little softer and duller. The tongue should touch the back of the upper teeth, not the roof of the mouth.

me**d**ias   ver**d**e   vesti**d**o   huéspe**d**

In all other positions, **d** has a soft sound. It is similar to the English *th* in *there*, but a little softer.

Don **D**iego no tiene el **d**iccionario.

When **d** begins a word, its pronunciation depends on the previous word. At the beginning of a phrase or after a word that ends in **n** or **l**, it is pronounced as a hard **d**.

Doña **D**olores es **d**e la capital.

Words that begin with **d** are pronounced with a soft **d** if they appear immediately after a word that ends in a vowel or any consonant other than **n** or **l**.

traje   pan**t**alones   tarje**t**a   **t**ienda

When pronouncing the Spanish **t**, the tongue should touch the back of the upper teeth, not the roof of the mouth. Unlike the English *t*, no air is expelled from the mouth.

Práctica Read these phrases aloud to practice the **d** and the **t**.

1. Hasta pronto.
2. De nada.
3. Mucho gusto.
4. Lo siento.
5. No hay de qué.
6. ¿De dónde es usted?
7. ¡Todos a bordo!
8. No puedo.
9. Es estupendo.
10. No tengo computadora.
11. ¿Cuándo vienen?
12. Son las tres y media.

Oraciones Read these sentences aloud to practice the **d** and the **t**.

1. Don Teodoro tiene una tienda en un almacén en La Habana.
2. Don Teodoro vende muchos trajes, vestidos y zapatos todos los días.
3. Un día un turista, Federico Machado, entra en la tienda para comprar un par de botas.
4. Federico regatea con don Teodoro y compra las botas y también un par de sandalias.

Refranes Read these sayings aloud to practice the **d** and the **t**.

En la variedad está el gusto.[1]

Aunque la mona se vista de seda, mona se queda.[2]

1 Variety is the spice of life.
2 You can't make a silk purse out of a sow's ear.

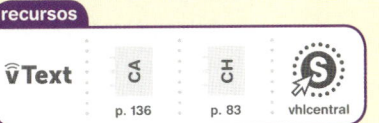

cultura

EN DETALLE

Los mercados al aire libre

Mercados al aire libre are an integral part of commerce and culture in the Spanish-speaking world. Whether they take place daily or weekly, these markets are an important forum where tourists, locals, and vendors interact. People come to the marketplace to shop, socialize, taste local foods, and watch street performers. Wandering from one **puesto** (*stand*) to the next, one can browse for fresh fruits and vegetables, clothing, music and movies, and **artesanías** (*crafts*). Some markets offer a mix of products, while others specialize in food, fashion, or used merchandise, such as antiques and books.

When shoppers see an item they like, they can bargain with the vendor. Friendly bargaining is an expected ritual and may result in a significantly lower price. When selling food, vendors may give the customer a little extra of what they purchase; this free addition is known as **la ñapa**.

Many open-air markets are also tourist attractions. The market in Otavalo, Ecuador, is world-famous and has taken place every Saturday since pre-Incan times. This market is well-known for the colorful textiles woven by the **otavaleños**, the indigenous people of the area. One can also find leather goods and wood carvings from nearby towns. Another popular market is **El Rastro**, held every Sunday in Madrid, Spain. Sellers set up **puestos** along the streets to display their wares, which range from local artwork and antiques to inexpensive clothing and electronics.

Otros mercados famosos

Mercado	Lugar	Productos
Feria Artesanal de Recoleta	Buenos Aires, Argentina	artesanías
Mercado Central	Santiago, Chile	mariscos°, pescado°, frutas, verduras°
Tianguis Cultural del Chopo	Ciudad de México, México	ropa, música, revistas, libros, arte, artesanías
El mercado de Chichicastenango	Chichicastenango, Guatemala	frutas y verduras, flores°, cerámica, textiles

Mercado de Otavalo

mariscos *seafood* pescado *fish* verduras *vegetables* flores *flowers*

ACTIVIDADES

1 **¿Cierto o falso?** Indicate whether these statements are **cierto** or **falso**. Correct the false statements.

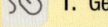

1. Generally, open-air markets specialize in one type of goods.
2. Bargaining is commonplace at outdoor markets.
3. Only new goods can be found at open-air markets.
4. A Spaniard in search of antiques could search at **El Rastro**.
5. If you are in Guatemala and want to buy ceramics, you can go to Chichicastenango.
6. A **ñapa** is a tax on open-air market goods.
7. The **otavaleños** weave colorful textiles to sell on Saturdays.
8. Santiago's **Mercado Central** is known for books and music.

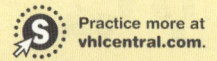

Practice more at vhlcentral.com.

¡De compras!

ASÍ SE DICE
La ropa

la chamarra (Méx.)	la chaqueta
de manga corta/larga	short/long-sleeved
los mahones (P. Rico); el pantalón de mezclilla (Méx.); los tejanos (Esp.); los vaqueros (Arg., Cuba, Esp., Uru.)	los bluejeans
la marca	brand
la playera (Méx.); la remera (Arg.)	la camiseta

EL MUNDO HISPANO
Diseñadores de moda

- **Adolfo Domínguez** (España) Su ropa tiene un estilo minimalista y práctico. Usa telas° naturales y cómodas en sus diseños.

- **Silvia Tcherassi** (Colombia) Los colores vivos y las líneas asimétricas de sus vestidos y trajes muestran influencias tropicales.

- **Óscar de la Renta** (República Dominicana) Diseñaba ropa opulenta para la mujer clásica.

- **Narciso Rodríguez** (EE.UU.) En sus diseños delicados y finos predominan los colores blanco y negro. Hizo° el vestido de boda° de Carolyn Bessette Kennedy. También diseñó varios vestidos para Michelle Obama.

telas *fabrics* Hizo *He made* de boda *wedding*

PERFIL
Carolina Herrera

In 1980, at the urging of some friends, **Carolina Herrera** created a fashion collection as a "test." The Venezuelan designer received such a favorable response that within one year she moved her family from Caracas to New York City and created her own label, Carolina Herrera, Ltd.

"I love elegance and intricacy, but whether it is in a piece of clothing or a fragrance, the intricacy must appear as simplicity," Herrera once stated. She quickly found that many sophisticated women agreed; from the start, her sleek and glamorous designs have been in constant demand. Over the years, Herrera has grown her brand into a veritable fashion empire that encompasses her fashion and bridal collections, cosmetics, perfume, and accessories that are sold around the globe.

Conexión Internet

¿Qué marcas de ropa son populares en el mundo hispano?

Go to **vhlcentral.com** to find more cultural information related to this **Cultura** section.

ACTIVIDADES

2 Comprensión Complete these sentences.
1. Adolfo Domínguez usa telas _____ y _____ en su ropa.
2. Si hace fresco en el D.F., puedes llevar una _____.
3. La diseñadora _____ hace ropa, perfumes y más.
4. La ropa de _____ muestra influencias tropicales.
5. Los _____ son una ropa casual en Puerto Rico.

3 Mi ropa favorita Write a brief description of your favorite article of clothing. Mention what store it is from, the brand, colors, fabric, style, and any other information. Then get together with a small group, collect the descriptions, and take turns reading them aloud at random. Can the rest of the group guess whose favorite piece of clothing is being described?

6 estructura

6.1 Saber and conocer

ANTE TODO Spanish has two verbs that mean *to know*: **saber** and **conocer**. They cannot be used interchangeably. Note the irregular **yo** forms.

The verbs saber and conocer

		saber *(to know)*	conocer *(to know)*
SINGULAR FORMS	yo	sé	conozco
	tú	sabes	conoces
	Ud./él/ella	sabe	conoce
PLURAL FORMS	nosotros/as	sabemos	conocemos
	vosotros/as	sabéis	conocéis
	Uds./ellos/ellas	saben	conocen

▶ **Saber** means *to know a fact or piece(s) of information* or *to know how to do something*.

No **sé** tu número de teléfono.
I don't know your telephone number.

Mi hermana **sabe** hablar francés.
My sister knows how to speak French.

▶ **Conocer** means *to know* or *be familiar/acquainted* with a person, place, or thing.

¿**Conoces** la ciudad de Nueva York?
Do you know New York City?

No **conozco** a tu amigo Esteban.
I don't know your friend Esteban.

▶ When the direct object of **conocer** is a person or pet, the personal **a** is used.

¿Conoces La Habana?   *but*   ¿Conoces **a** Celia Cruz?
Do you know Havana?   *Do you know Celia Cruz?*

▶ **¡Atención! Parecer** (*to seem*) and **ofrecer** (*to offer*) are conjugated like **conocer**.

▶ **¡Atención! Conducir** (*to drive*) and **traducir** (*to translate*) also have an irregular **yo** form, but since they are **-ir** verbs, they are conjugated differently from **conocer**.

conducir ▶ **conduzco**, conduces, conduce, condu**cimos**, condu**cís**, conducen
traducir ▶ **traduzco**, traduces, traduce, tradu**cimos**, tradu**cís**, traducen

NOTA CULTURAL
Cuban singer **Celia Cruz** (1925–2003), known as the "Queen of Salsa," recorded many albums over her long career. Adored by her fans, she was famous for her colorful and lively on-stage performances.

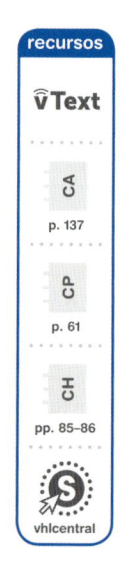

¡INTÉNTALO! Provide the appropriate forms of these verbs.

saber
1. José no ___sabe___ la hora.
2. Sara y yo _____ jugar al tenis.
3. ¿Por qué no _____ tú estos verbos?
4. Mis padres _____ hablar japonés.
5. Yo _____ a qué hora es la clase.
6. Usted no _____ dónde vivo.
7. Mi hermano no _____ nadar.
8. Nosotros _____ muchas cosas.

conocer
1. Usted y yo ___conocemos___ bien Miami.
2. ¿Tú _____ a mi amigo Manuel?
3. Sergio y Taydé _____ mi pueblo.
4. Emiliano _____ a mis padres.
5. Yo _____ muy bien el centro.
6. ¿Ustedes _____ la tienda Gigante?
7. Nosotras _____ una playa hermosa.
8. ¿Usted _____ a mi profesora?

Práctica y Comunicación

1 **Completar** Indicate the correct verb for each sentence.

1. Mis hermanos (conocen/saben) conducir, pero yo no (sé/conozco).
2. —¿(Conocen/Saben) ustedes dónde está el estadio? —No, no (conocemos/sabemos).
3. —¿(Conoces/Sabes) a Lady Gaga? —Bueno, (sé/conozco) quién es, pero no la (conozco/sé).
4. Mi profesora (sabe/conoce) Cuba y también (conoce/sabe) bailar salsa.

2 **Combinar** Combine elements from each column to create sentences.

A	B	C
Shakira	(no) conocer	Jimmy Fallon
los Yankees	(no) saber	cantar y bailar
el primer ministro de Canadá		La Habana Vieja
mis amigos y yo		muchas personas importantes
tú		hablar dos lenguas extranjeras
		jugar al béisbol

3 **Preguntas** In pairs, ask each other these questions. Answer with complete sentences.

1. ¿Conoces a un(a) cantante famoso/a? ¿Te gusta cómo canta?
2. En tu familia, ¿quién sabe cantar bien? ¿Tu opinión es objetiva?
3. Tus padres, ¿conducen bien o mal? ¿Y tus hermanos mayores?
4. Si una persona no conduce muy bien, ¿le ofreces crítica constructiva?
5. ¿Cómo parece estar el/la profesor(a) hoy? ¿Y tus compañeros de clase?

4 **Entrevista** Jot down three things you know how to do, three people you know, and three places you are familiar with. Then, in a small group, find out what you have in common.

> **modelo**
> **Estudiante 1:** ¿Conocen ustedes a David Lomas?
> **Estudiante 2:** Sí, conozco a David. Vivimos en el mismo barrio (*neighborhood*).
> **Estudiante 3:** No, no lo conozco. ¿Cómo es?

5 **Anuncio** In groups, read the ad and answer these questions.

1. Busquen ejemplos de los verbos **saber** y **conocer**.
2. ¿Qué saben del Centro Comercial Málaga?
3. ¿Qué pueden hacer en el Centro Comercial Málaga?
4. ¿Conocen otros centros comerciales similares? ¿Cómo se llaman? ¿Dónde están?
5. ¿Conocen un centro comercial en otro país? ¿Cómo es?

6.2 Indirect object pronouns

ANTE TODO

In **Lección 5**, you learned that a direct object receives the action of the verb directly. In contrast, an indirect object receives the action of the verb indirectly.

SUBJECT	I.O. PRONOUN	VERB	DIRECT OBJECT	INDIRECT OBJECT
Roberto	**le**	presta	cien pesos	**a Luisa**.
Roberto		lends	100 pesos	to Luisa.

An indirect object is a noun or pronoun that answers the question *to whom* or *for whom* an action is done. In the preceding example, the indirect object answers this question:

¿A quién le presta Roberto cien pesos? *To whom does Roberto lend 100 pesos?*

Indirect object pronouns

Singular forms		Plural forms	
me	(to, for) *me*	nos	(to, for) *us*
te	(to, for) *you* (fam.)	os	(to, for) *you* (fam.)
le	(to, for) *you* (form.)	les	(to, for) *you* (form.)
	(to, for) *him; her*		(to, for) *them*

▶ **¡Atención!** The forms of indirect object pronouns for the first and second persons (**me, te, nos, os**) are the same as the direct object pronouns. Indirect object pronouns agree in number with the corresponding nouns, but not in gender.

Bueno, le doy un descuento.

Acabo de mostrarles que sí sabemos regatear.

Using indirect object pronouns

▶ Spanish speakers commonly use both an indirect object pronoun and the noun to which it refers in the same sentence. This is done to emphasize and clarify to whom the pronoun refers.

I.O. PRONOUN	INDIRECT OBJECT		I.O. PRONOUN	INDIRECT OBJECT
Ella **le** vende la ropa **a Elena**.			**Les** prestamos el dinero **a Inés y a Álex**.	

▶ Indirect object pronouns are also used without the indirect object noun when the person for whom the action is being done is known.

Ana **le** presta la falda **a Elena**.
Ana lends her skirt to Elena.

También **le** presta unos jeans.
She also lends her a pair of jeans.

▶ Indirect object pronouns are usually placed before the conjugated form of the verb. In negative sentences the pronoun is placed between **no** and the conjugated verb.

Martín **me** compra un regalo.	Eva **no me** escribe cartas.
Martín is buying me a gift.	*Eva doesn't write me letters.*

▶ When a conjugated verb is followed by an infinitive or the present progressive, the indirect object pronoun may be placed before the conjugated verb or attached to the infinitive or present participle. **¡Atención!** When an indirect object pronoun is attached to a present participle, an accent mark is added to maintain the proper stress.

For more information on accents, see **Lección 4, Pronunciación**, p. 123.

Él no quiere **pagarte**./	Él está **escribiéndole** una postal a ella./
Él no **te** quiere pagar.	Él **le** está escribiendo una postal a ella.
He does not want to pay you.	*He is writing a postcard to her.*

▶ Because the indirect object pronouns **le** and **les** have multiple meanings, Spanish speakers often clarify to whom the pronouns refer with the preposition **a** + [*pronoun*] or **a** + [*noun*].

UNCLARIFIED STATEMENTS	CLARIFIED STATEMENTS
Yo **le** compro un abrigo.	Yo **le** compro un abrigo **a usted/él/ella**.
Ella **le** describe un libro.	Ella **le** describe un libro **a Juan**.

UNCLARIFIED STATEMENTS	CLARIFIED STATEMENTS
Él **les** vende unos sombreros.	Él **les** vende unos sombreros **a ustedes/ellos/ellas**.
Ellos **les** hablan muy claro.	Ellos **les** hablan muy claro **a los clientes**.

▶ The irregular verbs **dar** (*to give*) and **decir** (*to say; to tell*) are often used with indirect object pronouns.

The verbs dar and decir

	Singular forms			Plural forms	
	dar	**decir**		**dar**	**decir**
yo	doy	digo	nosotros/as	damos	decimos
tú	das	dices	vosotros/as	dais	decís
Ud./él/ella	da	dice	Uds./ellos/ellas	dan	dicen

Me dan una fiesta cada año.
They give (throw) me a party every year.

Te digo la verdad.
I'm telling you the truth.

Voy a **darle** consejos.
I'm going to give her advice.

No **les digo** mentiras a mis padres.
I don't tell lies to my parents.

¡INTÉNTALO! Use the cues in parentheses to provide the correct indirect object pronoun for each sentence.

1. Juan __le__ quiere dar un regalo. (*to Elena*)
2. María _____ prepara un café. (*for us*)
3. Beatriz y Felipe _____ escriben desde (*from*) Cuba. (*to me*)
4. Marta y yo _____ compramos unos guantes. (*for them*)
5. Los vendedores _____ venden ropa. (*to you, fam. sing.*)
6. La dependienta _____ muestra los guantes. (*to us*)

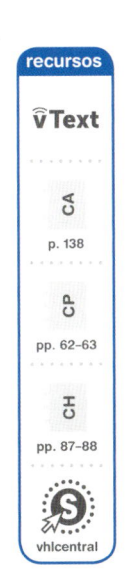

Práctica

1 Completar Fill in the blanks with the correct pronouns to complete Mónica's description of her family's gift giving.

1. Juan y yo _____ damos una blusa a nuestra hermana Gisela.
2. Mi tía _____ da a nosotros una mesa para la casa.
3. Gisela _____ da dos corbatas a su novio.
4. A mi mamá yo _____ doy un par de guantes negros.
5. A mi profesora _____ doy dos libros de José Martí.
6. Juan _____ da un regalo a mis padres.
7. Mis padres _____ dan un traje nuevo a mí.
8. Y a ti, yo _____ doy un regalo también. ¿Quieres verlo?

NOTA CULTURAL
Cuban writer and patriot **José Martí** (1853–1895) was born in **La Habana Vieja**, the old colonial center of Havana.

2 En La Habana Describe what happens on Pascual's trip to Cuba based on the cues provided.

1. ellos / cantar / canción / (mí)
2. él / comprar / libros / (sus hijos) / Plaza de Armas 
3. yo / preparar el almuerzo (*lunch*) / (ti) 
4. él / explicar cómo llegar / (conductor) 
5. mi novia / sacar / foto / (nosotros) 
6. el guía (*guide*) / mostrar / catedral de San Cristóbal / (ustedes) 

3 Combinar Use an item from each column and an indirect object pronoun to create logical sentences.

modelo
Mis padres les dan regalos a mis primos.

A	B	C	D
yo	comprar	mensajes electrónicos	mí
el dependiente	dar	corbata	ustedes
el profesor Arce	decir	dinero en efectivo	clienta
la vendedora	escribir	tarea	novia
mis padres	explicar	problemas	primos
tú	pagar	regalos	ti
nosotros/as	prestar	ropa	nosotros
¿?	vender	¿?	¿?

Practice more at vhlcentral.com.

¡De compras! doscientos cinco 205

Comunicación

4 **Entrevista** In pairs, take turns asking and answering for whom you do these activities. Use the model as a guide.

> cantar   escribir mensajes electrónicos
> comprar ropa   mostrar fotos de un viaje
> dar una fiesta   pedir dinero
> decir mentiras   preparar comida (*food*) mexicana

modelo
escribir mensajes electrónicos
Estudiante 1: ¿A quién le escribes mensajes electrónicos?
Estudiante 2: Le escribo mensajes electrónicos a mi hermano.

5 **¡Somos ricos!** You and your classmates just received a large sum of money. Now you want to spend money on your loved ones. In groups of three, discuss what each person is buying for family and friends.

modelo
Estudiante 1: Quiero comprarle un vestido de Carolina Herrera a mi madre.
Estudiante 2: Y yo voy a darles un automóvil nuevo a mis padres.
Estudiante 3: Voy a comprarles una casa a mis padres, pero a mis amigos no les voy a dar nada.

6 **Entrevista** Use these questions to interview a classmate.

1. ¿Qué tiendas, almacenes o centros comerciales prefieres?
2. ¿A quién le compras regalos cuando hay rebajas?
3. ¿A quién le prestas dinero cuando lo necesita?
4. Quiero ir de compras. ¿Cuánto dinero me puedes prestar?
5. ¿Te dan tus padres su tarjeta de crédito cuando vas de compras?

Síntesis

7 **Minidrama** In groups of three, take turns playing the roles of two shoppers and a clerk in a clothing store. The shoppers should talk about the articles of clothing they want and for whom they are buying them. The clerk should recommend several items based on the shoppers' descriptions. Use these expressions and also look at **Expresiones útiles** on page 195.

> **Me queda grande/pequeño.**   **¿Está en rebaja?**
> *It's big/small on me.*   *Is it on sale?*
> **¿Tiene otro color?**   **También estoy buscando...**
> *Do you have another color?*   *I'm also looking for...*

6.3 Preterite tense of regular verbs

ANTE TODO In order to talk about events in the past, Spanish uses two simple tenses: the preterite and the imperfect. In this lesson, you will learn how to form the preterite tense, which is used to express actions or states completed in the past.

Preterite of regular -ar, -er, and -ir verbs

		-ar verbs comprar	-er verbs vender	-ir verbs escribir
SINGULAR FORMS	yo	compré / *I bought*	vendí / *I sold*	escribí / *I wrote*
	tú	compraste	vendiste	escribiste
	Ud./él/ella	compró	vendió	escribió
PLURAL FORMS	nosotros/as	compramos	vendimos	escribimos
	vosotros/as	comprasteis	vendisteis	escribisteis
	Uds./ellos/ellas	compraron	vendieron	escribieron

▶ **¡Atención!** The **yo** and **Ud./él/ella** forms of all three conjugations have written accents on the last syllable to show that it is stressed.

▶ As the chart shows, the endings for regular **-er** and **-ir** verbs are identical in the preterite.

¿Qué compraste?

Compré estos aretes.

▶ Note that the **nosotros/as** forms of regular **-ar** and **-ir** verbs in the preterite are identical to the present tense forms. Context will help you determine which tense is being used.

En invierno **compramos** ropa.
In the winter, we buy clothing.

Anoche **compramos** unos zapatos.
Last night we bought some shoes.

▶ **-Ar** and **-er** verbs that have a stem change in the present tense are regular in the preterite. They do *not* have a stem change.

	PRESENT	PRETERITE
cerrar (e:ie)	La tienda **cierra** a las seis.	La tienda **cerró** a las seis.
volver (o:ue)	Carlitos **vuelve** tarde.	Carlitos **volvió** tarde.
jugar (u:ue)	Él **juega** al fútbol.	Él **jugó** al fútbol.

▶ **¡Atención!** **-Ir** verbs that have a stem change in the present tense also have a stem change in the preterite.

CONSULTA
There are a few high-frequency irregular verbs in the preterite. You will learn more about them in **Estructura 9.1**, p. 310.

CONSULTA
You will learn about the preterite of **-ir** stem-changing verbs in **Estructura 8.1**, p. 274.

▶ Verbs that end in **-car**, **-gar**, and **-zar** have a spelling change in the first person singular (**yo** form) in the preterite.

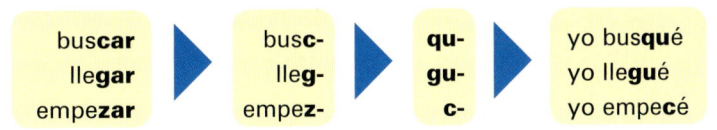

bus**car**		bus**c-**		**qu-**		yo bus**qué**
llе**gar**	▶	lle**g-**	▶	**gu-**	▶	yo lle**gué**
empe**zar**		empe**z-**		**c-**		yo empe**cé**

▶ Except for the **yo** form, all other forms of **-car**, **-gar**, and **-zar** verbs are regular in the preterite.

▶ Three other verbs—**creer**, **leer**, and **oír**—have spelling changes in the preterite. The **i** of the verb endings of **creer**, **leer**, and **oír** carries an accent in the **yo**, **tú**, **nosotros/as**, and **vosotros/as** forms, and changes to **y** in the **Ud./él/ella** and **Uds./ellos/ellas** forms.

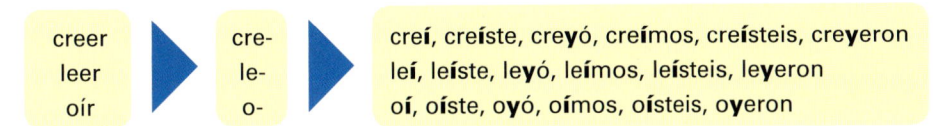

creer		cre-		cre**í**, cre**í**ste, cre**y**ó, cre**í**mos, cre**í**steis, cre**y**eron
leer	▶	le-	▶	le**í**, le**í**ste, le**y**ó, le**í**mos, le**í**steis, le**y**eron
oír		o-		o**í**, o**í**ste, o**y**ó, o**í**mos, o**í**steis, o**y**eron

▶ **Ver** is regular in the preterite, but none of its forms has an accent.

ver → vi, viste, vio, vimos, visteis, vieron

Words commonly used with the preterite

anoche	last night	pasado/a (*adj.*)	last; past
anteayer	the day before yesterday	el año pasado	last year
		la semana pasada	last week
ayer	yesterday	una vez	once; one time
de repente	suddenly	dos veces	twice; two times
desde… hasta…	from… until…	ya	already

Ayer llegué a Santiago de Cuba.
Yesterday I arrived in Santiago de Cuba.

Anoche oí un ruido extraño.
Last night I heard a strange noise.

▶ **Acabar de** + [*infinitive*] is used to say that something has just occurred. Note that **acabar** is in the present tense in this construction.

Acabo de comprar una falda.
I just bought a skirt.

Acabas de ir de compras.
You just went shopping.

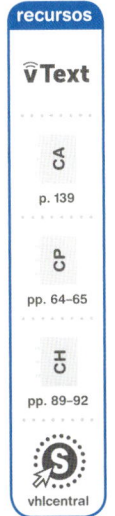

¡INTÉNTALO! Provide the appropriate preterite forms of the verbs.

	comer	salir	comenzar	leer
1. ellas	comieron	salieron	comenzaron	leyeron
2. tú	_____	_____	_____	_____
3. usted	_____	_____	_____	_____
4. nosotros	_____	_____	_____	_____
5. yo	_____	_____	_____	_____

Práctica

1. Completar Andrea is talking about what happened last weekend. Complete each sentence by choosing the correct verb and putting it in the preterite.

1. El viernes a las cuatro de la tarde, la profesora Mora _____ (asistir, costar, usar) a una reunión (*meeting*) de profesores.
2. El sábado por la mañana, yo _____ (llegar, bucear, llevar) a la tienda con mis amigos.
3. Mis amigos y yo _____ (comprar, regatear, gastar) dos o tres cosas.
4. Yo _____ (costar, comprar, escribir) unos pantalones negros y mi amigo Mateo _____ (gastar, pasear, comprar) una camisa azul.
5. Después, nosotros _____ (llevar, vivir, comer) cerca de un mercado.
6. A las tres, Pepe _____ (hablar, pasear, nadar) con su novia por teléfono.
7. El sábado por la tarde, mi mamá _____ (escribir, beber, vivir) una carta.
8. El domingo mi tía _____ (decidir, salir, escribir) comprarme un traje.
9. A las cuatro de la tarde, mi tía _____ (beber, salir, encontrar) el traje y después nosotras _____ (acabar, ver, salir) una película.

2. Preguntas Imagine that you have a pesky friend who keeps asking you questions. Respond that you already did or have just done what he/she asks. Make sure you and your partner take turns playing the role of the pesky friend and responding to his/her questions.

modelo
leer la lección
Estudiante 1: ¿Leíste la lección?
Estudiante 2: Sí, ya la leí./Sí, acabo de leerla.

1. escribir el mensaje electrónico
2. lavar (*to wash*) la ropa
3. oír las noticias (*news*)
4. comprar pantalones cortos
5. practicar los verbos
6. leer el artículo
7. empezar la composición
8. ver la nueva película de Almodóvar

3. ¿Cuándo? Use the time expressions from the word bank to talk about when you and others did the activities listed.

| anoche | anteayer | el mes pasado | una vez |
| ayer | la semana pasada | el año pasado | dos veces |

1. mi mejor amigo/a: llegar tarde a clase
2. mi hermano/a mayor: salir con un(a) chico/a guapo/a
3. mis padres: ver una película
4. yo: llevar un traje/vestido
5. el presidente/primer ministro de mi país: no escuchar a la gente
6. mis amigos y yo: comer en un restaurante
7. ¿?: comprar algo (*something*) bueno, bonito y barato

Comunicación

4 **Ayer** Jot down at what time you did these activities yesterday. Then get together with a classmate and find out at what time he or she did these activities. Be prepared to share your findings with the class.

1. desayunar
2. empezar la primera clase
3. almorzar
4. ver a un(a) amigo/a
5. salir de clase
6. volver a casa

5 **Las vacaciones** Imagine that you took these photos on a vacation. Get together with a partner and use the pictures to tell him or her about your trip.

6 **El fin de semana** Your teacher will give you and your partner different incomplete charts about what four employees at **Almacén Gigante** did last weekend. After you fill out the chart based on each other's information, you will fill out the final column about your partner.

Síntesis

7 **Conversación** With a partner, have a conversation about what you did last week, using verbs from the word bank. Don't forget to include school activities, shopping, and pastimes.

acampar	comprar	hablar	tomar
asistir	correr	jugar	trabajar
bailar	escribir	leer	vender
buscar	estudiar	oír	ver
comer	gastar	pagar	viajar

6.4 Demonstrative adjectives and pronouns

Demonstrative adjectives

ANTE TODO In Spanish, as in English, demonstrative adjectives are words that "demonstrate" or "point out" nouns. Demonstrative adjectives precede the nouns they modify and, like other Spanish adjectives you have studied, agree with them in gender and number. Observe these examples and then study the chart below.

esta camisa	**ese** vendedor	**aquellos** zapatos
this shirt	that salesman	those shoes (over there)

Demonstrative adjectives

Singular		Plural		
MASCULINE	FEMININE	MASCULINE	FEMININE	
este	esta	estos	estas	this; these
ese	esa	esos	esas	that; those
aquel	aquella	aquellos	aquellas	that; those (over there)

▸ There are three sets of demonstrative adjectives. To determine which one to use, you must establish the relationship between the speaker and the thing(s) being pointed out.

▸ The demonstrative adjectives **este**, **esta**, **estos**, and **estas** are used to point out things that are close to the speaker and the listener.

Me gustan estos zapatos.

▸ The demonstrative adjectives **ese**, **esa**, **esos**, and **esas** are used to point out things that are not close in space and time to the speaker. They may, however, be close to the listener.

Prefiero esos zapatos.

¡De compras! doscientos once 211

▶ The demonstrative adjectives **aquel**, **aquella**, **aquellos**, and **aquellas** are used to point out things that are far away from the speaker and the listener.

Aquel auto es de mi hermana.

Demonstrative pronouns

▶ Demonstrative pronouns are identical to their corresponding demonstrative adjectives, with the exception that they carry an accent mark on the stressed vowel.

Demonstrative pronouns

Singular		Plural	
MASCULINE	FEMININE	MASCULINE	FEMININE
éste	ésta	éstos	éstas
ése	ésa	ésos	ésas
aquél	aquélla	aquéllos	aquéllas

—¿Quieres comprar **este suéter**?
Do you want to buy this sweater?

—No, no quiero **éste**. Quiero **ése**.
No, I don't want this one. I want that one.

—¿Vas a leer **estas revistas**?
Are you going to read these magazines?

—Sí, voy a leer **éstas**. También voy a leer **aquéllas**.
Yes, I'm going to read these. I'll also read those (over there).

▶ **¡Atención!** Like demonstrative adjectives, demonstrative pronouns agree in gender and number with the corresponding noun.

Este libro es de Pablito.   **Éstos** son de Juana.

▶ There are three neuter demonstrative pronouns: **esto**, **eso**, and **aquello**. These forms refer to unidentified or unspecified things, situations, ideas, and concepts. They do not change in gender or number and never carry an accent mark.

—¿Qué es **esto**?
What's this?

—**Eso** es interesante.
That's interesting.

—**Aquello** es bonito.
That's pretty.

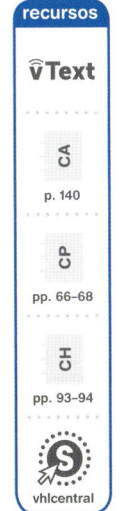

¡INTÉNTALO!

Provide the correct form of the demonstrative adjective for these nouns.

1. la falda / este ___esta falda___
2. los estudiantes / este _____
3. los países / aquel _____
4. la ventana / ese _____
5. los periodistas / ese _____
6. el chico / aquel _____
7. las sandalias / este _____
8. las chicas / aquel _____

Práctica

1. Cambiar Make the singular sentences plural and the plural sentences singular.

> **modelo**
> Estas camisas son blancas.
> Esta camisa es blanca.

1. Aquellos sombreros son muy elegantes.
2. Ese abrigo es muy caro.
3. Estos cinturones son hermosos.
4. Esos precios son muy buenos.
5. Estas faldas son muy cortas.
6. ¿Quieres ir a aquel almacén?
7. Esas blusas son baratas.
8. Esta corbata hace juego con mi traje.

2. Completar Here are some things people might say while shopping. Complete the sentences with the correct demonstrative pronouns.

1. No me gustan esos zapatos. Voy a comprar _____. (these)
2. ¿Vas a comprar ese traje o _____? (this one)
3. Esta guayabera es bonita, pero prefiero _____. (that one)
4. Estas corbatas rojas son muy bonitas, pero _____ son fabulosas. (those)
5. Estos cinturones cuestan demasiado. Prefiero _____. (those over there)
6. ¿Te gustan esas botas o _____? (these)
7. Esa bolsa roja es bonita, pero prefiero _____. (that one over there)
8. No voy a comprar estas botas; voy a comprar _____. (those over there)
9. ¿Prefieres estos pantalones o _____? (those)
10. Me gusta este vestido, pero voy a comprar _____. (that one)
11. Me gusta ese almacén, pero _____ es mejor (better). (that one over there)
12. Esa blusa es bonita, pero cuesta demasiado. Voy a comprar _____. (this one)

NOTA CULTURAL

The **guayabera** is a men's shirt typically worn in some parts of the Caribbean. Never tucked in, it is casual wear, but variations exist for more formal occasions, such as weddings, parties, or the office.

3. Describir With your partner, look for two items in the classroom that are one of these colors: **amarillo, azul, blanco, marrón, negro, verde, rojo.** Take turns pointing them out to each other, first using demonstrative adjectives, and then demonstrative pronouns.

> **modelo**
> azul
> Estudiante 1: Esta silla es azul. Aquella mochila es azul.
> Estudiante 2: Ésta es azul. Aquélla es azul.

Now use demonstrative adjectives and pronouns to discuss the colors of your classmates' clothing. One of you can ask a question about an article of clothing, using the wrong color. Your partner will correct you and point out that color somewhere else in the room.

> **modelo**
> Estudiante 1: ¿Esa camisa es negra?
> Estudiante 2: No, ésa es azul. Aquélla es negra.

¡De compras! doscientos trece 213

Comunicación

4 Conversación With a classmate, use demonstrative adjectives and pronouns to ask each other questions about the people around you. Use expressions from the word bank and/or your own ideas.

¿A qué hora…?   ¿Cuántos años tiene(n)…?
¿Cómo es/son…?   ¿De dónde es/son…?
¿Cómo se llama…?   ¿De quién es/son…?
¿Cuándo…?   ¿Qué clases toma(n)…?

modelo
Estudiante 1: ¿Cómo se llama esa chica?
Estudiante 2: Se llama Rebeca.
Estudiante 1: ¿A qué hora llegó aquel chico a la clase?
Estudiante 2: A las nueve.

5 En una tienda Imagine that you and a classmate are in Madrid shopping at Zara. Study the floor plan, then have a conversation about your surroundings. Use demonstrative adjectives and pronouns.

modelo
Estudiante 1: Me gusta este suéter azul.
Estudiante 2: Yo prefiero aquella chaqueta.

NOTA CULTURAL

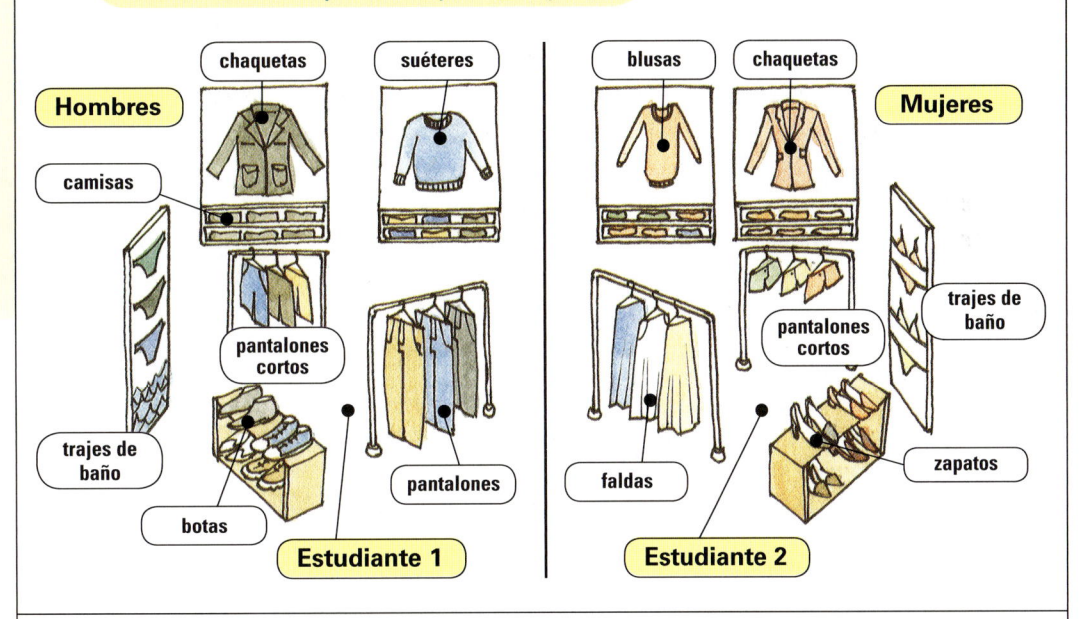

Zara is an international clothing company based in Spain. Its innovative processes take a product from the design room to the store shelves in less than one month. This means that the merchandise is constantly changing to keep up with the latest trends.

Hombres: chaquetas, suéteres, camisas, pantalones cortos, pantalones, trajes de baño, botas — Estudiante 1

Mujeres: blusas, chaquetas, pantalones cortos, faldas, trajes de baño, zapatos — Estudiante 2

Síntesis

6 Diferencias Your teacher will give you and a partner each a drawing of a store. They are almost identical, but not quite. Use demonstrative adjectives and pronouns to find seven differences.

modelo
Estudiante 1: Aquellas gafas de sol son feas, ¿verdad?
Estudiante 2: No. Aquellas gafas de sol son hermosas.

recursos
vText
CA
pp. 31–32

Recapitulación

Diagnostics

Review the grammar concepts you have learned in this lesson by completing these activities.

1. Completar Complete the chart with the correct preterite or infinitive form of the verbs. *30 pts.*

Infinitive	yo	ella	ellos
			tomaron
		abrió	
comprender			
	leí		
pagar			

2. En la tienda Look at the drawing and complete the conversation with demonstrative adjectives and pronouns. *14 pts.*

CLIENTE Buenos días, señorita. Deseo comprar (1) _____ corbata.

VENDEDORA Muy bien, señor. ¿No le interesa mirar (2) _____ trajes que están allá? Hay unos que hacen juego con la corbata.

CLIENTE (3) _____ de allá son de lana, ¿no? Prefiero ver (4) _____ traje marrón que está detrás de usted.

VENDEDORA Estupendo. Como puede ver, es de seda. Cuesta ciento ochenta dólares.

CLIENTE Ah… eh… no, creo que sólo voy a comprar la corbata, gracias.

VENDEDORA Bueno… si busca algo más económico, hay rebaja en (5) _____ sombreros. Cuestan sólo treinta dólares.

CLIENTE ¡Magnífico! Me gusta (6) _____, el blanco que está hasta arriba (*at the top*). Y quiero pagar todo con (7) _____ tarjeta.

VENDEDORA Sí, señor. Ahora mismo le traigo el sombrero.

RESUMEN GRAMATICAL

6.1 Saber and conocer *p. 200*

saber	conocer
sé	conozco
sabes	conoces
sabe	conoce
sabemos	conocemos
sabéis	conocéis
saben	conocen

▶ saber = to know facts/how to do something
▶ conocer = to know a person, place, or thing

6.2 Indirect object pronouns *pp. 202–203*

Indirect object pronouns

Singular	Plural
me	nos
te	os
le	les

▶ dar = doy, das, da, damos, dais, dan
▶ decir (e:i) = digo, dices, dice, decimos, decís, dicen

6.3 Preterite tense of regular verbs *pp. 206–207*

comprar	vender	escribir
compré	vendí	escribí
compraste	vendiste	escribiste
compró	vendió	escribió
compramos	vendimos	escribimos
comprasteis	vendisteis	escribisteis
compraron	vendieron	escribieron

Verbs with spelling changes in the preterite

▶ -car: buscar → yo busqué
▶ -gar: llegar → yo llegué
▶ -zar: empezar → yo empecé
▶ creer: creí, creíste, creyó, creímos, creísteis, creyeron
▶ leer: leí, leíste, leyó, leímos, leísteis, leyeron
▶ oír: oí, oíste, oyó, oímos, oísteis, oyeron
▶ ver: vi, viste, vio, vimos, visteis, vieron

¡De compras!

3 ¿Saber o conocer?
Complete each dialogue with the correct form of **saber** or **conocer**. **20 pts.**

1. —¿Qué _____ hacer tú?
   —(Yo) _____ jugar al fútbol.
2. —¿_____ tú esta tienda de ropa?
   —No, (yo) no la _____. ¿Es buena?
3. —¿Tus padres no _____ a tu profesor?
   —No, ¡ellos no _____ quién es!
4. —Mi hermanastro todavía no me _____ bien.
   —Y tú, ¿lo quieres _____ a él?
5. —¿_____ ustedes dónde está el mercado?
   —No, nosotros no _____ bien esta ciudad.

6.4 Demonstrative adjectives and pronouns *pp. 210–211*

Demonstrative adjectives

Singular		Plural	
Masc.	Fem.	Masc.	Fem.
este	esta	estos	estas
ese	esa	esos	esas
aquel	aquella	aquellos	aquellas

Demonstrative pronouns

Singular		Plural	
Masc.	Fem.	Masc.	Fem.
éste	ésta	éstos	éstas
ése	ésa	ésos	ésas
aquél	aquélla	aquéllos	aquéllas

4 Oraciones
Form complete sentences using the information provided. Use indirect object pronouns and the present tense of the verbs. **10 pts.**

1. Javier / prestar / el abrigo / a Maripili
   _____
2. nosotros / vender / ropa / a los clientes
   _____
3. el vendedor / traer / las camisetas / a mis amigos y a mí
   _____
4. yo / querer dar / consejos (*advice*) / a ti
   _____
5. ¿tú / ir a comprar / un regalo / a mí?
   _____

5 Mi última compra
Write a short paragraph describing the last time you went shopping. Use at least four verbs in the preterite tense. **26 pts.**

> **modelo**
> El viernes pasado, busqué unos zapatos en el centro comercial...

6 Refranes
Write the missing words to complete the proverbs. **4 EXTRA points!**

"A la cama no te irás° sin _____ (conocer/saber) una cosa más."
(*You learn something new every day.*)

"A todos _____ (les/te) llega su momento de gloria°."
(*Every dog has its day.*)

no te irás *you will not go*   gloria *glory*

adelante

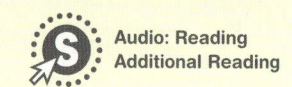

Lectura
Audio: Reading / Additional Reading

Antes de leer

Estrategia
Skimming

Skimming involves quickly reading through a document to absorb its general meaning. This allows you to understand the main ideas without having to read word for word. When you skim a text, you might want to look at its title and subtitles. You might also want to read the first sentence of each paragraph.

Examinar el texto
Look at the format of the reading selection. How is it organized? What does the organization of the document tell you about its content?

Buscar cognados
Scan the reading selection to locate at least five cognates. Based on the cognates, what do you think the reading selection is about?

1. _____
2. _____
3. _____
4. _____
5. _____

The reading selection is about _____.

Impresiones generales
Now skim the reading selection to understand its general meaning. Jot down your impressions. What new information did you learn about the document by skimming it? Based on all the information you now have, answer these questions in Spanish.

1. Who created this document?
2. What is its purpose?
3. Who is its intended audience?

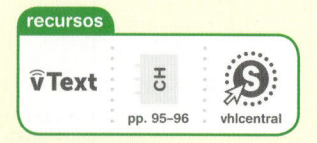

Corona

¡Corona tiene las ofertas más locas del verano!

La tienda más elegante de la ciudad con precios increíbles

Carteras
ELEGANCIA
Colores anaranjado, blanco, rosado y amarillo
Ahora: 15.000 pesos
50% de rebaja

Sandalias de playa
GINO
Números del 35 al 38
A sólo 12.000 pesos
50% de descuento

Faldas largas
ROPA BONITA
Algodón. De distintos colores
Talla mediana
Precio especial: 8.000 pesos

Blusas de seda
BAMBÚ
De cuadros y de lunares
Ahora: 21.000 pesos
40% de rebaja

Vestido de algodón
PANAMÁ
Colores blanco, azul y verde
Ahora: 18.000 pesos
30% de rebaja

Accesorios
BELLEZA
Cinturones, gafas de sol, sombreros, medias
Diversos estilos
Todos con un 40% de rebaja

Lunes a sábado de 9 a 21 horas.
Domingo de 10 a 14 horas.

¡De compras!

¡Grandes rebajas!
Real° Liquidación°
¡La rebaja está de moda en Corona!

y con la tarjeta de crédito más conveniente del mercado.

Chaquetas
CASINO
Microfibra. Colores negro, café y gris
Tallas: P, M, G, XG
Ahora: 22.500 pesos

Zapatos
COLOR
Italianos y franceses
Números del 40 al 45
A sólo 20.000 pesos

Pantalones
OCÉANO
Colores negro, gris y café
Ahora: 11.500 pesos
30% de rebaja

Ropa interior
ATLÁNTICO
Tallas: P, M, G
Colores blanco, negro y gris
40% de rebaja

Traje inglés
GALES
Modelos originales
Ahora: 105.000 pesos
30% de rebaja

Accesorios
GUAPO
Gafas de sol, corbatas, cinturones, calcetines
Diversos estilos
Todos con un 40% de rebaja

Real *Royal* Liquidación *Clearance sale*

Por la compra de 40.000 pesos, puede llevar un regalo gratis.
- Un hermoso cinturón de mujer
- Un par de calcetines
- Una corbata de seda
- Una bolsa para la playa
- Una mochila
- Unas medias

Después de leer

Completar
Complete this paragraph about the reading selection with the correct forms of the words from the word bank.

almacén	hacer juego	tarjeta de crédito
caro	increíble	tienda
dinero	pantalones	verano
falda	rebaja	zapato

En este anuncio, el _____ Corona anuncia la liquidación de _____ con grandes _____. Con muy poco _____ usted puede conseguir ropa fina y elegante. Si no tiene dinero en efectivo, puede utilizar su _____ y pagar luego. Para el hombre de gustos refinados, hay _____ importados de París y Roma. La señora elegante puede encontrar blusas de seda que _____ con todo tipo de _____ o _____. Los precios de esta liquidación son realmente _____.

¿Cierto o falso?
Indicate whether each statement is **cierto** or **falso**. Correct the false statements.

1. Hay sandalias de playa.
2. Las corbatas tienen una rebaja del 30%.
3. El almacén Corona tiene un departamento de zapatos.
4. Normalmente las sandalias cuestan 22.000 pesos.
5. Cuando gastas 30.000 pesos en la tienda, llevas un regalo gratis.
6. Tienen carteras amarillas.

Preguntas
In pairs, take turns asking and answering these questions.

1. Imagina que vas a ir a la tienda Corona. ¿Qué departamentos vas a visitar? ¿El departamento de ropa para mujeres, el departamento de ropa para hombres...?
2. ¿Qué vas a buscar en Corona?
3. ¿Hay tiendas similares a la tienda Corona en tu pueblo o ciudad? ¿Cómo se llaman? ¿Tienen muchas gangas?

Practice more at vhlcentral.com.

Escritura

Estrategia

How to report an interview

There are several ways to prepare a written report about an interview. For example, you can transcribe the interview verbatim, you can simply summarize it, or you can summarize it but quote the speakers occasionally. In any event, the report should begin with an interesting title and a brief introduction, which may include the five Ws (*what, where, when, who, why*) and the H (*how*) of the interview. The report should end with an interesting conclusion. Note that when you transcribe dialogue in Spanish, you should pay careful attention to format and punctuation.

Writing dialogue in Spanish

- If you need to transcribe an interview verbatim, you can use speakers' names to indicate a change of speaker.

    CARMELA   ¿Qué compraste? ¿Encontraste muchas gangas?
    ROBERTO   Sí, muchas. Compré un suéter, una camisa y dos corbatas. Y tú, ¿qué compraste?
    CARMELA   Una blusa y una falda muy bonitas. ¿Cuánto costó tu camisa?
    ROBERTO   Sólo diez dólares. ¿Cuánto costó tu blusa?
    CARMELA   Veinte dólares.

- You can also use a dash (*raya*) to mark the beginning of each speaker's words.

    —¿Qué compraste?
    —Un suéter y una camisa muy bonitos. Y tú, ¿encontraste muchas gangas?
    —Sí… compré dos blusas, tres camisetas y un par de zapatos.
    —¡A ver!

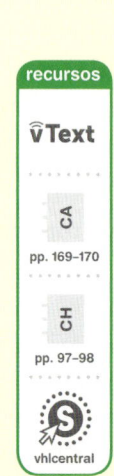

Tema

Escribe un informe

Write a report for the school newspaper about an interview you conducted with a student about his or her shopping habits and clothing preferences. First, brainstorm a list of interview questions. Then conduct the interview using the questions below as a guide, but feel free to ask other questions as they occur to you.

Examples of questions:

▶ ¿Cuándo vas de compras?
▶ ¿Adónde vas de compras?
▶ ¿Con quién vas de compras?
▶ ¿Qué tiendas, almacenes o centros comerciales prefieres?
▶ ¿Compras ropa de catálogos o por Internet?
▶ ¿Prefieres comprar ropa cara o barata? ¿Por qué? ¿Te gusta buscar gangas?
▶ ¿Qué ropa llevas cuando vas a clase?
▶ ¿Qué ropa llevas cuando sales con tus amigos/as?
▶ ¿Qué ropa llevas cuando practicas un deporte?
▶ ¿Cuáles son tus colores favoritos? ¿Compras mucha ropa de esos colores?
▶ ¿Les das ropa a tu familia o a tus amigos/as?

¡De compras!

Escuchar 🅢 Audio

Estrategia
Listening for linguistic cues

You can enhance your listening comprehension by listening for specific linguistic cues. For example, if you listen for the endings of conjugated verbs, or for familiar constructions, such as **acabar de** + [*infinitive*] or **ir a** + [*infinitive*], you can find out whether an event already took place, is taking place now, or will take place in the future. Verb endings also give clues about who is participating in the action.

🔊 To practice listening for linguistic cues, you will now listen to four sentences. As you listen, note whether each sentence refers to a past, present, or future action. Also jot down the subject of each sentence.

Preparación

Based on the photograph, what do you think Marisol has recently done? What do you think Marisol and Alicia are talking about? What else can you guess about their conversation from the visual clues in the photograph?

Ahora escucha 🔊

Now you are going to hear Marisol and Alicia's conversation. Make a list of the clothing items that each person mentions. Then put a check mark after the item if the person actually purchased it.

Marisol	Alicia
1. _____	1. _____
2. _____	2. _____
3. _____	3. _____
4. _____	4. _____

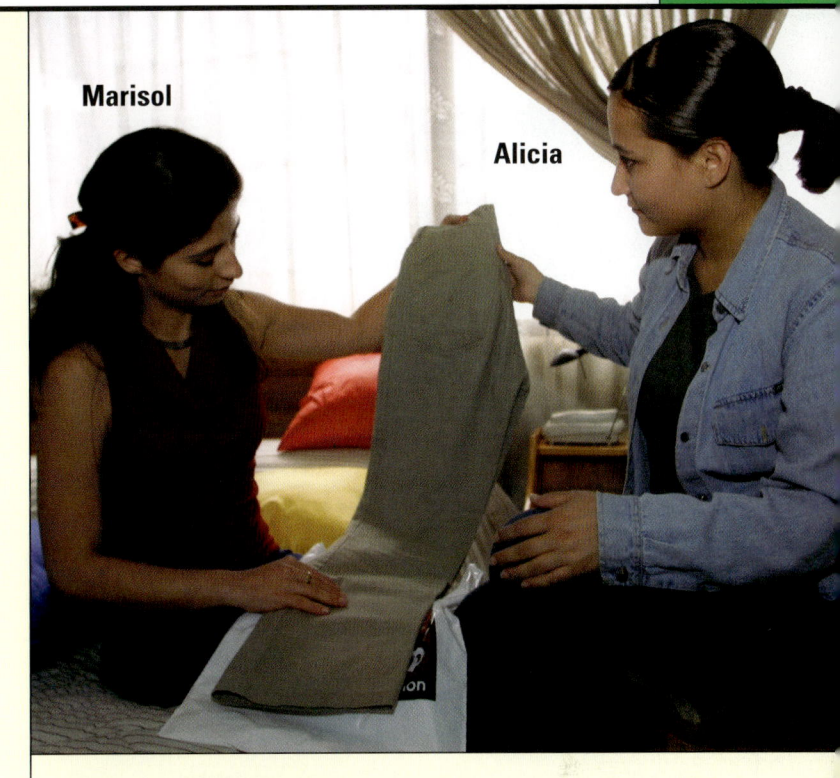

recursos
vText — vhlcentral

Marisol
Alicia

Comprensión

¿Cierto o falso?

Indicate whether each statement is **cierto** or **falso**. Then correct the false statements.

1. Marisol y Alicia acaban de ir de compras juntas (*together*).
2. Marisol va a comprar unos pantalones y una blusa mañana.
3. Marisol compró una blusa de cuadros.
4. Alicia compró unos zapatos nuevos hoy.
5. Alicia y Marisol van a ir al café.
6. Marisol gastó todo el dinero de la semana en ropa nueva.

Preguntas

Discuss the following questions with a classmate. Be sure to explain your answers.

1. ¿Crees que Alicia y Marisol son buenas amigas? ¿Por qué?
2. ¿Cuál de las dos estudiantes es más ahorradora (*frugal*)? ¿Por qué?
3. ¿Crees que a Alicia le gusta la ropa que Marisol compró?
4. ¿Crees que la moda es importante para Alicia? ¿Para Marisol? ¿Por qué?
5. ¿Es importante para ti estar a la moda? ¿Por qué?

Practice more at vhlcentral.com.

en pantalla

Video: TV Clip

Anuncio de tiendas Galerías

Presentamos la moda para el próximo° curso.

Preparación
Answer these questions in Spanish.
1. ¿Qué ropa llevas normalmente cuando vienes a la escuela? ¿Y los fines de semana?
2. ¿Cómo es tu ropa favorita? Describe los dos o tres artículos que más te gustan.

¿Uniformes o no?
This TV clip from Spain has special historical impact for its viewers. In Spain, during Francisco Franco's dictatorship (1939–1975), students in public schools were required to wear uniforms. After the fall of Franco's regime and the establishment of democracy, educational authorities rejected this former policy and decided it should no longer be obligatory to wear uniforms in public schools. Today, only some private schools in Spain enforce the use of uniforms; even Catholic schools do not have anything more than a basic dress code.

próximo *next*

Vocabulario útil

anchas	loose-fitting
carteras	book bags (Spain)
chándals	tracksuits (Spain)
lavables	washable
resiste	withstands
tanto como	as much as
trencas	duffel coats (Spain)
vaqueros	jeans (Spain)

Comprensión
Check off each word that you hear in the ad.
- ___ 1. camisetas
- ___ 2. hijos
- ___ 3. zapatos
- ___ 4. algodón
- ___ 5. chaquetas
- ___ 6. clientas
- ___ 7. lana
- ___ 8. precio

Conversación
Answer these questions with a classmate.
1. ¿Qué tipo de ropa expresa bien tu personalidad? ¿Por qué?
2. ¿Los estudiantes de tu escuela llevan uniforme? ¿Por qué?
3. ¿En tu opinión, cómo debe ser un buen uniforme para los estudiantes? ¿Y cómo no debe ser un uniforme?

Aplicación
As a class, make a list of special groups that usually wear uniforms. Identify the work or special service offered by each group. Then, with two or three classmates, draw the uniform of one of the groups and present it to the class.

Practice more at vhlcentral.com.

¡De compras! doscientos veintiuno 221

Flash Cultura

Video: *Flash cultura*

Comprar en los mercados

In the Spanish-speaking world, most city dwellers shop at large supermarkets and little stores that specialize in just one item, such as a butcher shop (**carnicería**), vegetable market (**verdulería**), perfume shop (**perfumería**), or hat shop (**sombrerería**). In small towns where supermarkets are less common, many people rely exclusively on specialty shops. This requires shopping more frequently—often every day or every other day for perishable items—but also means that the foods they consume are fresher and the goods are usually locally produced. Each neighborhood generally has its own shops, so people don't have to walk far to find fresh bread (at a **panadería**) for the midday meal.

Vocabulario útil

colones (pl.)	currency from Costa Rica
¿Cuánto vale?	¿Cuánto cuesta?
descuento	discount
disculpe	excuse me
¿Dónde queda...?	Where is... located?
los helados	ice cream
el regateo	bargaining

Preparación

Have you ever been to an open-air market? What did you buy? Have you ever negotiated a price? What did you say?

Comprensión

Select the option that best summarizes this episode.

a. Randy Cruz va al mercado al aire libre para comprar papayas. Luego va al Mercado Central. Él les pregunta a varios clientes qué compran, prueba (*he tastes*) platos típicos y busca la heladería.

b. Randy Cruz va al mercado al aire libre para comprar papayas y pedir un descuento. Luego va al Mercado Central para preguntarles a los clientes qué compran en los mercados.

Trescientos colones.

... pero me hace un buen descuento.

¿Qué compran en el Mercado Central?

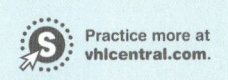

Practice more at vhlcentral.com.

panorama

Lección 6

Cuba

Video: *Panorama cultural*
Interactive Map

El país en cifras

- **Área:** 110.860 km² (42.803 millas²), aproximadamente el área de Pensilvania
- **Población:** 11.061.886
- **Capital:** La Habana—2.116.000

La Habana Vieja fue declarada° Patrimonio° Cultural de la Humanidad por la UNESCO en 1982. Este distrito es uno de los lugares más fascinantes de Cuba. En La Plaza de Armas, se puede visitar el majestuoso Palacio de Capitanes Generales, que ahora es un museo. En la calle° Obispo, frecuentada por el autor Ernest Hemingway, hay hermosos cafés, clubes nocturnos y tiendas elegantes.

- **Ciudades principales:** Santiago de Cuba; Camagüey; Holguín; Guantánamo
- **Moneda:** peso cubano
- **Idiomas:** español (oficial)

Bandera de Cuba

Cubanos célebres
- **Carlos Finlay,** doctor y científico (1833–1915)
- **José Martí,** político y poeta (1853–1895)
- **Fidel Castro,** ex presidente, ex comandante en jefe° de las fuerzas armadas (1926–)
- **Zoé Valdés,** escritora (1959–)
- **Ibrahim Ferrer,** músico (1927–2005)
- **Carlos Acosta,** bailarín (1973–)

fue declarada *was declared* Patrimonio *Heritage* calle *street* comandante en jefe *commander in chief* liviano *light* colibrí abeja *bee hummingbird* ave *bird* mundo *world* miden *measure* pesan *weigh*

Gran Teatro de La Habana

Golfo de México

ESTADOS UNIDOS

Los coco taxis son un medio de transporte cubano muy popular.

Plaza del Capitolio

Océano Atlántico

La Habana

Cordillera de Guaniguanico

Isla de la Juventud

Camagüey

Mar Caribe

ESTADOS UNIDOS
CUBA
OCÉANO ATLÁNTICO
OCÉANO PACÍFICO
AMÉRICA DEL SUR

La música es parte esencial de la vida en Cuba.

recursos
vText
CA pp. 79–80
CP pp. 69–70
vhlcentral

¡Increíble pero cierto!

Pequeño y liviano°, el colibrí abeja° de Cuba es una de las más de 320 especies de colibrí y es también el ave° más pequeña del mundo°. Menores que muchos insectos, estas aves minúsculas miden° 5 centímetros y pesan° sólo 1,95 gramos.

¡De compras! doscientos veintitrés 223

Baile • Ballet Nacional de Cuba
La bailarina Alicia Alonso fundó el Ballet Nacional de Cuba en 1948, después de° convertirse en una estrella° internacional en el Ballet de Nueva York y en Broadway. El Ballet Nacional de Cuba es famoso en todo el mundo por su creatividad y perfección técnica.

Economía • La caña de azúcar y el tabaco
La caña de azúcar° es el producto agrícola° que más se cultiva en la isla y su exportación es muy importante para la economía del país. El tabaco, que se usa para fabricar los famosos puros° cubanos, es otro cultivo° de mucha importancia.

Gente • Población
La población cubana tiene raíces° muy heterogéneas. La inmigración a la isla fue determinante° desde la colonia hasta mediados° del siglo° XX. Los cubanos de hoy son descendientes de africanos, europeos, chinos y antillanos, entre otros.

Música • Buena Vista Social Club
En 1997 nace° el fenómeno musical conocido como *Buena Vista Social Club*. Este proyecto reúne° a un grupo de importantes músicos de Cuba, la mayoría ya mayores, con una larga trayectoria interpretando canciones clásicas del son° cubano. Ese mismo año ganaron un *Grammy*. Hoy en día estos músicos son conocidos en todo el mundo, y personas de todas las edades bailan al ritmo° de su música.

¿Qué aprendiste? Responde a las preguntas con una oración completa.
1. ¿Qué autor está asociado con La Habana Vieja?
2. ¿Por qué es famoso el Ballet Nacional de Cuba?
3. ¿Cuáles son los dos cultivos más importantes para la economía cubana?
4. ¿Qué fabrican los cubanos con la planta del tabaco?
5. ¿De dónde son muchos de los inmigrantes que llegaron a Cuba?
6. ¿En qué año ganó un *Grammy* el disco *Buena Vista Social Club*?

Conexión Internet Investiga estos temas en **vhlcentral.com**.
1. Busca información sobre un(a) cubano/a célebre. ¿Por qué es célebre? ¿Qué hace? ¿Todavía vive en Cuba?
2. Busca información sobre una de las ciudades principales de Cuba. ¿Qué atracciones hay en esta ciudad?

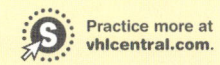

Practice more at vhlcentral.com.

después de *after* estrella *star* caña de azúcar *sugar cane* agrícola *farming* puros *cigars* cultivo *crop* raíces *roots* determinante *deciding* mediados *halfway through* siglo *century* nace *is born* reúne *gets together* son *Cuban musical genre* ritmo *rhythm*

vocabulario

La ropa

el abrigo	coat
los (blue)jeans	jeans
la blusa	blouse
la bolsa	purse; bag
la bota	boot
los calcetines (el calcetín)	sock(s)
la camisa	shirt
la camiseta	t-shirt
la cartera	wallet
la chaqueta	jacket
el cinturón	belt
la corbata	tie
la falda	skirt
las gafas (de sol)	(sun)glasses
los guantes	gloves
el impermeable	raincoat
las medias	pantyhose; stockings
los pantalones	pants
los pantalones cortos	shorts
la ropa	clothing; clothes
la ropa interior	underwear
las sandalias	sandals
el sombrero	hat
el suéter	sweater
el traje	suit
el traje de baño	bathing suit
el vestido	dress
los zapatos de tenis	sneakers

Verbos

conducir	to drive
conocer	to know; to be acquainted with
dar	to give
ofrecer	to offer
parecer	to seem
saber	to know; to know how
traducir	to translate

Ir de compras

el almacén	department store
la caja	cash register
el centro comercial	shopping mall
el/la cliente/a	customer
el/la dependiente/a	clerk
el dinero	money
(en) efectivo	cash
el mercado (al aire libre)	(open-air) market
un par (de zapatos)	a pair (of shoes)
el precio (fijo)	(fixed; set) price
la rebaja	sale
el regalo	gift
la tarjeta de crédito	credit card
la tienda	shop; store
el/la vendedor(a)	salesperson
costar (o:ue)	to cost
gastar	to spend (money)
hacer juego (con)	to match (with)
llevar	to wear; to take
pagar	to pay
regatear	to bargain
usar	to wear; to use
vender	to sell

Adjetivos

barato/a	cheap
bueno/a	good
cada	each
caro/a	expensive
corto/a	short (in length)
elegante	elegant
hermoso/a	beautiful
largo/a	long
loco/a	crazy
nuevo/a	new
otro/a	other; another
pobre	poor
rico/a	rich

Los colores

el color	color
anaranjado/a	orange
gris	gray
marrón, café	brown
morado/a	purple
rosado/a	pink

Palabras adicionales

acabar de (+ *inf.*)	to have just done something
anoche	last night
anteayer	the day before yesterday
ayer	yesterday
de repente	suddenly
desde	from
dos veces	twice; two times
hasta	until
pasado/a (*adj.*)	last; past
el año pasado	last year
la semana pasada	last week
prestar	to lend; to loan
una vez	once; one time
ya	already

Indirect object pronouns	See page 202.
Demonstrative adjectives and pronouns	See page 210.
Expresiones útiles	See page 195.

La rutina diaria

7

Communicative Goals

I will be able to:
- Describe my daily routine
- Talk about personal hygiene
- Reassure someone

contextos
pages 226–229
- Daily routine
- Personal hygiene
- Time expressions

fotonovela
pages 230–233
Marisa, Felipe, and Jimena all compete for space in front of the mirror as they get ready to go out on Friday night.

cultura
pages 234–235
- **La siesta**
- **El mate**

estructura
pages 236–251
- Reflexive verbs
- Indefinite and negative words
- Preterite of **ser** and **ir**
- Verbs like **gustar**
- **Recapitulación**

adelante
pages 252–259
Lectura: An e-mail from Guillermo
Escritura: A daily routine
Escuchar: An interview with a famous actor
En pantalla
Flash cultura
Panorama: Perú

A PRIMERA VISTA
- ¿Está él en casa o en una tienda?
- ¿Está contento o enojado?
- ¿Cómo es él?
- ¿Qué colores hay en la foto?

7 contextos

Lección 7

La rutina diaria

🔊 **My Vocabulary Tutorials**

Más vocabulario

el baño, el cuarto de baño	bathroom
el inodoro	toilet
el jabón	soap
el despertador	alarm clock
el maquillaje	makeup
la rutina diaria	daily routine
bañarse	to bathe; to take a bath
cepillarse el pelo	to brush one's hair
dormirse (o:ue)	to go to sleep; to fall asleep
lavarse la cara	to wash one's face
levantarse	to get up
maquillarse	to put on makeup
antes (de)	before
después	afterwards; then
después (de)	after
durante	during
entonces	then
luego	then
más tarde	later on
por la mañana	in the morning
por la noche	at night
por la tarde	in the afternoon; in the evening
por último	finally

Variación léxica

afeitarse ⟷ rasurarse *(Méx., Amér. C.)*
ducha ⟷ regadera *(Col., Méx., Venez.)*
ducharse ⟷ bañarse *(Amér. L.)*
pantuflas ⟷ chancletas *(Méx., Col.);* zapatillas *(Esp.)*

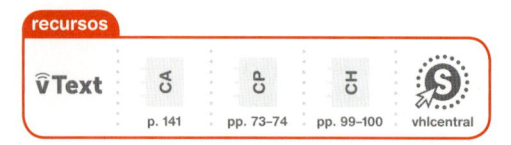

recursos
vText p. 141 | CA pp. 73–74 | CP pp. 99–100 | CH | vhlcentral

Se viste. (vestirse)

Se despierta. (despertarse)

En la habitación por la mañana

el espejo
Se afeita. (afeitarse)
Se pone crema de afeitar. (ponerse)
el lavabo
la crema de afeitar
la ducha
Se ducha. (ducharse)
el champú

En el baño por la mañana

La rutina diaria

Se peina. (peinarse)

Se acuesta. (acostarse)

En la habitación por la noche

Se lava las manos. (lavarse las manos)

Se cepilla los dientes. (cepillarse los dientes)

la toalla

la pasta de dientes

las pantuflas

En el baño por la noche

Práctica

1 Escuchar Escucha las oraciones e indica si cada oración es **cierta** o **falsa**, según el dibujo.

1. _____   6. _____
2. _____   7. _____
3. _____   8. _____
4. _____   9. _____
5. _____   10. _____

2 Ordenar Escucha la rutina diaria de Marta. Después ordena los verbos según lo que escuchaste.

____ a. almorzar   ____ e. desayunar
____ b. ducharse   ____ f. dormirse
____ c. peinarse   ____ g. despertarse
____ d. ver la televisión   ____ h. estudiar en la biblioteca

3 Seleccionar Selecciona la palabra que no está relacionada con cada grupo.

1. lavabo • toalla • despertador • jabón _____
2. manos • antes de • después de • por último _____
3. acostarse • jabón • despertarse • dormirse _____
4. espejo • lavabo • despertador • entonces _____
5. dormirse • toalla • vestirse • levantarse _____
6. pelo • cara • manos • inodoro _____
7. espejo • champú • jabón • pasta de dientes _____
8. maquillarse • vestirse • peinarse • dientes _____
9. baño • dormirse • despertador • acostarse _____
10. ducharse • luego • bañarse • lavarse _____

4 Identificar Con un(a) compañero/a, identifica las cosas que cada persona necesita. Sigue el modelo.

modelo
Jorge / lavarse la cara
Estudiante 1: ¿Qué necesita Jorge para lavarse la cara?
Estudiante 2: Necesita jabón y una toalla.

1. Mariana / maquillarse
2. Gerardo / despertarse
3. Celia / bañarse
4. Gabriel / ducharse
5. Roberto / afeitarse
6. Sonia / lavarse el pelo
7. Vanesa / lavarse las manos
8. Manuel / vestirse

5 La rutina de Andrés Ordena esta rutina de una manera lógica.

a. Se afeita después de cepillarse los dientes. _____
b. Se acuesta a las once y media de la noche. _____
c. Por último, se duerme. _____
d. Después de afeitarse, sale para las clases. _____
e. Asiste a todas sus clases y vuelve a su casa. _____
f. Andrés se despierta a las seis y media de la mañana. _____
g. Después de volver a casa, come un poco. Luego estudia en su habitación. _____
h. Se viste y entonces se cepilla los dientes. _____
i. Se cepilla los dientes antes de acostarse. _____
j. Se ducha antes de vestirse. _____

6 La rutina diaria Con un(a) compañero/a, mira los dibujos y describe lo que hacen Juan y Ana.

1. 
2. 
3. 
4. 
5. 
6. 
7. 
8.

Comunicación

7 **La farmacia** Lee el anuncio y responde a las preguntas con un(a) compañero/a.

LA FARMACIA NUEVO SOL tiene todo lo que necesitas para la vida diaria.

Esta semana tenemos grandes rebajas.

Con poco dinero puedes comprar lo que necesitas para el cuarto de baño ideal.

Para los hombres ofrecemos…
Excelentes cremas de afeitar de Guapo y Máximo

Para las mujeres ofrecemos…
Nuevo maquillaje de Marisol y jabones de baño Ilusiones y Belleza

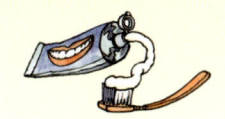

Y para todos tenemos los mejores jabones, pastas de dientes y cepillos de dientes.

¡Visita **LA FARMACIA NUEVO SOL**!
Tenemos los mejores precios. Visita nuestra tienda muy cerca de tu casa.

1. ¿Qué tipo de tienda es?
2. ¿Qué productos ofrecen para las mujeres?
3. ¿Qué productos ofrecen para los hombres?
4. Haz (*Make*) una lista de los verbos que asocias con los productos del anuncio.
5. ¿Dónde compras tus productos de higiene?
6. ¿Tienes una tienda favorita? ¿Cuál es?

8 **Rutinas diarias** Trabajen en parejas para describir la rutina diaria de dos o tres de estas personas. Pueden usar palabras de la lista.

antes (de)	entonces	primero
después (de)	luego	tarde
durante el día	por último	temprano

- un(a) maestro/a
- un(a) turista
- un hombre o una mujer de negocios (*businessman/woman*)
- un vigilante nocturno (*night watchman*)
- un(a) jubilado/a (*retired person*)
- el presidente/primer ministro de tu país
- un niño de cuatro años
- ▶ Daniel Espinosa

NOTA CULTURAL

Daniel Espinosa (México, 1961) es un famoso diseñador de joyería (*jewelry*). Su trabajo es vanguardista (*avant-garde*), arriesgado (*daring*) e innovador. Su material favorito es la plata (*silver*). Entre sus clientes están Salma Hayek, Nelly Furtado, Eva Longoria, Gwyneth Paltrow, Shakira y Daisy Fuentes.

7 | fotonovela

Lección 7

¡Necesito arreglarme!

Es viernes por la tarde y Marissa, Jimena y Felipe se preparan para salir.

PERSONAJES MARISSA JIMENA

Video: *Fotonovela*

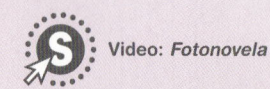

1

MARISSA ¿Hola? ¿Está ocupado?
JIMENA Sí. Me estoy lavando la cara.
MARISSA Necesito usar el baño.

2

MARISSA Tengo que terminar de arreglarme. Voy al cine esta noche.
JIMENA Yo también tengo que salir. ¿Te importa si me maquillo primero? Me voy a encontrar con mi amiga Elena en una hora.

3

JIMENA ¡Felipe! ¿Qué estás haciendo?
FELIPE Me estoy afeitando. ¿Hay algún problema?
JIMENA ¡Siempre haces lo mismo!
FELIPE Pues, yo no vi a nadie aquí.

6

MARISSA Tú ganas. ¿Adónde vas a ir esta noche, Felipe?
FELIPE Juan Carlos y yo vamos a ir a un café en el centro. Siempre hay música en vivo. (*Sale.*) Me siento guapísimo. Todavía me falta cambiarme la camisa.

7

MARISSA ¿Adónde vas esta noche?
JIMENA A la biblioteca.
MARISSA ¡Es viernes! ¡Nadie debe estudiar los viernes! Voy a ver una película de Pedro Almodóvar con unas amigas.

8

MARISSA ¿Por qué no vienen tú y Elena al cine con nosotras? Después, podemos ir a ese café y molestar a Felipe.

La rutina diaria

FELIPE

JIMENA ¿Por qué no te afeitaste por la mañana?

FELIPE Porque cada vez que quiero usar el baño, una de ustedes está aquí. O bañándose o maquillándose.

JIMENA No te preocupes, Marissa. Llegaste primero. Entonces, te arreglas el pelo y después me maquillo.

FELIPE ¿Y yo? Tengo crema de afeitar en la cara. No me voy a ir. Estoy aquí y aquí me quedo.

JIMENA No sé.

MARISSA ¿Cuándo fue la última vez que viste a Juan Carlos?

JIMENA Cuando fuimos a Mérida.

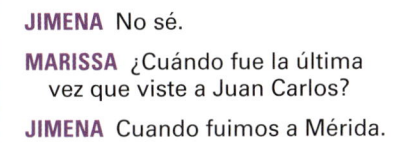

MARISSA A ti te gusta ese chico.

JIMENA No tengo idea de qué estás hablando. Si no te importa, nos vemos en el cine.

Expresiones útiles

Talking about getting ready
Necesito arreglarme.
I need to get ready.
Me estoy lavando la cara.
I'm washing my face.
¿Te importa si me maquillo primero?
Is it OK with you if I put on my makeup first?
Tú te arreglas el pelo y después yo me maquillo.
You fix your hair and then I'll put on my makeup.
Todavía me falta cambiarme la camisa.
I still have to change my shirt.

Reassuring someone
Tranquilo/a.
Relax.
No te preocupes.
Don't worry.

Talking about past actions
¿Cuándo fue la última vez que viste a Juan Carlos?
When was the last time you saw Juan Carlos?
Cuando fuimos a Mérida.
When we went to Mérida.

Talking about likes and dislikes
Me fascinan las películas de Almodóvar.
I love Almodóvar's movies.
Me encanta la música en vivo.
I love live music.
Me molesta compartir el baño.
It bothers me to share the bathroom.

Additional vocabulary
encontrarse con *to meet up with*
molestar *to bother*
nadie *no one*

¿Qué pasó?

1 **¿Cierto o falso?** Indica si lo que dicen estas oraciones es **cierto** o **falso.** Corrige las oraciones falsas.

1. Marissa va a ver una película de Pedro Almodóvar con unas amigas.
2. Jimena se va a encontrar con Elena en dos horas.
3. Felipe se siente muy feo después de afeitarse.
4. Jimena quiere maquillarse.
5. Marissa quiere ir al café para molestar a Juan Carlos.

2 **Identificar** Identifica quién puede decir estas oraciones. Puedes usar cada nombre más de una vez.

1. No puedo usar el baño porque siempre están aquí, o bañándose o maquillándose. _____
2. Quiero arreglarme el pelo porque voy al cine esta noche. _____
3. Hoy voy a ir a la biblioteca. _____
4. ¡Necesito arreglarme! _____
5. Te gusta Juan Carlos. _____
6. ¿Por qué quieres afeitarte cuando estamos en el baño? _____

MARISSA

FELIPE

JIMENA

3 **Ordenar** Ordena correctamente los planes que tiene Marissa.

____ a. Voy al café.
____ b. Me arreglo el pelo.
____ c. Molesto a Felipe.
____ d. Me encuentro con unas amigas.
____ e. Entro al baño.
____ f. Voy al cine.

4 **En el baño** Trabajen en parejas para representar los papeles de dos compañeros/as de cuarto que deben usar el baño al mismo tiempo para hacer su rutina diaria. Usen las instrucciones como guía.

Estudiante 1	Estudiante 2
Di (*Say*) que quieres arreglarte porque vas a ir al cine.	Di (*Say*) que necesitas arreglarte porque te vas a encontrar con tus amigos/as.
Pregunta si puedes secarte (*dry*) el pelo.	Responde que no porque necesitas lavarte la cara.
Di que puede lavarse la cara, pero que después necesitas secarte el pelo.	Di que puede secarse el pelo, pero que después necesitas peinarte.

Practice more at vhlcentral.com.

Pronunciación
The consonant r

ropa **rutina** **rico** **Ramón**

In Spanish, **r** has a strong trilled sound at the beginning of a word. No English words have a trill, but English speakers often produce a trill when they imitate the sound of a motor.

gustar **durante** **primero** **crema**

In any other position, **r** has a weak sound similar to the English *tt* in *better* or the English *dd* in *ladder*. In contrast to English, the tongue touches the roof of the mouth behind the teeth.

pizarra **corro** **marrón** **aburrido**

The letter combination **rr**, which only appears between vowels, always has a strong trilled sound.

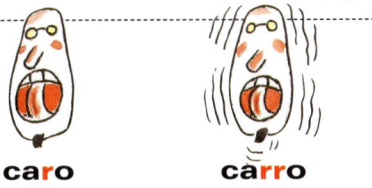

caro **carro** **pero** **perro**

Between vowels, the difference between the strong trilled **rr** and the weak **r** is very important, as a mispronunciation could lead to confusion between two different words.

Práctica Lee las palabras en voz alta, prestando (*paying*) atención a la pronunciación de la **r** y la **rr**.

1. Perú
2. Rosa
3. borrador
4. madre
5. comprar
6. favor
7. rubio
8. reloj
9. Arequipa
10. tarde
11. cerrar
12. despertador

Oraciones Lee las oraciones en voz alta, prestando atención a la pronunciación de la **r** y la **rr**.

1. Ramón Robles Ruiz es programador. Su esposa Rosaura es artista.
2. A Rosaura Robles le encanta regatear en el mercado.
3. Ramón nunca regatea… le aburre regatear.
4. Rosaura siempre compra cosas baratas.
5. Ramón no es rico, pero prefiere comprar cosas muy caras.
6. ¡El martes Ramón compró un carro nuevo!

Refranes Lee en voz alta los refranes, prestando atención a la **r** y a la **rr**.

Perro que ladra no muerde.[1]

No se ganó Zamora en una hora.[2]

[1] A dog's bark is worse than its bite.
[2] Rome wasn't built in a day.

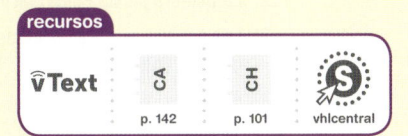

cultura

EN DETALLE

La siesta

¿Sientes cansancio° después de comer?
¿Te cuesta° volver al trabajo° o a clase después del almuerzo? Estas sensaciones son normales. A muchas personas les gusta relajarse° después de almorzar. Este momento de descanso es **la siesta.** La siesta es popular en los países hispanos y viene de una antigua costumbre° del área del Mediterráneo. La palabra *siesta* viene del latín, es una forma corta de decir "sexta hora". La sexta hora del día es después del mediodía, el momento de más calor. Debido al° calor y al cansancio, los habitantes de España, Italia, Grecia y Portugal tienen la costumbre de dormir la siesta desde hace° más de° dos mil años. Los españoles y los portugueses llevaron la costumbre a los países americanos.

Aunque° hoy día esta costumbre está desapareciendo° en las grandes ciudades, la siesta todavía es importante en la cultura hispana. En pueblos pequeños, por ejemplo, muchas oficinas° y tiendas tienen la costumbre de cerrar por dos o tres horas después del mediodía. Los empleados van a su casa, almuerzan con sus familias, duermen la siesta o hacen actividades, como ir al gimnasio, y luego regresan al trabajo entre las 2:30 y las 4:30 de la tarde.

Los estudios científicos explican que una siesta corta después de almorzar ayuda° a trabajar más y mejor° durante la tarde. Pero ¡cuidado! Esta siesta debe durar° sólo entre veinte y cuarenta minutos. Si dormimos más, entramos en la fase de sueño profundo y es difícil despertarse.

Hoy, algunas empresas° de los EE.UU., Canadá, Japón, Inglaterra y Alemania tienen salas° especiales donde los empleados pueden dormir la siesta.

¿Dónde duermen la siesta?

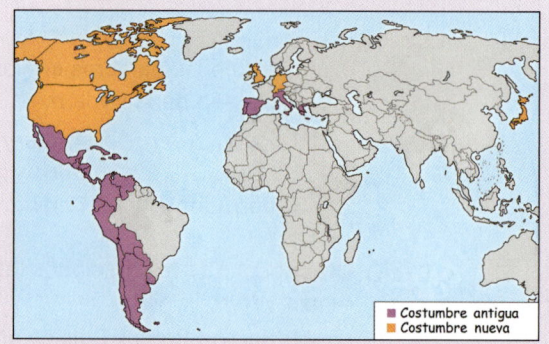

- Costumbre antigua
- Costumbre nueva

En los lugares donde la siesta es una costumbre antigua, las personas la duermen en su casa. En los países donde la siesta es una costumbre nueva, la gente duerme en sus lugares de trabajo o en centros de siesta.

Sientes cansancio *Do you feel tired* Te cuesta *Is it hard for you* trabajo *work* relajarse *to relax* antigua costumbre *old custom* Debido al *Because (of)* desde hace *for* más de *more than* Aunque *Although* está desapareciendo *is disappearing* oficinas *offices* ayuda *helps* mejor *better* durar *last* algunas empresas *some businesses* salas *rooms*

ACTIVIDADES

1 ¿Cierto o falso? Indica si lo que dicen las oraciones es **cierto** o **falso.** Corrige la información falsa.

1. La costumbre de la siesta empezó en Asia.
2. La palabra siesta está relacionada con la sexta hora del día.
3. Los españoles y los portugueses llevaron la costumbre de la siesta a Latinoamérica.
4. La siesta ayuda a trabajar más y mejor durante la tarde.
5. Los horarios de trabajo de las grandes ciudades hispanas son los mismos que los pueblos pequeños.
6. Una siesta larga siempre es mejor que una siesta corta.
7. En los Estados Unidos, los empleados de algunas empresas pueden dormir la siesta en el trabajo.
8. Es fácil despertar de un sueño profundo.

La rutina diaria

ASÍ SE DICE
El cuidado personal

el aseo; el excusado; el servicio; el váter (Esp.)	el baño
el cortaúñas	nail clippers
el desodorante	deodorant
el enjuague bucal	mouthwash
el hilo dental/ la seda dental	dental floss
la máquina de afeitar/ de rasurar (Méx.)	electric razor

EL MUNDO HISPANO
Costumbres especiales

- **México y El Salvador** Los vendedores pasan por las calles anunciando a gritos° su mercancía°: tanques de gas y flores° en México; pan y tortillas en El Salvador.

- **Costa Rica** Para encontrar las direcciones°, los costarricenses usan referencias a anécdotas, lugares o características geográficas. Por ejemplo: *200 metros norte de la iglesia Católica, frente al° supermercado Mi Mega.*

- **Argentina** En Tigre, una ciudad junto al Río° de la Plata, la gente usa barcos particulares°, barcos colectivos y barcos-taxi para ir de una isla a otra. Todas las mañanas, un barco colectivo recoge° a los niños y los lleva a la escuela.

gritos *shouts* mercancía *merchandise* flores *flowers* direcciones *addresses* frente al *opposite* río *river* particulares *private* recoge *picks up*

PERFIL
El mate

El mate es una parte muy importante de la rutina diaria en muchos países. Es una bebida° muy similar al té que se consume en Argentina, Uruguay y Paraguay. Tradicionalmente se bebe caliente° con una *bombilla*° y en un recipiente° que también se llama *mate*. Por ser amarga, algunos le agregan° azúcar para suavizar su sabor°. El mate se puede tomar a cualquier° hora y en cualquier lugar, aunque en Argentina las personas prefieren sentarse en círculo e ir pasando el mate de mano en mano mientras° conversan. Los uruguayos, por otra parte, acostumbran llevar el agua° caliente para el mate en un termo° bajo el brazo° y lo beben mientras caminan. Si ves a una persona con un termo bajo el brazo y un mate en la mano, ¡es casi seguro que es de Uruguay!

bebida *drink* caliente *hot* bombilla *straw (in Argentina)* recipiente *container* amarga *bitter* agregan *add* suavizar su sabor *soften its flavor* cualquier *any* mientras *while* agua *water* termo *thermos* bajo el brazo *under their arm*

Conexión Internet

¿Qué costumbres son populares en los países hispanos?

Go to **vhlcentral.com** to find more cultural information related to this **Cultura** section.

ACTIVIDADES

2 Comprensión Completa las oraciones.
1. Uso _____ para limpiar (*to clean*) entre los dientes.
2. En _____ las personas compran pan y tortillas a los vendedores que pasan por la calle.
3. El _____ es una bebida similar al té.
4. Los uruguayos beben mate mientras _____.

3 ¿Qué costumbres tienes? Escribe cuatro oraciones sobre una costumbre que compartes con tus amigos o con tu familia (por ejemplo: ir al cine, ir a eventos deportivos, leer, comer juntos, etc.). Explica qué haces, cuándo lo haces y con quién.

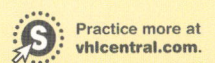

Practice more at vhlcentral.com.

7.1 Reflexive verbs

ANTE TODO A reflexive verb is used to indicate that the subject does something to or for himself or herself. In other words, it "reflects" the action of the verb back to the subject. Reflexive verbs always use reflexive pronouns.

SUBJECT → REFLEXIVE VERB

Joaquín **se ducha** por la mañana.

The verb **lavarse** (*to wash oneself*)

SINGULAR FORMS

yo	**me lavo**	*I wash (myself)*
tú	**te lavas**	*you wash (yourself)*
Ud.	**se lava**	*you wash (yourself)*
él/ella	**se lava**	*he/she washes (himself/herself)*

PLURAL FORMS

nosotros/as	**nos lavamos**	*we wash (ourselves)*
vosotros/as	**os laváis**	*you wash (yourselves)*
Uds.	**se lavan**	*you wash (yourselves)*
ellos/ellas	**se lavan**	*they wash (themselves)*

▶ The pronoun **se** attached to an infinitive identifies the verb as reflexive: **lavarse**.

▶ When a reflexive verb is conjugated, the reflexive pronoun agrees with the subject.

Me afeito.   **Te despiertas** a las siete.

¿Te importa si me maquillo primero?

A las chicas les encanta maquillarse durante horas y horas.

AYUDA

Except for **se**, reflexive pronouns have the same forms as direct and indirect object pronouns.

•••

Se is used for both singular and plural subjects—there is no individual plural form:
Pablo **se** lava.
Ellos **se** lavan.

▶ Like object pronouns, reflexive pronouns generally appear before a conjugated verb. With infinitives and present participles, they may be placed before the conjugated verb or attached to the infinitive or present participle.

Ellos **se** van a vestir.   **Nos** estamos lavando las manos.
Ellos van a vestir**se**.   Estamos lavándo**nos** las manos.
They are going to get dressed.   *We are washing our hands.*

▶ **¡Atención!** When a reflexive pronoun is attached to a present participle, an accent mark is added to maintain the original stress.

bañando ⟶ bañándo**se**   durmiendo ⟶ durmiéndo**se**

La rutina diaria

AYUDA

You have already learned several adjectives that can be used with **ponerse** when it means *to become*:

alegre, cómodo/a, contento/a, elegante, guapo/a, nervioso/a, rojo/a, and **triste**.

Common reflexive verbs

acordarse (de) (o:ue)	to remember	llamarse	to be called; to be named
acostarse (o:ue)	to go to bed		
afeitarse	to shave	maquillarse	to put on makeup
bañarse	to bathe; to take a bath	peinarse	to comb one's hair
cepillarse	to brush	ponerse	to put on
despertarse (e:ie)	to wake up	ponerse (+ *adj.*)	to become (+ *adj.*)
dormirse (o:ue)	to go to sleep; to fall asleep	preocuparse (por)	to worry (about)
		probarse (o:ue)	to try on
ducharse	to shower; to take a shower	quedarse	to stay; to remain
		quitarse	to take off
enojarse (con)	to get angry (with)	secarse	to dry (oneself)
irse	to go away; to leave	sentarse (e:ie)	to sit down
lavarse	to wash (oneself)	sentirse (e:ie)	to feel
levantarse	to get up	vestirse (e:i)	to get dressed

COMPARE & CONTRAST

Unlike English, a number of verbs in Spanish can be reflexive or non-reflexive. If the verb acts upon the subject, the reflexive form is used. If the verb acts upon something other than the subject, the non-reflexive form is used. Compare these sentences.

Lola **lava** los platos.    Patricia **se lava** la cara.

As the preceding sentences show, reflexive verbs sometimes have different meanings than their non-reflexive counterparts. For example, **lavar** means *to wash*, while **lavarse** means *to wash oneself, to wash up*.

▶ **¡Atención!** Parts of the body or clothing are generally not referred to with possessives, but with articles.

La niña se quitó **un** zapato.   Necesito cepillarme **los** dientes.

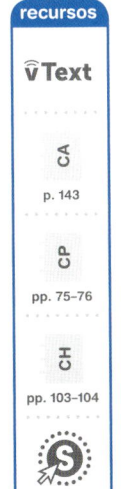

¡INTÉNTALO! Indica el presente de estos verbos reflexivos.

despertarse
1. Mis hermanos _se despiertan_ tarde.
2. Tú _____ tarde.
3. Nosotros _____ tarde.
4. Benito _____ tarde.
5. Yo _____ tarde.

ponerse
1. Él _se pone_ una chaqueta.
2. Yo _____ una chaqueta.
3. Usted _____ una chaqueta.
4. Nosotras _____ una chaqueta.
5. Las niñas _____ una chaqueta.

recursos

vText

CA p. 143

CP pp. 75–76

CH pp. 103–104

vhlcentral

Práctica

1. Nuestra rutina La familia de Blanca sigue la misma rutina todos los días. Según Blanca, ¿qué hacen ellos?

> **modelo**
> mamá / despertarse a las 5:00
> Mamá se despierta a las cinco.

1. Roberto y yo / levantarse a las 7:00
2. papá / ducharse primero y / luego afeitarse
3. yo / lavarse la cara y / vestirse antes de tomar café
4. mamá / peinarse y / luego maquillarse
5. todos (nosotros) / sentarse a la mesa para comer
6. Roberto / cepillarse los dientes después de comer
7. yo / ponerse el abrigo antes de salir
8. nosotros / irse

NOTA CULTURAL

Como en los EE.UU., **tomar café** en el desayuno es muy común en los países hispanos.

En muchas familias, incluso los niños toman café con leche (*milk*) en el desayuno antes de ir a la escuela.

El café en los países hispanos generalmente es más fuerte que en los EE.UU., y el descafeinado no es muy popular.

2. La fiesta elegante Selecciona el verbo apropiado y completa las oraciones con la forma correcta.

1. Tú _____ (lavar / lavarse) el auto antes de ir a la fiesta.
2. Nosotros _____ (bañar / bañarse) antes de ir a la fiesta.
3. Para llegar a tiempo, Raúl y Marta _____ (acostar / acostarse) a los niños antes de salir.
4. Cecilia _____ (maquillar / maquillarse) antes de salir.
5. Mis amigos siempre _____ (vestir / vestirse) con ropa muy elegante.
6. Julia y Ana _____ (poner / ponerse) los vestidos nuevos.
7. Usted _____ (ir / irse) a llegar antes que (*before*) los demás invitados, ¿no?
8. En general, _____ (afeitar / afeitarse) yo mismo, pero hoy es un día especial y el barbero (*barber*) me _____ (afeitar / afeitarse). ¡Será una fiesta inolvidable!

¡LENGUA VIVA!

In Spain, a car is called **un coche**, while in many parts of Latin America it is known as **un carro**. Although you will be understood using either of these terms, using **auto** (**automóvil**) will always avoid any confusion.

3. Describir Mira los dibujos y describe lo que estas personas hacen.

1. el joven
2. Carmen 
3. Juan 
4. los pasajeros 
5. Estrella 
6. Toni

Comunicación

4 **Preguntas personales** En parejas, túrnense para hacerse estas preguntas.

1. ¿A qué hora te levantas durante la semana?
2. ¿A qué hora te levantas los fines de semana?
3. ¿Prefieres levantarte tarde o temprano? ¿Por qué?
4. ¿Te enojas frecuentemente con tus amigos?
5. ¿Te preocupas fácilmente? ¿Qué te preocupa?
6. ¿Qué te pone contento/a?
7. ¿Qué haces cuando te sientes triste?
8. ¿Y cuando te sientes alegre?
9. ¿Te acuestas tarde o temprano durante la semana?
10. ¿A qué hora te acuestas los fines de semana?

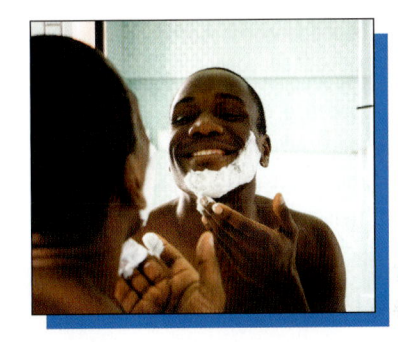

5 **Charadas** En grupos, jueguen a las charadas. Cada persona debe pensar en dos oraciones con verbos reflexivos. La primera persona que adivina la charada dramatiza la siguiente.

6 **Debate** En grupos, discutan este tema: ¿Quiénes necesitan más tiempo para arreglarse (*to get ready*) antes de salir, los hombres o las mujeres? Hagan una lista de las razones (*reasons*) que tienen para defender sus ideas e informen a la clase.

7 **La coartada** Hoy se cometió un crimen entre las 7 y las 11 de la mañana. En parejas, imaginen que uno de ustedes es un sospechoso y el otro un policía investigador. El policía le pregunta al sospechoso qué hace habitualmente a esas horas y el sospechoso responde. Luego, el policía presenta las respuestas del sospechoso ante el jurado (la clase) y entre todos deciden si es culpable o no.

Síntesis

8 **La familia ocupada** Tú y tu compañero/a asisten a un programa de verano en Lima, Perú. Viven con la familia Ramos. Tu profesor(a) te va a dar la rutina incompleta que la familia sigue en las mañanas. Trabaja con tu compañero/a para completarla.

modelo

Estudiante 1: ¿Qué hace el señor Ramos a las seis y cuarto?
Estudiante 2: El señor Ramos se levanta.

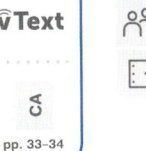

7.2 Indefinite and negative words

ANTE TODO Indefinite words refer to people and things that are not specific, for example, *someone* or *something*. In Spanish, indefinite words have corresponding negative words, which are opposite in meaning.

Indefinite and negative words

Indefinite words		Negative words	
algo	something; anything	nada	nothing; not anything
alguien	someone; somebody; anyone	nadie	no one; nobody; not anyone
alguno/a(s), algún	some; any	ninguno/a, ningún	no; none; not any
o... o	either... or	ni... ni	neither... nor
siempre	always	nunca, jamás	never, not ever
también	also; too	tampoco	neither; not either

▶ There are two ways to form negative sentences in Spanish. You can place the negative word before the verb, or you can place **no** before the verb and the negative word after.

Nadie se levanta temprano.
No one gets up early.

No se levanta nadie temprano.
No one gets up early.

Ellos **nunca gritan**.
They never shout.

Ellos **no gritan nunca**.
They never shout.

¿Hay algún problema?

Siempre haces esto.

▶ Because they refer to people, **alguien** and **nadie** are often used with the personal **a**. The personal **a** is also used before **alguno/a, algunos/as**, and **ninguno/a** when these words refer to people and they are the direct object of the verb.

—Perdón, señor, ¿busca usted **a alguien**?
—No, gracias, señorita, no busco **a nadie**.

—Tomás, ¿buscas **a alguno** de tus hermanos?
—No, mamá, no busco **a ninguno**.

▶ **¡Atención!** Before a masculine singular noun, **alguno** and **ninguno** are shortened to **algún** and **ningún**.

—¿Tienen ustedes **algún** amigo peruano?
—No, no tenemos **ningún** amigo peruano.

AYUDA

Alguno/a, algunos/as are not always used in the same way English uses *some* or *any*. Often, **algún** is used where *a* would be used in English.

¿Tienes **algún** libro que hable de los incas?
*Do you have **a** book that talks about the Incas?*

Note that **ninguno/a** is rarely used in the plural.

—¿Visitaste algunos museos?
—No, no visité ninguno.

La rutina diaria

> **COMPARE & CONTRAST**
>
> In English, it is incorrect to use more than one negative word in a sentence. In Spanish, however, sentences frequently contain two or more negative words. Compare these Spanish and English sentences.
>
> **Nunca** le escribo a **nadie**.
> *I never write to anyone.*
>
> **No** me preocupo **nunca** por **nada**.
> *I do not ever worry about anything.*
>
> As the preceding sentences show, once an English sentence contains one negative word (for example, *not* or *never*), no other negative word may be used. Instead, indefinite (or affirmative) words are used. In Spanish, however, once a sentence is negative, no other affirmative (that is, indefinite) word may be used. Instead, all indefinite ideas must be expressed in the negative.

▶ **Pero** is used to mean *but*. The meaning of **sino** is *but rather* or *on the contrary*. It is used when the first part of the sentence is negative and the second part contradicts it.

Los estudiantes no se acuestan temprano **sino** tarde.
The students don't go to bed early, but rather late.

Esas gafas son caras, **pero** bonitas.
Those glasses are expensive, but pretty.

María no habla francés **sino** español.
María doesn't speak French, but rather Spanish.

José es inteligente, **pero** no saca buenas notas.
José is intelligent but doesn't get good grades.

¡INTÉNTALO!

Cambia las oraciones para que sean negativas.

1. Siempre se viste bien.
   Nunca se viste bien.
   _No_ se viste bien _nunca_.
2. Alguien se ducha.
   _____ se ducha.
   _____ se ducha _____.
3. Ellas van también.
   Ellas _____ van.
   Ellas _____ van _____.
4. Alguien se pone nervioso.
   _____ se pone nervioso.
   _____ se pone nervioso _____.
5. Tú siempre te lavas las manos.
   Tú _____ te lavas las manos.
   Tú ____ te lavas las manos _____.
6. Voy a traer algo.
   _____ voy a traer _____.
7. Juan se afeita también.
   Juan _____ se afeita.
   Juan _____ se afeita _____.
8. Mis amigos viven en una residencia o en casa.
   Mis amigos _____ viven _____ en una residencia _____ en casa.
9. La profesora hace algo en su escritorio.
   La profesora _____ hace _____ en su escritorio.
10. Tú y yo vamos al mercado.
    _____ tú _____ yo vamos al mercado.
11. Tienen un espejo en su casa.
    _____ tienen _____ espejo en su casa.
12. Algunos niños se ponen los abrigos.
    _____ niño se pone el abrigo.

recursos

vText

CA
p. 144

CP
pp. 77–78

CH
pp. 105–106

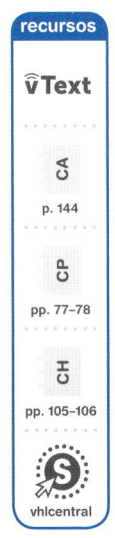

vhlcentral

Práctica

1. ¿Pero o sino? Forma oraciones sobre estas personas usando **pero** o **sino**.

> **modelo**
> muchos estudiantes comen en la cafetería / algunos de ellos quieren salir a comer a un restaurante local.
> Muchos estudiantes comen en la cafetería, pero algunos de ellos quieren salir a comer a un restaurante local.

1. Marcos nunca se despierta temprano / siempre llega puntual a clase
2. Lisa y Katarina no se acuestan temprano / muy tarde
3. Alfonso es inteligente / algunas veces es antipático
4. los directores de la escuela no son ecuatorianos / peruanos
5. no nos acordamos de comprar champú / compramos jabón
6. Emilia no es estudiante / profesora
7. no quiero levantarme / tengo que ir a clase
8. Miguel no se afeita por la mañana / por la noche

2. Completar Completa esta conversación entre dos hermanos. Usa expresiones negativas en tus respuestas. Luego, dramatiza la conversación con un(a) compañero/a.

AURELIO Ana María, ¿encontraste algún regalo para Eliana?
ANA MARÍA (1)_____
AURELIO ¿Viste a alguna amiga en el centro comercial?
ANA MARÍA (2)_____
AURELIO ¿Me llamó alguien?
ANA MARÍA (3)_____
AURELIO ¿Quieres ir al teatro o al cine esta noche?
ANA MARÍA (4)_____
AURELIO ¿No quieres salir a comer?
ANA MARÍA (5)_____
AURELIO ¿Hay algo interesante en la televisión esta noche?
ANA MARÍA (6)_____
AURELIO ¿Tienes algún problema?
ANA MARÍA (7)_____

Comunicación

3 Opiniones Completa estas oraciones de una manera lógica. Luego, compara tus respuestas con las de un(a) compañero/a.

1. Mi habitación es _____, pero _____.
2. Por la noche me gusta _____, pero _____.
3. Un(a) profesor(a) ideal no es _____, sino _____.
4. Mis amigos son _____, pero _____.

4 ¿Qué hay? En parejas, háganse preguntas sobre qué hay en su ciudad o pueblo: tiendas interesantes, almacenes, cines, librerías baratas, una biblioteca, una plaza central, playa, cafés, museos, una estación de tren. Sigan el modelo.

> **modelo**
> **Estudiante 1:** ¿Hay algunas tiendas interesantes?
> **Estudiante 2:** Sí, hay una/algunas. Está(n) detrás del estadio.
> **Estudiante 1:** ¿Hay algún museo?
> **Estudiante 2:** No, no hay ninguno.

5 Quejas En parejas, hagan una lista de cinco quejas (*complaints*) comunes que tienen los estudiantes. Usen expresiones negativas.

> **modelo**
> Nadie me entiende.

Ahora hagan una lista de cinco quejas que los padres tienen de sus hijos.

> **modelo**
> Nunca hacen sus camas.

6 Anuncios En parejas, lean el anuncio y contesten las preguntas.

1. ¿Es el anuncio positivo o negativo? ¿Por qué?
2. ¿Qué palabras indefinidas hay?
3. Escriban el texto del anuncio cambiando todo por expresiones negativas.

Ahora preparen su propio (*own*) anuncio usando expresiones afirmativas y negativas.

¿Buscas algún producto especial?

¡Siempre hay algo para todos en las tiendas García!

Síntesis

7 Encuesta Tu profesor(a) te va a dar una hoja de actividades para hacer una encuesta. Circula por la clase y pídeles a tus compañeros/as que comparen las actividades que hacen durante la semana con las que hacen durante los fines de semana. Escribe las respuestas.

7.3 Preterite of ser and ir

ANTE TODO In **Lección 6**, you learned how to form the preterite tense of regular **-ar**, **-er**, and **-ir** verbs. The following chart contains the preterite forms of **ser** (*to be*) and **ir** (*to go*). Since these forms are irregular, you will need to memorize them.

Preterite of ser and ir

		ser (to be)	ir (to go)
SINGULAR FORMS	yo	fui	fui
	tú	fuiste	fuiste
	Ud./él/ella	fue	fue
PLURAL FORMS	nosotros/as	fuimos	fuimos
	vosotros/as	fuisteis	fuisteis
	Uds./ellos/ellas	fueron	fueron

AYUDA
Note that, whereas regular **-er** and **-ir** verbs have accent marks in the **yo** and **Ud./él/ella** forms of the preterite, **ser** and **ir** do not.

▶ Since the preterite forms of **ser** and **ir** are identical, context clarifies which of the two verbs is being used.

Él **fue** a comprar champú y jabón.
He went to buy shampoo and soap.

¿Cómo **fue** la película anoche?
How was the movie last night?

¿Cuándo fue la última vez que viste a Juan Carlos?

Cuando fuimos a Mérida.

¡INTÉNTALO!

Completa las oraciones usando el pretérito de **ser** e **ir**.

ir
1. Los viajeros __fueron__ a Perú.
2. Patricia _____ a Cuzco.
3. Tú _____ a Iquitos.
4. Gregorio y yo _____ a Lima.
5. Yo _____ a Trujillo.
6. Ustedes _____ a Arequipa.
7. Mi padre _____ a Lima.
8. Nosotras _____ a Cuzco.
9. Él _____ a Machu Picchu.
10. Usted _____ a Nazca.

ser
1. Usted __fue__ muy amable.
2. Yo _____ muy cordial.
3. Ellos _____ simpáticos.
4. Nosotros _____ muy tontos.
5. Ella _____ antipática.
6. Tú _____ muy generoso.
7. Ustedes _____ cordiales.
8. La gente _____ amable.
9. Tomás y yo _____ muy felices.
10. Los profesores _____ buenos.

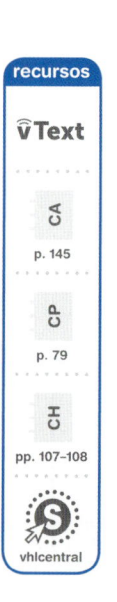

Práctica y Comunicación

1 Completar Completa estas conversaciones con la forma correcta del pretérito de **ser** o **ir**. Indica el infinitivo de cada forma verbal.

NOTA CULTURAL
La ciudad peruana de **El Callao**, fundada en 1537, fue por muchos años el puerto (*port*) más activo de la costa del Pacífico en Suramérica. En el siglo XVIII, una fortaleza fue construida (*built*) allí para proteger (*protect*) la ciudad de los ataques de piratas y bucaneros.

Conversación 1

		ser	ir
RAÚL	¿Adónde (1)_____ ustedes de vacaciones?	○	○
PILAR	(2)_____ a Perú.	○	○
RAÚL	¿Cómo (3)_____ el viaje?	○	○
PILAR	¡(4)_____ estupendo! Machu Picchu y El Callao son increíbles.	○	○
RAÚL	¿(5)_____ caro el viaje?	○	○
PILAR	No, el precio (6)_____ muy bajo. Sólo costó tres mil dólares.	○	○

Conversación 2

		ser	ir
ISABEL	Tina y Vicente (7)_____ novios, ¿no?	○	○
LUCÍA	Sí, pero ahora no. Anoche Tina (8)_____ a comer con Gregorio y la semana pasada ellos (9)_____ al partido de fútbol.	○ ○	○ ○
ISABEL	¿Ah sí? Javier y yo (10)_____ al partido y no los vimos.	○	○

2 Descripciones Forma oraciones con estos elementos. Usa el pretérito.

A	B	C	D
yo	(no) ir	a un restaurante	ayer
tú	(no) ser	en autobús	anoche
mi compañero/a		estudiante	anteayer
nosotros		muy simpático/a	la semana pasada
mis amigos		a la playa	el año pasado
ustedes		dependiente/a en una tienda	

3 Preguntas En parejas, túrnense para hacerse estas preguntas.

1. ¿Cuándo fuiste al cine por última vez? ¿Con quién fuiste?
2. ¿Fuiste en auto, en autobús o en metro? ¿Cómo fue el viaje?
3. ¿Cómo fue la película?
4. ¿Fue una película de terror, de acción o un drama?
5. ¿Fue una de las mejores películas que viste? ¿Por qué?
6. ¿Fueron buenos los actores o no? ¿Cuál fue el mejor?
7. ¿Adónde fuiste/fueron después?
8. ¿Fue una buena idea ir al cine?
9. ¿Fuiste feliz ese día?

4 El viaje En parejas, escriban un diálogo de un(a) viajero/a hablando con el/la agente de viajes sobre un viaje que hizo recientemente. Usen el pretérito de **ser** e **ir**.

modelo
Agente: ¿Cómo fue el viaje?
Viajero: El viaje fue maravilloso/horrible…

Practice more at **vhlcentral.com**.

7.4 Verbs like **gustar**

ANTE TODO In **Lección 2**, you learned how to express preferences with **gustar**. You will now learn more about the verb **gustar** and other similar verbs. Observe these examples.

Me gusta ese champú.

> ENGLISH EQUIVALENT
> *I like that shampoo.*
> LITERAL MEANING
> *That shampoo is pleasing to me.*

¿**Te gustaron** las clases?

> ENGLISH EQUIVALENT
> *Did you like the classes?*
> LITERAL MEANING
> *Were the classes pleasing to you?*

▸ As the examples show, constructions with **gustar** do not have a direct equivalent in English. The literal meaning of this construction is *to be pleasing to (someone)*, and it requires the use of an indirect object pronoun.

INDIRECT OBJECT PRONOUN	VERB	SUBJECT	SUBJECT	VERB	DIRECT OBJECT
Me	gusta	ese champú.	I	like	that shampoo.

▸ In the diagram above, observe how in the Spanish sentence the object being liked (**ese champú**) is really the subject of the sentence. The person who likes the object, in turn, is an indirect object because it answers the question: *To whom is the shampoo pleasing?*

¿Te gusta Juan Carlos?

Me gustan los cafés que tienen música en vivo.

▸ Other verbs in Spanish are used in the same way as **gustar**. Here is a list of the most common ones.

Verbs like **gustar**

aburrir	to bore	importar	to be important to; to matter
encantar	to like very much; to love (inanimate objects)	interesar	to be interesting to; to interest
faltar	to lack; to need	molestar	to bother; to annoy
fascinar	to fascinate; to like very much	quedar	to be left over; to fit (clothing)

¡ATENCIÓN!

Faltar expresses what is lacking or missing.
Me falta una página. *I'm missing one page.*

Quedar expresses how much of something is left.
Nos quedan tres pesos. *We have three pesos left.*

• • •

Quedar also means *to fit*. It can be used to tell how something looks (on someone).
Estos zapatos me quedan bien. *These shoes fit me well.*
Esa camisa te queda muy bien. *That shirt looks good on you.*

La rutina diaria

▶ The most commonly used forms of **gustar** and similar verbs are the third person (singular and plural). When the object or person being liked is singular, the singular form (**gusta**) is used. When two or more objects or persons are being liked, the plural form (**gustan**) is used. Observe the following diagram:

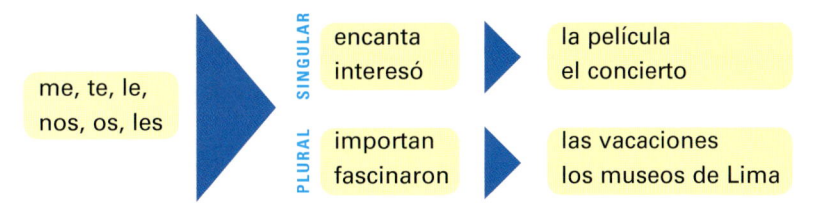

	SINGULAR	
me, te, le, nos, os, les	encanta / interesó	la película / el concierto
	PLURAL	
	importan / fascinaron	las vacaciones / los museos de Lima

▶ To express what someone likes or does not like to do, use an appropriate verb followed by an infinitive. The singular form is used even if there is more than one infinitive.

Nos molesta comer a las nueve.
It bothers us to eat at nine o'clock.

Les encanta bailar y **cantar** en las fiestas.
They love to dance and sing at parties.

▶ As you learned in **Lección 2**, the construction **a** + [*pronoun*] (**a mí, a ti, a usted, a él,** etc.) is used to clarify or to emphasize who is pleased, bored, etc. The construction **a** + [*noun*] can also be used before the indirect object pronoun to clarify or to emphasize who is pleased.

A los turistas les gustó mucho Machu Picchu.
The tourists liked Machu Picchu a lot.

A ti te gusta cenar en casa, pero **a mí** me aburre.
You like eating dinner at home, but I get bored.

▶ **¡Atención!** **Mí** (*me*) has an accent mark to distinguish it from the possessive adjective **mi** (*my*).

AYUDA
Note that the **a** must be repeated if there is more than one person.
A Armando y **a Carmen** les molesta levantarse temprano.

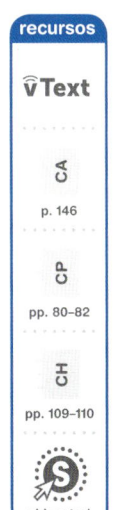

¡INTÉNTALO!
Indica el pronombre de objeto indirecto y la forma del tiempo presente adecuados en cada oración.

fascinar
1. A él _le fascina_ viajar.
2. A mí _____ bailar.
3. A nosotras _____ cantar.
4. A ustedes _____ leer.
5. A ti _____ correr y patinar.
6. A ellos _____ los aviones.
7. A mis padres _____ caminar.
8. A usted _____ jugar al tenis.
9. A mi esposo y a mí _____ dormir.
10. A Alberto _____ dibujar y pintar.
11. A todos _____ opinar.
12. A Pili _____ los sombreros.

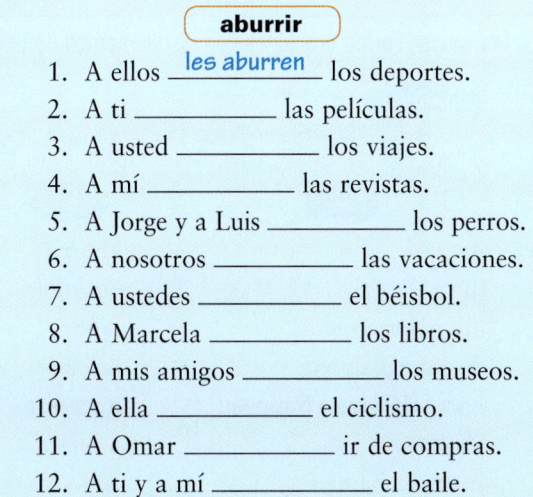

aburrir
1. A ellos _les aburren_ los deportes.
2. A ti _____ las películas.
3. A usted _____ los viajes.
4. A mí _____ las revistas.
5. A Jorge y a Luis _____ los perros.
6. A nosotros _____ las vacaciones.
7. A ustedes _____ el béisbol.
8. A Marcela _____ los libros.
9. A mis amigos _____ los museos.
10. A ella _____ el ciclismo.
11. A Omar _____ ir de compras.
12. A ti y a mí _____ el baile.

Práctica

1 Completar Completa las oraciones con todos los elementos necesarios.

1. _____ Adela _____ (encantar) la música de Tito "El Bambino".
2. A _____ me _____ (interesar) la música de otros países.
3. A mis amigos _____ (encantar) las canciones (*songs*) de Calle 13.
4. A Juan y _____ Rafael no les _____ (molestar) la música alta (*loud*).
5. _____ nosotros _____ (fascinar) los grupos de pop latino.
6. _____ señor Ruiz _____ (interesar) más la música clásica.
7. A _____ me _____ (aburrir) la música clásica.
8. ¿A _____ te _____ (faltar) dinero para el concierto de Carlos Santana?
9. No. Ya compré el boleto y _____ (quedar) cinco dólares.
10. ¿Cuánto dinero te _____ (quedar) a _____?

NOTA CULTURAL

Hoy día, la música latina es popular en los EE.UU. gracias a artistas como **Shakira**, de nacionalidad colombiana, y **Tito "El Bambino"**, puertorriqueño. Otros artistas, como **Carlos Santana** y **Gloria Estefan**, difundieron (*spread*) la música latina en los años 60, 70, 80 y 90.

2 Describir Mira los dibujos y describe lo que está pasando. Usa los verbos de la lista.

| aburrir | faltar | molestar |
| encantar | interesar | quedar |

1. a Ramón
2. a nosotros 
3. a ti 
4. a Sara 

3 Gustos Forma oraciones con los elementos de las columnas.

modelo
A ti te interesan las ruinas de Machu Picchu.

A	B	C
yo	aburrir	despertarse temprano
tú	encantar	mirarse en el espejo
mi mejor amigo/a	faltar	la música rock
mis amigos y yo	fascinar	las pantuflas rosadas
Bart y Homero Simpson	interesar	la pasta de dientes con menta (*mint*)
Shakira	molestar	las ruinas de Machu Picchu
Antonio Banderas		los zapatos caros

Practice more at vhlcentral.com.

Comunicación

4 **Preguntas** En parejas, túrnense para hacer y contestar estas preguntas.

1. ¿Te gusta levantarte temprano o tarde? ¿Por qué?
2. ¿Te gusta acostarte temprano o tarde? ¿Y a tus hermanos/as?
3. ¿Te gusta dormir la siesta?
4. A tu familia, ¿le encanta acampar o prefiere quedarse en un hotel cuando va de vacaciones?
5. ¿Qué te gusta hacer en el verano?
6. ¿Qué te fascina de esta escuela? ¿Qué te molesta?
7. ¿Te interesan más las ciencias o las humanidades? ¿Por qué?
8. ¿Qué cosas te aburren?

5 **Completar** Trabajen en parejas. Túrnense para completar estas frases de una manera lógica.

1. A mi perro (*dog*) le fascina(n)…
2. A mi mejor (*best*) amigo/a no le interesa(n)…
3. A mis padres les importa(n)…
4. A nosotros nos molesta(n)…
5. A mis hermanos les aburre(n)…
6. A mi compañero/a de clase le aburre(n)…
7. A los turistas les interesa(n)…
8. A los jugadores profesionales les encanta(n)…
9. A nuestro/a profesor(a) le molesta(n)…
10. A mí me importa(n)…

6 **La residencia** Tú y tu compañero/a de clase son los directores de una residencia estudiantil en Perú. Su profesor(a) les va a dar a cada uno de ustedes las descripciones de cinco estudiantes. Con la información tienen que escoger quiénes van a ser compañeros de cuarto. Después, completen la lista.

Síntesis

7 **Situación** Trabajen en parejas para representar los papeles de un(a) cliente/a y un(a) dependiente/a en una tienda de ropa. Usen las instrucciones como guía.

Dependiente/a

Saluda al/a la cliente/a y pregúntale en qué le puedes servir.

Pregúntale si le interesan los estilos modernos y empieza a mostrarle la ropa.

Habla de los gustos del/de la cliente/a.

Da opiniones favorables al/a la cliente/a (las botas te quedan fantásticas…).

Cliente/a

Saluda al/a la dependiente/a y dile (*tell him/her*) qué quieres comprar y qué colores prefieres.

Explícale que los estilos modernos te interesan. Escoge las cosas que te interesan.

Habla de la ropa (me queda(n) bien/mal, me encanta(n)…).

Decide cuáles son las cosas que te gustan y qué vas a comprar.

Recapitulación

Diagnostics

Completa estas actividades para repasar los conceptos de gramática que aprendiste en esta lección.

1 Completar Completa la tabla con la forma correcta de los verbos. **24 pts.**

yo	tú	nosotros	ellas
me levanto			
	te afeitas		
		nos vestimos	
			se secan

2 Hoy y ayer Cambia los verbos del presente al pretérito. **10 pts.**

1. Vamos de compras hoy. _____ de compras hoy.
2. Por último, voy al supermercado. Por último, _____ al supermercado.
3. Lalo es el primero en levantarse. Lalo _____ el primero en levantarse.
4. ¿Vas a tu habitación? ¿_____ a tu habitación?
5. Ustedes son profesores. Ustedes _____ profesores.

3 Reflexivos Completa cada conversación con la forma correcta del presente del verbo reflexivo. **22 pts.**

TOMÁS Yo siempre (1) _____ (bañarse) antes de (2) _____ (acostarse). Esto me relaja porque no (3) _____ (dormirse) fácilmente. Y así puedo (4) _____ (levantarse) más tarde. Y tú, ¿cuándo (5) _____ (ducharse)?

LETI Pues por la mañana, para poder (6) _____ (despertarse).

DAVID ¿Cómo (7) _____ (sentirse) Pepa hoy?

MARÍA Todavía está enojada.

DAVID ¿De verdad? Ella nunca (8) _____ (enojarse) con nadie.

BETO ¿(Nosotros) (9) _____ (Irse) de esta tienda? Estoy cansado.

SARA Pero antes vamos a (10) _____ (probarse) estos sombreros. Si quieres, después (nosotros) (11) _____ (sentarse) un rato.

RESUMEN GRAMATICAL

7.1 Reflexive verbs *pp. 236–237*

lavarse	
me lavo	nos lavamos
te lavas	os laváis
se lava	se lavan

7.2 Indefinite and negative words *pp. 240–241*

Indefinite words	Negative words
algo	nada
alguien	nadie
alguno/a(s), algún	ninguno/a, ningún
o... o	ni... ni
siempre	nunca, jamás
también	tampoco

7.3 Preterite of ser and ir *p. 244*

▶ The preterite of **ser** and **ir** are identical. Context will determine the meaning.

ser and ir	
fui	fuimos
fuiste	fuisteis
fue	fueron

7.4 Verbs like gustar *pp. 246–247*

aburrir	importar
encantar	interesar
faltar	molestar
fascinar	quedar

SINGULAR
me, te, le, nos, os, les — encanta / interesó — la película / el concierto

PLURAL
importan / fascinaron — las vacaciones / los museos

▶ Use the construction **a** + [*noun/pronoun*] to clarify the person in question.

A mí me encanta ver películas, ¿y a ti?

La rutina diaria

4 **Conversaciones** Completa cada conversación de manera lógica con palabras de la lista. No tienes que usar todas las palabras. `18 pts.`

algo	nada	ningún	siempre
alguien	nadie	nunca	también
algún	ni... ni	o... o	tampoco

1. —¿Tienes _____ plan para esta noche?
   —No, prefiero quedarme en casa. Hoy no quiero ver a _____.
   —Yo _____ me quedo. Estoy muy cansado.

2. —¿Puedo entrar? ¿Hay _____ en el cuarto de baño?
   —Sí. ¡Un momento! Ahora mismo salgo.

3. —¿Puedes prestarme _____ para peinarme? No encuentro _____ mi cepillo (*brush*) _____ mi peine (*comb*).
   —Lo siento, yo _____ encuentro los míos (*mine*).

4. —¿Me prestas tu maquillaje?
   —Lo siento, no tengo. _____ me maquillo.

5 **Oraciones** Forma oraciones completas con los elementos dados (*given*). Usa el presente de los verbos. `8 pts.`

1. David y Juan / molestar / levantarse temprano
2. Lucía / encantar / las películas de terror
3. todos (nosotros) / importar / la educación
4. tú / aburrir / ver / la televisión

6 **Rutinas** Escribe seis oraciones que describan las rutinas de dos personas que conoces. `18 pts.`

> **modelo**
> Mi tía se despierta temprano, pero mi primo...

7 **Adivinanza** Completa la adivinanza con las palabras que faltan y adivina la respuesta. `¡4 puntos EXTRA!`

" Cuanto más° _____ (*it dries you*), más se moja° ."
¿Qué es? _____

Cuanto más *The more* se moja *it gets wet*

7 adelante

Lección 7

Lectura
Audio: Reading / Additional Reading

Antes de leer

Estrategia
Predicting content from the title

Prediction is an invaluable strategy in reading for comprehension. For example, we can usually predict the content of a newspaper article from its headline. We often decide whether to read the article based on its headline. Predicting content from the title will help you increase your reading comprehension in Spanish.

Examinar el texto
Lee el título de la lectura y haz tres predicciones sobre el contenido. Escribe tus predicciones en una hoja de papel.

Compartir
Comparte tus ideas con un(a) compañero/a de clase.

Cognados
Haz una lista de seis cognados que encuentres en la lectura.

1. _____
2. _____
3. _____
4. _____
5. _____
6. _____

¿Qué te dicen los cognados sobre el tema de la lectura?

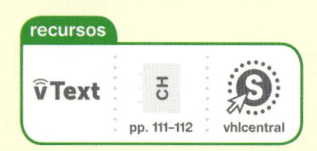

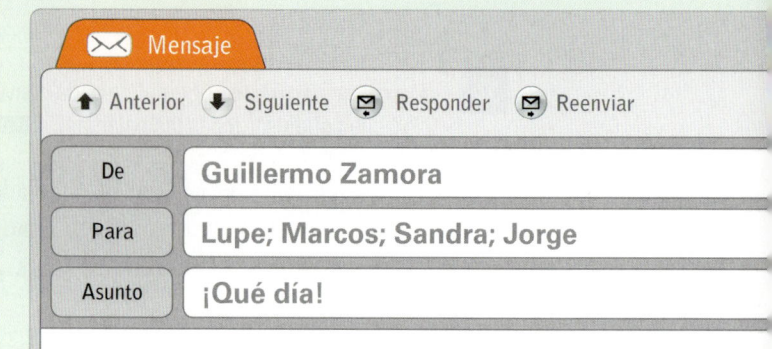

recursos
vText pp. 111–112 CH vhlcentral

✉ **Mensaje**

⬆ Anterior ⬇ Siguiente ✉ Responder ✉ Reenviar

De	Guillermo Zamora
Para	Lupe; Marcos; Sandra; Jorge
Asunto	¡Qué día!

Hola, chicos:

La semana pasada me di cuenta° de que necesito organizar mejor° mi rutina... pero especialmente debo prepararme mejor para los exámenes. Me falta disciplina, me molesta no tener control de mi tiempo y nunca deseo repetir los eventos de la semana pasada. 😟

    El miércoles pasé todo el día y 😮 toda la noche estudiando para el examen de biología del jueves por la mañana. Me aburre la biología y no empecé a estudiar hasta el día antes del examen. El jueves a las 8, después de no dormir en toda la noche, fui exhausto al examen. Fue difícil, pero afortunadamente° me acordé de todo el material. Esa noche me acosté temprano y dormí mucho. 😴

    Me desperté a las 7, y fue extraño° ver a mi compañero de cuarto, Andrés, preparándose para ir a dormir. Como° siempre se enferma°, tiene problemas para dormir y no hablamos mucho, no le comenté nada. Fui al baño a cepillarme los dientes para ir a clase. ¿Y Andrés? Él se acostó. "Debe estar enfermo°, ¡otra vez!", pensé. 😲

La rutina diaria

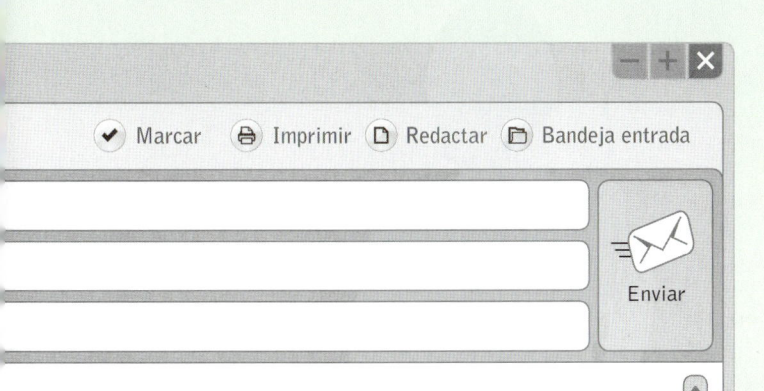

Mi clase es a las 8, y fue necesario hacer las cosas rápido. Todo empezó a ir mal... 😖 eso pasa siempre cuando uno tiene prisa. Cuando busqué mis cosas para el baño, no las encontré. Entonces me duché sin jabón, me cepillé los dientes sin cepillo de dientes y me peiné con las manos. Tampoco encontré ropa limpia y usé la sucia. Rápido, tomé mis libros. ¿Y Andrés? Roncando°... ¡a las 7:50!

Cuando salí corriendo para la clase, la prisa no me permitió ver el campus desierto. Cuando llegué a la clase, no vi a nadie. No vi al profesor ni a los estudiantes. Por último miré mi reloj, y vi la hora. Las 8 en punto... ¡de la noche!

¡Dormí 24 horas! 😲

Guillermo

me di cuenta I realized *mejor* better *afortunadamente* fortunately
extraño strange *Como* Since *se enferma* he gets sick *enfermo* sick
Roncando Snoring

Después de leer

Seleccionar
Selecciona la respuesta correcta.
1. ¿Quién es el/la narrador(a)?
   a. Andrés
   b. una profesora
   c. Guillermo
2. ¿Qué le molesta al narrador?
   a. Le molestan los exámenes de biología.
   b. Le molesta no tener control de su tiempo.
   c. Le molesta mucho organizar su rutina.
3. ¿Por qué está exhausto?
   a. Porque fue a una fiesta la noche anterior.
   b. Porque no le gusta la biología.
   c. Porque pasó la noche anterior estudiando.
4. ¿Por qué no hay nadie en clase?
   a. Porque es de noche.
   b. Porque todos están de vacaciones.
   c. Porque el profesor canceló la clase.
5. ¿Cómo es la relación de Guillermo y Andrés?
   a. Son buenos amigos.
   b. No hablan mucho.
   c. Tienen una buena relación.

Ordenar
Ordena los sucesos de la narración. Utiliza los números del 1 al 9.
a. Toma el examen de biología. ___
b. No encuentra sus cosas para el baño. ___
c. Andrés se duerme. ___
d. Pasa todo el día y toda la noche estudiando para un examen. ___
e. Se ducha sin jabón. ___
f. Se acuesta temprano. ___
g. Vuelve a su cuarto después de las 8 de la noche. ___
h. Se despierta a las 7 y su hermano se prepara para dormir. ___
i. Va a clase y no hay nadie. ___

Contestar
Contesta estas preguntas.
1. ¿Cómo es tu rutina diaria? ¿Muy organizada?
2. ¿Estudias mucho? ¿Cuándo empiezas a estudiar para los exámenes?
3. Para comunicarte con tus amigos/as, ¿prefieres el teléfono o el correo electrónico? ¿Por qué?

Practice more at vhlcentral.com.

Escritura

Estrategia
Sequencing events

Paying strict attention to sequencing in a narrative will ensure that your writing flows logically from one part to the next.

Every composition should have an introduction, a body, and a conclusion. The introduction presents the subject, the setting, the situation, and the people involved. The main part, or the body, describes the events and people's reactions to these events. The conclusion brings the narrative to a close.

Adverbs and adverbial phrases are sometimes used as transitions between the introduction, the body, and the conclusion. Here is a list of commonly used adverbs in Spanish:

Adverbios

además; también	in addition; also
al principio; en un principio	at first
antes (de)	before
después	then
después (de)	after
entonces; luego	then
más tarde	later on
primero	first
pronto	soon
por fin; finalmente	finally
al final	finally

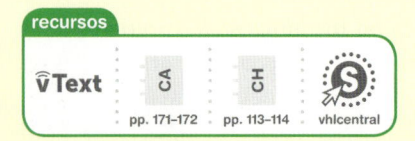

Tema

Escribe tu rutina

Imagina tu rutina diaria en uno de estos lugares:

- una isla desierta
- el Polo Norte
- un crucero° transatlántico
- un desierto

Escribe una composición en la que describes tu rutina diaria en uno de estos lugares o en algún otro lugar interesante que imagines°. Mientras planeas tu composición, considera cómo cambian algunos de los elementos más básicos de tu rutina diaria en el lugar que escogiste°. Por ejemplo, ¿dónde te acuestas en el Polo Norte? ¿Cómo te duchas en el desierto?

Usa el presente de los verbos reflexivos que conoces e incluye algunos de los adverbios de esta página para organizar la secuencia de tus actividades. Piensa también en la información que debes incluir en cada sección de la narración. Por ejemplo, en la introducción puedes hacer una descripción del lugar y de las personas que están allí, y en la conclusión puedes dar tus opiniones acerca del° lugar y de tu vida diaria allí.

---

crucero *cruise ship*   que imagines *that you dream up*   escogiste *you chose*   acerca del *about the*

Escuchar 🔊 Audio

> ### Estrategia
> **Using background information**
>
> Once you discern the topic of a conversation, take a minute to think about what you already know about the subject. Using this background information will help you guess the meaning of unknown words or linguistic structures.
>
> 🔊 To help you practice this strategy, you will now listen to a short paragraph. Jot down the subject of the paragraph, and then use your knowledge of the subject to listen for and write down the paragraph's main points.

Preparación

Según la foto, ¿dónde están Carolina y Julián? Piensa en lo que sabes de este tipo de situación. ¿De qué van a hablar?

Ahora escucha 🔊

Ahora escucha la entrevista entre Carolina y Julián, teniendo en cuenta (*taking into account*) lo que sabes sobre este tipo de situación. Elige la información que completa correctamente cada oración.

1. Julián es _____.
   a. político
   b. deportista profesional
   c. artista de cine
2. El público de Julián quiere saber de _____.
   a. sus películas
   b. su vida
   c. su novia
3. Julián habla de _____.
   a. sus viajes y sus rutinas
   b. sus parientes y amigos
   c. sus comidas favoritas
4. Julián _____.
   a. se levanta y se acuesta a diferentes horas todos los días
   b. tiene una rutina diaria
   c. no quiere hablar de su vida

Comprensión

¿Cierto o falso?

Indica si las oraciones son **ciertas** o **falsas** según la información que Julián da en la entrevista.

1. Es difícil despertarme; generalmente duermo hasta las diez.
2. Pienso que mi vida no es más interesante que las vidas de ustedes.
3. Me gusta tener tiempo para pensar y meditar.
4. Nunca hago mucho ejercicio; no soy una persona activa.
5. Me fascinan las actividades tranquilas, como escribir y escuchar música clásica.
6. Los viajes me parecen aburridos.

Preguntas

1. ¿Qué tiene Julián en común con otras personas de su misma profesión?
2. ¿Te parece que Julián siempre fue rico? ¿Por qué?
3. ¿Qué piensas de Julián como persona?

Practice more at **vhlcentral.com**.

en pantalla

Anuncio de Asepxia

Me levanté con una invasión de granos.

Preparación
Contesta las preguntas en español.
¿Qué ocasiones especiales celebran los adolescentes en tu país? ¿Cómo se preparan para esas fiestas? ¿A quiénes invitan? ¿Qué ropa llevan?

La fiesta de quince años
La fiesta de quince años se celebra en algunos países de Latinoamérica cuando las chicas cumplen° quince años. Los quince años representan la transición de niña a mujer. Los orígenes de esta ceremonia son mayas y aztecas, pero también tiene influencias del catolicismo. La celebración varía según el país, pero es común en todas la importancia del vestido de la quinceañera°, la elaboración de las invitaciones, el baile de la quinceañera con su padre y con otros familiares° y, por último, el banquete para los invitados°.

cumplen *turn* **quinceañera** *young woman celebrating her fifteenth birthday* **familiares** *family members* **invitados** *guests*

Vocabulario útil
cubren	cover
granos	zits, pimples
hice	I did
peor	worse
tapar	to cover
tenía	I had

Comprensión
Escoge la opción correcta para completar cada oración.
1. La chica se levantó ___ el día de las fotos.
   a. con granos   b. muy tarde
2. Después de levantarse, la chica ___.
   a. se bañó   b. se maquilló
3. Para las fotos, la chica tapó los granos con ___.
   a. la flora y la fauna   b. maquillaje Asepxia
4. Ahora la chica ___.
   a. tiene muchos granos   b. usa maquillaje Asepxia

Conversación
Contesta estas preguntas con un(a) compañero/a.

¿Cuál fue la última fiesta a la que fuiste? ¿Qué fue lo que más te gustó? ¿Te aburrió algo? ¿Cómo te preparaste para la fiesta? ¿Cuánto tiempo necesitaste para prepararte?

Aplicación
Con un grupo de compañeros/as, creen un anuncio para vender un producto de uso diario, como el champú o la pasta de dientes. En su anuncio, muestren cómo el producto les puede ayudar a las personas a solucionar algún problema de su rutina diaria. Presenten el anuncio a la clase.

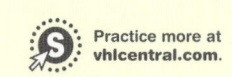

Practice more at vhlcentral.com.

La rutina diaria

Flash Cultura

Video: *Flash cultura*

En este episodio de *Flash cultura* vas a conocer unos entremeses° españoles llamados **tapas**. Hay varias teorías sobre el origen de su nombre. Una dice que viene de la costumbre antigua° de **tapar**° los vasos de vino para evitar° que insectos o polvo entren en° ellos. Otra teoría cuenta que el rey Alfonso X debía° beber un poco de vino por indicación médica y decidió acompañarlo° con algunos bocados° para tapar los efectos del alcohol. Cuando estuvo° mejor, ordenó que siempre en Castilla se sirviera° algo de comer con las bebidas° alcohólicas.

Vocabulario útil

económicas	inexpensive
montaditos	bread slices with assorted toppings
pagar propinas	to tip
tapar el hambre	to take the edge off (lit. putting the lid on one's hunger)

Preparación
En el área donde vives, ¿qué hacen las personas normalmente después del trabajo (*work*)? ¿Van a sus casas? ¿Salen con amigos? ¿Comen?

Ordenar
Ordena estos sucesos de manera lógica.

____ a. El empleado cuenta los palillos (*counts the toothpicks*) de los montaditos que Mari Carmen comió.
____ b. Mari Carmen va al barrio de la Ribera.
____ c. Un hombre en un bar explica cuándo sale a tomar tapas.
____ d. Un hombre explica la tradición de los montaditos o pinchos.
____ e. Carmen le pregunta a la chica si los montaditos son buenos para la salud.

entremeses *appetizers* antigua *ancient* tapar *cover* evitar *avoid* entren en *get in* debía *should* acompañarlo *accompany it* bocados *snacks* estuvo *he was* se sirviera *they should serve* bebidas *drinks* sueles *do you tend*

Tapas para todos los días

Estamos en la Plaza Cataluña, el puro centro de Barcelona.

—¿Cuándo sueles° venir a tomar tapas?
—Generalmente después del trabajo.

Éstos son los montaditos, o también llamados pinchos. ¿Te gustan?

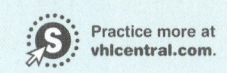

Practice more at vhlcentral.com.

panorama

Lección 7

Perú

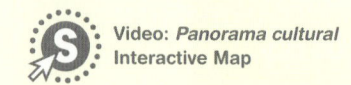

Video: *Panorama cultural*
Interactive Map

El país en cifras

- **Área:** 1.285.220 km² (496.224 millas²), un poco menos que el área de Alaska
- **Población:** 30.147.000
- **Capital:** Lima—8.769.000
- **Ciudades principales:** Arequipa—778.000, Trujillo, Chiclayo, Callao, Iquitos

Iquitos es un puerto muy importante en el río Amazonas. Desde Iquitos se envían° muchos productos a otros lugares, incluyendo goma°, nueces°, madera°, arroz°, café y tabaco. Iquitos es también un destino popular para los ecoturistas que visitan la selva°.

- **Moneda:** nuevo sol
- **Idiomas:** español (oficial); quechua, aimara y otras lenguas indígenas (oficiales en los territorios donde se usan)

Bandera de Perú

Peruanos célebres
- **Clorinda Matto de Turner,** escritora (1854–1909)
- **César Vallejo,** poeta (1892–1938)
- **Javier Pérez de Cuéllar,** diplomático (1920–)
- **Juan Diego Flórez,** cantante de ópera (1973–)
- **Mario Vargas Llosa,** escritor (1936–)

Mario Vargas Llosa, Premio Nobel de Literatura 2010

se envían *are shipped* **goma** *rubber* **nueces** *nuts* **madera** *timber* **arroz** *rice* **selva** *jungle* **Hace más de** *More than... ago* **grabó** *engraved* **tamaño** *size*

Bailando marinera norteña en Trujillo

Calle en la ciudad de Iquitos

Pasaje Santa Rosa de Lima

Mercado indígena en Cuzco

¡Increíble pero cierto!

Hace más de° dos mil años la civilización nazca de Perú grabó° más de dos mil kilómetros de líneas en el desierto. Los dibujos sólo son descifrables desde el aire. Uno de ellos es un cóndor del tamaño° de un estadio. Las Líneas de Nazca son uno de los grandes misterios de la humanidad.

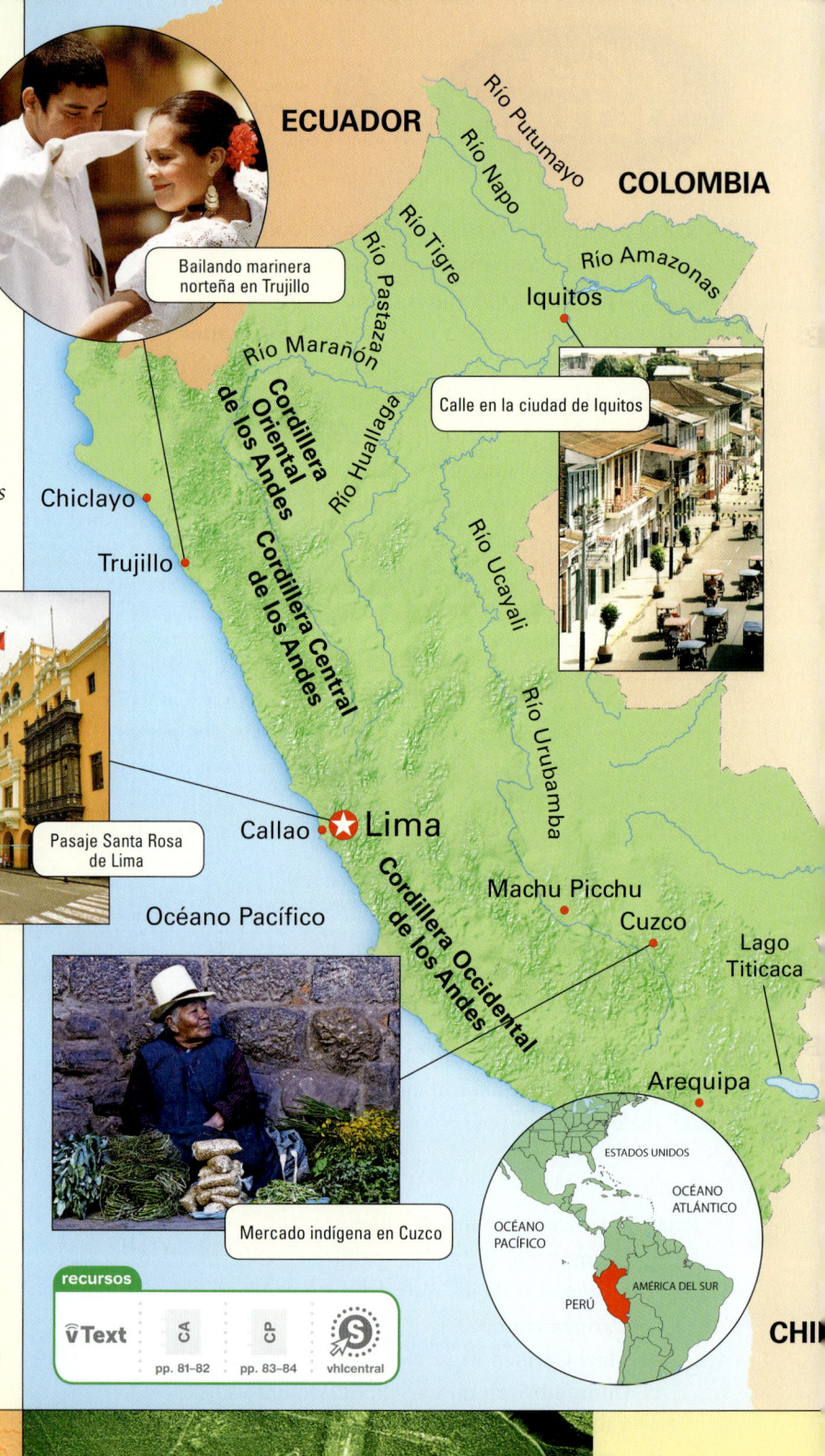

La rutina diaria

Lugares • Lima
Lima es una ciudad moderna y antigua° a la vez°. La Iglesia de San Francisco es notable por su arquitectura barroca colonial. También son fascinantes las exhibiciones sobre los incas en el Museo Oro del Perú y en el Museo Nacional de Antropología y Arqueología. Barranco, el barrio° bohemio de la ciudad, es famoso por su ambiente cultural y sus bares y restaurantes.

Historia • Machu Picchu
A 80 kilómetros al noroeste de Cuzco está Machu Picchu, una ciudad antigua del Imperio inca. Está a una altitud de 2.350 metros (7.710 pies), entre dos cimas° de los Andes. Cuando los españoles llegaron a Perú y recorrieron la región, nunca encontraron Machu Picchu. En 1911, el arqueólogo estadounidense Hiram Bingham la redescubrió. Todavía no se sabe ni cómo se construyó° una ciudad a esa altura, ni por qué los incas la abandonaron. Sin embargo°, esta ciudad situada en desniveles° naturales es el ejemplo más conocido de la arquitectura inca.

Artes • La música andina
Machu Picchu aún no existía° cuando se originó la música cautivadora° de las culturas indígenas de los Andes. Los ritmos actuales° de la música andina tienen influencias españolas y africanas. Varios tipos de flauta°, entre ellos la quena y la zampoña, caracterizan esta música. En las décadas de los 60 y los 70 se popularizó un movimiento para preservar la música andina, y hasta° Simon y Garfunkel incorporaron a su repertorio la canción *El cóndor pasa*.

Economía • Llamas y alpacas
Perú se conoce por sus llamas, alpacas, guanacos y vicuñas, todos ellos animales mamíferos° parientes del camello. Estos animales todavía tienen una enorme importancia en la economía del país. Dan lana para exportar a otros países y para hacer ropa, mantas°, bolsas y otros artículos artesanales. La llama se usa también para la carga y el transporte.

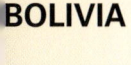

¿Qué aprendiste? Responde a cada pregunta con una oración completa.
1. ¿Qué productos envía Iquitos a otros lugares?
2. ¿Cuáles son las lenguas oficiales de Perú?
3. ¿Por qué es notable la Iglesia de San Francisco en Lima?
4. ¿Qué información sobre Machu Picchu no se sabe todavía?
5. ¿Qué son la quena y la zampoña?
6. ¿Qué hacen los peruanos con la lana de sus llamas y alpacas?

Conexión Internet Investiga estos temas en **vhlcentral.com**.
1. Investiga la cultura incaica. ¿Cuáles son algunos de los aspectos interesantes de su cultura?
2. Busca información sobre dos artistas, escritores o músicos peruanos y presenta un breve informe a tu clase.

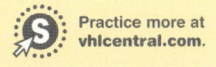

Practice more at vhlcentral.com.

antigua *old* **a la vez** *at the same time* **barrio** *neighborhood* **cimas** *summits* **se construyó** *was built* **Sin embargo** *However* **desniveles** *uneven pieces of land* **aún no existía** *didn't exist yet* **cautivadora** *captivating* **actuales** *present-day* **flauta** *flute* **hasta** *even* **mamíferos** *mammalian* **mantas** *blankets*

vocabulario

Los verbos reflexivos

acordarse (de) (o:ue)	to remember
acostarse (o:ue)	to go to bed
afeitarse	to shave
bañarse	to bathe; to take a bath
cepillarse el pelo	to brush one's hair
cepillarse los dientes	to brush one's teeth
despertarse (e:ie)	to wake up
dormirse (o:ue)	to go to sleep; to fall asleep
ducharse	to shower; to take a shower
enojarse (con)	to get angry (with)
irse	to go away; to leave
lavarse la cara	to wash one's face
lavarse las manos	to wash one's hands
levantarse	to get up
llamarse	to be called; to be named
maquillarse	to put on makeup
peinarse	to comb one's hair
ponerse	to put on
ponerse (+ *adj.*)	to become (+ adj.)
preocuparse (por)	to worry (about)
probarse (o:ue)	to try on
quedarse	to stay; to remain
quitarse	to take off
secarse	to dry oneself
sentarse (e:ie)	to sit down
sentirse (e:ie)	to feel
vestirse (e:i)	to get dressed

Palabras de secuencia

antes (de)	before
después	afterwards; then
después (de)	after
durante	during
entonces	then
luego	then
más tarde	later on
por último	finally

Palabras indefinidas y negativas

algo	something; anything
alguien	someone; somebody; anyone
alguno/a(s), algún	some; any
jamás	never; not ever
nada	nothing; not anything
nadie	no one; nobody; not anyone
ni… ni	neither… nor
ninguno/a, ningún	no; none; not any
nunca	never; not ever
o… o	either… or
siempre	always
también	also; too
tampoco	neither; not either

En el baño

el baño, el cuarto de baño	bathroom
el champú	shampoo
la crema de afeitar	shaving cream
la ducha	shower
el espejo	mirror
el inodoro	toilet
el jabón	soap
el lavabo	sink
el maquillaje	makeup
la pasta de dientes	toothpaste
la toalla	towel

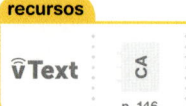

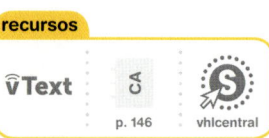

My Vocabulary

Verbos similares a gustar

aburrir	to bore
encantar	to like very much; to love (inanimate objects)
faltar	to lack; to need
fascinar	to fascinate; to like very much
importar	to be important to; to matter
interesar	to be interesting to; to interest
molestar	to bother; to annoy
quedar	to be left over; to fit (clothing)

Palabras adicionales

el despertador	alarm clock
las pantuflas	slippers
la rutina diaria	daily routine
por la mañana	in the morning
por la noche	at night
por la tarde	in the afternoon; in the evening

Expresiones útiles	See page 231.

La comida

8

Communicative Goals

I will be able to:
- Order food in a restaurant
- Talk about and describe food

contextos
pages 262–267
- Food
- Food descriptions
- Meals

fotonovela
pages 268–271
Miguel and Maru are at one of Mexico City's best restaurants enjoying a romantic dinner... until Felipe and Juan Carlos show up.

cultura
pages 272–273
- Fruits and vegetables from the Americas
- Ferran Adrià

estructura
pages 274–289
- Preterite of stem-changing verbs
- Double object pronouns
- Comparisons
- Superlatives
- **Recapitulación**

adelante
pages 290–297
Lectura: A menu and restaurant review
Escritura: A restaurant review
Escuchar: A conversation at a restaurant
En pantalla
Flash cultura
Panorama: Guatemala

A PRIMERA VISTA
- ¿Dónde están ellos?
- ¿Qué hacen?
- ¿Es parte de su rutina diaria?
- ¿Qué colores hay en la foto?

8 contextos

Lección 8

La comida

🔊 My Vocabulary Tutorials

Más vocabulario

el/la camarero/a	waiter/waitress
la comida	food; meal
el/la dueño/a	owner; landlord
los entremeses	hors d'oeuvres; appetizers
el menú	menu
el plato (principal)	(main) dish
la sección de (no) fumar	(non) smoking section
el agua (mineral)	(mineral) water
la bebida	drink
la cerveza	beer
la leche	milk
el refresco	soft drink; soda
el ajo	garlic
las arvejas	peas
los cereales	cereal; grains
los frijoles	beans
el melocotón	peach
el pollo (asado)	(roast) chicken
el queso	cheese
el sándwich	sandwich
el yogur	yogurt
el aceite	oil
la margarina	margarine
la mayonesa	mayonnaise
el vinagre	vinegar
delicioso/a	delicious
sabroso/a	tasty; delicious
saber (a)	to taste (like)

Variación léxica

camarones ⟷ gambas (*Esp.*)
camarero ⟷ mesero (*Amér. L.*), mesonero (*Ven.*), mozo (*Arg., Chile, Urug., Perú*)
refresco ⟷ gaseosa (*Amér. C., Amér. S.*)

Las frutas
- la pera
- la banana
- las uvas
- la naranja
- el limón

Las verduras
- el maíz
- la cebolla
- la lechuga
- el champiñón
- la zanahoria
- el tomate

recursos
vText p. 147 | CA pp. 85–86 | CP pp. 115–116 | CH vhlcentral

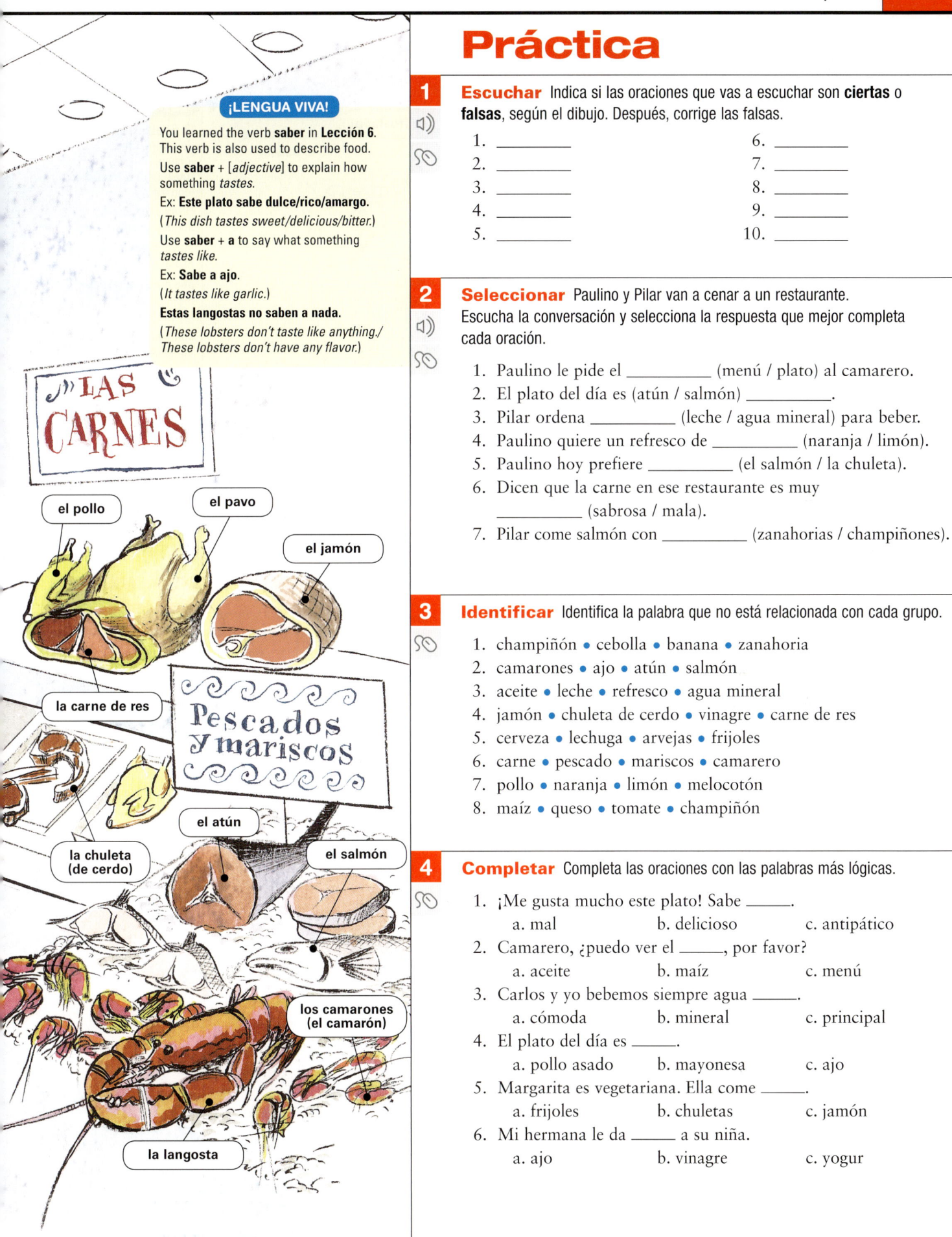

La comida

¡LENGUA VIVA!

You learned the verb **saber** in **Lección 6**. This verb is also used to describe food.

Use **saber** + [*adjective*] to explain how something *tastes*.

Ex: **Este plato sabe dulce/rico/amargo.**
(*This dish tastes sweet/delicious/bitter.*)

Use **saber** + **a** to say what something *tastes like.*

Ex: **Sabe a ajo**.
(*It tastes like garlic.*)

Estas langostas no saben a nada.
(*These lobsters don't taste like anything./ These lobsters don't have any flavor.*)

LAS CARNES

- el pollo
- el pavo
- el jamón
- la carne de res
- la chuleta (de cerdo)
- el atún
- el salmón
- los camarones (el camarón)
- la langosta

Pescados y mariscos

Práctica

1 Escuchar Indica si las oraciones que vas a escuchar son **ciertas** o **falsas**, según el dibujo. Después, corrige las falsas.

1. _____   6. _____
2. _____   7. _____
3. _____   8. _____
4. _____   9. _____
5. _____   10. _____

2 Seleccionar Paulino y Pilar van a cenar a un restaurante. Escucha la conversación y selecciona la respuesta que mejor completa cada oración.

1. Paulino le pide el _____ (menú / plato) al camarero.
2. El plato del día es (atún / salmón) _____.
3. Pilar ordena _____ (leche / agua mineral) para beber.
4. Paulino quiere un refresco de _____ (naranja / limón).
5. Paulino hoy prefiere _____ (el salmón / la chuleta).
6. Dicen que la carne en ese restaurante es muy _____ (sabrosa / mala).
7. Pilar come salmón con _____ (zanahorias / champiñones).

3 Identificar Identifica la palabra que no está relacionada con cada grupo.

1. champiñón • cebolla • banana • zanahoria
2. camarones • ajo • atún • salmón
3. aceite • leche • refresco • agua mineral
4. jamón • chuleta de cerdo • vinagre • carne de res
5. cerveza • lechuga • arvejas • frijoles
6. carne • pescado • mariscos • camarero
7. pollo • naranja • limón • melocotón
8. maíz • queso • tomate • champiñón

4 Completar Completa las oraciones con las palabras más lógicas.

1. ¡Me gusta mucho este plato! Sabe _____.
   a. mal   b. delicioso   c. antipático
2. Camarero, ¿puedo ver el _____, por favor?
   a. aceite   b. maíz   c. menú
3. Carlos y yo bebemos siempre agua _____.
   a. cómoda   b. mineral   c. principal
4. El plato del día es _____.
   a. pollo asado b. mayonesa   c. ajo
5. Margarita es vegetariana. Ella come _____.
   a. frijoles   b. chuletas   c. jamón
6. Mi hermana le da _____ a su niña.
   a. ajo   b. vinagre   c. yogur

el desayuno

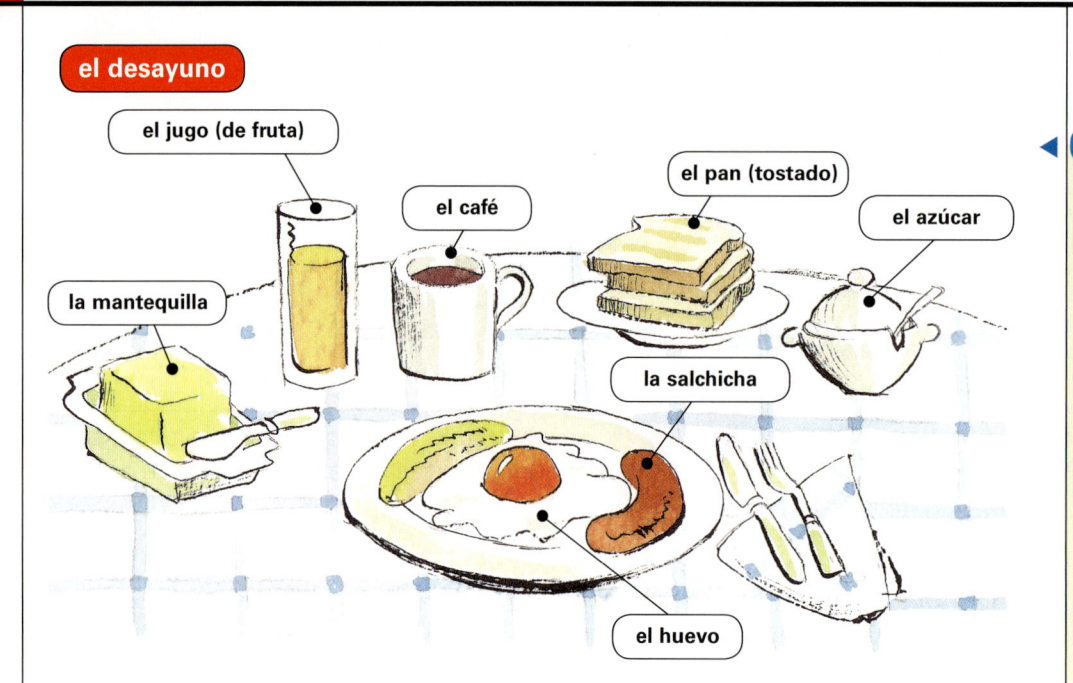

- el jugo (de fruta)
- el café
- el pan (tostado)
- el azúcar
- la mantequilla
- la salchicha
- el huevo

NOTA CULTURAL

En Guatemala, un desayuno típico incluye huevos, frijoles, fruta, tortillas, jugo y café.

Otros desayunos populares son:

madalenas (*muffins*) España

pan dulce (*assorted breads/pastries*) México

champurradas (*sugar cookies*) Guatemala

gallo pinto (*fried rice and beans*) Costa Rica

perico (*scrambled eggs with peppers and onions*) Venezuela

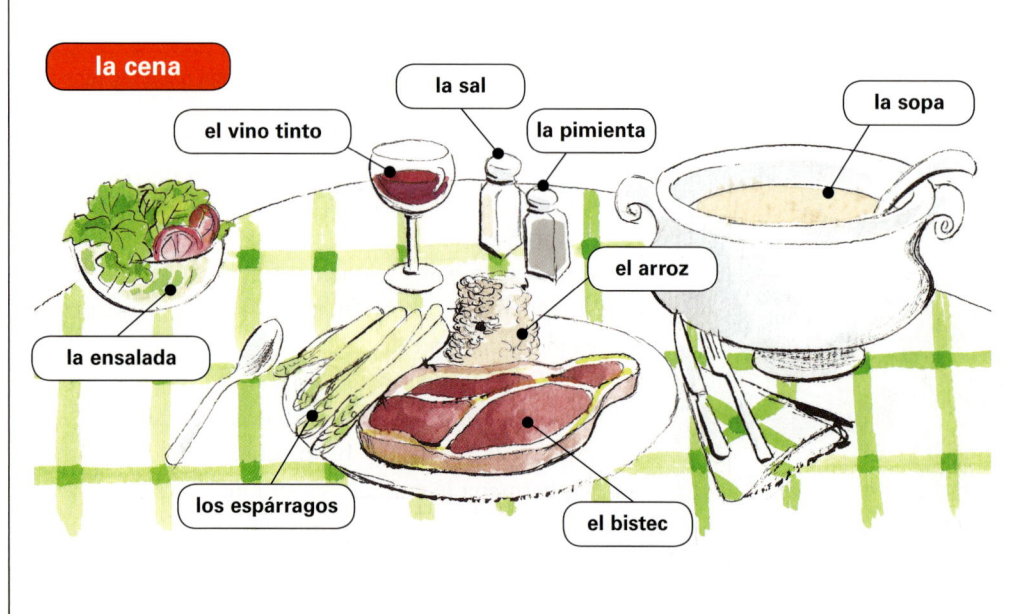

el almuerzo

- el té helado
- la manzana
- la hamburguesa
- el pan
- las papas/patatas fritas

Más vocabulario

escoger	to choose
merendar (e:ie)	to snack
probar (o:ue)	to taste; to try
recomendar (e:ie)	to recommend
servir (e:i)	to serve
el té	tea
el vino blanco	white wine

la cena

- la sal
- la sopa
- el vino tinto
- la pimienta
- el arroz
- la ensalada
- los espárragos
- el bistec

La comida

5 Completar Trabaja con un(a) compañero/a de clase para relacionar cada producto con el grupo alimenticio (*food group*) correcto.

modelo
___La carne___ es del grupo uno.

el aceite	las bananas	los cereales	la leche
el arroz	el café	los espárragos	el pescado
el azúcar	la carne	los frijoles	el vino

1. _____ y el queso son del grupo cuatro.
2. _____ son del grupo ocho.
3. _____ y el pollo son del grupo tres.
4. _____ es del grupo cinco.
5. _____ es del grupo dos.
6. Las manzanas y _____ son del grupo siete.
7. _____ es del grupo seis.
8. _____ son del grupo diez.
9. _____ y los tomates son del grupo nueve.
10. El pan y _____ son del grupo diez.

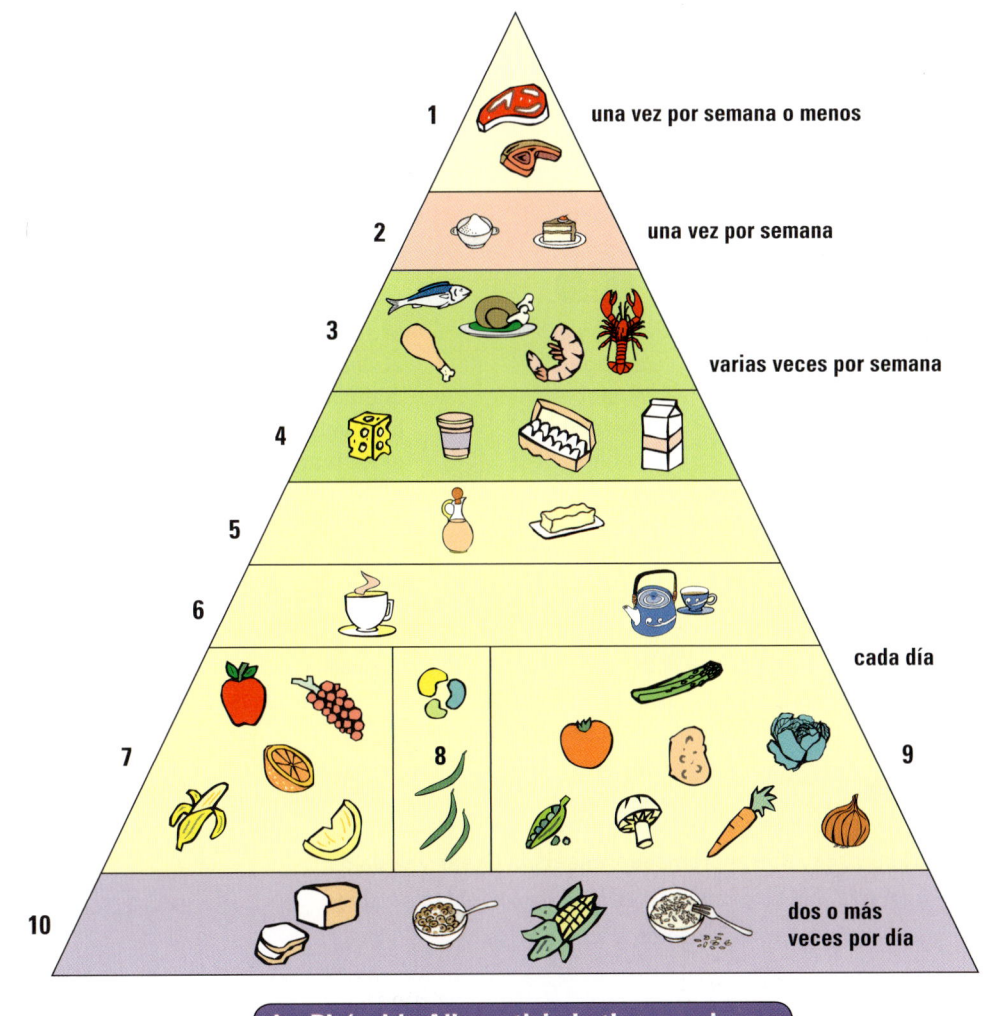

La Pirámide Alimenticia Latinoamericana

6 ¿Cierto o falso?

Consulta la Pirámide Alimenticia Latinoamericana de la página 265 e indica si lo que dice cada oración es **cierto** o **falso**. Si la oración es falsa, escribe las comidas que sí están en el grupo indicado.

> **modelo**
> El queso está en el grupo diez.
> Falso. En ese grupo están el maíz, el pan, los cereales y el arroz.

1. La manzana, la banana, el limón y las arvejas están en el grupo siete.
2. En el grupo cuatro están los huevos, la leche y el aceite.
3. El azúcar está en el grupo dos.
4. En el grupo diez están el pan, el arroz y el maíz.
5. El pollo está en el grupo uno.
6. En el grupo nueve están la lechuga, el tomate, las arvejas, la naranja, la papa, los espárragos y la cebolla.
7. El café y el té están en el mismo grupo.
8. En el grupo cinco está el arroz.
9. El pescado, el yogur y el bistec están en el grupo tres.

7 Combinar

Combina palabras de cada columna, en cualquier (*any*) orden, para formar nueve oraciones lógicas sobre las comidas. Añade otras palabras si es necesario.

> **modelo**
> La camarera nos sirve la ensalada.

A	B	C
el/la camarero/a	almorzar	la sección de no fumar
el/la dueño/a	escoger	el desayuno
mi familia	gustar	la ensalada
mi novio/a	merendar	las uvas
mis amigos y yo	pedir	el restaurante
mis padres	preferir	el jugo de naranja
mi hermano/a	probar	el refresco
el/la médico/a	recomendar	el plato
yo	servir	el arroz

NOTA CULTURAL

El arroz es un alimento básico en el Caribe, Centroamérica y México, entre otros países. Aparece frecuentemente como acompañamiento del plato principal y muchas veces se sirve con frijoles. Un plato muy popular en varios países es **el arroz con pollo** (*chicken and rice casserole*).

8 Un menú

En parejas, usen la Pirámide Alimenticia Latinoamericana de la página 265 para crear un menú para una cena especial. Incluyan alimentos de los diez grupos para los entremeses, los platos principales y las bebidas. Luego presenten el menú a la clase.

> **modelo**
> La cena especial que vamos a preparar es deliciosa. Primero, hay dos entremeses: ensalada César y sopa de langosta. El plato principal es salmón con salsa de ajo y espárragos. También vamos a servir arroz…

Practice more at vhlcentral.com.

Comunicación

9 **Conversación** En parejas, túrnense para hacerse estas preguntas.

1. ¿Meriendas mucho durante el día? ¿Qué comes? ¿A qué hora?
2. ¿Qué te gusta cenar?
3. ¿A qué hora, dónde y con quién almuerzas?
4. ¿Cuáles son las comidas más (*most*) típicas de tu almuerzo?
5. ¿Desayunas? ¿Qué comes y bebes por la mañana?
6. ¿Qué comida te gusta más? ¿Qué comida no conoces y quieres probar?
7. ¿Comes cada día alimentos de los diferentes grupos de la pirámide alimenticia? ¿Cuáles son los alimentos y bebidas más frecuentes en tu dieta?
8. ¿Qué comida recomiendas a tus amigos? ¿Por qué?
9. ¿Eres vegetariano/a? ¿Crees que ser vegetariano/a es una buena idea? ¿Por qué?
10. ¿Te gusta cocinar (*to cook*)? ¿Qué comidas preparas para tus amigos? ¿Para tu familia?

10 **Describir** Con dos compañeros/as de clase, describe las dos fotos, contestando estas preguntas.

▶ ¿Quiénes están en las fotos?

▶ ¿Dónde están?

▶ ¿Qué hora es?

▶ ¿Qué comen y qué beben?

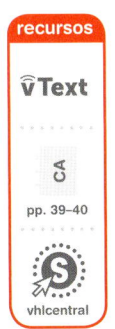

11 **Crucigrama** Tu profesor(a) les va a dar a ti y a tu compañero/a un crucigrama (*crossword puzzle*) incompleto. Tú tienes las palabras que necesita tu compañero/a y él/ella tiene las palabras que tú necesitas. Tienen que darse pistas (*clues*) para completarlo. No pueden decir la palabra; deben utilizar definiciones, ejemplos y frases.

modelo

6 vertical: Es un condimento que normalmente viene con la sal.

2 horizontal: Es una fruta amarilla.

fotonovela

Lección 8

Una cena... romántica

Maru y Miguel quieren tener una cena romántica, pero les espera una sorpresa.

PERSONAJES MARU MIGUEL

Video: *Fotonovela*

1

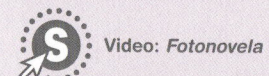

MARU No sé qué pedir. ¿Qué me recomiendas?

MIGUEL No estoy seguro. Las chuletas de cerdo se ven muy buenas.

MARU ¿Vas a pedirlas?

MIGUEL No sé.

2

MIGUEL ¡Qué bonitos! ¿Quién te los dio?

MARU Me los compró un chico muy guapo e inteligente.

MIGUEL ¿Es tan guapo como yo?

MARU Sí, como tú, guapísimo.

3

(*El camarero llega a la mesa.*)

CAMARERO ¿Les gustaría saber nuestras especialidades del día?

MARU Sí, por favor.

CAMARERO Para el entremés, tenemos ceviche de camarón. De plato principal ofrecemos bistec con verduras a la plancha.

6

(*en otra parte del restaurante*)

JUAN CARLOS Disculpe. ¿Qué me puede contar del pollo? ¿Dónde lo consiguió el chef?

CAMARERO ¡Oiga! ¿Qué está haciendo?

7

FELIPE Los espárragos están sabrosísimos esta noche. Usted pidió el pollo, señor. Estos champiñones saben a mantequilla.

8

GERENTE ¿Qué pasa aquí, Esteban?

CAMARERO Lo siento, señor. Me quitaron la comida.

GERENTE (*a Felipe*) Señor, ¿quién es usted? ¿Qué cree que está haciendo?

La comida

doscientos sesenta y nueve 269

CAMARERO    **JUAN CARLOS**    **FELIPE**    **GERENTE**

4
MARU Voy a probar el jamón.
CAMARERO Perfecto. ¿Y para usted, caballero?
MIGUEL Pollo asado con champiñones y papas, por favor.
CAMARERO Excelente.

5
MIGUEL Por nosotros.
MARU Dos años.

9
JUAN CARLOS Felipe y yo les servimos la comida a nuestros amigos. Pero desafortunadamente, salió todo mal.
FELIPE Soy el peor camarero del mundo. ¡Lo siento! Nosotros vamos a pagar la comida.
JUAN CARLOS ¿Nosotros?

10
FELIPE Todo esto fue idea tuya, Juan Carlos.
JUAN CARLOS ¿Mi idea? ¡Felipe! (*al gerente*) Señor, él es más responsable que yo.
GERENTE Tú y tú, vamos.

Expresiones útiles

Ordering food
¿Qué me recomiendas?
What do you recommend?
Las chuletas de cerdo se ven muy buenas.
The pork chops look good.
¿Les gustaría saber nuestras especialidades del día?
Would you like to hear our specials?
Para el entremés, tenemos ceviche de camarón.
For an appetizer, we have shrimp ceviche.
De plato principal ofrecemos bistec con verduras a la plancha.
For a main course, we have beef with grilled vegetables.
Voy a probar el jamón.
I am going to try the ham.

Describing people and things
¡Qué bonitos! ¿Quién te los dio?
How pretty! Who gave them to you?
Me los compró un chico muy guapo e inteligente.
A really handsome, intelligent guy bought them for me.
¿Es tan guapo como yo?
Is he as handsome as I am?
Sí, como tú, guapísimo.
Yes, like you, gorgeous.
Soy el peor camarero del mundo.
I am the worst waiter in the world.
Él es más responsable que yo.
He is more responsible than I am.

Additional vocabulary
el/la gerente *manager*
caballero *gentleman, sir*

¿Qué pasó?

1 **Escoger** Escoge la respuesta que completa mejor cada oración.

1. Miguel lleva a Maru a un restaurante para _____.
   a. almorzar   b. desayunar   c. cenar
2. El camarero les ofrece _____ como plato principal.
   a. ceviche de camarón   b. bistec con verduras a la plancha
   c. pescado, arroz y ensalada
3. Miguel va a pedir _____.
   a. pollo asado con champiñones y papas
   b. langosta al horno   c. pescado con verduras a la mantequilla
4. Felipe les lleva la comida a sus amigos y prueba _____.
   a. el jamón y los vinos   b. el atún y la lechuga
   c. los espárragos y los champiñones

2 **Identificar** Indica quién puede decir estas oraciones.

1. ¡Qué desastre! Soy un camarero muy malo.
2. Les recomiendo el bistec con verduras a la plancha.
3. Tal vez escoja las chuletas de cerdo, creo que son muy sabrosas.
4. ¿Qué pasa aquí?
5. Dígame las especialidades del día, por favor.
6. No fue mi idea. Felipe es más responsable que yo.

FELIPE · MARU · JUAN CARLOS
CAMARERO · MIGUEL · GERENTE

3 **Preguntas** Contesta estas preguntas sobre la **Fotonovela**.

1. ¿Por qué fueron Maru y Miguel a un restaurante?
2. ¿Qué entremés es una de las especialidades del día?
3. ¿Qué pidió Maru?
4. ¿Quiénes van a pagar la cuenta?

4 **En el restaurante**

1. Prepara con un(a) compañero/a una conversación en la que le preguntas si conoce algún buen restaurante en tu comunidad. Tu compañero/a responde que él/ella sí conoce un restaurante que sirve una comida deliciosa. Lo/La invitas a cenar y tu compañero/a acepta. Determinan la hora para verse en el restaurante.

2. Trabaja con un(a) compañero/a para representar los papeles de un(a) cliente/a y un(a) camarero/a en un restaurante. El/La camarero/a te pregunta qué te puede servir y tú preguntas cuál es la especialidad de la casa. El/La camarero/a te dice cuál es la especialidad y te recomienda algunos platos del menú. Tú pides entremeses, un plato principal y escoges una bebida. El/La camarero/a te sirve la comida y tú le das las gracias.

NOTA CULTURAL

El **ceviche** es un plato típico de varios países hispanos como México, Perú y Costa Rica. En México, se prepara con pescado o mariscos frescos, jugo de limón, tomate, cebolla, chile y cilantro. Se puede comer como plato principal, pero también como entremés o merienda. Casi siempre se sirve con tostadas (*fried tortillas*) o galletas saladas (*crackers*).

CONSULTA

To review indefinite words like **algún**, see **Estructura 7.2**, p. 240.

Practice more at vhlcentral.com.

Pronunciación
ll, ñ, c, and z

| pollo | llave | ella | cebolla |

Most Spanish speakers pronounce **ll** like the *y* in *yes*.

| mañana | señor | baño | niña |

The letter **ñ** is pronounced much like the *ny* in *canyon*.

| café | colombiano | cuando | rico |

Before **a**, **o**, or **u**, the Spanish **c** is pronounced like the *c* in *car*.

| cereales | delicioso | conducir | conocer |

Before **e** or **i**, the Spanish **c** is pronounced like the *s* in *sit*. (In parts of Spain, **c** before **e** or **i** is pronounced like the *th* in *think*.)

| zeta | zanahoria | almuerzo | cerveza |

The Spanish **z** is pronounced like the *s* in *sit*. (In parts of Spain, **z** is pronounced like the *th* in *think*.)

Práctica Lee las palabras en voz alta.

1. mantequilla
2. cuñada
3. aceite
4. manzana
5. español
6. cepillo
7. zapato
8. azúcar
9. quince
10. compañera
11. almorzar
12. calle

Oraciones Lee las oraciones en voz alta.

1. Mi compañero de cuarto se llama Toño Núñez. Su familia es de la ciudad de Guatemala y de Quetzaltenango.
2. Dice que la comida de su mamá es deliciosa, especialmente su pollo al champiñón y sus tortillas de maíz.
3. Creo que Toño tiene razón porque hoy cené en su casa y quiero volver mañana para cenar allí otra vez.

Refranes Lee los refranes en voz alta.

Las apariencias engañan.[1]

Panza llena, corazón contento.[2]

1 Looks can be deceiving.
2 A full belly makes a happy heart.

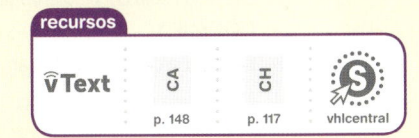

cultura

EN DETALLE

Frutas y verduras de América

Imagínate una pizza sin salsa° de tomate o una hamburguesa sin papas fritas. Ahora piensa que quieres ver una película, pero las palomitas de maíz° y el chocolate no existen. ¡Qué mundo° tan insípido°! Muchas de las comidas más populares del mundo tienen ingredientes esenciales que son originarios del continente llamado Nuevo Mundo. Estas frutas y verduras no fueron introducidas en Europa sino hasta° el siglo° XVI.

El tomate, por ejemplo, era° usado como planta ornamental cuando llegó por primera vez a Europa porque pensaron que era venenoso°. El maíz, por su parte, era ya la base de la comida de muchos países latinoamericanos muchos siglos antes de la llegada de los españoles.

La papa fue un alimento° básico para los incas. Incluso consiguieron deshidratarla para almacenarla° por largos períodos de tiempo. El cacao (planta con la que se hace el chocolate) fue muy importante para los aztecas y los mayas. Ellos usaban sus semillas° como moneda° y como ingrediente de diversas salsas. También las molían° para preparar una bebida, mezclándolas° con agua ¡y con chile!

El aguacate°, la guayaba°, la papaya, la piña y el maracuyá (o fruta de la pasión) son otros ejemplos de frutas originarias de América que son hoy día conocidas en todo el mundo.

Mole

¿En qué alimentos encontramos estas frutas y verduras?

Tomate: pizza, ketchup, salsa de tomate, sopa de tomate

Maíz: palomitas de maíz, tamales, tortillas, arepas (Colombia y Venezuela), pan

Papa: papas fritas, frituras de papa°, puré de papas°, sopa de papas, tortilla de patatas (España)

Cacao: mole (México), chocolatinas°, cereales, helados°, tartas°

Aguacate: guacamole (México), coctel de camarones, sopa de aguacate, nachos, enchiladas hondureñas

salsa sauce *palomitas de maíz* popcorn *mundo* world *insípido* flavorless *hasta* until *siglo* century *era* was *venenoso* poisonous *alimento* food *almacenarla* to store it *semillas* seeds *moneda* currency *las molían* they used to grind them *mezclándolas* mixing them *aguacate* avocado *guayaba* guava *frituras de papa* chips *puré de papas* mashed potatoes *chocolatinas* chocolate bars *helados* ice cream *tartas* cakes

ACTIVIDADES

1 **¿Cierto o falso?** Indica si lo que dicen las oraciones es cierto o falso. Corrige la información falsa.

1. El tomate se introdujo a Europa como planta ornamental.
2. Los incas sólo consiguieron almacenar las papas por poco tiempo.
3. Los aztecas y los mayas usaron las papas como moneda.
4. El maíz era una comida poco popular en Latinoamérica.
5. El aguacate era el alimento básico de los incas.
6. En México se hace una salsa con chocolate.
7. El aguacate, la guayaba, la papaya, la piña y el maracuyá son originarios de América.
8. Las arepas se hacen con cacao.
9. El aguacate es un ingrediente del cóctel de camarones.
10. En España hacen una tortilla con papas.

La comida

ASÍ SE DICE
Viajes y turismo

el banano (Col.), el cambur (Ven.), el guineo (Nic.), el plátano (Amér. L., Esp.)	la banana
el choclo (Amér. S.), el elote (Méx.), el jojoto (Ven.), la mazorca (Esp.)	corncob
las caraotas (Ven.), los porotos (Amér. S.), las habichuelas (P. R.)	los frijoles
el durazno (Méx.)	el melocotón
el jitomate (Méx.)	el tomate

EL MUNDO HISPANO
Algunos platos típicos

- **Ceviche peruano:** Es un plato de pescado crudo° que se marina° en jugo de limón, con sal, pimienta, cebolla y ají°. Se sirve con lechuga, maíz, camote° y papa amarilla.

- **Gazpacho andaluz:** Es una sopa fría típica del sur de España. Se hace con verduras crudas y molidas°: tomate, ají, pepino° y ajo. También lleva pan, sal, aceite y vinagre.

- **Sancocho colombiano:** Es una sopa de pollo, pescado o carne con plátano, maíz, zanahoria, yuca, papas, cebolla, cilantro y ajo. Se sirve con arroz blanco.

crudo *raw* **se marina** *gets marinated* **ají** *pepper* **camote** *sweet potato* **molidas** *mashed* **pepino** *cucumber*

PERFIL
Ferran Adrià: arte en la cocina°

¿Qué haces si un amigo te invita a comer croquetas líquidas o paella de *Kellogg's*? ¿Piensas que es una broma°? ¡Cuidado! Puedes estar perdiendo la oportunidad de probar los platos de uno de los chefs más innovadores del mundo°: **Ferran Adrià**.

Este artista de la cocina basa su éxito° en la creatividad y en la química. Adrià modifica combinaciones de ingredientes y juega con contrastes de gustos y sensaciones: frío-caliente, crudo-cocido°, dulce°-salado°... A partir de nuevas técnicas, altera la textura de los alimentos sin alterar su sabor°. Sus platos sorprendentes° y divertidos atraen a muchos nuevos chefs a su academia de cocina experimental. Quizás un día compraremos° en el supermercado té esférico°, carne líquida y espuma° de tomate.

Aire de zanahorias

cocina *kitchen* **broma** *joke* **mundo** *world* **éxito** *success* **cocido** *cooked* **dulce** *sweet* **salado** *savory* **sabor** *taste* **sorprendentes** *surprising* **compraremos** *we will buy* **esférico** *spheric* **espuma** *foam*

Conexión Internet

¿Qué platos comen los hispanos en los Estados Unidos?

Go to **vhlcentral.com** to find more cultural information related to this **Cultura** section.

ACTIVIDADES

2 Comprensión Empareja cada palabra con su definición.
1. fruta amarilla
2. sopa típica de Colombia
3. ingrediente del ceviche
4. chef español

a. gazpacho
b. Ferran Adrià
c. sancocho
d. guineo
e. pescado

3 ¿Qué plato especial hay en tu región? Escribe cuatro oraciones sobre un plato típico de tu región. Explica los ingredientes que contiene y cómo se sirve.

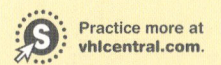

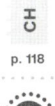

Practice more at **vhlcentral.com**.

8 estructura

8.1 Preterite of stem-changing verbs

ANTE TODO As you learned in **Lección 6**, **-ar** and **-er** stem-changing verbs have no stem change in the preterite. **-Ir** stem-changing verbs, however, do have a stem change. Study the following chart and observe where the stem changes occur.

Preterite of -ir stem-changing verbs

		servir (to serve)	**dormir** (to sleep)
SINGULAR FORMS	yo	serví	dormí
	tú	serviste	dormiste
	Ud./él/ella	s**i**rvió	d**u**rmió
PLURAL FORMS	nosotros/as	servimos	dormimos
	vosotros/as	servisteis	dormisteis
	Uds./ellos/ellas	s**i**rvieron	d**u**rmieron

▶ Stem-changing **-ir** verbs, in the preterite only, have a stem change in the third-person singular and plural forms. The stem change consists of either **e** to **i** or **o** to **u**.

(e → i) pedir: p**i**dió, p**i**dieron   (o → u) morir (to die): m**u**rió, m**u**rieron

> ¿Quién pidió el jamón?

> Yo lo pedí.

CONSULTA
There are a few high-frequency irregular verbs in the preterite. You will learn more about them in **Estructura 9.1**, p. 310.

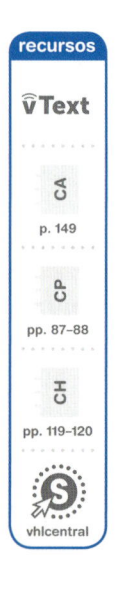

¡INTÉNTALO! Cambia cada infinitivo al pretérito.

1. Yo _serví, dormí, pedí..._ (servir, dormir, pedir, preferir, repetir, seguir)
2. Usted _____. (morir, conseguir, pedir, sentirse, servir, vestirse)
3. Tú _____. (conseguir, servir, morir, pedir, dormir, repetir)
4. Ellas _____. (repetir, dormir, seguir, preferir, morir, servir)
5. Nosotros _____. (seguir, preferir, servir, vestirse, pedir, dormirse)
6. Ustedes _____. (sentirse, vestirse, conseguir, pedir, repetir, dormirse)
7. Él _____. (dormir, morir, preferir, repetir, seguir, pedir)

La comida

Práctica

1. Completar Completa estas oraciones para describir lo que pasó anoche en el restaurante El Famoso.

1. Paula y Humberto Suárez llegaron al restaurante El Famoso a las ocho y _____ (seguir) al camarero a una mesa en la sección de no fumar.
2. El señor Suárez _____ (pedir) una chuleta de cerdo.
3. La señora Suárez _____ (preferir) probar los camarones.
4. De tomar, los dos _____ (pedir) vino tinto.
5. El camarero _____ (repetir) el pedido (*the order*) para confirmarlo.
6. La comida tardó mucho (*took a long time*) en llegar y los señores Suárez _____ (dormirse) esperando la comida.
7. A las nueve y media el camarero les _____ (servir) la comida.
8. Después de comer la chuleta, el señor Suárez _____ (sentirse) muy mal.
9. Pobre señor Suárez… ¿por qué no _____ (pedir) los camarones?

2. El camarero loco En el restaurante La Hermosa trabaja un camarero muy loco que siempre comete muchos errores. Indica lo que los clientes pidieron y lo que el camarero les sirvió.

modelo
Armando / papas fritas
Armando pidió papas fritas, pero el camarero le sirvió maíz.

1. nosotros / jugo de naranja
2. Beatriz / queso 
3. tú / arroz 
4. Elena y Alejandro / atún 
5. usted / refresco 
6. yo / hamburguesa

Comunicación

3 **El almuerzo** Trabajen en parejas. Túrnense para completar las oraciones de César de una manera lógica.

> **modelo**
> Mi abuelo se despertó temprano, pero yo...
> Mi abuelo se despertó temprano, pero yo me desperté tarde.

1. Yo llegué al restaurante a tiempo, pero mis amigos...
2. Beatriz pidió la ensalada de frutas, pero yo...
3. Yolanda les recomendó el bistec, pero Eva y Paco...
4. Nosotros preferimos las papas fritas, pero Yolanda...
5. El camarero sirvió la carne, pero yo...
6. Beatriz y yo pedimos café, pero Yolanda y Paco...
7. Eva se sintió enferma, pero Paco y yo...
8. Nosotros repetimos postre (*dessert*), pero Eva...
9. Ellos salieron tarde, pero yo...
10. Yo me dormí temprano, pero mi hermano...

¡LENGUA VIVA!

In Spanish, the verb **repetir** is used to express *to have a second helping* (*of something*). **Cuando mi mamá prepara sopa de champiñones, yo siempre repito.** *When my mom makes mushroom soup, I always have a second helping.*

4 **Entrevista** Trabajen en parejas y túrnense para entrevistar a su compañero/a.

1. ¿Te acostaste tarde o temprano anoche? ¿A qué hora te dormiste? ¿Dormiste bien?
2. ¿A qué hora te despertaste esta mañana? Y, ¿a qué hora te levantaste?
3. ¿A qué hora vas a acostarte esta noche?
4. ¿Qué almorzaste ayer? ¿Quién te sirvió el almuerzo?
5. ¿Qué cenaste ayer?
6. ¿Cenaste en un restaurante recientemente? ¿Con quién(es)?
7. ¿Qué pediste en el restaurante? ¿Qué pidieron los demás?
8. ¿Se durmió alguien en alguna de tus clases la semana pasada? ¿En qué clase?

Síntesis

5 **Describir** En grupos, estudien la foto y las preguntas. Luego, describan la primera (¿y la última?) cita de César y Libertad.

▸ ¿Adónde salieron a cenar?
▸ ¿Qué pidieron?
▸ ¿Les gustó la comida?
▸ ¿Quién prefirió una comida vegetariana? ¿Por qué?
▸ ¿Cómo se vistieron?
▸ ¿De qué hablaron? ¿Les gustó la conversación?
▸ ¿Van a volver a verse? ¿Por qué?

CONSULTA

To review words commonly associated with the preterite, such as **anoche**, see **Estructura 6.3**, p. 207.

La comida   doscientos setenta y siete   277

8.2 Double object pronouns   *Tutorial*

ANTE TODO In **Lecciones 5** and **6**, you learned that direct and indirect object pronouns replace nouns and that they often refer to nouns that have already been referenced. You will now learn how to use direct and indirect object pronouns together. Observe the following diagram.

Indirect Object Pronouns			**Direct Object Pronouns**	
me	nos	**+**	lo	los
te	os		la	las
le (se)	les (se)			

▶ When direct and indirect object pronouns are used together, the indirect object pronoun always precedes the direct object pronoun.

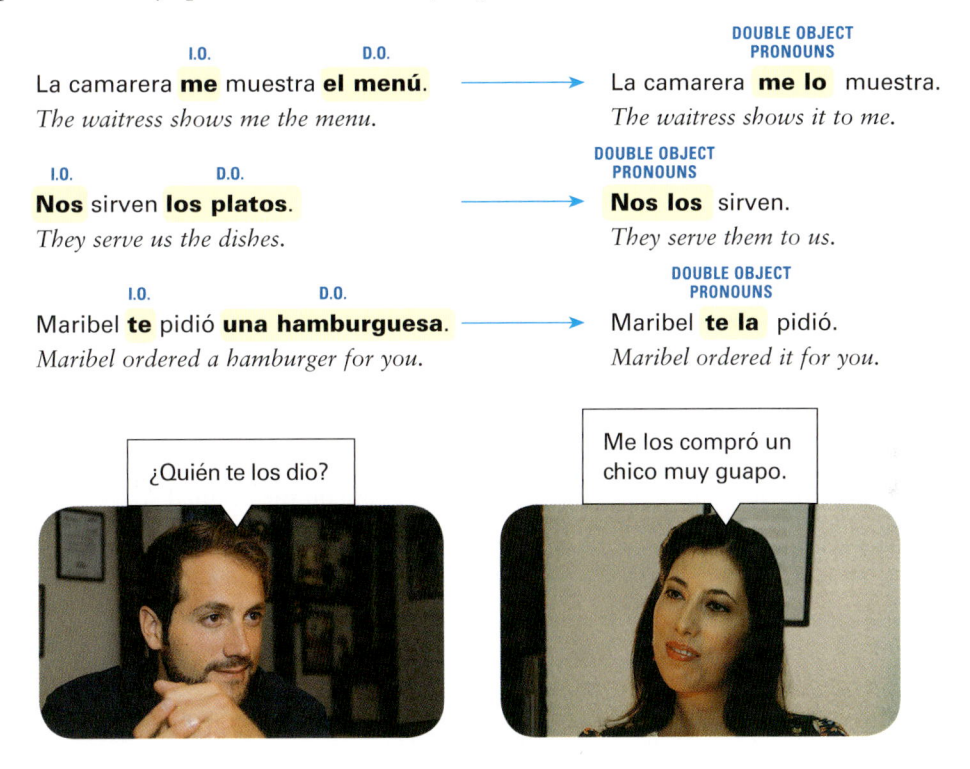

    I.O.   D.O.   **DOUBLE OBJECT PRONOUNS**
La camarera **me** muestra **el menú**. → La camarera **me lo** muestra.
The waitress shows me the menu.   *The waitress shows it to me.*

  I.O.   D.O.   **DOUBLE OBJECT PRONOUNS**
Nos sirven **los platos**. → **Nos los** sirven.
They serve us the dishes.   *They serve them to us.*

      I.O.   D.O.   **DOUBLE OBJECT PRONOUNS**
Maribel **te** pidió **una hamburguesa**. → Maribel **te la** pidió.
Maribel ordered a hamburger for you.   *Maribel ordered it for you.*

¿Quién te los dio?

Me los compró un chico muy guapo.

▶ In Spanish, two pronouns that begin with the letter **l** cannot be used together. Therefore, the indirect object pronouns **le** and **les** always change to **se** when they are used with **lo, los, la,** and **las**.

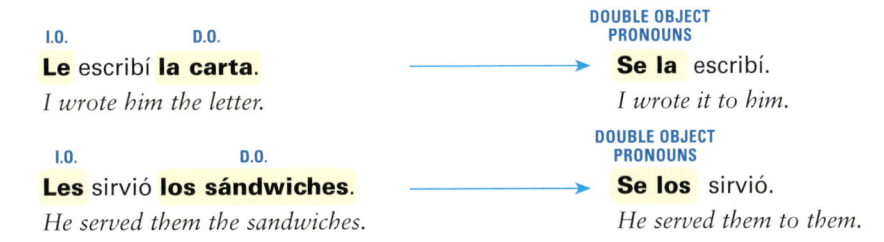

  I.O.   D.O.   **DOUBLE OBJECT PRONOUNS**
Le escribí **la carta**. → **Se la** escribí.
I wrote him the letter.   *I wrote it to him.*

  I.O.   D.O.   **DOUBLE OBJECT PRONOUNS**
Les sirvió **los sándwiches**. → **Se los** sirvió.
He served them the sandwiches.   *He served them to them.*

▶ Because **se** has multiple meanings, Spanish speakers often clarify to whom the pronoun refers by adding **a usted, a él, a ella, a ustedes, a ellos,** or **a ellas**.

¿El sombrero? Carlos **se** lo vendió **a ella**.
The hat? Carlos sold it to her.

¿Las verduras? Ellos **se** las compran **a usted**.
The vegetables? They are buying them for you.

▶ Double object pronouns are placed before a conjugated verb. With infinitives and present participles, they may be placed before the conjugated verb or attached to the end of the infinitive or present participle.

DOUBLE OBJECT PRONOUNS
Te lo voy a mostrar.

DOUBLE OBJECT PRONOUNS
Voy a mostrár**telo**.

DOUBLE OBJECT PRONOUNS
Nos las están comprando.

DOUBLE OBJECT PRONOUNS
Están comprándo**noslas**.

Mi abuelo **me lo** está leyendo.
Mi abuelo está leyéndo**melo**.

El camarero **se los** va a servir.
El camarero va a servír**selos**.

▶ As you can see above, when double object pronouns are attached to an infinitive or a present participle, an accent mark is added to maintain the original stress.

¡INTÉNTALO! Escribe el pronombre de objeto directo o indirecto que falta en cada oración.

Objeto directo

1. ¿La ensalada? El camarero nos ___*la*___ sirvió.
2. ¿El salmón? La dueña me _____ recomienda.
3. ¿La comida? Voy a prepárarte_____.
4. ¿Las bebidas? Estamos pidiéndose_____.
5. ¿Los refrescos? Te _____ puedo traer ahora.
6. ¿Los platos de arroz? Van a servírnos_____ después.

Objeto indirecto

1. —¿Puedes traerme tu plato? —No, no ___*te*___ lo puedo traer.
2. —¿Quieres mostrarle la carta? —Sí, voy a mostrár_____ la ahora.
3. —¿Les serviste la carne? —No, no _____ la serví.
4. —¿Vas a leerle el menú? —No, no _____ lo voy a leer.
5. —¿Me recomiendas la langosta? —Sí, _____ la recomiendo.
6. —¿Cuándo vas a prepararnos la cena? —_____ la voy a preparar en una hora.

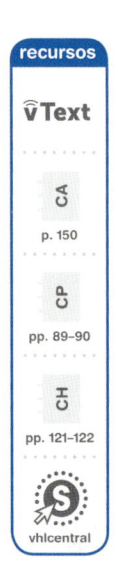

Práctica

1. Responder Imagínate que trabajas de camarero/a en un restaurante. Responde a los pedidos (*requests*) de estos clientes usando pronombres.

> **modelo**
> Sra. Gómez: Una ensalada, por favor.
> Sí, señora. Enseguida (*Right away*) se la traigo.

1. Sres. López: La mantequilla, por favor.
2. Srta. Rivas: Los camarones, por favor.
3. Sra. Lugones: El pollo asado, por favor.
4. Tus compañeros/as de clase: Café, por favor.
5. Tu profesor(a) de español: Papas fritas, por favor.
6. Dra. González: La chuleta de cerdo, por favor.
7. Tu padre: Los champiñones, por favor.
8. Dr. Torres: La cuenta (*check*), por favor.

AYUDA
Here are some other useful expressions:
ahora mismo *right now*
inmediatamente *immediately*
¡A la orden! *At your service!*
¡Ya voy! *I'm on my way!*

2. ¿Quién? La señora Cevallos está planeando una cena. Se pregunta cómo va a resolver ciertas situaciones. En parejas, túrnense para decir lo que ella está pensando. Cambien los sustantivos subrayados por pronombres de objeto directo y hagan los otros cambios necesarios.

> **modelo**
> ¡No tengo carne! ¿Quién va a traerme la carne del supermercado? (mi esposo)
> Mi esposo va a traérmela./Mi esposo me la va a traer.

1. ¡Las invitaciones! ¿Quién les manda las invitaciones a los invitados (*guests*)? (mi hija)
2. No tengo tiempo de ir a la tienda. ¿Quién me puede comprar el vinagre? (mi hijo)
3. ¡Ay! No tengo suficientes platos (*plates*). ¿Quién puede prestarme los platos que necesito? (mi mamá)
4. Nos falta mantequilla. ¿Quién nos trae la mantequilla? (mi cuñada)
5. ¡Los entremeses! ¿Quién está preparándonos los entremeses? (Silvia y Renata)
6. No hay suficientes sillas. ¿Quién nos trae las sillas que faltan? (Héctor y Lorena)
7. No tengo tiempo de pedirle el aceite a Mónica. ¿Quién puede pedirle el aceite? (mi hijo)
8. ¿Quién va a servirles la cena a los invitados? (mis hijos)
9. Quiero poner buena música de fondo (*background*). ¿Quién me va a recomendar la música? (mi esposo)
10. ¡Los postres! ¿Quién va a preparar los postres para los invitados? (Sra. Villalba)

Practice more at vhlcentral.com.

Comunicación

3 Contestar Trabajen en parejas. Túrnense para hacer preguntas, usando las palabras interrogativas **¿Quién?** o **¿Cuándo?**, y para responderlas. Sigan el modelo.

> **modelo**
> nos enseña español
> **Estudiante 1:** ¿Quién nos enseña español?
> **Estudiante 2:** La profesora Camacho nos lo enseña.

1. te puede explicar la tarea cuando no la entiendes
2. les vende el almuerzo a los estudiantes
3. vas a comprarme boletos para un concierto
4. te escribe mensajes de texto
5. nos prepara los entremeses
6. me vas a prestar tu computadora
7. te compró esa bebida
8. nos va a recomendar el menú de la cafetería
9. le enseñó español al/a la profesor(a)
10. me vas a mostrar tu casa o apartamento

4 Preguntas En parejas, túrnense para hacerse estas preguntas.

> **modelo**
> **Estudiante 1:** ¿Les prestas tu computadora a tus amigos?
> **Estudiante 2:** No, no se la presto a mis amigos porque no son muy responsables.

1. ¿Me prestas tu chaqueta? ¿Ya le prestaste tu chaqueta a otro/a amigo/a?
2. ¿Quién te presta dinero cuando lo necesitas?
3. ¿Les prestas dinero a tus amigos? ¿Por qué?
4. ¿Nos compras el almuerzo a mí y a los otros compañeros de clase?
5. ¿Les mandas correo electrónico a tus amigos? ¿Y a tu familia?
6. ¿Les das regalos a tus amigos? ¿Cuándo?
7. ¿Quién te va a preparar la cena esta noche?
8. ¿Quién te va a preparar el desayuno mañana?

Síntesis

5 Regalos de Navidad Tu profesor(a) les va a dar a ti y a un(a) compañero/a una parte de la lista de los regalos de Navidad (*Christmas*) que Berta pidió y los regalos que sus parientes le compraron. Conversen para completar sus listas.

> **modelo**
> **Estudiante 1:** ¿Qué le pidió Berta a su mamá?
> **Estudiante 2:** Le pidió una computadora. ¿Se la compró?
> **Estudiante 1:** Sí, se la compró.

recursos

v Text

CA
pp. 41–42

La comida

8.3 Comparisons

ANTE TODO Both Spanish and English use comparisons to indicate which of two people or things has a lesser, equal, or greater degree of a quality.

Comparisons

menos interesante	**más grande**	**tan sabroso como**
less interesting	*bigger*	*as delicious as*

Comparisons of inequality

▶ Comparisons of inequality are formed by placing **más** (*more*) or **menos** (*less*) before adjectives, adverbs, and nouns and **que** (*than*) after them.

$$\text{más/menos} + \begin{bmatrix} \text{adjective} \\ \text{adverb} \\ \text{noun} \end{bmatrix} + \text{que}$$

▶ **¡Atención!** Note that while English has a comparative form for short adjectives (*taller*), such forms do not exist in Spanish (**más** alto).

adjectives

Los bistecs son **más caros que** el pollo.
Steaks are more expensive than chicken.

Estas uvas son **menos ricas que** esa pera.
These grapes are less tasty than that pear.

adverbs

Me acuesto **más tarde que** tú.
I go to bed later than you (do).

Luis se despierta **menos temprano que** yo.
Luis wakes up less early than I (do).

nouns

Juan prepara **más platos que** José.
Juan prepares more dishes than José (does).

Susana come **menos carne que** Enrique.
Susana eats less meat than Enrique (does).

La ensalada es menos cara que la sopa.

¿El pollo es más rico que el jamón?

▶ When the comparison involves a numerical expression, **de** is used before the number instead of **que**.

Hay más **de** cincuenta naranjas.
There are more than fifty oranges.

Llego en menos **de** diez minutos.
I'll be there in less than ten minutes.

▶ With verbs, this construction is used to make comparisons of inequality.

$$\boxed{\text{verb}} + \text{más/menos que}$$

Mis hermanos **comen más que** yo.
My brothers eat more than I (do).

Arturo **duerme menos que** su padre.
Arturo sleeps less than his father (does).

Comparisons of equality

▸ This construction is used to make comparisons of equality.

tan + [*adjective* / *adverb*] + como   tanto/a(s) + [*singular noun* / *plural noun*] + como

¿Es tan guapo como yo?

¿Aquí vienen tantos mexicanos como extranjeros?

▸ **¡Atención!** Note that unlike **tan**, **tanto** acts as an adjective and therefore agrees in number and gender with the noun it modifies.

Estas uvas son **tan ricas como** aquéllas.
These grapes are as tasty as those ones (are).

Yo probé **tantos platos como** él.
I tried as many dishes as he did.

▸ **Tan** and **tanto** can also be used for emphasis, rather than to compare, with these meanings: **tan** *so*, **tanto** *so much*, **tantos/as** *so many*.

¡Tu almuerzo es **tan** grande!
Your lunch is so big!

¡Comes **tantas** manzanas!
You eat so many apples!

¡Comes **tanto**!
You eat so much!

¡Preparan **tantos** platos!
They prepare so many dishes!

▸ Comparisons of equality with verbs are formed by placing **tanto como** after the verb. Note that in this construction **tanto** does not change in number or gender.

[*verb*] + **tanto como**

Tú viajas **tanto como** mi tía.
You travel as much as my aunt (does).

Ellos hablan **tanto como** mis hermanas.
They talk as much as my sisters.

Comemos **tanto como** ustedes.
We eat as much as you (do).

No estudio **tanto como** Felipe.
I don't study as much as Felipe (does).

La comida

Irregular comparisons

▶ Some adjectives have irregular comparative forms.

Irregular comparative forms

Adjective		Comparative form	
bueno/a	good	mejor	better
malo/a	bad	peor	worse
grande	big, grown, adult	mayor	bigger, older
pequeño/a	small	menor	smaller
joven	young	menor	younger
viejo/a	old	mayor	older

▶ When **grande** and **pequeño/a** refer to age, the irregular comparative forms, **mayor** and **menor**, are used. However, when these adjectives refer to size, the regular forms, **más grande** and **más pequeño/a**, are used.

Yo soy **menor** que tú.
I'm younger than you.

Pedí un plato **más pequeño**.
I ordered a smaller dish.

Nuestro hijo es **mayor** que el hijo de los Andrade.
Our son is older than the Andrades' son.

El plato de Isabel es **más grande** que ése.
Isabel's dish is bigger than that one.

▶ The adverbs **bien** and **mal** have the same irregular comparative forms as the adjectives **bueno/a** and **malo/a**.

Julio nada **mejor** que los otros chicos.
Julio swims better than the other boys.

Ellas cantan **peor** que las otras chicas.
They sing worse than the other girls.

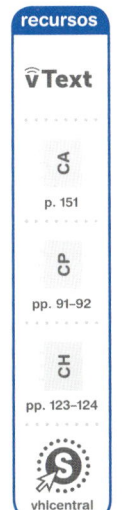

CONSULTA
To review how descriptive adjectives like **bueno**, **malo**, and **grande** are shortened before nouns, see **Estructura 3.1**, p. 90.

¡INTÉNTALO!
Escribe el equivalente de las palabras en inglés.

1. Ernesto mira más televisión _que_ (*than*) Alberto.
2. Tú eres _____ (*less*) simpático que Federico.
3. La camarera sirve _____ (*as much*) carne como pescado.
4. Conozco _____ (*more*) restaurantes que tú.
5. No estudio _____ (*as much as*) tú.
6. ¿Sabes jugar al tenis tan bien _____ (*as*) tu hermana?
7. ¿Puedes beber _____ (*as many*) refrescos como yo?
8. Mis amigos parecen _____ (*as*) simpáticos como ustedes.

Práctica

1 Escoger Escoge la palabra correcta para comparar a dos hermanas muy diferentes. Haz los cambios necesarios.

1. Lucila es más alta y más bonita _____ Tita. (de, más, menos, que)
2. Tita es más delgada porque come _____ verduras que su hermana. (de, más, menos, que)
3. Lucila es más _____ que Tita porque es alegre. (listo, simpático, bajo)
4. A Tita le gusta comer en casa. Va a _____ restaurantes que su hermana. (más, menos, que) Es tímida, pero activa. Hace _____ ejercicio (*exercise*) que su hermana. (más, tanto, menos) Todos los días toma más _____ cinco vasos (*glasses*) de agua mineral. (que, tan, de)
5. Lucila come muchas papas fritas y se preocupa _____ que Tita por comer frutas. (de, más, menos) ¡Son _____ diferentes! Pero se llevan (*they get along*) muy bien. (como, tan, tanto)

2 Emparejar Compara a Mario y a Luis, los novios de Lucila y Tita, completando las oraciones de la columna A con las palabras o frases de la columna B.

A	B
1. Mario es _____ como Luis.	tantas
2. Mario viaja tanto _____ Luis.	diferencia
3. Luis toma _____ clases de cocina (*cooking*) como Mario.	tan interesante
4. Luis habla _____ tan bien como Mario.	amigos extranjeros
5. Mario tiene tantos _____ como Luis.	como
6. ¡Qué casualidad (*coincidence*)! Mario y Luis también son hermanos, pero no hay tanta _____ entre ellos como entre Lucila y Tita.	francés

3 Oraciones Combina elementos de las columnas A, B y C para hacer comparaciones. Escribe oraciones completas.

modelo
George Clooney tiene tantos autos como el presidente de los EE.UU.
Emma Stone es menor que George Clooney.

A	B	C
la comida japonesa	costar	la gente de Montreal
el fútbol	saber	la música *country*
George Clooney	ser	el brócoli
el pollo	tener	el presidente de los EE.UU.
la gente de Vancouver	¿?	la comida italiana
la primera dama (*lady*) de los EE.UU.		el hockey
las escuelas privadas		Emma Stone
las espinacas		las escuelas públicas
la música rap		la carne de res

La comida doscientos ochenta y cinco **285**

Comunicación

4 **Intercambiar** En parejas, hagan comparaciones sobre diferentes cosas. Pueden usar las sugerencias de la lista u otras ideas.

> **modelo**
> Estudiante 1: Los pollos de *Pollitos del Corral* son muy ricos.
> Estudiante 2: Pues yo creo que los pollos de *Rostipollos* son tan buenos como los pollos de *Pollitos del Corral*.
> Estudiante 1: Mmm… no tienen tanta mantequilla como los pollos de *Pollitos del Corral*. Tienes razón. Son muy sabrosos.

AYUDA
You can use these adjectives in your comparisons:
bonito/a
caro/a
elegante
interesante
inteligente

restaurantes en tu ciudad/pueblo
cafés en tu comunidad
tiendas en tu ciudad/pueblo

periódicos en tu ciudad/pueblo
revistas favoritas
libros favoritos

comidas favoritas
los profesores
las clases que toman

5 **Conversar** En grupos, túrnense para hacer comparaciones entre ustedes mismos (*yourselves*) y una persona de cada categoría de la lista.

▶ una persona de tu familia
▶ un(a) amigo/a especial
▶ una persona famosa

Síntesis

6 **La familia López** En grupos, túrnense para hablar de Sara, Sabrina, Cristina, Ricardo y David y hacer comparaciones entre ellos.

> **modelo**
> Estudiante 1: Sara es tan alta como Sabrina.
> Estudiante 2: Sí, pero David es más alto que ellas.
> Estudiante 3: En mi opinión, él es guapo también.

8.4 Superlatives

ANTE TODO Both English and Spanish use superlatives to express the highest or lowest degree of a quality.

el/la mejor	el/la peor	el/la más alto/a
the best	*the worst*	*the tallest*

▶ This construction is used to form superlatives. Note that the noun is always preceded by a definite article and that **de** is equivalent to the English *in* or *of*.

$$\text{el/la/los/las} + [\text{noun}] + \text{más/menos} + [\text{adjective}] + \text{de}$$

▶ The noun can be omitted if the person, place, or thing referred to is clear.

¿El restaurante Las Delicias?
 Es **el más elegante** de la ciudad.
The restaurant Las Delicias?
 It's the most elegant (one) in the city.

Recomiendo el pollo asado.
 Es **el más sabroso** del menú.
I recommend the roast chicken.
 It's the most delicious on the menu.

▶ Here are some irregular superlative forms.

Irregular superlatives

Adjective		Superlative form	
bueno/a	good	el/la mejor	*(the) best*
malo/a	bad	el/la peor	*(the) worst*
grande	big, grown, adult	el/la mayor	*(the) biggest (the) oldest*
pequeño/a	small	el/la menor	*(the) smallest*
joven	young	el/la menor	*(the) youngest*
viejo/a	old	el/la mayor	*(the) oldest*

▶ The absolute superlative is equivalent to *extremely, super,* or *very*. To form the absolute superlative of most adjectives and adverbs, drop the final vowel, if there is one, and add **-ísimo/a(s)**.

malo → mal- → malísimo
¡El bistec está **malísimo**!

mucho → much- → muchísimo
Comes **muchísimo**.

▶ Note these spelling changes.

rico → ri**qu**ísimo   largo → lar**gu**ísimo   feliz → feli**c**ísimo

fácil → fa**c**ilísimo   joven → jo**v**en**c**ísimo   trabajador → trabajador**c**ísimo

¡ATENCIÓN!

While **más** alone means *more*, after **el, la, los,** or **las**, it means *most*. Likewise, **menos** can mean *less* or *least*.

Es **el café más rico del** país.
It's the most delicious coffee in the country.

Es **el menú menos caro de** todos éstos.
It is the least expensive menu of all of these.

CONSULTA

The rule you learned in **Estructura 8.3** (p. 283) regarding the use of **mayor/menor** with age, but not with size, is also true with superlative forms.

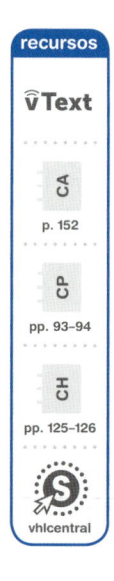

¡INTÉNTALO! Escribe el equivalente de las palabras en inglés.

1. Marisa es __la más inteligente__ (*the most intelligent*) de todas.
2. Ricardo y Tomás son _____ (*the least boring*) de la fiesta.
3. Miguel y Antonio son _____ (*the worst*) estudiantes de la clase.
4. Mi profesor de biología es _____ (*the oldest*) de la escuela.

Práctica y Comunicación

1 **El más...** Responde a las preguntas afirmativamente. Usa las palabras entre paréntesis.

> **modelo**
> El cuarto está sucísimo, ¿no? (casa)
> Sí, es el más sucio de la casa.

1. El almacén Velasco es buenísimo, ¿no? (centro comercial)
2. La silla de tu madre es comodísima, ¿no? (casa)
3. Ángela y Julia están nerviosísimas por el examen, ¿no? (clase)
4. Jorge es jovencísimo, ¿no? (mis amigos)

2 **Completar** Tu profesor(a) te va a dar una hoja de actividades con descripciones de José Valenzuela Carranza y Ana Orozco Hoffman. Completa las oraciones con las palabras de la lista.

altísima	del	mayor	peor
atlética	guapísimo	mejor	periodista
bajo	la	menor	trabajadorcísimo
de	más	Orozco	Valenzuela

1. José tiene 22 años; es el _____ y el más _____ de su familia. Es _____ y _____. Es el mejor _____ de la ciudad y el _____ jugador de baloncesto.
2. Ana es la más _____ y _____ mejor jugadora de baloncesto del estado. Es la _____ de sus hermanos (tiene 28 años) y es _____. Estudió la profesión _____ difícil _____ todas: medicina.
3. Jorge es el _____ jugador de videojuegos de su familia.
4. Mauricio es el menor de la familia _____.
5. El abuelo es el _____ de todos los miembros de la familia Valenzuela.
6. Fifí es la perra más antipática _____ mundo.

3 **Superlativos** Trabajen en parejas para hacer comparaciones. Usen superlativos.

> **modelo**
> Angelina Jolie, Bill Gates, Jimmy Carter
> **Estudiante 1:** Bill Gates es el más rico de los tres.
> **Estudiante 2:** Sí, ¡es riquísimo! Y Jimmy Carter es el mayor de los tres.

1. Guatemala, Argentina, España
2. Jaguar, Prius, Smart
3. la comida mexicana, la comida francesa, la comida árabe
4. Amy Adams, Meryl Streep, Ellen Page
5. Ciudad de México, Buenos Aires, Nueva York
6. *Don Quijote de la Mancha, Cien años de soledad, Como agua para chocolate*
7. el fútbol americano, el golf, el béisbol
8. las películas románticas, las películas de acción, las películas cómicas

Recapitulación

Diagnostics

Completa estas actividades para repasar los conceptos de gramática que aprendiste en esta lección.

1 Completar Completa la tabla con la forma correcta del pretérito. *18 pts.*

Infinitive	yo	usted	ellos
dormir			
servir			
vestirse			

2 La cena Completa la conversación con el pretérito de los verbos. *14 pts.*

PAULA ¡Hola, Daniel! ¿Qué tal el fin de semana?

DANIEL Muy bien. Marta y yo (1) _____ (conseguir) hacer muchas cosas, pero lo mejor fue la cena del sábado.

PAULA Ah, ¿sí? ¿Adónde fueron?

DANIEL Al restaurante Vistahermosa. Es elegante, así que (nosotros) (2) _____ (vestirse) bien.

PAULA Y ¿qué platos (3) _____ (pedir, ustedes)?

DANIEL Yo (4) _____ (pedir) camarones y Marta (5) _____ (preferir) el pollo. Y al final, el camarero nos (6) _____ (servir) flan.

PAULA ¡Qué rico!

DANIEL Sí. Pero después de la cena Marta no (7) _____ (sentirse) bien.

3 Camareros Genaro y Úrsula son camareros en un restaurante. Usa pronombres para completar la conversación que tienen con su jefe. *8 pts.*

JEFE Úrsula, ¿le ofreciste agua fría al cliente de la mesa 22?

ÚRSULA Sí, (1) _____ de inmediato.

JEFE Genaro, ¿los clientes de la mesa 5 te pidieron ensaladas?

GENARO Sí, (2) _____.

ÚRSULA Genaro, ¿recuerdas si ya me mostraste los vinos nuevos?

GENARO Sí, ya (3) _____.

JEFE Genaro, ¿van a pagarte la cuenta (*bill*) los clientes de la mesa 5?

GENARO Sí, (4) _____ ahora mismo.

RESUMEN GRAMATICAL

8.1 Preterite of stem-changing verbs *p. 274*

servir	dormir
serví	dormí
serviste	dormiste
sirvió	durmió
servimos	dormimos
servisteis	dormisteis
sirvieron	durmieron

8.2 Double object pronouns *pp. 277–278*

Indirect Object Pronouns: me, te, le (se), nos, os, les (se)

Direct Object Pronouns: lo, la, los, las

Le escribí la carta. → Se la escribí.

Nos van a servir los platos. → Nos los van a servir./ Van a servírnoslos.

8.3 Comparisons *pp. 281–283*

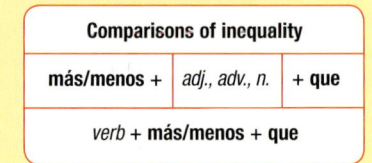

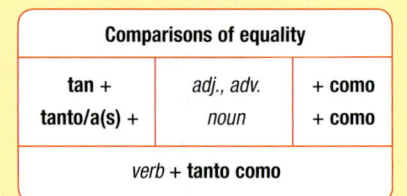

Comparisons of inequality

más/menos +	adj., adv., n.	+ que

verb + más/menos + que

Comparisons of equality

tan +	adj., adv.	+ como
tanto/a(s) +	noun	+ como

verb + tanto como

Irregular comparative forms

bueno/a	mejor
malo/a	peor
grande	mayor
pequeño/a	menor
joven	menor
viejo/a	mayor

La comida   doscientos ochenta y nueve   289

> **8.4 Superlatives** *p. 286*
>
> | el/la/los/las + | noun | + más/menos + | adjective | + de |
>
> ▶ Irregular superlatives follow the same pattern as irregular comparatives.

4 **El menú** Observa el menú y sus características. Completa las oraciones basándote en los elementos dados. Usa comparativos y superlativos. **14 pts.**

Ensaladas	*Precio*	*Calorías*
Ensalada de tomates	$9.00	170
Ensalada de mariscos	$12.99	325
Ensalada de zanahorias	$9.00	200

Platos principales		
Pollo con champiñones	$13.00	495
Cerdo con papas	$10.50	725
Atún con espárragos	$18.95	495

1. ensalada de mariscos / otras ensaladas / costar
   La ensalada de mariscos _____ las otras ensaladas.
2. pollo con champiñones / cerdo con papas / calorías
   El pollo con champiñones tiene _____ el cerdo con papas.
3. atún con espárragos / pollo con champiñones / calorías
   El atún con espárragos tiene _____ el pollo con champiñones.
4. ensalada de tomates / ensalada de zanahorias / caro
   La ensalada de tomates es _____ la ensalada de zanahorias.
5. cerdo con papas / platos principales / caro
   El cerdo con papas es _____ los platos principales.
6. ensalada de zanahorias / ensalada de tomates / costar
   La ensalada de zanahorias _____ la ensalada de tomates.
7. ensalada de mariscos / ensaladas / caro
   La ensalada de mariscos es _____ las ensaladas.

5 **Dos restaurantes** ¿Cuál es el mejor restaurante que conoces? ¿Y el peor? Escribe un párrafo de por lo menos (*at least*) seis oraciones donde expliques por qué piensas así. Puedes hablar de la calidad de la comida, el ambiente, los precios, el servicio, etc. **46 pts.**

6 **Adivinanza** Completa la adivinanza y adivina la respuesta. **¡4 puntos EXTRA!**

"En el campo yo nací°,
mis hermanos son
los _____ (*garlic, pl.*),
y aquél que llora° por mí
me está partiendo°
en pedazos°."
¿Quién soy? _____

nací *was born* llora *cries* partiendo *cutting* pedazos *pieces*

adelante

Lectura
Audio: Reading / Additional Reading

Antes de leer

Estrategia
Reading for the main idea

As you know, you can learn a great deal about a reading selection by looking at the format and looking for cognates, titles, and subtitles. You can skim to get the gist of the reading selection and scan it for specific information. Reading for the main idea is another useful strategy; it involves locating the topic sentences of each paragraph to determine the author's purpose for writing a particular piece. Topic sentences can provide clues about the content of each paragraph, as well as the general organization of the reading. Your choice of which reading strategies to use will depend on the style and format of each reading selection.

Examinar el texto
En esta sección tenemos dos textos diferentes. ¿Qué estrategias puedes usar para leer la crítica culinaria°? ¿Cuáles son las apropiadas para familiarizarte con el menú? Utiliza las estrategias más eficaces° para cada texto. ¿Qué tienen en común? ¿Qué tipo de comida sirven en el restaurante?

Identificar la idea principal
Lee la primera oración de cada párrafo de la crítica culinaria del restaurante **La feria del maíz**. Apunta° el tema principal de cada párrafo. Luego lee todo el primer párrafo. ¿Crees que el restaurante le gustó al autor de la crítica culinaria? ¿Por qué? Ahora lee la crítica entera. En tu opinión, ¿cuál es la idea principal de la crítica? ¿Por qué la escribió el autor? Compara tus opiniones con las de un(a) compañero/a.

crítica culinaria restaurant review   *eficaces* effective   *Apunta* Jot down

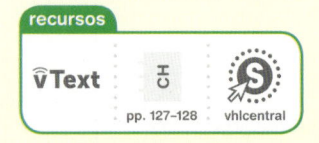

MENÚ

Entremeses
Tortilla servida con
- Ajiaceite (chile, aceite)
- Ajicomino (chile, comino)

Pan tostado servido con
- Queso frito a la pimienta
- Salsa de ajo y mayonesa

Sopas
- Tomate
- Cebolla
- Verduras
- Pollo y huevo
- Carne de res
- Mariscos

Entradas
Tomaticán
(tomate, papas, maíz, chile, arvejas y zanahorias)

Tamales
(maíz, azúcar, ajo, cebolla)

Frijoles enchilados
(frijoles negros, carne de cerdo o de res, arroz, chile)

Chilaquil
(tortilla de maíz, queso, hierbas y chile)

Tacos
(tortillas, pollo, verduras y salsa)

Cóctel de mariscos
(camarones, langosta, vinagre, sal, pimienta, aceite)

Postres°
- Plátanos caribeños
- Cóctel de frutas al ron°
- Uvate (uvas, azúcar de caña y ron)
- Flan napolitano
- Helado° de piña y naranja
- Pastel° de yogur

Después de leer

Preguntas
En parejas, contesten estas preguntas sobre la crítica culinaria de **La feria del maíz.**

1. ¿Quién es el dueño y chef de **La feria del maíz**?
2. ¿Qué tipo de comida se sirve en el restaurante?
3. ¿Cuál es el problema con el servicio?
4. ¿Cómo es el ambiente del restaurante?
5. ¿Qué comidas probó el autor?
6. ¿Quieren ir ustedes al restaurante **La feria del maíz**? ¿Por qué?

Gastronomía

Por Eduardo Fernández

La feria del maíz

La feria del maíz
13 calle 4-41 Zona 1
La Antigua, Guatemala
2329912

*lunes a sábado
10:30am-11:30pm
domingo 10:00am-10:00pm*

Comida 🍴🍴🍴🍴🍴
Servicio 🍴🍴🍴
Ambiente 🍴🍴🍴🍴
Precio 🍴🍴🍴

Sobresaliente°. En el nuevo restaurante **La feria del maíz** va a encontrar la perfecta combinación entre la comida tradicional y el encanto° de la vieja ciudad de Antigua. Ernesto Sandoval, antiguo jefe de cocina° del famoso restaurante **El fogón**, está teniendo mucho éxito° en su nueva aventura culinaria.

El gerente°, el experimentado José Sierra, controla a la perfección la calidad del servicio. El camarero que me atendió esa noche fue muy amable en todo momento. Sólo hay que comentar que, debido al éxito inmediato de **La feria del maíz**, se necesitan más camareros para atender a los clientes de una forma más eficaz. En esta ocasión, el mesero se tomó unos veinte minutos en traerme la bebida.

Afortunadamente, no me importó mucho la espera entre plato y plato, pues el ambiente es tan agradable que me sentí como en casa. El restaurante mantiene el estilo colonial de Antigua. Por dentro°, es elegante y rústico a la vez. Cuando el tiempo lo permite, se puede comer también en el patio, donde hay muchas flores.

El servicio de camareros y el ambiente agradable del local pasan a un segundo plano cuando llega la comida, de una calidad extraordinaria. Las tortillas de casa se sirven con un ajiaceite delicioso. La sopa de mariscos es excelente y los tamales, pues, tengo que confesar que son mejores que los de mi abuelita. También recomiendo los tacos de pollo, servidos con un mole buenísimo. De postre, don Ernesto me preparó su especialidad, unos plátanos caribeños sabrosísimos.

Los precios pueden parecer altos° para una comida tradicional, pero la calidad de los productos con que se cocinan los platos y el exquisito ambiente de **La feria del maíz** garantizan° una experiencia inolvidable°.

Bebidas

- Cerveza negra
- Chilate (bebida de maíz, chile y cacao)
- Jugos de fruta
- Agua mineral
- Té helado
- Vino tinto/blanco
- Ron

Postres *Desserts* **ron** *rum* **Helado** *Ice cream* **Pastel** *Cake* **Sobresaliente** *Outstanding* **encanto** *charm* **jefe de cocina** *head chef* **éxito** *success* **gerente** *manager* **Por dentro** *Inside* **altos** *high* **garantizan** *guarantee* **inolvidable** *unforgettable*

Un(a) guía turístico/a

Tú eres un(a) guía turístico/a en Guatemala. Estás en el restaurante **La feria del maíz** con un grupo de turistas norteamericanos. Ellos no hablan español y quieren pedir de comer, pero necesitan tu ayuda. Lee nuevamente el menú e indica qué error comete cada turista.

1. La señora Johnson es diabética y no puede comer azúcar. Pide sopa de verduras y tamales. No pide nada de postre.

2. Los señores Petit son vegetarianos y piden sopa de tomate, frijoles enchilados y plátanos caribeños.

3. El señor Smith, que es alérgico al chocolate, pide tortilla servida con ajiaceite, chilaquil y chilate para beber.

4. La adorable hija del señor Smith tiene sólo cuatro años y le gustan mucho las verduras y las frutas naturales. Su papá le pide tomaticán y un cóctel de frutas.

5. La señorita Jackson está a dieta y pide uvate, flan napolitano y helado.

Escritura

Estrategia
Expressing and supporting opinions

Written reviews are just one of the many kinds of writing which require you to state your opinions. In order to convince your reader to take your opinions seriously, it is important to support them as thoroughly as possible. Details, facts, examples, and other forms of evidence are necessary. In a restaurant review, for example, it is not enough just to rate the food, service, and atmosphere. Readers will want details about the dishes you ordered, the kind of service you received, and the type of atmosphere you encountered. If you were writing a concert or album review, what kinds of details might your readers expect to find?

It is easier to include details that support your opinions if you plan ahead. Before going to a place or event that you are planning to review, write a list of questions that your readers might ask. Decide which aspects of the experience you are going to rate and list the details that will help you decide upon a rating. You can then organize these lists into a questionnaire and a rating sheet. Bring these forms with you to help you make your opinions and to remind you of the kinds of information you need to gather in order to support those opinions. Later, these forms will help you organize your review into logical categories. They can also provide the details and other evidence you need to convince your readers of your opinions.

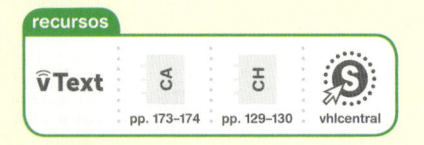

Tema

Escribir una crítica

Escribe una crítica culinariaº sobre un restaurante local para el periódico de la escuela. Clasifica el restaurante, dándole de una a cinco estrellasº, y anota tus recomendaciones para futuros clientes del restaurante. Incluye tus opiniones acerca deº:

▶ **La comida**
¿Qué tipo de comida es? ¿Qué tipo de ingredientes usan? ¿Es de buena calidad? ¿Cuál es el mejor plato? ¿Y el peor? ¿Quién es el/la chef?

▶ **El servicio**
¿Es necesario esperar mucho para conseguir una mesa? ¿Tienen los camareros un buen conocimiento del menú? ¿Atiendenº a los clientes con rapidezº y cortesía?

▶ **El ambiente**
¿Cómo es la decoración del restaurante? ¿Es el ambiente informal o elegante? ¿Hay música o algún tipo de entretenimientoº? ¿Hay un balcón? ¿Un patio?

▶ **Información práctica**
¿Cómo son los precios? ¿Se aceptan tarjetas de crédito? ¿Cuál es la direcciónº y el número de teléfono? ¿Quién es el/la dueño/a? ¿El/La gerente?

---

crítica culinaria *restaurant review* **estrellas** *stars* **acerca de** *about* **Atienden** *They take care of* **rapidez** *speed* **entretenimiento** *entertainment* **dirección** *address*

La comida doscientos noventa y tres 293

Escuchar 🔊 Audio

> **Estrategia**
>
> **Jotting down notes as you listen**
>
> Jotting down notes while you listen to a conversation in Spanish can help you keep track of the important points or details. It will help you to focus actively on comprehension rather than on remembering what you have heard.
>
> 🔊 To practice this strategy, you will now listen to a paragraph. Jot down the main points you hear.

Preparación

Mira la foto. ¿Dónde están estas personas y qué hacen? ¿Sobre qué crees que están hablando?

Ahora escucha 🔊

Rosa y Roberto están en un restaurante. Escucha la conversación entre ellos y la camarera y toma nota de cuáles son los especiales del día, qué pidieron y qué bebidas se mencionan.

Especiales del día

Entremeses
_____

Plato principal
_____
_____
_____

¿Qué pidieron?

Roberto
_____

Rosa
_____

Bebidas
_____
_____

recursos
vText
vhlcentral

Comprensión

Seleccionar

Usa tus notas para seleccionar la opción correcta para completar cada oración.

1. Dos de los mejores platos del restaurante son _____.
   a. los entremeses del día y el cerdo
   b. el salmón y el arroz con pollo
   c. la carne y el arroz con pollo

2. La camarera _____.
   a. los lleva a su mesa, les muestra el menú y les sirve el postre
   b. les habla de los especiales del día, les recomienda unos platos y ellos deciden qué van a comer
   c. les lleva unas bebidas, les recomienda unos platos y les sirve pan

3. Roberto va a comer _____ Rosa.
   a. tantos platos como
   b. más platos que
   c. menos platos que

Preguntas

En grupos de tres o cuatro, respondan a las preguntas: ¿Conocen los platos que Rosa y Roberto pidieron? ¿Conocen platos con los mismos ingredientes? ¿En qué son diferentes o similares? ¿Cuál les gusta más? ¿Por qué?

Practice more at vhlcentral.com.

en pantalla

Anuncio de Sopas Roa

Me voy de esta casa.

Preparación
Contesta las preguntas en español.
1. ¿Normalmente qué comes para el desayuno? ¿Y qué comes para el almuerzo y la cena?
2. ¿Qué comen usualmente los niños? ¿En qué se diferencian las comidas de los niños y las de los adultos? ¿Por qué?

La sopa
La sopa es un plato muy importante en las cocinas° del mundo hispano. Se pueden tomar° frías, como el famoso gazpacho español, a base de tomate y otras verduras y servida totalmente líquida. La mayoría se sirven calientes, como el pozole de México, un plato precolombino preparado con nixtamal°, cerdo, chiles y otras especias°. Otra sopa de origen indígena es la changua, de la región andina central de Colombia. Aunque° las sopas normalmente forman parte del almuerzo, la changua siempre se toma en el desayuno: se hace con agua, leche, huevo y cilantro.

cocinas *cuisines* tomar *to eat (soup)* nixtamal *hominy* especias *spices* Aunque *Although*

Vocabulario útil
bajar	to descend
la escalera	staircase
lo que yo quiera	whatever I want
sabor marinero	seafood flavor

Comprensión
Ordena cronológicamente estas oraciones.
_____ a. El niño abre la puerta.
_____ b. El niño decide almorzar.
_____ c. El niño baja la escalera con una maleta.
_____ d. El niño se va a lavar las manos.
_____ e. La madre dice que la sopa está servida.

Conversación
Contesta estas preguntas con un(a) compañero/a. ¿Con qué frecuencia comes sopa? ¿Cuál es tu sopa favorita? ¿Quién la prepara o dónde la compras? ¿Qué ingredientes tiene? ¿Con qué se sirve? ¿Cómo la prefieres, caliente o fría? ¿La tomas en el almuerzo o en la cena? ¿En invierno o en verano?

Aplicación
Escoge una de tus recetas (*recipes*) favoritas para compartir con un grupo de compañeros/as. Explica al grupo por qué escogiste esta receta (¿Es tradicional en tu familia? ¿La encontraste al viajar o al leer algo interesante?) y cuáles son los ingredientes que te gustan. Prepara un póster o una presentación digital de tu receta: dale un título a la receta, identifica e ilustra los ingredientes, y escribe un párrafo para explicar por qué compartes esta receta con el grupo.

Practice more at vhlcentral.com.

La comida latina

Flash Cultura

Video: *Flash cultura*

Los países hispanos tienen una producción muy abundante de frutas y verduras. Por eso, en los hogares° hispanos se cocina° con productos frescos° más que con alimentos° que vienen en latas° o frascos°. Las salsas mexicanas, el gazpacho español y el sancocho colombiano, por ejemplo, deben prepararse con ingredientes frescos para que mantengan° su sabor° auténtico. Actualmente, en los Estados Unidos está creciendo el interés en cocinar con productos frescos y orgánicos. Cada vez hay más mercados° donde los agricultores° pueden vender sus frutas y verduras directamente° al público. En este episodio de *Flash cultura* vas a ver algunos ingredientes típicos de la comida hispana.

Vocabulario útil

blanda	soft
cocinar	to cook
dura	hard
¿Está lista para ordenar?	Are you ready to order?
el plato	dish (in a meal)
pruébala	try it, taste it
las ventas	sales

Preparación
¿Probaste alguna vez comida latina? ¿La compraste en un supermercado o fuiste a un restaurante? ¿Qué plato(s) probaste? ¿Te gustó?

¿Cierto o falso?
Indica si cada oración es **cierta** o **falsa**.

1. En Los Ángeles hay comida de países latinoamericanos y de España.
2. Leticia explica que la tortilla del taco americano es blanda y la del taco mexicano es dura.
3. Las ventas de salsa son bajas en los Estados Unidos.
4. Leticia fue a un restaurante ecuatoriano.
5. Leticia probó Inca Kola en un supermercado.

hogares *homes* se cocina *they cook* frescos *fresh* alimentos *foods* latas *cans* frascos *jars* para que mantengan *so that they keep* sabor *flavor* mercados *markets* agricultores *farmers* directamente *directly* mostrará *will show*

La mejor comida latina no sólo se encuentra en los grandes restaurantes.

Marta nos mostrará° algunos de los platos de la comida mexicana.

... hay más lugares donde podemos comprar productos hispanos.

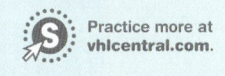

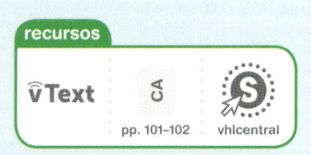

Practice more at vhlcentral.com.

8 | panorama

Lección 8

Guatemala

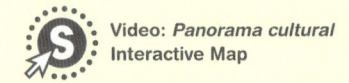

Video: *Panorama cultural*
Interactive Map

El país en cifras

▶ **Área**: 108.890 km² (42.042 millas²),
   un poco más pequeño que Tennessee
▶ **Población**: 14.647.000
▶ **Capital**: Ciudad de Guatemala—1.075.000
▶ **Ciudades principales**: Quetzaltenango,
   Escuintla, Mazatenango, Puerto Barrios
▶ **Moneda**: quetzal
▶ **Idiomas**: español (oficial),
   lenguas mayas, xinca, garífuna

El español es la lengua de un
60 por ciento° de la población; el
otro 40 por ciento tiene como lengua
materna el xinca, el garífuna o, en su
mayoría°, una de las lenguas mayas
(cakchiquel, quiché y kekchícomo, entre
otras). Una palabra que las lenguas
mayas tienen en común es *ixim*, que
significa "maíz", un cultivo° de mucha
importancia en estas culturas.

Bandera de Guatemala

Guatemaltecos célebres

▶ **Carlos Mérida,** pintor (1891–1984)
▶ **Miguel Ángel Asturias,** escritor (1899–1974)
▶ **Margarita Carrera,** poeta y ensayista (1929–)
▶ **Rigoberta Menchú Tum,** activista (1959–),
   Premio Nobel de la Paz° en 1992
▶ **Jaime Viñals Massanet,** montañista (1966–)

por ciento *percent* en su mayoría *most of them* cultivo *crop*
Paz *Peace* telas *fabrics* tinte *dye* aplastados *crushed*
hace... destiñan *keeps the colors from running*

Palacio Nacional de la Cultura en la Ciudad de Guatemala

Mujeres indígenas preparando tortillas

Iglesia de la Merced en Antigua Guatemala

¡Increíble pero cierto!

¿Qué "ingrediente" secreto se encuentra en las
telas° tradicionales de Guatemala? ¡El mosquito! El
excepcional tinte° de estas telas es producto de una
combinación de flores y de mosquitos aplastados°.
El insecto hace que los colores no se destiñan°.
Quizás es por esto que los artesanos representan
la figura del mosquito en muchas de sus telas.

La comida   doscientos noventa y siete   297

Ciudades • Antigua Guatemala
Antigua Guatemala fue fundada en 1543. Fue una capital de gran importancia hasta 1773, cuando un terremoto° la destruyó. Sin embargo, conserva el carácter original de su arquitectura y hoy es uno de los centros turísticos del país. Su celebración de la Semana Santa° es, para muchas personas, la más importante del hemisferio.

Naturaleza • El quetzal
El quetzal simbolizó la libertad para los antiguos° mayas porque creían° que este pájaro° no podía° vivir en cautiverio°. Hoy el quetzal es el símbolo nacional. El pájaro da su nombre a la moneda nacional y aparece también en los billetes° del país. Desafortunadamente, está en peligro° de extinción. Para su protección, el gobierno mantiene una reserva ecológica especial.

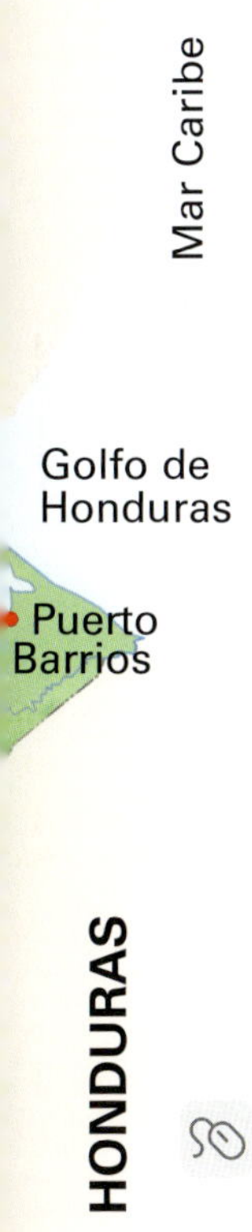

Historia • Los mayas
Desde 1500 a.C. hasta 900 d.C., los mayas habitaron gran parte de lo que ahora es Guatemala. Su civilización fue muy avanzada. Los mayas fueron arquitectos y constructores de pirámides, templos y observatorios. También descubrieron° y usaron el cero antes que los europeos, e inventaron un calendario complejo° y preciso.

Artesanía • La ropa tradicional
La ropa tradicional de los guatemaltecos se llama *huipil* y muestra el amor° de la cultura maya por la naturaleza. Ellos se inspiran en las flores°, plantas y animales para crear sus diseños° de colores vivos° y formas geométricas. El diseño y los colores de cada *huipil* indican el pueblo de origen y a veces también el sexo y la edad° de la persona que lo lleva.

¿Qué aprendiste? Responde a cada pregunta con una oración completa.

1. ¿Qué significa la palabra *ixim*?
2. ¿Quién es Rigoberta Menchú?
3. ¿Qué pájaro representa a Guatemala?
4. ¿Qué simbolizó el quetzal para los mayas?
5. ¿Cuál es la moneda nacional de Guatemala?
6. ¿De qué fueron arquitectos los mayas?
7. ¿Qué celebración de la Antigua Guatemala es la más importante del hemisferio para muchas personas?
8. ¿Qué descubrieron los mayas antes que los europeos?
9. ¿Qué muestra la ropa tradicional de los guatemaltecos?
10. ¿Qué indica un *huipil* con su diseño y sus colores?

Conexión Internet Investiga estos temas en **vhlcentral.com**.

1. Busca información sobre Rigoberta Menchú. ¿De dónde es? ¿Qué libros publicó? ¿Por qué es famosa?
2. Estudia un sitio arqueológico de Guatemala para aprender más sobre los mayas y prepara un breve informe para tu clase.

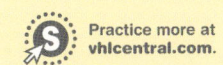

Practice more at vhlcentral.com.

terremoto *earthquake* Semana Santa *Holy Week* antiguos *ancient* creían *they believed* pájaro *bird* no podía *couldn't* cautiverio *captivity* los billetes *bills* peligro *danger* descubrieron *they discovered* complejo *complex* amor *love* flores *flowers* diseños *designs* vivos *bright* edad *age*

Las comidas

el/la camarero/a	waiter/waitress
la comida	food; meal
el/la dueño/a	owner; landlord
el menú	menu
la sección de (no) fumar	(non) smoking section
el almuerzo	lunch
la cena	dinner
el desayuno	breakfast
los entremeses	hors d'oeuvres; appetizers
el plato (principal)	(main) dish
delicioso/a	delicious
rico/a	tasty; delicious
sabroso/a	tasty; delicious

Las frutas

la banana	banana
las frutas	fruits
el limón	lemon
la manzana	apple
el melocotón	peach
la naranja	orange
la pera	pear
la uva	grape

Las verduras

las arvejas	peas
la cebolla	onion
el champiñón	mushroom
la ensalada	salad
los espárragos	asparagus
los frijoles	beans
la lechuga	lettuce
el maíz	corn
las papas/patatas (fritas)	(fried) potatoes; French fries
el tomate	tomato
las verduras	vegetables
la zanahoria	carrot

La carne y el pescado

el atún	tuna
el bistec	steak
los camarones	shrimp
la carne	meat
la carne de res	beef
la chuleta (de cerdo)	(pork) chop
la hamburguesa	hamburger
el jamón	ham
la langosta	lobster
los mariscos	shellfish
el pavo	turkey
el pescado	fish
el pollo (asado)	(roast) chicken
la salchicha	sausage
el salmón	salmon

Otras comidas

el aceite	oil
el ajo	garlic
el arroz	rice
el azúcar	sugar
los cereales	cereal; grains
el huevo	egg
la mantequilla	butter
la margarina	margarine
la mayonesa	mayonnaise
el pan (tostado)	(toasted) bread
la pimienta	black pepper
el queso	cheese
la sal	salt
el sándwich	sandwich
la sopa	soup
el vinagre	vinegar
el yogur	yogurt

Las bebidas

el agua (mineral)	(mineral) water
la bebida	drink
el café	coffee
la cerveza	beer
el jugo (de fruta)	(fruit) juice
la leche	milk
el refresco	soft drink; soda
el té (helado)	(iced) tea
el vino (blanco/tinto)	(white/red) wine

Verbos

escoger	to choose
merendar (e:ie)	to snack
morir (o:ue)	to die
pedir (e:i)	to order (food)
probar (o:ue)	to taste; to try
recomendar (e:ie)	to recommend
saber (a)	to taste (like)
servir (e:i)	to serve

Las comparaciones

como	like; as
más de (+ number)	more than
más... que	more... than
menos de (+ number)	fewer than
menos... que	less... than
tan... como	as... as
tantos/as... como	as many... as
tanto... como	as much... as
el/la mayor	the oldest
el/la mejor	the best
el/la menor	the youngest
el/la peor	the worst
mejor	better
peor	worse

Expresiones útiles	See page 269.

Las fiestas

9

Communicative Goals

I will be able to:
- Express congratulations
- Express gratitude
- Ask for and pay the bill at a restaurant

contextos
pages 300–303
- Parties and celebrations
- Personal relationships
- Stages of life

fotonovela
pages 304–307
The Díaz family gets ready for their annual **Día de Muertos** celebration. The whole family participates in the preparations, and even friends are invited to the main event.

cultura
pages 308–309
- **Semana Santa** celebrations
- The International Music Festival in **Viña del Mar**

estructura
pages 310–321
- Irregular preterites
- Verbs that change meaning in the preterite
- ¿Qué? and ¿cuál?
- Pronouns after prepositions
- **Recapitulación**

adelante
pages 322–329
Lectura: The society section of a newspaper
Escritura: An essay about celebrations
Escuchar: A conversation about an anniversary party
En pantalla
Flash cultura
Panorama: Chile

A PRIMERA VISTA
- ¿Cuál crees que es la relación entre las dos personas de la foto?
- ¿Qué están haciendo? ¿Por qué?
- ¿Cómo se sienten, alegres o tristes?
- ¿Qué llevan puesto? ¿De qué color es su ropa?

9 contextos

Lección 9

Las fiestas

🔊 My Vocabulary Tutorials

Más vocabulario

la alegría	happiness
la amistad	friendship
el amor	love
el beso	kiss
la sorpresa	surprise
el aniversario (de bodas)	(wedding) anniversary
la boda	wedding
el cumpleaños	birthday
el día de fiesta	holiday
el divorcio	divorce
el matrimonio	marriage
la Navidad	Christmas
la quinceañera	young woman celebrating her fifteenth birthday
el/la recién casado/a	newlywed
cambiar (de)	to change
celebrar	to celebrate
divertirse (e:ie)	to have fun
graduarse (de/en)	to graduate (from/in)
invitar	to invite
jubilarse	to retire (from work)
nacer	to be born
odiar	to hate
pasarlo bien/mal	to have a good/bad time
reírse (e:i)	to laugh
relajarse	to relax
sonreír (e:i)	to smile
sorprender	to surprise
juntos/as	together

Variación léxica

pastel ↔ torta (*Arg., Col., Venez.*)
comprometerse ↔ prometerse (*Esp.*)

recursos

vText p. 153 | CA pp. 97–98 | CP pp. 131–132 | CH | vhlcentral

- la pareja
- el pastel de chocolate
- la botella de vino
- el flan de caramelo
- las galletas
- los postres
- el champán
- los dulces

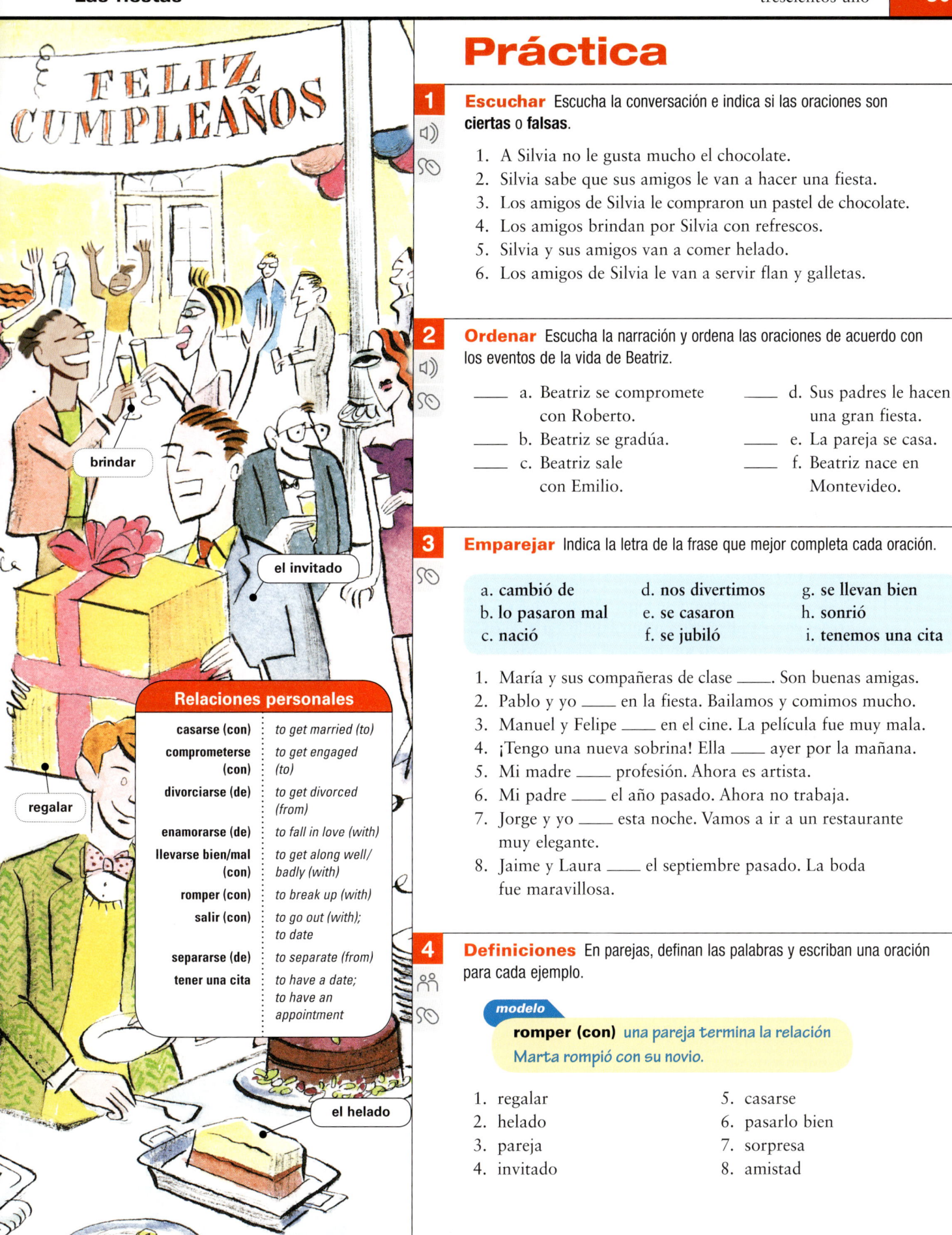

Las fiestas

Práctica

1. Escuchar Escucha la conversación e indica si las oraciones son **ciertas** o **falsas**.

1. A Silvia no le gusta mucho el chocolate.
2. Silvia sabe que sus amigos le van a hacer una fiesta.
3. Los amigos de Silvia le compraron un pastel de chocolate.
4. Los amigos brindan por Silvia con refrescos.
5. Silvia y sus amigos van a comer helado.
6. Los amigos de Silvia le van a servir flan y galletas.

2. Ordenar Escucha la narración y ordena las oraciones de acuerdo con los eventos de la vida de Beatriz.

____ a. Beatriz se compromete con Roberto.
____ b. Beatriz se gradúa.
____ c. Beatriz sale con Emilio.
____ d. Sus padres le hacen una gran fiesta.
____ e. La pareja se casa.
____ f. Beatriz nace en Montevideo.

3. Emparejar Indica la letra de la frase que mejor completa cada oración.

a. cambió de	d. nos divertimos	g. se llevan bien
b. lo pasaron mal	e. se casaron	h. sonrió
c. nació	f. se jubiló	i. tenemos una cita

1. María y sus compañeras de clase ____. Son buenas amigas.
2. Pablo y yo ____ en la fiesta. Bailamos y comimos mucho.
3. Manuel y Felipe ____ en el cine. La película fue muy mala.
4. ¡Tengo una nueva sobrina! Ella ____ ayer por la mañana.
5. Mi madre ____ profesión. Ahora es artista.
6. Mi padre ____ el año pasado. Ahora no trabaja.
7. Jorge y yo ____ esta noche. Vamos a ir a un restaurante muy elegante.
8. Jaime y Laura ____ el septiembre pasado. La boda fue maravillosa.

4. Definiciones En parejas, definan las palabras y escriban una oración para cada ejemplo.

> **modelo**
> **romper (con)** una pareja termina la relación
> Marta rompió con su novio.

1. regalar
2. helado
3. pareja
4. invitado
5. casarse
6. pasarlo bien
7. sorpresa
8. amistad

Relaciones personales

casarse (con)	to get married (to)
comprometerse (con)	to get engaged (to)
divorciarse (de)	to get divorced (from)
enamorarse (de)	to fall in love (with)
llevarse bien/mal (con)	to get along well/badly (with)
romper (con)	to break up (with)
salir (con)	to go out (with); to date
separarse (de)	to separate (from)
tener una cita	to have a date; to have an appointment

brindar
el invitado
regalar
el helado

Las etapas de la vida de Sergio

el nacimiento    la niñez    la adolescencia

la juventud    la madurez    la vejez

Más vocabulario

la edad	age
el estado civil	marital status
las etapas de la vida	the stages of life
la muerte	death
casado/a	married
divorciado/a	divorced
separado/a	separated
soltero/a	single
viudo/a	widower/widow

NOTA CULTURAL

Viña del Mar es una ciudad en la costa de Chile, situada al oeste de Santiago. Tiene playas hermosas, excelentes hoteles, casinos y buenos restaurantes. El poeta Pablo Neruda pasó muchos años allí.

¡LENGUA VIVA!

The term **quinceañera** refers to a girl who is celebrating her 15th birthday. The party is called **la fiesta de quince años**.

5   Las etapas de la vida Identifica las etapas de la vida que se describen en estas oraciones.

1. Mi abuela se jubiló y se mudó (*moved*) a Viña del Mar.
2. Mi padre trabaja para una compañía grande en Santiago.
3. ¿Viste a mi nuevo sobrino en el hospital? Es precioso y ¡tan pequeño!
4. Mi abuelo murió este año.
5. Mi hermana celebró su fiesta de quince años.
6. Mi hermana pequeña juega con muñecas (*dolls*).

6   Cambiar En parejas, imaginen que son dos hermanos/as de diferentes edades. Cada vez que el/la hermano/a menor dice algo, se equivoca. El/La hermano/a mayor lo/la corrige (*corrects him/her*), cambiando las expresiones subrayadas (*underlined*). Túrnense para ser mayor y menor, decir algo equivocado y corregir.

modelo
Estudiante 1: La niñez es cuando trabajamos mucho.
Estudiante 2: No, te equivocas (*you're wrong*). La madurez es cuando trabajamos mucho.

1. El nacimiento es el fin de la vida.
2. La juventud es la etapa cuando nos jubilamos.
3. A los sesenta y cinco años, muchas personas comienzan a trabajar.
4. Julián y nuestra prima se divorcian mañana.
5. Mamá odia a su hermana.
6. El abuelo murió, por eso la abuela es separada.
7. Cuando te gradúas de la universidad, estás en la etapa de la adolescencia.
8. Mi tío nunca se casó; es viudo.

AYUDA

Other ways to contradict someone:

No es verdad.
It's not true.

Creo que no.
I don't think so.

¡Claro que no!
Of course not!

¡Qué va!
No way!

Practice more at vhlcentral.com.

Comunicación

7 **Una cena especial** Planea con un(a) compañero/a una cena para celebrar la graduación de tu hermano/a mayor de la escuela secundaria. Recuerda incluir la siguiente información.

1. ¿Qué tipo de cena es? ¿Dónde va a ser? ¿Cuándo va a ser?
2. ¿A cuántas personas piensan invitar? ¿A quiénes van a invitar?
3. ¿Van a pedir un menú especial? ¿Qué van a comer?
4. ¿Cuánto dinero piensan gastar? ¿Cómo van a compartir los gastos?
5. ¿Qué van a hacer todos durante la cena?
6. Después de la cena, ¿quiénes van a limpiar (*to clean*)?

8 **Encuesta** Tu profesor(a) va a darte una hoja. Haz las preguntas de la hoja a dos o tres compañeros/as de clase para saber qué actitudes tienen en sus relaciones personales. Luego comparte los resultados de la encuesta con la clase y comenta tus conclusiones.

Preguntas	Nombres	Actitudes
1. ¿Te importa la amistad? ¿Por qué?		
2. ¿Es mejor tener un(a) buen(a) amigo/a o muchos/as amigos/as?		
3. ¿Cuáles son las características que buscas en tus amigos/as?		
4. ¿A qué edad es posible enamorarse?		
5. ¿Deben las parejas hacer todo juntos? ¿Deben tener las mismas opiniones? ¿Por qué?		

¡LENGUA VIVA!

While a **buen(a) amigo/a** is a *good friend*, the term **amigo/a íntimo/a** refers to a *close friend*, or a very good friend, without any romantic overtones.

9 **Minidrama** En parejas, consulten la ilustración de la página 302 y luego, usando las palabras de la lista, preparen un minidrama para representar las etapas de la vida de Sergio. Pueden inventar más información sobre su vida.

amor	celebrar	enamorarse	romper
boda	comprometerse	graduarse	salir
cambiar	cumpleaños	jubilarse	separarse
casarse	divorciarse	nacer	tener una cita

9 | fotonovela

Lección 9

El Día de Muertos

La familia Díaz conmemora el Día de Muertos.

PERSONAJES: MARISSA, JIMENA, FELIPE, JUAN CARLOS

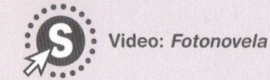

Video: *Fotonovela*

1. MAITE FUENTES El Día de Muertos se celebra en México el primero y el segundo de noviembre. Como pueden ver, hay calaveras de azúcar, flores, música y comida por todas partes. Ésta es una fiesta única que todos deben ver por lo menos una vez en la vida.

2. MARISSA Holy moley! ¡Está delicioso!
TÍA ANA MARÍA Mi mamá me enseñó a prepararlo. El mole siempre fue el plato favorito de mi papá. Mi hijo Eduardo nació el día de su cumpleaños. Por eso le pusimos su nombre.

3. TÍO RAMÓN ¿Dónde están mis hermanos?
JIMENA Mi papá y Felipe están en el otro cuarto. Esos dos antipáticos no quieren decirnos qué están haciendo. Y la tía Ana María...
TÍO RAMÓN ... está en la cocina.

6. TÍA ANA MARÍA Ramón, ¿cómo estás?
TÍO RAMÓN Bien, gracias. ¿Y Mateo? ¿No vino contigo?
TÍA ANA MARÍA No. Ya sabes que me casé con un doctor y, pues, trabaja muchísimo.

7. SR. DÍAZ Familia Díaz, deben prepararse...
FELIPE ... ¡para la sorpresa de sus vidas!

8. JUAN CARLOS Gracias por invitarme.
SR. DÍAZ Juan Carlos, como eres nuestro amigo, ya eres parte de la familia.

Las fiestas

trescientos cinco 305

SRA. DÍAZ  SR. DÍAZ  TÍA ANA MARÍA  TÍO RAMÓN  TÍA NAYELI  DON DIEGO  MARTA  VALENTINA  MAITE FUENTES

4

TÍA ANA MARÍA Marissa, ¿le puedes llevar esa foto que está ahí a Carolina? La necesita para el altar.

MARISSA Sí. ¿Son sus padres?

TÍA ANA MARÍA Sí, el día de su boda.

5

MARISSA ¿Cómo se conocieron?

TÍA ANA MARÍA En la fiesta de un amigo. Fue amor a primera vista.

MARISSA (*Señala la foto.*) La voy a llevar al altar.

9

(*En el cementerio*)

JIMENA Yo hice las galletas y el pastel. ¿Dónde los puse?

MARTA Postres... ¿Cuál prefiero? ¿Galletas? ¿Pastel? ¡Dulces!

VALENTINA Me gustan las galletas.

10

SR. DÍAZ Brindamos por ustedes, mamá y papá.

TÍO RAMÓN Todas las otras noches estamos separados. Pero esta noche estamos juntos.

TÍA ANA MARÍA Con gratitud y amor.

Expresiones útiles

Discussing family history

El mole siempre fue el plato favorito de mi papá.
Mole was always my dad's favorite dish.

Mi hijo Eduardo nació el día de su cumpleaños.
My son Eduardo was born on his birthday.

Por eso le pusimos su nombre.
That's why we named him after him (after my father).

¿Cómo se conocieron sus padres?
How did your parents meet?

En la fiesta de un amigo. Fue amor a primera vista.
At a friend's party. It was love at first sight.

Talking about a party/celebration

Ésta es una fiesta única que todos deben ver por lo menos una vez.
This is a unique celebration that everyone should see at least once.

Gracias por invitarme.
Thanks for inviting me.

Brindamos por ustedes.
A toast to you.

Additional vocabulary

alma *soul*
altar *altar*
ángel *angel*
calavera de azúcar *skull made out of sugar*
cementerio *cemetery*
cocina *kitchen*
disfraz *costume*

¿Qué pasó?

1 Completar Completa las oraciones con la información correcta, según la **Fotonovela**.

1. El Día de Muertos es una _____ única que todos deben ver.
2. La tía Ana María preparó _____ para celebrar.
3. Marissa lleva la _____ al altar.
4. Jimena hizo las _____ y el _____.
5. Marta no sabe qué _____ prefiere.

2 Identificar Identifica quién puede decir estas oraciones. Vas a usar un nombre dos veces.

1. Mis padres se conocieron en la fiesta de un amigo.
2. El Día de Muertos se celebra con flores, calaveras de azúcar, música y comida.
3. Gracias por invitarme a celebrar este Día de Muertos.
4. Los de la foto son mis padres el día de su boda.
5. A mí me gustan mucho las galletas.
6. ¡Qué bueno que estás aquí, Juan Carlos! Eres uno más de la familia.

SR. DÍAZ    MAITE FUENTES    JUAN CARLOS    VALENTINA    TÍA ANA MARÍA

3 Seleccionar Selecciona algunas de las opciones de la lista para completar las oraciones.

amor	días de fiesta	pasarlo bien	salieron
el champán	divorciarse	postres	se enamoraron
cumpleaños	flan	la quinceañera	una sorpresa

1. El Sr. Díaz y Felipe prepararon _____ para la familia.
2. Los _____, como el Día de Muertos, se celebran con la familia.
3. Eduardo, el hijo de Ana María, nació el día del _____ de su abuelo.
4. La tía Ana María siente gratitud y _____ hacia (*toward*) sus padres.
5. Los días de fiesta también son para _____ con los amigos.
6. El Día de Muertos se hacen muchos _____.
7. Los padres de la tía Ana María _____ a primera vista.

4 Una cena Trabajen en grupos para representar una conversación en una cena de Año Nuevo.

- Una persona brinda por el año que está por comenzar y por estar con su familia y amigos.
- Cada persona del grupo habla de cuál es su comida favorita en año nuevo.
- Después de la cena, una persona del grupo dice que es hora de (*it's time to*) comer las uvas.
- Cada persona del grupo dice qué desea para el año que empieza.
- Después, cada persona del grupo debe desear Feliz Año Nuevo a las demás.

Practice more at **vhlcentral.com**.

NOTA CULTURAL

Comer doce uvas a las doce de la noche del 31 de diciembre de cada año es una costumbre que nació en España y que también se observa en varios países de Latinoamérica. Se debe comer una uva por cada una de las 12 campanadas (*strokes*) del reloj y se cree que (*it's believed that*) quien lo hace va a tener un año próspero.

Pronunciación

The letters h, j, and g

helado **h**ombre **h**ola **h**ermosa

The Spanish **h** is always silent.

José **j**ubilarse de**j**ar pare**j**a

The letter **j** is pronounced much like the English *h* in *his*.

a**g**encia **g**eneral **G**il **G**isela

The letter **g** can be pronounced three different ways. Before **e** or **i**, the letter **g** is pronounced much like the English *h*.

Gustavo, **g**racias por llamar el domi**ng**o.

At the beginning of a phrase or after the letter **n**, the Spanish **g** is pronounced like the English *g* in *girl*.

Me **g**radué en a**g**osto.

In any other position, the Spanish **g** has a somewhat softer sound.

guerra conse**gu**ir **gu**antes a**gu**a

In the combinations **gue** and **gui**, the **g** has a hard sound and the **u** is silent. In the combination **gua**, the **g** has a hard sound and the **u** is pronounced like the English *w*.

Práctica Lee las palabras en voz alta, prestando atención a la **h**, la **j** y la **g**.

1. hamburguesa
2. jugar
3. oreja
4. guapa
5. geografía
6. magnífico
7. espejo
8. hago
9. seguir
10. gracias
11. hijo
12. galleta
13. Jorge
14. tengo
15. ahora
16. guantes

Oraciones Lee las oraciones en voz alta, prestando atención a la **h**, la **j** y la **g**.

1. Hola. Me llamo Gustavo Hinojosa Lugones y vivo en Santiago de Chile.
2. Tengo una familia grande; somos tres hermanos y tres hermanas.
3. Voy a graduarme en mayo.
4. Para celebrar mi graduación, mis padres van a regalarme un viaje a Egipto.
5. ¡Qué generosos son!

Refranes Lee los refranes en voz alta, prestando atención a la **h**, la **j** y la **g**.

A la larga, lo más dulce amarga.[1]

El hábito no hace al monje.[2]

1 Too much of a good thing.
2 The clothes don't make the man.

cultura

EN DETALLE

Semana Santa: vacaciones y tradición

¿Te imaginas pasar veinticuatro horas tocando un tambor° entre miles de personas? Así es como mucha gente celebra el Viernes Santo° en el pequeño pueblo de **Calanda,** España.

De todas las celebraciones hispanas, la Semana Santa° es una de las más espectaculares y únicas. Semana Santa es la semana antes de Pascua°, una celebración religiosa que conmemora la Pasión de Jesucristo. Generalmente, la gente tiene unos días de vacaciones en esta semana. Algunas personas aprovechan° estos días para viajar, pero otras prefieren participar en las tradicionales celebraciones religiosas en las calles. En **Antigua,** Guatemala, hacen alfombras° de flores° y altares; también organizan Vía Crucis y danzas. En las famosas procesiones y desfiles° religiosos de **Sevilla,** España, los fieles° sacan a las calles imágenes religiosas. Las imágenes van encima de plataformas ricamente decoradas con abundantes flores y velas°. En la procesión, los penitentes llevan túnicas y unos sombreros cónicos que les cubren° la cara°. En sus manos llevan faroles° o velas encendidas.

Alfombra de flores en Antigua, Guatemala

Procesión en Sevilla, España

Si visitas algún país hispano durante la Semana Santa, debes asistir a un desfile. Las playas pueden esperar hasta la semana siguiente.

Otras celebraciones famosas

Ayacucho, Perú: Además de alfombras de flores y procesiones, aquí hay una antigua tradición llamada "quema de la chamiza"°.

Iztapalapa, Ciudad de México: Es famoso el Vía Crucis del cerro° de la Estrella. Es una representación del recorrido° de Jesucristo con la cruz°.

Popayán, Colombia: En las procesiones "chiquitas" los niños llevan imágenes que son copias pequeñas de las que llevan los mayores.

tocando un tambor *playing a drum* Viernes Santo *Good Friday* Semana Santa *Holy Week* Pascua *Easter Sunday* aprovechan *take advantage of* alfombras *carpets* flores *flowers* Vía Crucis *Stations of the Cross* desfiles *parades* fieles *faithful* velas *candles* cubren *cover* cara *face* faroles *lamps* quema de la chamiza *burning of brushwood* cerro *hill* recorrido *route* cruz *cross*

ACTIVIDADES

1 **¿Cierto o falso?** Indica si lo que dicen las oraciones sobre Semana Santa en países hispanos es **cierto** o **falso**. Corrige las falsas.

1. La Semana Santa se celebra después de Pascua.
2. Las personas tienen días libres durante la Semana Santa.
3. Todas las personas asisten a las celebraciones religiosas.
4. En los países hispanos, las celebraciones se hacen en las calles.
5. En Antigua y en Ayacucho es típico hacer alfombras de flores.
6. En Sevilla, sacan imágenes religiosas a las calles.
7. En Sevilla, las túnicas cubren la cara.
8. En la procesión en Sevilla algunas personas llevan flores en sus manos.
9. El Vía Crucis de Iztapalapa es en el interior de una iglesia.
10. Las procesiones "chiquitas" son famosas en Sevilla, España.

Las fiestas

ASÍ SE DICE
Fiestas y celebraciones

la despedida de soltero/a	bachelor(ette) party
el día feriado/festivo	el día de fiesta
disfrutar	to enjoy
festejar	celebrar
los fuegos artificiales	fireworks
pasarlo en grande	divertirse mucho
la vela	candle

EL MUNDO HISPANO
Celebraciones latinoamericanas

- **Oruro, Bolivia** Durante el carnaval de Oruro se realiza la famosa Diablada, una antigua danza° que muestra la lucha° entre el Bien y el Mal: ángeles contra° demonios.

- **Panchimalco, El Salvador** La primera semana de mayo, Panchimalco se cubre de flores y de color. También hacen el Desfile de las palmas° y bailan danzas antiguas.

- **Quito, Ecuador** El mes de agosto es el Mes de las Artes. Danza, teatro, música, cine, artesanías° y otros eventos culturales inundan la ciudad.

- **San Pedro Sula, Honduras** En junio se celebra la Feria Juniana. Hay comida típica, bailes, desfiles, conciertos, rodeos, exposiciones ganaderas° y eventos deportivos y culturales.

danza *dance* lucha *fight* contra *versus* palmas *palm leaves* artesanías *handcrafts* exposiciones ganaderas *cattle shows*

PERFIL
Festival de Viña del Mar

En 1959 unos estudiantes de **Viña del Mar**, Chile, celebraron una fiesta en una casa de campo conocida como la Quinta Vergara donde hubo° un espectáculo° musical. En 1960 repitieron el evento. Asistió tanta gente que muchos vieron el espectáculo parados° o sentados en el suelo°. Algunos se subieron a los árboles°.

Años después, se convirtió en el **Festival Internacional de la Canción**. Se celebra en febrero, en el mismo lugar donde empezó. ¡Pero ahora nadie necesita subirse a un árbol para verlo! Hay un anfiteatro con capacidad para quince mil personas y el evento se transmite por la televisión.

En el festival hay concursos° musicales y conciertos de artistas famosos como Calle 13 y Nelly Furtado.

Nelly Furtado

hubo *there was* espectáculo *show* parados *standing* suelo *floor* se subieron a los árboles *climbed trees* concursos *competitions*

Conexión Internet

¿Qué celebraciones hispanas hay en los Estados Unidos y Canadá?

Go to **vhlcentral.com** to find more cultural information related to this **Cultura** section.

ACTIVIDADES

2 **Comprensión** Responde a las preguntas.
1. ¿Cuántas personas por día pueden asistir al Festival de Viña del Mar?
2. ¿Qué es la Diablada?
3. ¿Qué celebran en Quito en agosto?
4. Nombra dos atracciones en la Feria Juniana de San Pedro Sula.
5. ¿Qué es la Quinta Vergara?

3 **¿Cuál es tu celebración favorita?**
Escribe un pequeño párrafo sobre la celebración que más te gusta de tu comunidad. Explica cómo se llama, cuándo ocurre y cómo es.

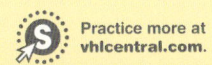

Practice more at vhlcentral.com.

9 estructura

9.1 Irregular preterites

ANTE TODO You already know that the verbs **ir** and **ser** are irregular in the preterite. You will now learn other verbs whose preterite forms are also irregular.

Preterite of tener, venir, and decir

		tener (u-stem)	venir (i-stem)	decir (j-stem)
SINGULAR FORMS	yo	tuv**e**	vin**e**	dij**e**
	tú	tuv**iste**	vin**iste**	dij**iste**
	Ud./él/ella	tuv**o**	vin**o**	dij**o**
PLURAL FORMS	nosotros/as	tuv**imos**	vin**imos**	dij**imos**
	vosotros/as	tuv**isteis**	vin**isteis**	dij**isteis**
	Uds./ellos/ellas	tuv**ieron**	vin**ieron**	dij**eron**

▶ **¡Atención!** The endings of these verbs are the regular preterite endings of **-er/-ir** verbs, except for the **yo** and **usted/él/ella** forms. Note that these two endings are unaccented.

▶ These verbs observe similar stem changes to **tener, venir,** and **decir**.

INFINITIVE	U-STEM	PRETERITE FORMS
poder	pud-	pude, pudiste, pudo, pudimos, pudisteis, pudieron
poner	pus-	puse, pusiste, puso, pusimos, pusisteis, pusieron
saber	sup-	supe, supiste, supo, supimos, supisteis, supieron
estar	estuv-	estuve, estuviste, estuvo, estuvimos, estuvisteis, estuvieron

INFINITIVE	I-STEM	PRETERITE FORMS
querer	quis-	quise, quisiste, quiso, quisimos, quisisteis, quisieron
hacer	hic-	hice, hiciste, hizo, hicimos, hicisteis, hicieron

INFINITIVE	J-STEM	PRETERITE FORMS
traer	traj-	traje, trajiste, trajo, trajimos, trajisteis, trajeron
conducir	conduj-	conduje, condujiste, condujo, condujimos, condujisteis, condujeron
traducir	traduj-	traduje, tradujiste, tradujo, tradujimos, tradujisteis, tradujeron

¡ATENCIÓN! Note the **c → z** spelling change in the third-person singular form of **hacer**: **hizo**.

▶ **¡Atención!** Most verbs that end in **-cir** are **j**-stem verbs in the preterite. For example, **producir → produje, produjiste,** etc.

Produjimos un documental sobre los accidentes en la casa.
We produced a documentary about accidents in the home.

▶ Notice that the preterites with **j**-stems omit the letter **i** in the **ustedes/ellos/ellas** form.

Mis amigos **trajeron** comida a la fiesta.
My friends brought food to the party.

Ellos **dijeron** la verdad.
They told the truth.

Lección 9

Las fiestas

The preterite of dar

	SINGULAR FORMS		PLURAL FORMS
yo	d**i**	nosotros/as	d**imos**
tú	d**iste**	vosotros/as	d**isteis**
Ud./él/ella	d**io**	Uds./ellos/ellas	d**ieron**

▶ The endings for **dar** are the same as the regular preterite endings for **-er** and **-ir** verbs, except that there are no accent marks.

La camarera me **dio** el menú.
The waitress gave me the menu.

Le **di** a Juan algunos consejos.
I gave Juan some advice.

Los invitados le **dieron** un regalo.
The guests gave him/her a gift.

Nosotros **dimos** una gran fiesta.
We gave a great party.

▶ The preterite of **hay** (*inf.* **haber**) is **hubo** (*there was; there were*).

Marissa le dio la foto a la Sra. Díaz.

Hubo una celebración en casa de los Díaz.

¡INTÉNTALO!

Escribe la forma correcta del pretérito de cada verbo que está entre paréntesis.

1. (querer) tú ___quisiste___
2. (decir) usted _____
3. (hacer) nosotras _____
4. (traer) yo _____
5. (conducir) ellas _____
6. (estar) ella _____
7. (tener) tú _____
8. (dar) ella y yo _____
9. (traducir) yo _____
10. (haber) ayer _____
11. (saber) usted _____
12. (poner) ellos _____
13. (venir) yo _____
14. (poder) tú _____
15. (querer) ustedes _____
16. (estar) nosotros _____
17. (decir) tú _____
18. (saber) ellos _____
19. (hacer) él _____
20. (poner) yo _____
21. (traer) nosotras _____
22. (tener) yo _____
23. (dar) tú _____
24. (poder) ustedes _____

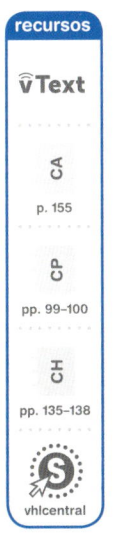

Práctica

1 Completar Completa estas oraciones con el pretérito de los verbos entre paréntesis.

1. El sábado _____ (haber) una fiesta sorpresa para Elsa en mi casa.
2. Sofía _____ (hacer) un pastel para la fiesta y Miguel _____ (traer) un flan.
3. Los amigos y parientes de Elsa _____ (venir) y _____ (traer) regalos.
4. El hermano de Elsa no _____ (venir) porque _____ (tener) que trabajar.
5. Su tía María Dolores tampoco _____ (poder) venir.
6. Cuando Elsa abrió la puerta, todos gritaron: "¡Feliz cumpleaños!" y su esposo le _____ (dar) un beso.
7. Elsa no _____ (saber) cómo reaccionar (*to react*). _____ (Estar) un poco nerviosa al principio, pero pronto sus amigos _____ (poner) música y ella _____ (poder) relajarse bailando con su esposo.
8. Al final de la noche, todos _____ (decir) que se divirtieron mucho.

> **NOTA CULTURAL**
> El **flan** es un postre muy popular en los países de habla hispana. Se prepara con huevos, leche y azúcar y se sirve con salsa de caramelo. Existen variedades deliciosas como el flan de chocolate o el flan de coco.

2 Describir En parejas, usen verbos de la lista para describir lo que estas personas hicieron. Deben dar por lo menos dos oraciones por cada dibujo.

dar	estar	poner	traer
decir	hacer	tener	venir

1. el señor López
2. Norma 
3. anoche nosotros 
4. Roberto y Elena

Comunicación

3 **Preguntas** En parejas, túrnense para hacerse y responder a estas preguntas.

1. ¿Fuiste a una fiesta de cumpleaños el año pasado? ¿De quién?
2. ¿Quiénes fueron a la fiesta?
3. ¿Quién condujo el auto?
4. ¿Cómo estuvo el ambiente de la fiesta?
5. ¿Quién llevó regalos, bebidas o comida? ¿Llevaste algo especial?
6. ¿Hubo comida? ¿Quién la hizo?
7. ¿Qué regalo hiciste tú? ¿Qué otros regalos trajeron los invitados?
8. ¿Cuántos invitados hubo en la fiesta?
9. ¿Qué tipo de música hubo?
10. ¿Qué te dijeron algunos invitados de la fiesta?

4 **Encuesta** Tu profesor(a) va a darte una hoja de actividades. Para cada una de las actividades de la lista, encuentra a alguien que hizo esa actividad.

modelo
traer dulces a clase
Estudiante 1: ¿Trajiste dulces a clase?
Estudiante 2: Sí, traje galletas y helado a la fiesta del fin del semestre.

Actividades	Nombres
1. ponerse un disfraz (*costume*) de Halloween	
2. traer dulces a clase	
3. llegar a la escuela en auto	
4. estar en la biblioteca ayer	
5. dar un regalo a alguien ayer	
6. poder levantarse temprano esta mañana	
7. hacer un viaje a un país hispano en el verano	
8. ver una película anoche	
9. ir a una fiesta el fin de semana pasado	
10. tener que estudiar el sábado pasado	

Síntesis

5 **Conversación** En parejas, preparen una conversación en la que uno/a de ustedes va a visitar a su hermano/a para explicarle por qué no fue a su fiesta de graduación y para saber cómo estuvo la fiesta. Incluyan esta información en la conversación:

- cuál fue el menú
- quiénes vinieron a la fiesta y quiénes no pudieron venir
- quiénes prepararon la comida o trajeron algo
- si él/ella tuvo que preparar algo
- lo que la gente hizo antes y después de comer
- cómo lo pasaron, bien o mal

9.2 Verbs that change meaning in the preterite

ANTE TODO The verbs **conocer**, **saber**, **poder**, and **querer** change meanings when used in the preterite. Because of this, each of them corresponds to more than one verb in English, depending on its tense.

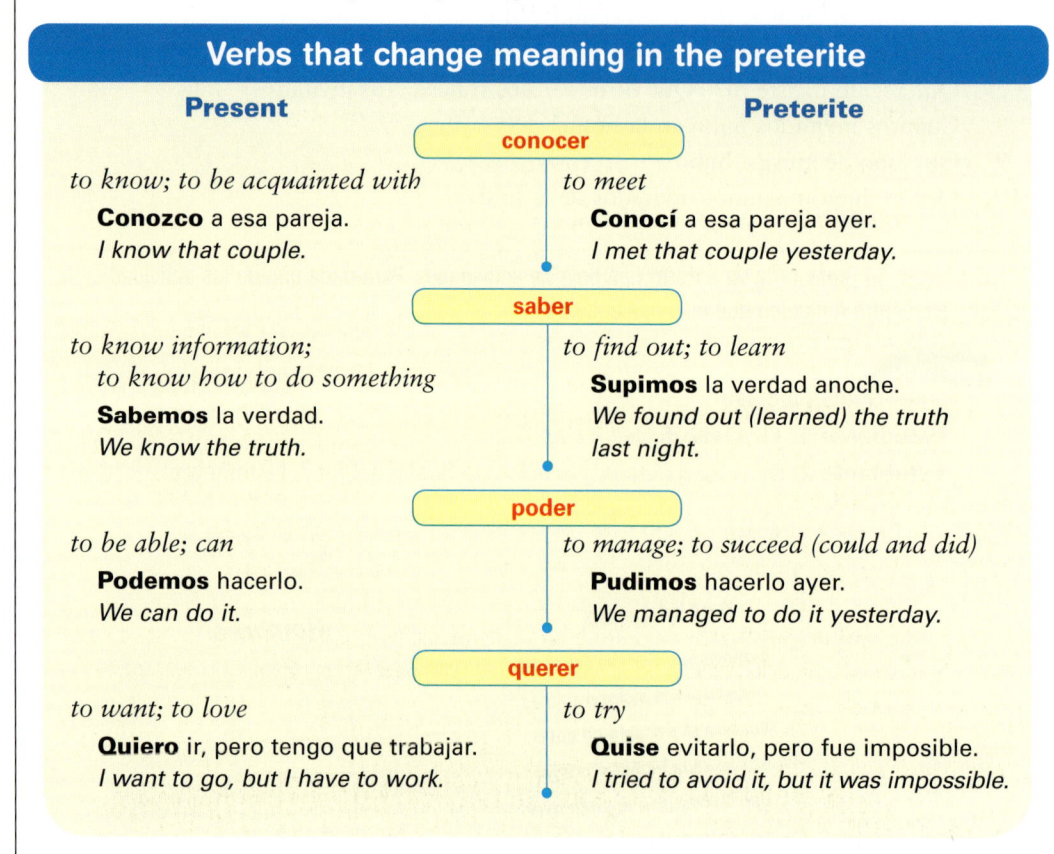

Verbs that change meaning in the preterite

Present	Preterite
conocer	
to know; to be acquainted with	to meet
Conozco a esa pareja.	**Conocí** a esa pareja ayer.
I know that couple.	I met that couple yesterday.
saber	
to know information; to know how to do something	to find out; to learn
Sabemos la verdad.	**Supimos** la verdad anoche.
We know the truth.	We found out (learned) the truth last night.
poder	
to be able; can	to manage; to succeed (could and did)
Podemos hacerlo.	**Pudimos** hacerlo ayer.
We can do it.	We managed to do it yesterday.
querer	
to want; to love	to try
Quiero ir, pero tengo que trabajar.	**Quise** evitarlo, pero fue imposible.
I want to go, but I have to work.	I tried to avoid it, but it was impossible.

¡ATENCIÓN!
In the preterite, the verbs **poder** and **querer** have different meanings when they are used in affirmative or negative sentences.
pude / succeeded
no pude / failed (to)
quise / tried (to)
no quise / refused (to)

¡INTÉNTALO! Elige la respuesta más lógica.

1. Yo no hice lo que me pidieron mis padres. ¡Tengo mis principios!
   a. No quise hacerlo.   b. No supe hacerlo.
2. Hablamos por primera vez con Nuria y Ana en la boda.
   a. Las conocimos en la boda.   b. Les dijimos en la boda.
3. Por fin hablé con mi hermano después de llamarlo siete veces.
   a. No quise hablar con él.   b. Pude hablar con él.
4. Josefina se acostó para relajarse. Se durmió inmediatamente.
   a. Pudo relajarse.   b. No pudo relajarse.
5. Después de mucho buscar, encontraste la definición en el diccionario.
   a. No supiste la respuesta.   b. Supiste la respuesta.
6. Las chicas fueron a la fiesta. Cantaron y bailaron mucho.
   a. Ellas pudieron divertirse.   b. Ellas no supieron divertirse.

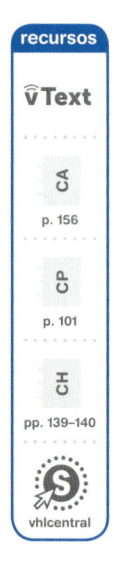

Práctica y Comunicación

1 **Carlos y Eva** Forma oraciones con los siguientes elementos. Usa el pretérito y haz todos los cambios necesarios. Al final, inventa la razón del divorcio de Carlos y Eva.

1. anoche / mi esposa y yo / saber / que / Carlos y Eva / divorciarse
2. los / conocer / viaje / isla de Pascua
3. no / poder / hablar / mucho / con / ellos / ese día
4. pero / ellos / ser / simpático / y / nosotros / hacer planes / vernos / con más / frecuencia
5. yo / poder / encontrar / su / número / teléfono / páginas / amarillo
6. (yo) querer / llamar / los / ese día / pero / no / tener / tiempo
7. cuando / los / llamar / nosotros / poder / hablar / Eva
8. nosotros / saber / razón / divorcio / después / hablar / ella
9. _____

NOTA CULTURAL

La isla de Pascua es un remoto territorio chileno situado en el océano Pacífico Sur. Sus inmensas estatuas son uno de los mayores misterios del mundo: nadie sabe cómo o por qué se crearon. Para más información, véase **Panorama**, p. 329.

2 **Completar** Completa estas frases de una manera lógica.

1. Ayer mi compañero/a de clase supo…
2. Esta mañana no pude…
3. Conocí a mi mejor amigo/a en…
4. Mis padres no quisieron…
5. Mi mejor amigo/a no pudo…
6. Mi novio/a y yo nos conocimos en…
7. La semana pasada supe…
8. Ayer mis amigos quisieron…

3 **Telenovela** En parejas, escriban el diálogo para una escena de una telenovela (*soap opera*). La escena trata de una situación amorosa entre tres personas: Mirta, Daniel y Raúl. Usen el pretérito de **conocer, poder, querer** y **saber** en su diálogo.

INTRIGA — SUSPENSO   AVENTURA — VENGANZA

LA MUJER DOBLE

Practice more at vhlcentral.com.

Síntesis

4 **Conversación** En una hoja de papel, escribe dos listas: las cosas que hiciste durante el fin de semana y las cosas que quisiste hacer, pero no pudiste. Luego, compara tu lista con la de un(a) compañero/a, y expliquen ambos por qué no pudieron hacer esas cosas.

9.3 ¿Qué? and ¿cuál?

ANTE TODO You've already learned how to use interrogative words and phrases. As you know, **¿qué?** and **¿cuál?** or **¿cuáles?** mean *what?* or *which?* However, they are not interchangeable.

▶ **¿Qué?** is used to ask for a definition or an explanation.

> **¿Qué** es el flan?
> *What is flan?*
>
> **¿Qué** estudias?
> *What do you study?*

▶ **¿Cuál(es)?** is used when there is more than one possibility to choose from.

> **¿Cuál** de los dos prefieres, las galletas o el helado?
> *Which of these (two) do you prefer, cookies or ice cream?*
>
> **¿Cuáles** son tus medias, las negras o las blancas?
> *Which ones are your socks, the black ones or the white ones?*

▶ **¿Cuál?** should not be used before a noun; in this case, **¿qué?** is used.

> **¿Qué** sorpresa te dieron tus amigos?
> *What surprise did your friends give you?*
>
> **¿Qué** colores te gustan?
> *What colors do you like?*

▶ **¿Qué?** used before a noun has the same meaning as **¿cuál?**

> **¿Qué regalo** te gusta?
> *What (Which) gift do you like?*
>
> **¿Qué dulces** quieren ustedes?
> *What (Which) sweets do you want?*

Review of interrogative words and phrases

¿a qué hora?	at what time?	¿cuántos/as?	how many?
¿adónde?	(to) where?	¿de dónde?	from where?
¿cómo?	how?	¿dónde?	where?
¿cuál(es)?	what?; which?	¿por qué?	why?
¿cuándo?	when?	¿qué?	what?; which?
¿cuánto/a?	how much?	¿quién(es)?	who?

¡INTÉNTALO! Completa las preguntas con **¿qué?** o **¿cuál(es)?**, según el contexto.

1. ¿ _Cuál_ de los dos te gusta más?
2. ¿ _____ es tu teléfono?
3. ¿ _____ tipo de pastel pediste?
4. ¿ _____ es una galleta?
5. ¿ _____ haces ahora?
6. ¿ _____ son tus platos favoritos?
7. ¿ _____ bebidas te gustan más?
8. ¿ _____ es esto?
9. ¿ _____ es el mejor?
10. ¿ _____ es tu opinión?
11. ¿ _____ fiestas celebras tú?
12. ¿ _____ regalo prefieres?
13. ¿ _____ es tu helado favorito?
14. ¿ _____ pones en la mesa?
15. ¿ _____ restaurante prefieres?
16. ¿ _____ estudiantes estudian más?
17. ¿ _____ quieres comer esta noche?
18. ¿ _____ es la sorpresa mañana?
19. ¿ _____ postre prefieres?
20. ¿ _____ opinas?

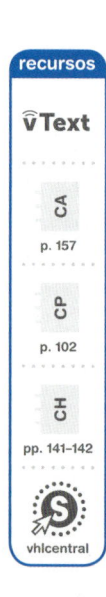

Práctica y Comunicación

1 **Completar** Tu clase de español va a crear un sitio web. Completa estas preguntas con palabras interrogativas. Luego, con un(a) compañero/a, hagan y contesten las preguntas para obtener la información para el sitio web.

1. ¿_____ es la fecha de tu cumpleaños?
2. ¿_____ naciste?
3. ¿_____ es tu estado civil?
4. ¿_____ te relajas?
5. ¿_____ es tu mejor amigo/a?
6. ¿_____ cosas te hacen reír?
7. ¿_____ postres te gustan? ¿_____ te gusta más?
8. ¿_____ problemas tuviste el primer día en esta escuela?

2 **Una invitación** En parejas, lean esta invitación. Luego, túrnense para hacer y contestar preguntas con **qué** y **cuál** basadas en la información de la invitación.

modelo
Estudiante 1: ¿Cuál es el nombre del padre de la novia?
Estudiante 2: Su nombre es Fernando Sandoval Valera.

> Fernando Sandoval Valera   Lorenzo Vásquez Amaral
> Isabel Arzipe de Sandoval   Elena Soto de Vásquez
>
> tienen el agrado de invitarlos
> a la boda de sus hijos
>
> María Luisa y José Antonio
>
> La ceremonia religiosa tendrá lugar
> el sábado 10 de junio a las dos de la tarde
> en el Templo de Santo Domingo
> (Calle Santo Domingo, 961).
>
> Después de la ceremonia, sírvanse pasar a la recepción en el salón
> de baile del Hotel Metrópoli (Sotero del Río, 465).

¡LENGUA VIVA!
The word **invitar** is not always used exactly like *invite*. Sometimes, if you say **Te invito un café**, it means that you are offering to buy that person a coffee.

3 **Quinceañera** Trabaja con un(a) compañero/a. Uno/a de ustedes es el/la director(a) del salón de fiestas "Renacimiento". La otra persona es el padre/la madre de Sandra, quien quiere hacer la fiesta de quince años de su hija gastando menos de $25 por invitado. Su profesor(a) va a darles la información necesaria para confirmar la reservación.

modelo
Estudiante 1: ¿Cuánto cuestan los entremeses?
Estudiante 2: Depende. Puede escoger champiñones por 50 centavos o camarones por dos dólares.
Estudiante 1: ¡Uf! A mi hija le gustan los camarones, pero son muy caros.
Estudiante 2: Bueno, también puede escoger quesos por un dólar por invitado.

Practice more at **vhlcentral.com**.

9.4 Pronouns after prepositions

ANTE TODO In Spanish, as in English, the object of a preposition is the noun or pronoun that follows the preposition. Observe the following diagram.

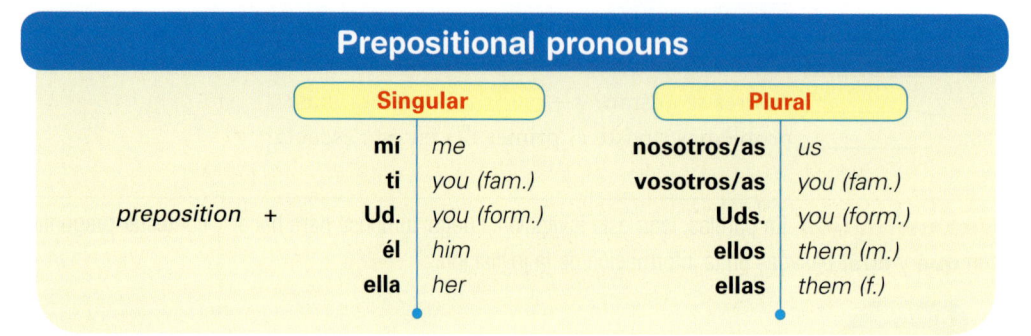

La sopa es para (PREPOSITION) Alicia (NOUN) y para (PREPOSITION) él (PRONOUN).

Prepositional pronouns

	Singular			Plural	
preposition +	mí	me		nosotros/as	us
	ti	you (fam.)		vosotros/as	you (fam.)
	Ud.	you (form.)		Uds.	you (form.)
	él	him		ellos	them (m.)
	ella	her		ellas	them (f.)

▸ Note that, except for **mí** and **ti,** these pronouns are the same as the subject pronouns. **¡Atención!** **Mí** (*me*) has an accent mark to distinguish it from the possessive adjective **mi** (*my*).

▸ The preposition **con** combines with **mí** and **ti** to form **conmigo** and **contigo,** respectively.

—¿Quieres venir **conmigo** a Concepción?
Do you want to come with me to Concepción?

—Sí, gracias, me gustaría ir **contigo**.
Yes, thanks, I would like to go with you.

▸ The preposition **entre** is followed by **tú** and **yo** instead of **ti** and **mí**.

Papá va a sentarse **entre tú y yo**.
Dad is going to sit between you and me.

CONSULTA
For more prepositions, refer to **Estructura 2.3,** p. 60.

¡INTÉNTALO!
Completa estas oraciones con las preposiciones y los pronombres apropiados.

1. (with him) No quiero ir _con él_.
2. (for her) Las galletas son _____.
3. (for me) Los mariscos son _____.
4. (with you, pl. form.) Preferimos estar _____.
5. (with you, sing. fam.) Me gusta salir _____.
6. (with me) ¿Por qué no quieres tener una cita _____?
7. (for her) La cuenta es _____.
8. (for them, m.) La habitación es muy pequeña _____.
9. (with them, f.) Anoche celebré la Navidad _____.
10. (for you, sing. fam.) Este beso es _____.
11. (with you, sing. fam.) Nunca me aburro _____.
12. (with you, pl. form.) ¡Qué bien que vamos _____!
13. (for you, sing. fam.) _____ la vida es muy fácil.
14. (for them, f.) _____ no hay sorpresas.

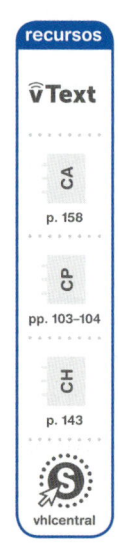

Práctica y Comunicación

1 **Completar** David sale con sus amigos a comer. Para saber quién come qué, lee el mensaje electrónico que David le envió (*sent*) a Cecilia dos días después y completa el diálogo en el restaurante con los pronombres apropiados.

> **modelo**
>
> **Camarero:** Los camarones en salsa verde, ¿para quién son?
> **David:** Son para ___ella___.

Para: Cecilia | **Asunto:** El menú

Hola, Cecilia:
¿Recuerdas la comida del viernes? Quiero repetir el menú en mi casa el miércoles. Ahora voy a escribir lo que comimos, luego me dices si falta algún plato. Yo pedí el filete de pescado y Maribel camarones en salsa verde. Tatiana pidió un plato grandísimo de machas a la parmesana. Diana y Silvia pidieron langostas, ¿te acuerdas? Y tú, ¿qué pediste? Ah, sí, un bistec grande con papas. Héctor también pidió un bistec, pero más pequeño. Miguel pidió pollo y agua mineral para todos. Y la profesora comió ensalada verde porque está a dieta. ¿Falta algo? Espero tu mensaje. Hasta pronto. David.

NOTA CULTURAL

Las **machas a la parmesana** son un plato muy típico de Chile. Se prepara con machas, un tipo de almeja (*clam*) que se encuentra en Suramérica. Las machas a la parmesana se hacen con queso parmesano, limón, sal, pimienta y mantequilla, y luego se ponen en el horno (*oven*).

CAMARERO	El filete de pescado, ¿para quién es?
DAVID	Es para (1)_____.
CAMARERO	Aquí está. ¿Y las machas a la parmesana y las langostas?
DAVID	Las machas son para (2)_____.
SILVIA Y DIANA	Las langostas son para (3)_____.
CAMARERO	Tengo un bistec grande…
DAVID	Cecilia, es para (4)_____, ¿no es cierto? Y el bistec más pequeño es para (5)_____.
CAMARERO	¿Y la botella de agua mineral?
MIGUEL	Es para todos (6)_____, y el pollo es para (7)_____.
CAMARERO	(*a la profesora*) Entonces la ensalada verde es para (8)_____.

2 **Compartir** Tu profesor(a) va a darte una hoja de actividades en la que hay un dibujo. En parejas, hagan preguntas para saber dónde está cada una de las personas en el dibujo. Ustedes tienen dos versiones diferentes de la ilustración. Al final deben saber dónde está cada persona.

> **modelo**
>
> **Estudiante 1:** ¿Quién está al lado de Óscar?
> **Estudiante 2:** Alfredo está al lado de él.

Alfredo	Dolores	Graciela	Raúl
Sra. Blanco	Enrique	Leonor	Rubén
Carlos	Sra. Gómez	Óscar	Yolanda

recursos

vText

CA
pp. 47–48

AYUDA

Here are some other useful prepositions: **al lado de, debajo de, a la derecha de, a la izquierda de, cerca de, lejos de, delante de, detrás de, entre**.

Practice more at vhlcentral.com.

Recapitulación

Diagnostics

Completa estas actividades para repasar los conceptos de gramática que aprendiste en esta lección.

1 Completar Completa la tabla con el pretérito de los verbos. **18 pts.**

Infinitive	yo	ella	nosotros
conducir			
hacer			
saber			

2 Mi fiesta Completa este mensaje electrónico con el pretérito de los verbos de la lista. Vas a usar cada verbo sólo una vez. **20 pts.**

dar	haber	tener
decir	hacer	traer
estar	poder	venir
	poner	

Hola, Omar:

Como tú no (1) _____ venir a mi fiesta de cumpleaños, quiero contarte cómo fue. El día de mi cumpleaños, muy temprano por la mañana, mis hermanos me (2) _____ una gran sorpresa: ellos (3) _____ un regalo delante de la puerta de mi habitación: ¡una bicicleta roja preciosa! Mi madre nos preparó un desayuno riquísimo. Después de desayunar, mis hermanos y yo (4) _____ que limpiar toda la casa, así que (*therefore*) no (5) _____ más celebración hasta la tarde. A las seis y media (nosotros) (6) _____ una barbacoa en el patio de la casa. Todos los invitados (7) _____ bebidas y regalos. (8) _____ todos mis amigos, excepto tú, ¡qué pena! :-(La fiesta (9) _____ muy animada hasta las diez de la noche, cuando mis padres (10) _____ que los vecinos (*neighbors*) iban a (*were going to*) protestar y entonces todos se fueron a sus casas.

Tu amigo,
Andrés

RESUMEN GRAMATICAL

9.1 Irregular preterites *pp. 310–311*

u-stem	estar poder poner saber tener	estuv- pud- pus- sup- tuv-	
i-stem	hacer querer venir	hic- quis- vin-	-e, -iste, -o, -imos, -isteis, -(i)eron
j-stem	conducir decir traducir traer	conduj- dij- traduj- traj-	

▶ Preterite of **dar**: di, diste, dio, dimos, disteis, dieron

▶ Preterite of **hay** (*inf.* **haber**): hubo

9.2 Verbs that change meaning in the preterite *p. 314*

Present	Preterite
conocer	
to know; to be acquainted with	to meet
saber	
to know info.; to know how to do something	to find out; to learn
poder	
to be able; can	to manage; to succeed
querer	
to want; to love	to try

9.3 ¿Qué? and ¿cuál? *p. 316*

▶ Use ¿qué? to ask for a definition or an explanation.

▶ Use ¿cuál(es)? when there is more than one possibility to choose from.

▶ ¿Cuál? cannot be used before a noun; use ¿qué? instead.

▶ ¿Qué? used before a noun has the same meaning as ¿cuál?

3 **¿Presente o pretérito?** Escoge la forma correcta de los verbos entre paréntesis. **12 pts.**

> **9.4 Pronouns after prepositions** *p. 318*
>
> **Prepositional pronouns**
>
> | | Singular | Plural |
> |---|---|---|
> | Preposition + | mí | nosotros/as |
> | | ti | vosotros/as |
> | | Ud. | Uds. |
> | | él | ellos |
> | | ella | ellas |
>
> ▶ Exceptions: **conmigo, contigo, entre tú y yo**

1. Después de muchos intentos (*tries*), (podemos/pudimos) hacer una piñata.
2. —¿Conoces a Pepe?
   —Sí, lo (conozco/conocí) en tu fiesta.
3. Como no es de aquí, Cristina no (sabe/supo) mucho de las celebraciones locales.
4. Yo no (quiero/quise) ir a un restaurante grande, pero tú decides.
5. Ellos (quieren/quisieron) darme una sorpresa, pero Nina me lo dijo todo.
6. Mañana se terminan las vacaciones; por fin (podemos/pudimos) volver a la escuela.

4 **Preguntas** Escribe una pregunta para cada respuesta con los elementos dados. Empieza con **qué**, **cuál** o **cuáles** de acuerdo con el contexto y haz los cambios necesarios. **8 pts.**

1. —¿? / pastel / querer —Quiero el pastel de chocolate.
2. —¿? / ser / flan —El flan es un postre típico hispano.
3. —¿? / ser / restaurante favorito —Mis restaurantes favoritos son Dalí y Jaleo.
4. —¿? / ser / dirección electrónica —Mi dirección electrónica es paco@email.com.

5 **¿Dónde me siento?** Completa la conversación con los pronombres apropiados. **14 pts.**

JUAN A ver, te voy a decir dónde te vas a sentar. Manuel, ¿ves esa silla? Es para _____. Y esa otra silla es para tu novia, que todavía no está aquí.

MANUEL Muy bien, yo la reservo para _____.

HUGO ¿Y esta silla es para _____?

JUAN No, Hugo. No es para _____. Es para Carmina, que viene con Julio.

HUGO No, Carmina y Julio no pueden venir. Hablé con _____ y me avisaron.

JUAN Pues ellos se lo pierden (*it's their loss*). ¡Más comida para _____ (*us*)!

CAMARERO Aquí tienen el menú. Les doy un minuto y enseguida estoy con _____.

6 **Cumpleaños feliz** Escribe cinco oraciones que describan cómo celebraste tu último cumpleaños. Usa el pretérito y los pronombres que aprendiste en esta lección. **28 pts.**

7 **Adivinanza** Completa la adivinanza con la palabra que falta y adivina la respuesta. **¡4 puntos EXTRA!**

> " Sólo una vez al año
> tú celebras ese día,
> y conmemoras° la fecha
> en que llegaste a la vida.
> ¿_____ es? "
>
> (El _____)

conmemoras *commemorate*

9 adelante

Lección 9

Lectura

🔊 Audio: Reading
Additional Reading

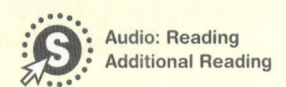

Antes de leer

> **Estrategia**
> **Recognizing word families**
>
> Recognizing root words can help you guess the meaning of words in context, ensuring better comprehension of a reading selection. Using this strategy will enrich your Spanish vocabulary as you will see below.

Examinar el texto
Familiarízate con el texto usando las estrategias de lectura más efectivas para ti. ¿Qué tipo de documento es? ¿De qué tratan° las cuatro secciones del documento? Explica tus respuestas.

Raíces°
Completa el siguiente cuadro° para ampliar tu vocabulario. Usa palabras de la lectura de esta lección y vocabulario de las lecciones anteriores. ¿Qué significan las palabras que escribiste en el cuadro?

Verbo	Sustantivos	Otras formas
1. agradecer *to thank, to be grateful for*	agradecimiento/ gracias *gratitude/thanks*	agradecido *grateful, thankful*
2. estudiar	_____	_____
3. _____	_____	celebrado
4. _____	baile	_____
5. bautizar	_____	_____

¿De qué tratan...? *What are... about?* Raíces *Roots* cuadro *chart*

recursos
vText pp. 144–145
CH
vhlcentral

VIDA SOCIAL

Matrimonio
Espinoza Álvarez–Reyes Salazar

El día sábado 17 de junio a las 19 horas, se celebró el matrimonio de Silvia Reyes y Carlos Espinoza en la catedral de Santiago. La ceremonia fue oficiada por el pastor Federico Salas y participaron los padres de los novios, el señor Jorge Espinoza y señora, y el señor José Alfredo Reyes y señora. Después de la ceremonia, los padres de los recién casados ofrecieron una fiesta bailable en el restaurante La Misión.

Bautismo
José María recibió el bautismo el 26 de junio.

Sus padres, don Roberto Lagos Moreno y doña María Angélica Sánchez, compartieron la alegría de la fiesta con todos sus parientes y amigos. La ceremonia religiosa tuvo lugar° en la catedral de Aguas Blancas. Después de la ceremonia, padres, parientes y amigos celebraron una fiesta en la residencia de la familia Lagos.

Las fiestas

32B

Fiesta de quince años

El doctor don Amador Larenas Fernández y la señora Felisa Vera de Larenas celebraron los quince años de su hija Ana Ester junto a sus parientes y amigos. La quinceañera reside en la ciudad de Valparaíso y es estudiante del Colegio Francés. La fiesta de presentación en sociedad de la señorita Ana Ester fue el día viernes 2 de mayo a las 19 horas en el Club Español. Entre los invitados especiales asistieron el alcalde° de la ciudad, don Pedro Castedo, y su esposa. La música estuvo a cargo de la Orquesta Americana. ¡Feliz cumpleaños, le deseamos a la señorita Ana Ester en su fiesta bailable!

Expresión de gracias
Carmen Godoy Tapia

Agradecemos° sinceramente a todas las personas que nos acompañaron en el último adiós a nuestra apreciada esposa, madre, abuela y tía, la señora Carmen Godoy Tapia. El funeral tuvo lugar el día 28 de junio en la ciudad de Viña del Mar. La vida de Carmen Godoy fue un ejemplo de trabajo, amistad, alegría y amor para todos nosotros. Su esposo, hijos y familia agradecen de todo corazón° su asistencia° al funeral a todos los parientes y amigos.

tuvo lugar *took place* **alcalde** *mayor* **Agradecemos** *We thank* **de todo corazón** *sincerely* **asistencia** *attendance*

Después de leer

Corregir
Escribe estos comentarios otra vez para corregir la información errónea.
1. El alcalde y su esposa asistieron a la boda de Silvia y Carlos.
2. Todos los anuncios (*announcements*) describen eventos felices.
3. Felisa Vera de Larenas cumple quince años.
4. Roberto Lagos y María Angélica Sánchez son hermanos.
5. Carmen Godoy Tapia les dio las gracias a las personas que asistieron al funeral.

Identificar
Escribe los nombres de la(s) persona(s) descrita(s) (*described*).
1. Dejó viudo a su esposo el 28 de junio.
2. Sus padres y todos los invitados brindaron por él, pero él no entendió por qué.
3. El Club Español les presentó una cuenta considerable.
4. Unió a los novios en santo matrimonio.
5. Su fiesta de cumpleaños se celebró en Valparaíso.

Un anuncio
Trabajen en grupos pequeños para inventar un anuncio breve sobre una celebración importante. Puede ser una graduación, un cumpleaños o una gran fiesta en la que ustedes participan. Incluyan la siguiente información.
1. nombres de los participantes
2. la fecha, la hora y el lugar
3. qué se celebra
4. otros detalles de interés

Practice more at vhlcentral.com.

Escritura

Estrategia

Planning and writing a comparative analysis

Writing any kind of comparative analysis requires careful planning. Venn diagrams are useful for organizing your ideas visually before comparing and contrasting people, places, objects, events, or issues. To create a Venn diagram, draw two circles that overlap one another and label the top of each circle. List the differences between the two elements in the outer rings of the two circles, then list their similarities where the two circles overlap. Review the following example.

Diferencias y similitudes

Boda de Silvia Reyes y Carlos Espinoza

Diferencias:
1. Primero hay una celebración religiosa.
2. Se celebra en un restaurante.

Similitudes:
1. Las dos fiestas se celebran por la noche.
2. Las dos fiestas son bailables.

Fiesta de quince años de Ana Ester Larenas Vera

Diferencias:
1. Se celebra en un club.
2. Vienen invitados especiales.

La lista de palabras y expresiones a la derecha puede ayudarte a escribir este tipo de ensayo (*essay*).

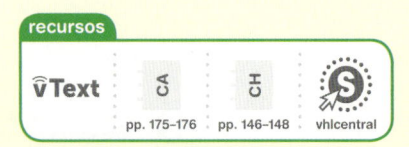

Tema

Escribir una composición

Compara una celebración familiar (como una boda, una fiesta de cumpleaños o una graduación) a la que tú asististe recientemente con otro tipo de celebración. Utiliza palabras y expresiones de esta lista.

Para expresar similitudes

además; también	in addition; also
al igual que	the same as
como	as; like
de la misma manera	in the same manner (way)
del mismo modo	in the same manner (way)
tan + [*adjetivo*] + como	as + [adjective] + as
tanto/a(s) + [*sustantivo*] + como	as many/much + [noun] + as

Para expresar diferencias

a diferencia de	unlike
a pesar de	in spite of
aunque	although
en cambio	on the other hand
más/menos… que	more/less … than
no obstante	nevertheless; however
por otro lado	on the other hand
por el contrario	on the contrary
sin embargo	nevertheless; however

Las fiestas

Escuchar 🎧 Audio

Estrategia

Guessing the meaning of words through context

When you hear an unfamiliar word, you can often guess its meaning by listening to the words and phrases around it.

🔊 To practice this strategy, you will now listen to a paragraph. Jot down the unfamiliar words that you hear. Then listen to the paragraph again and jot down the word or words that give the most useful clues to the meaning of each unfamiliar word.

Preparación

Lee la invitación. ¿De qué crees que van a hablar Rosa y Josefina?

Ahora escucha 🔊

Ahora escucha la conversación entre Josefina y Rosa. Cuando oigas una de las palabras de la columna A, usa el contexto para identificar el sinónimo o la definición en la columna B.

A	B
____ festejar	a. conmemoración religiosa de una muerte
____ dicha	b. tolera
____ bien parecido	c. suerte
____ finge (fingir)	d. celebrar
____ soporta (soportar)	e. me divertí
____ yo lo disfruté (disfrutar)	f. horror
	g. crea una ficción
	h. guapo

recursos
vText | vhlcentral

Margarita Robles de García
y Roberto García Olmos

Piden su presencia en la celebración
del décimo aniversario de bodas
el día 13 de marzo
con una misa en la Iglesia Virgen del Coromoto
a las 6:30

❦

seguida por cena y baile
en el restaurante El Campanero,
Calle Principal, Las Mercedes
a las 8:30

Comprensión

¿Cierto o falso?

Lee cada oración e indica si lo que dice es **cierto** o **falso**. Corrige las oraciones falsas.

1. No invitaron a mucha gente a la fiesta de Margarita y Roberto porque ellos no conocen a muchas personas.

2. Algunos fueron a la fiesta con pareja y otros fueron sin compañero/a.

3. Margarita y Roberto decidieron celebrar el décimo aniversario porque no hicieron una fiesta el día de su boda.

4. Rafael les parece interesante a Rosa y a Josefina.

5. Josefina se divirtió mucho en la fiesta porque bailó toda la noche con Rafael.

Preguntas

Responde a estas preguntas con oraciones completas.

1. ¿Son solteras Rosa y Josefina? ¿Cómo lo sabes?

2. ¿Tienen las chicas una amistad de mucho tiempo con la pareja que celebra su aniversario? ¿Cómo lo sabes?

en pantalla

Video: TV Clip

Fiestas Patrias: Chilevisión

Noviembre: disfraces, dulces...

Preparación

Contesta las siguientes preguntas y después comparte las respuestas con un grupo de compañeros/as.

1. ¿Por qué son importantes las celebraciones de una nación?
2. ¿Cuál es la fiesta más importante de tu país? ¿Cómo se celebra?
3. ¿Cómo celebra tu familia las fiestas más importantes del año?

Las Fiestas Patrias

El 18 de septiembre, Chile conmemora su independencia de España, y los chilenos celebran toda una semana. Durante las Fiestas Patrias°, casi todas las oficinas° y escuelas se cierran para que la gente se reúna° a festejar. Desfiles y rodeos representan la tradición de los vaqueros° del país, y la gente baila cueca, el baile nacional. Las familias y los amigos se reúnen para disfrutar platos tradicionales como las empanadas y los asados. Otra de las tradiciones de estas fiestas son las cometas°, llamadas volantines. En este video podrás ver cómo se celebran otras fiestas en Chile.

Fiestas Patrias *Independence Day celebrations* oficinas *offices* se reúna *would get together* vaqueros *cowboys* cometas/volantines *kites*

Vocabulario útil

conejo	bunny
disfraces	costumes
mariscal	traditional Chilean soup with raw seafood
sustos	frights
vieja (Chi.)	mother

Comprensión

Selecciona la palabra que no está relacionada con cada grupo.

1. disfraces • noviembre • arbolito • sustos
2. volantines • arbolito • regalos • diciembre
3. conejo • enero • huevitos • chocolates
4. septiembre • volantines • disfraces • asado

Conversación

Discute estas preguntas con un(a) compañero/a.

¿En tu país existen fiestas similares a las de Chile durante todo el año? ¿Cómo se celebran? ¿Y cómo se celebran las Fiestas Patrias de tu país?

Aplicación

En grupos pequeños, preparen una presentación sobre una fiesta o evento importante en la vida de sus familias o su comunidad. Incluyan imágenes en su presentación y describan estos aspectos: cuándo y dónde se celebra, quiénes la celebran, los elementos que identifican esta celebración y la diferencian de otras, los alimentos, la música y los regalos que forman parte del evento.

Practice more at vhlcentral.com.

Las fiestas

Flash Cultura

Video: Flash cultura

El Día de los Reyes Magos* es una celebración muy popular en muchos países hispanos. No sólo es el día en que los reyes les traen regalos a los niños, también es una fiesta llena° de tradiciones. La tarde del 5 de enero, en muchas ciudades como Barcelona, España, se hace un desfile° en que los reyes regalan dulces a los niños y reciben sus cartas con peticiones. Esa noche, antes de irse a dormir, los niños deben dejar° un zapato junto a la ventana y un bocado° para los reyes. En Puerto Rico, por ejemplo, los niños ponen una caja con hierba° bajo su cama para alimentar a los camellos° de los reyes.

Vocabulario útil

los cabezudos	carnival figures with large heads
los carteles	posters
fiesta de pueblo	popular celebration
santos de palo	wooden saints

Preparación
¿Se celebra la Navidad en tu país? ¿Qué otras fiestas importantes se celebran? En cada caso, ¿cuántos días dura la fiesta? ¿Cuáles son las tradiciones y actividades típicas? ¿Hay alguna comida típica en esa celebración?

Elegir
Indica cuál de las dos opciones resume mejor este episodio.

a. Las Navidades puertorriqueñas son las más largas y terminan después de las fiestas de la calle San Sebastián. Esta fiesta de pueblo se celebra con baile, música y distintas expresiones artísticas típicas.

b. En la celebración de las Navidades puertorriqueñas, los cabezudos son una tradición de España y son el elemento más importante de la fiesta. A la gente le gusta bailar y hacer procesiones por la noche.

* According to the Christian tradition, the Three Wise Men were the three kings that traveled to Bethlehem after the birth of Baby Jesus, carrying with them gifts of gold, frankincense, and myrrh to pay him homage.

llena full **desfile** parade **dejar** leave **bocado** snack **hierba** grass **alimentar los camellos** feed the camels

Las fiestas

1. Los cabezudos son una tradición [...] de España.

2. Hay mucha gente y mucho arte.

3. Es una fiesta de pueblo... una tradición. Vengo todos los años.

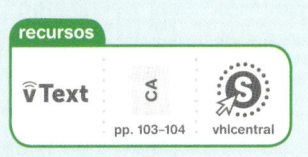

panorama

Chile

Video: *Panorama cultural*
Interactive Map

El país en cifras

- **Área:** 756.950 km² (292.259 millas²), dos veces el área de Montana
- **Población:** 17.363.000
  Aproximadamente el 80 por ciento de la población del país es urbana.
- **Capital:** Santiago de Chile—6.034.000
- **Ciudades principales:** Valparaíso—865.000, Concepción, Viña del Mar, Temuco
- **Moneda:** peso chileno
- **Idiomas:** español (oficial), mapuche

Bandera de Chile

Chilenos célebres

- **Bernardo O'Higgins,** militarº y héroe nacional (1778–1842)
- **Gabriela Mistral,** Premio Nobel de Literatura, 1945; poeta y diplomática (1889–1957)
- **Pablo Neruda,** Premio Nobel de Literatura, 1971; poeta (1904–1973)
- **Isabel Allende,** novelista (1942–)
- **Ana Tijoux,** cantante (1977–)

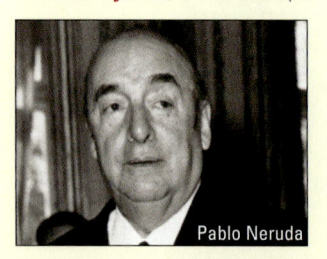

Pablo Neruda

militar *soldier* desierto *desert* más seco *driest* mundo *world* han tenido *have had* ha sido usado *has been used* Marte *Mars*

PERÚ
Pampa del Tamarugal
La costa de Viña del Mar
BOLIVIA
Cordillera de los Andes
Edificio antiguo en Santiago
El puerto de Valparaíso
Océano Pacífico
Viña del Mar
Valparaíso
Santiago
ARGENTINA
Torres del Paine
Concepción
Temuco
Una celebración en Temuco
Lago Buenos Aires
Océano Atlántico
Punta Arenas
Estrecho de Magallanes
Isla Grande de Tierra del Fuego

recursos
vText
CA pp. 85–86
CP pp. 105–106
vhlcentral

¡Increíble pero cierto!

El desiertoº de Atacama, en el norte de Chile, es el más secoº del mundoº. Con más de cien mil km² de superficie, algunas zonas de este desierto nunca han tenidoº lluvia. Atacama ha sido usadoº como escenario para representar a Marteº en películas y series de televisión.

Lugares • La isla de Pascua

La isla de Pascua° recibió ese nombre porque los exploradores holandeses° llegaron a la isla por primera vez el día de Pascua de 1722. Ahora es parte del territorio de Chile. La isla de Pascua es famosa por los *moái*, estatuas enormes que representan personas con rasgos° muy exagerados. Estas estatuas las construyeron los *rapa nui*, los antiguos habitantes de la zona. Todavía no se sabe mucho sobre los *rapa nui,* ni tampoco se sabe por qué decidieron abandonar la isla.

Deportes • Los deportes de invierno

Hay muchos lugares para practicar deportes de invierno en Chile porque las montañas nevadas de los Andes ocupan gran parte del país. El Parque Nacional Villarrica, por ejemplo, situado al pie de un volcán y junto a° un lago, es un sitio popular para el esquí y el *snowboard*. Para los que prefieren deportes más extremos, el centro de esquí Valle Nevado organiza excursiones para practicar heliesquí.

Ciencias • Astronomía

Los observatorios chilenos, situados en los Andes, son lugares excelentes para las observaciones astronómicas. Científicos° de todo el mundo van a Chile para estudiar las estrellas° y otros cuerpos celestes°. Hoy día Chile está construyendo nuevos observatorios y telescopios para mejorar las imágenes del universo.

Economía • El vino

La producción de vino comenzó en Chile en el siglo° XVI. Ahora la industria del vino constituye una parte importante de la actividad agrícola del país y la exportación de sus productos está aumentando° cada vez más. Los vinos chilenos son muy apreciados internacionalmente por su gran variedad, sus ricos y complejos sabores° y su precio moderado. Los más conocidos son los vinos de Aconcagua y del valle del Maipo.

¿Qué aprendiste? Responde a cada pregunta con una oración completa.

1. ¿Qué porcentaje (*percentage*) de la población chilena es urbana?
2. ¿Qué son los *moái*? ¿Dónde están?
3. ¿Qué deporte extremo ofrece el centro de esquí Valle Nevado?
4. ¿Por qué van a Chile científicos de todo el mundo?
5. ¿Cuándo comenzó la producción de vino en Chile?
6. ¿Por qué son apreciados internacionalmente los vinos chilenos?

Conexión Internet Investiga estos temas en **vhlcentral.com**.

1. Busca información sobre Pablo Neruda e Isabel Allende. ¿Dónde y cuándo nacieron? ¿Cuáles son algunas de sus obras (*works*)? ¿Cuáles son algunos de los temas de sus obras?
2. Busca información sobre sitios donde los chilenos y los turistas practican deportes de invierno en Chile. Selecciona un sitio y descríbeselo a tu clase.

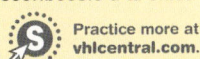

La isla de Pascua *Easter Island* holandeses *Dutch* rasgos *features* junto a *beside* Científicos *Scientists* estrellas *stars* cuerpos celestes *celestial bodies* siglo *century* aumentando *increasing* complejos sabores *complex flavors*

vocabulario

Las celebraciones

el aniversario (de bodas)	(wedding) anniversary
la boda	wedding
el cumpleaños	birthday
el día de fiesta	holiday
la fiesta	party
el/la invitado/a	guest
la Navidad	Christmas
la quinceañera	young woman celebrating her fifteenth birthday
la sorpresa	surprise
brindar	to toast (drink)
celebrar	to celebrate
divertirse (e:ie)	to have fun
invitar	to invite
pasarlo bien/mal	to have a good/bad time
regalar	to give (a gift)
reírse (e:i)	to laugh
relajarse	to relax
sonreír (e:i)	to smile
sorprender	to surprise

Los postres y otras comidas

la botella (de vino)	bottle (of wine)
el champán	champagne
los dulces	sweets; candy
el flan (de caramelo)	baked (caramel) custard
la galleta	cookie
el helado	ice cream
el pastel (de chocolate)	(chocolate) cake; pie
el postre	dessert

Las relaciones personales

la amistad	friendship
el amor	love
el divorcio	divorce
el estado civil	marital status
el matrimonio	marriage
la pareja	(married) couple; partner
el/la recién casado/a	newlywed
casarse (con)	to get married (to)
comprometerse (con)	to get engaged (to)
divorciarse (de)	to get divorced (from)
enamorarse (de)	to fall in love (with)
llevarse bien/mal (con)	to get along well/badly (with)
odiar	to hate
romper (con)	to break up (with)
salir (con)	to go out (with); to date
separarse (de)	to separate (from)
tener una cita	to have a date; to have an appointment
casado/a	married
divorciado/a	divorced
juntos/as	together
separado/a	separated
soltero/a	single
viudo/a	widower/widow

Las etapas de la vida

la adolescencia	adolescence
la edad	age
el estado civil	marital status
las etapas de la vida	the stages of life
la juventud	youth
la madurez	maturity; middle age
la muerte	death
el nacimiento	birth
la niñez	childhood
la vejez	old age
cambiar (de)	to change
graduarse (de/en)	to graduate (from/in)
jubilarse	to retire (from work)
nacer	to be born

Palabras adicionales

la alegría	happiness
el beso	kiss
conmigo	with me
contigo	with you

Expresiones útiles	See page 305.

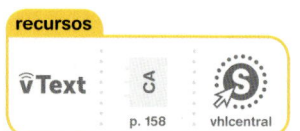

Consulta

Apéndice A
Glossary of Grammatical Terms — pages 332–335

Apéndice B
Verb Conjugation Tables — pages 336–345

Vocabulario
Spanish–English — pages 346–356
English–Spanish — pages 357–367

References
pages 368–379

Índice
pages 380–381

Credits
pages 382–383

Apéndice A

Glossary of Grammatical Terms

ADJECTIVE A word that modifies, or describes, a noun or pronoun.

muchos libros
many books

las mujeres **altas**
the tall women

un hombre **rico**
a rich man

Demonstrative adjective An adjective that specifies which noun a speaker is referring to.

esta fiesta
this party

aquellas flores
those flowers

ese chico
that boy

Possessive adjective An adjective that indicates ownership or possession.

mi mejor vestido
my best dress

Éste es **mi** hermano.
This is my brother.

Stressed possessive adjective A possessive adjective that emphasizes the owner or possessor.

Es un libro **mío**.
It's my book./It's a book of mine.

Es amiga **tuya**; yo no la conozco.
She's a friend of yours; I don't know her.

ADVERB A word that modifies, or describes, a verb, adjective, or other adverb.

Pancho escribe **rápidamente**.
Pancho writes quickly.

Este cuadro es **muy** bonito.
This picture is very pretty.

ARTICLE A word that points out a noun in either a specific or a non-specific way.

Definite article An article that points out a noun in a specific way.

el libro
the book

los diccionarios
the dictionaries

la maleta
the suitcase

las palabras
the words

Indefinite article An article that points out a noun in a general, non-specific way.

un lápiz
a pencil

unos pájaros
some birds

una computadora
a computer

unas escuelas
some schools

CLAUSE A group of words that contains both a conjugated verb and a subject, either expressed or implied.

Main (or Independent) clause A clause that can stand alone as a complete sentence.

Pienso ir a cenar pronto.
I plan to go to dinner soon.

Subordinate (or Dependent) clause A clause that does not express a complete thought and therefore cannot stand alone as a sentence.

Trabajo en la cafetería **porque necesito dinero para la escuela**.
I work in the cafeteria because I need money for school.

COMPARATIVE A construction used with an adjective or adverb to express a comparison between two people, places, or things.

Este programa es **más interesante que** el otro.
This program is more interesting than the other one.

Tomás no es **tan alto como** Alberto.
Tomás is not as tall as Alberto.

CONJUGATION A set of the forms of a verb for a specific tense or mood or the process by which these verb forms are presented.

Preterite conjugation of **cantar**:
 cant**é** cant**amos**
 cant**aste** cant**asteis**
 cant**ó** cant**aron**

CONJUNCTION A word used to connect words, clauses, or phrases.

Susana es de Cuba **y** Pedro es de España.
Susana is from Cuba and Pedro is from Spain.

No quiero estudiar **pero** tengo que hacerlo.
I don't want to study, but I have to.

Glossary of Grammatical Terms

CONTRACTION The joining of two words into one. The only contractions in Spanish are **al** and **del**.

Mi hermano fue **al** concierto ayer.
*My brother went **to the** concert yesterday.*

Saqué dinero **del** banco.
*I took money **from the** bank.*

DIRECT OBJECT A noun or pronoun that directly receives the action of the verb.

Tomás lee **el libro**.   **La** pagó ayer.
*Tomás reads **the book**.   She paid **it** yesterday.*

GENDER The grammatical categorizing of certain kinds of words, such as nouns and pronouns, as masculine, feminine, or neuter.

Masculine
articles el, un
pronouns él, lo, mío, éste, ése, aquél
adjective simpático

Feminine
articles la, una
pronouns ella, la, mía, ésta, ésa, aquélla
adjective simpática

IMPERSONAL EXPRESSION A third-person expression with no expressed or specific subject.

Es muy importante.   Llueve mucho.
It's very important.   It's raining hard.

Aquí **se habla** español.
*Spanish **is spoken** here.*

INDIRECT OBJECT A noun or pronoun that receives the action of the verb indirectly; the object, often a living being, to or for whom an action is performed.

Eduardo **le** dio un libro **a Linda**.
*Eduardo gave a book **to Linda**.*

La profesora **me** puso una C en el examen.
*The professor gave **me** a C on the test.*

INFINITIVE The basic form of a verb. Infinitives in Spanish end in -ar, -er, or -ir.

hablar   correr   abrir
to speak   to run   to open

INTERROGATIVE An adjective or pronoun used to ask a question.

¿**Quién** habla?   ¿**Cuántos** compraste?
***Who** is speaking?   **How many** did you buy?*

¿**Qué** piensas hacer hoy?
***What** do you plan to do today?*

INVERSION Changing the word order of a sentence, often to form a question.

Statement: Elena pagó la cuenta del restaurante.

Inversion: ¿Pagó Elena la cuenta del restaurante?

MOOD A grammatical distinction of verbs that indicates whether the verb is intended to make a statement or command or to express a doubt, emotion, or condition contrary to fact.

Imperative mood Verb forms used to make commands.

Di la verdad.   Caminen ustedes conmigo.
Tell the truth.   Walk with me.

¡**Comamos** ahora!
Let's eat now!

Indicative mood Verb forms used to state facts, actions, and states considered to be real.

Sé que **tienes** el dinero.
*I know that **you have** the money.*

Subjunctive mood Verb forms used principally in subordinate (dependent) clauses to express wishes, desires, emotions, doubts, and certain conditions, such as contrary-to-fact situations.

Prefieren que **hables** en español.
*They prefer that **you speak** in Spanish.*

Dudo que Luis **tenga** el dinero necesario.
*I doubt that Luis **has** the necessary money.*

NOUN A word that identifies people, animals, places, things, and ideas.

hombre   gato
man   *cat*

México   casa
Mexico   *house*

libertad   libro
freedom   *book*

Glossary of Grammatical Terms

NUMBER A grammatical term that refers to singular or plural. Nouns in Spanish and English have number. Other parts of a sentence, such as adjectives, articles, and verbs, can also have number.

Singular	Plural
una cosa	**unas** cosas
a thing	*some things*
el profesor	**los** profesores
the professor	*the professors*

NUMBERS Words that represent amounts.

Cardinal numbers Words that show specific amounts.

cinco minutos
five minutes

el año **dos mil veintitrés**
the year 2023

Ordinal numbers Words that indicate the order of a noun in a series.

el **cuarto** jugador   la **décima** hora
the fourth player   *the tenth hour*

PAST PARTICIPLE A past form of the verb used in compound tenses. The past participle may also be used as an adjective, but it must then agree in number and gender with the word it modifies.

Han **buscado** por todas partes.
They have searched everywhere.

Yo no había **estudiado** para el examen.
I hadn't studied for the exam.

Hay una ventana **abierta** en la sala.
There is an open window in the living room.

PERSON The form of the verb or pronoun that indicates the speaker, the one spoken to, or the one spoken about. In Spanish, as in English, there are three persons: first, second, and third.

Person	Singular		Plural	
1st	yo	*I*	nosotros/as	*we*
2nd	tú, Ud.	*you*	vosotros/as, Uds.	*you*
3rd	él, ella	*he, she*	ellos, ellas	*they*

PREPOSITION A word or words that describe(s) the relationship, most often in time or space, between two other words.

Anita es **de** California.
Anita is from California.

La chaqueta está **en** el carro.
The jacket is in the car.

Marta se peinó **antes de** salir.
Marta combed her hair before going out.

PRESENT PARTICIPLE In English, a verb form that ends in *-ing*. In Spanish, the present participle ends in **-ndo**, and is often used with **estar** to form a progressive tense.

Mi hermana está **hablando** por teléfono ahora mismo.
My sister is talking on the phone right now.

PRONOUN A word that takes the place of a noun or nouns.

Demonstrative pronoun A pronoun that takes the place of a specific noun.

Quiero **ésta**.
I want this one.

¿Vas a comprar **ése**?
Are you going to buy that one?

Juan prefirió **aquéllos**.
Juan preferred those (over there).

Object pronoun A pronoun that functions as a direct or indirect object of the verb.

Te digo la verdad.
I'm telling you the truth.

Me lo trajo Juan.
Juan brought it to me.

Reflexive pronoun A pronoun that indicates that the action of a verb is performed by the subject on itself. These pronouns are often expressed in English with *-self: myself, yourself,* etc.

Yo **me** bañé antes de salir.
I bathed (myself) before going out.

Elena **se** acostó a las once y media.
Elena went to bed at eleven-thirty.

Glossary of Grammatical Terms

Relative pronoun A pronoun that connects a subordinate clause to a main clause.

El chico **que** nos escribió viene a visitar mañana.
*The boy **who** wrote us is coming to visit tomorrow.*

Ya sé **lo que** tenemos que hacer.
*I already know **what** we have to do.*

Subject pronoun A pronoun that replaces the name or title of a person or thing, and acts as the subject of a verb.

Tú debes estudiar más.
***You** should study more.*

Él llegó primero.
***He** arrived first.*

SUBJECT A noun or pronoun that performs the action of a verb and is often implied by the verb.

María va al supermercado.
***María** goes to the supermarket.*

(**Ellos**) Trabajan mucho.
***They** work hard.*

Esos **libros** son muy caros.
*Those **books** are very expensive.*

SUPERLATIVE A word or construction used with an adjective or adverb to express the highest or lowest degree of a specific quality among three or more people, places, or things.

De todas mis clases, ésta es la **más interesante**.
*Of all my classes, this is the **most interesting**.*

Raúl es el **menos simpático** de los chicos.
*Raúl is the **least pleasant** of the boys.*

TENSE A set of verb forms that indicates the time of an action or state: past, present, or future.

Compound tense A two-word tense made up of an auxiliary verb and a present or past participle. In Spanish, there are two auxiliary verbs: **estar** and **haber**.

En este momento, **estoy estudiando**.
*At this time, **I am studying**.*

El paquete no **ha llegado** todavía.
*The package **has** not **arrived** yet.*

Simple tense A tense expressed by a single verb form.

María **estaba** enferma anoche.
*María **was** sick last night.*

Juana **hablará** con su mamá mañana.
*Juana **will speak** with her mom tomorrow.*

VERB A word that expresses actions or states-of-being.

Auxiliary verb A verb used with a present or past participle to form a compound tense. **Haber** is the most commonly used auxiliary verb in Spanish.

Los chicos **han** visto los elefantes.
*The children **have** seen the elephants.*

Espero que **hayas** comido.
*I hope you **have** eaten.*

Reflexive verb A verb that describes an action performed by the subject on itself and is always used with a reflexive pronoun.

Me compré un carro nuevo.
*I bought **myself** a new car.*

Pedro y Adela **se levantan** muy temprano.
*Pedro and Adela **get (themselves) up** very early.*

Spelling-change verb A verb that undergoes a predictable change in spelling, in order to reflect its actual pronunciation in the various conjugations.

practicar	c→qu	practico	practiqué
dirigir	g→j	dirigí	dirijo
almorzar	z→c	almorzó	almorcé

Stem-changing verb A verb whose stem vowel undergoes one or more predictable changes in the various conjugations.

entender (i:ie)	entiendo
pedir (e:i)	piden
dormir (o:ue, u)	duermo, durmieron

Verb Conjugation Tables

The verb lists

The list of verbs below and the model verb tables that start on page 338 show you how to conjugate every verb taught in **DESCUBRE**. Each verb in the list is followed by a model verb conjugated according to the same pattern. The number in parentheses indicates where in the verb tables you can find the conjugated forms of the model verb. If you want to find out how to conjugate **divertirse**, for example, look up number 33, **sentir**, the model for verbs that follow the e:ie stem-change pattern.

How to use the verb tables

In the tables you will find the infinitive, present and past participles, and all the simple forms of each model verb. The formation of the compound tenses of any verb can be inferred from the table of compound tenses, pages 338–339, either by combining the past participle of the verb with a conjugated form of **haber** or by combining the present participle with a conjugated form of **estar**.

abrazar (z:c) like cruzar (37)
abrir like vivir (3) *except* past participle is abierto
aburrir(se) like vivir (3)
acabar de like hablar (1)
acampar like hablar (1)
acompañar like hablar (1)
aconsejar like hablar (1)
acordarse (o:ue) like contar (24)
acostarse (o:ue) like contar (24)
adelgazar (z:c) like cruzar (37)
afeitarse like hablar (1)
ahorrar like hablar (1)
alegrarse like hablar (1)
aliviar like hablar (1)
almorzar (o:ue) like contar (24) *except* (z:c)
alquilar like hablar (1)
andar like hablar (1) *except* preterite stem is anduv-
anunciar like hablar (1)
apagar (g:gu) like llegar (41)
aplaudir like vivir (3)
apreciar like hablar (1)
aprender like comer (2)
apurarse like hablar (1)
arrancar (c:qu) like tocar (43)
arreglar like hablar (1)
asistir like vivir (3)
aumentar like hablar (1)

ayudar(se) like hablar (1)
bailar like hablar (1)
bajar(se) like hablar (1)
bañarse like hablar (1)
barrer like comer (2)
beber like comer (2)
besar(se) like hablar (1)
borrar like hablar (1)
brindar like hablar (1)
bucear like hablar (1)
buscar (c:qu) like tocar (43)
caber (4)
caer(se) (5)
calentarse (e:ie) like pensar (30)
calzar (z:c) like cruzar (37)
cambiar like hablar (1)
caminar like hablar (1)
cantar like hablar (1)
casarse like hablar (1)
cazar (z:c) like cruzar (37)
celebrar like hablar (1)
cenar like hablar (1)
cepillarse like hablar (1)
cerrar (e:ie) like pensar (30)
cobrar like hablar (1)
cocinar like hablar (1)
comenzar (e:ie) (z:c) like empezar (26)
comer (2)
compartir like vivir (3)
comprar like hablar (1)
comprender like comer (2)

comprometerse like comer (2)
comunicarse (c:qu) like tocar (43)
conducir (c:zc) (6)
confirmar like hablar (1)
conocer (c:zc) (35)
conseguir (e:i) (gu:g) like seguir (32)
conservar like hablar (1)
consumir like vivir (3)
contaminar like hablar (1)
contar (o:ue) (24)
contestar like hablar (1))
contratar like hablar (1)
controlar like hablar (1)
conversar like hablar (1)
correr like comer (2)
costar (o:ue) like contar (24)
creer (y) (36)
cruzar (z:c) (37)
cuidar like hablar (1)
cumplir like vivir (3)
dañar like hablar (1)
dar (7)
deber like comer (2)
decidir like vivir (3)
decir (e:i) (8)
declarar like hablar (1)
dejar like hablar (1)
depositar like hablar (1)
desarrollar like hablar (1)
desayunar like hablar (1)

descansar like hablar (1)
descargar (g:gu) like llegar (41)
describir like vivir (3) *except* past participle is descrito
descubrir like vivir (3) *except* past participle is descubierto
desear like hablar (1)
despedirse (e:i) like pedir (29)
despertarse (e:ie) like pensar (30)
destruir (y) (38)
dibujar like hablar (1)
dirigir like vivir (3) *except* (g:j)
disfrutar like hablar (1)
divertirse (e:ie) like sentir (33)
divorciarse like hablar (1)
doblar like hablar (1)
doler (o:ue) like volver (34) *except* past participle is regular
dormir(se) (o:ue) (25)
ducharse like hablar (1)
dudar like hablar (1)
durar like hablar (1)
echar like hablar (1)
elegir (e:i) like pedir (29) *except* (g:j)
emitir like vivir (3)
empezar (e:ie) (z:c) (26)

Verb Conjugation Tables

enamorarse like hablar (1)
encantar like hablar (1)
encontrar(se) (o:ue) like contar (24)
enfermarse like hablar (1)
engordar like hablar (1)
enojarse like hablar (1)
enseñar like hablar (1)
ensuciar like hablar (1)
entender (e:ie) (27)
entrenarse like hablar (1)
entrevistar like hablar (1)
enviar (envío) (39)
escalar like hablar (1)
escanear like hablar (1)
escoger (g:j) like proteger (42)
escribir like vivir (3) *except* past participle is escrito
escuchar like hablar (1)
esculpir like vivir (3)
esperar like hablar (1)
esquiar (esquío) like enviar (39)
establecer (c:zc) like conocer (35)
estacionar like hablar (1)
estar (9)
estornudar like hablar (1)
estudiar like hablar (1)
evitar like hablar (1)
explicar (c:qu) like tocar (43)
faltar like hablar (1)
fascinar like hablar (1)
firmar like hablar (1)
fumar like hablar (1)
funcionar like hablar (1)
ganar like hablar (1)
gastar like hablar (1)
grabar like hablar (1)
graduarse (gradúo) (40)
guardar like hablar (1)
gustar like hablar (1)
haber (hay) (10)
hablar (1)
hacer (11)
importar like hablar (1)
imprimir like vivir (3)
indicar (c:qu) like tocar (43)
informar like hablar (1)
insistir like vivir (3)
interesar like hablar (1)
invertir (e:ie) like sentir (33)
invitar like hablar (1)
ir(se) (12)

jubilarse like hablar (1)
jugar (u:ue) (g:gu) (28)
lastimarse like hablar (1)
lavar(se) like hablar (1)
leer (y) like creer (36)
levantar(se) like hablar (1)
limpiar like hablar (1)
llamar(se) like hablar (1)
llegar (g:gu) (41)
llenar like hablar (1)
llevar(se) like hablar (1)
llover (o:ue) like volver (34) *except* past participle is regular
luchar like hablar (1)
mandar like hablar (1)
manejar like hablar (1)
mantener(se) like tener (20)
maquillarse like hablar (1)
mejorar like hablar (1)
merendar (e:ie) like pensar (30)
mirar like hablar (1)
molestar like hablar (1)
montar like hablar (1)
morir (o:ue) like dormir (25) *except* past participle is muerto
mostrar (o:ue) like contar (24)
mudarse like hablar (1)
nacer (c:zc) like conocer (35)
nadar like hablar (1)
navegar (g:gu) like llegar (41)
necesitar like hablar (1)
negar (e:ie) like pensar (30) *except* (g:gu)
nevar (e:ie) like pensar (30)
obedecer (c:zc) like conocer (35)
obtener like tener (20)
ocurrir like vivir (3)
odiar like hablar (1)
ofrecer (c:zc) like conocer (35)
oír (y) (13)
olvidar like hablar (1)
pagar (g:gu) like llegar (41)
parar like hablar (1)
parecer (c:zc) like conocer (35)
pasar like hablar (1)
pasear like hablar (1)
patinar like hablar (1)

pedir (e:i) (29)
peinarse like hablar (1)
pensar (e:ie) (30)
perder (e:ie) like entender (27)
pescar (c:qu) like tocar (43)
pintar like hablar (1)
planchar like hablar (1)
poder (o:ue) (14)
poner(se) (15)
practicar (c:qu) like tocar (43)
preferir (e:ie) like sentir (33)
preguntar like hablar (1)
prender like comer (2)
preocuparse like hablar (1)
preparar like hablar (1)
presentar like hablar (1)
prestar like hablar (1)
probar(se) (o:ue) like contar (24)
prohibir like vivir (3)
proteger (g:j) (42)
publicar (c:qu) like tocar (43)
quedar(se) like hablar (1)
querer (e:ie) (16)
quitar(se) like hablar (1)
recetar like hablar (1)
recibir like vivir (3)
reciclar like hablar (1)
recoger (g:j) like proteger (42)
recomendar (e:ie) like pensar (30)
recordar (o:ue) like contar (24)
reducir (c:zc) like conducir (6)
regalar like hablar (1)
regatear like hablar (1)
regresar like hablar (1)
reír(se) (e:i) (31)
relajarse like hablar (1)
renunciar like hablar (1)
repetir (e:i) like pedir (29)
resolver (o:ue) like volver (34)
respirar like hablar (1)
revisar like hablar (1)
rogar (o:ue) like contar (24) *except* (g:gu)
romper(se) like comer (2) *except* past participle is roto
saber (17)
sacar (c:qu) like tocar (43)
sacudir like vivir (3)

salir (18)
saludar(se) like hablar (1)
secar(se) (c:q) like tocar (43)
seguir (e:i) (32)
sentarse (e:ie) like pensar (30)
sentir(se) (e:ie) (33)
separarse like hablar (1)
ser (19)
servir (e:i) like pedir (29)
solicitar like hablar (1)
sonar (o:ue) like contar (24)
sonreír (e:i) like reír(se) (31)
sorprender like comer (2)
subir like vivir (3)
sudar like hablar (1)
sufrir like vivir (3)
sugerir (e:ie) like sentir (33)
suponer like poner (15)
temer like comer (2)
tener (20)
terminar like hablar (1)
tocar (c:qu) (43)
tomar like hablar (1)
torcerse (o:ue) like volver (34) *except* (c:z) and past participle is regular; e.g. yo tuerzo
toser like comer (2)
trabajar like hablar (1)
traducir (c:zc) like conducir (6)
traer (21)
transmitir like vivir (3)
tratar like hablar (1)
usar like hablar (1)
vencer (c:z) (44)
vender like comer (2)
venir (22)
ver (23)
vestirse (e:i) like pedir (29)
viajar like hablar (1)
visitar like hablar (1)
vivir (3)
volver (o:ue) (34)
votar like hablar (1)

Regular verbs: simple tenses

Infinitive	INDICATIVE					SUBJUNCTIVE		IMPERATIVE
	Present	Imperfect	Preterite	Future	Conditional	Present	Past	
1 hablar	hablo	hablaba	hablé	hablaré	hablaría	hable	hablara	
	hablas	hablabas	hablaste	hablarás	hablarías	hables	hablaras	habla tú (no hables)
Participles:	habla	hablaba	habló	hablará	hablaría	hable	hablara	hable Ud.
hablando	hablamos	hablábamos	hablamos	hablaremos	hablaríamos	hablemos	habláramos	hablemos
hablado	habláis	hablabais	hablasteis	hablaréis	hablaríais	habléis	hablarais	hablad (no habléis)
	hablan	hablaban	hablaron	hablarán	hablarían	hablen	hablaran	hablen Uds.
2 comer	como	comía	comí	comeré	comería	coma	comiera	
	comes	comías	comiste	comerás	comerías	comas	comieras	come tú (no comas)
Participles:	come	comía	comió	comerá	comería	coma	comiera	coma Ud.
comiendo	comemos	comíamos	comimos	comeremos	comeríamos	comamos	comiéramos	comamos
comido	coméis	comíais	comisteis	comeréis	comeríais	comáis	comierais	comed (no comáis)
	comen	comían	comieron	comerán	comerían	coman	comieran	coman Uds.
3 vivir	vivo	vivía	viví	viviré	viviría	viva	viviera	
	vives	vivías	viviste	vivirás	vivirías	vivas	vivieran	vive tú (no vivas)
Participles:	vive	vivía	vivió	vivirá	viviría	viva	viviera	viva Ud.
viviendo	vivimos	vivíamos	vivimos	viviremos	viviríamos	vivamos	viviéramos	vivamos
vivido	vivís	vivíais	vivisteis	viviréis	viviríais	viváis	vivierais	vivid (no viváis)
	viven	vivían	vivieron	vivirán	vivirían	vivan	vivieran	vivan Uds.

All verbs: compound tenses

PERFECT TENSES						
INDICATIVE					SUBJUNCTIVE	
Present Perfect	Past Perfect	Future Perfect	Conditional Perfect		Present Perfect	Past Perfect
he	había	habré	habría		haya	hubiera
has	habías	habrás	habrías		hayas	hubieras
ha hablado	había hablado	habrá hablado	habría hablado		haya hablado	hubiera hablado
hemos comido	habíamos comido	habremos comido	habríamos comido		hayamos comido	hubiéramos comido
habéis vivido	habíais vivido	habréis vivido	habríais vivido		hayáis vivido	hubierais vivido
han	habían	habrán	habrían		hayan	hubieran

Verb Conjugation Tables

PROGRESSIVE TENSES

INDICATIVE				SUBJUNCTIVE	
Present Progressive	Past Progressive	Future Progressive	Conditional Progressive	Present Progressive	Past Progressive
estoy estás está estamos estáis están } hablando comiendo viviendo	estaba estabas estaba estábamos estabais estaban } hablando comiendo viviendo	estaré estarás estará estaremos estaréis estarán } hablando comiendo viviendo	estaría estarías estaría estaríamos estaríais estarían } hablando comiendo viviendo	esté estés esté estemos estéis estén } hablando comiendo viviendo	estuviera estuvieras estuviera estuviéramos estuvierais estuvieran } hablando comiendo viviendo

Irregular verbs

		INDICATIVE				SUBJUNCTIVE		IMPERATIVE
Infinitive	Present	Imperfect	Preterite	Future	Conditional	Present	Past	
4 caber Participles: cabiendo cabido	quepo cabes cabe cabemos cabéis caben	cabía cabías cabía cabíamos cabíais cabían	cupe cupiste cupo cupimos cupisteis cupieron	cabré cabrás cabrá cabremos cabréis cabrán	cabría cabrías cabría cabríamos cabríais cabrían	quepa quepas quepa quepamos quepáis quepan	cupiera cupieras cupiera cupiéramos cupierais cupieran	 cabe tú (no quepas) quepa Ud. quepamos cabed (no quepáis) quepan Uds.
5 caer(se) Participles: cayendo caído	caigo caes cae caemos caéis caen	caía caías caía caíamos caíais caían	caí caíste cayó caímos caísteis cayeron	caeré caerás caerá caeremos caeréis caerán	caería caerías caería caeríamos caeríais caerían	caiga caigas caiga caigamos caigáis caigan	cayera cayeras cayera cayéramos cayerais cayeran	 cae tú (no caigas) caiga Ud. caigamos caed (no caigáis) caigan Uds.
6 conducir **(c:zc)** Participles: conduciendo conducido	conduzco conduces conduce conducimos conducís conducen	conducía conducías conducía conducíamos conducíais conducían	conduje condujiste condujo condujimos condujisteis condujeron	conduciré conducirás conducirá conduciremos conduciréis conducirán	conduciría conducirías conduciría conduciríamos conduciríais conducirían	conduzca conduzcas conduzca conduzcamos conduzcáis conduzcan	condujera condujeras condujera condujéramos condujerais condujeran	 conduce tú (no conduzcas) conduzca Ud. conduzcamos conducid (no conduzcáis) conduzcan Uds.

Verb Conjugation Tables

		INDICATIVE				SUBJUNCTIVE		IMPERATIVE
Infinitive	Present	Imperfect	Preterite	Future	Conditional	Present	Past	
7 dar	doy	daba	di	daré	daría	dé	diera	
	das	dabas	diste	darás	darías	des	dieras	da tú (no des)
Participles:	da	daba	dio	dará	daría	dé	diera	dé Ud.
dando	damos	dábamos	dimos	daremos	daríamos	demos	diéramos	demos
dado	dais	dabais	disteis	daréis	daríais	deis	dierais	dad (no deis)
	dan	daban	dieron	darán	darían	den	dieran	den Uds.
8 decir (e:i)	digo	decía	dije	diré	diría	diga	dijera	
	dices	decías	dijiste	dirás	dirías	digas	dijeras	di tú (no digas)
Participles:	dice	decía	dijo	dirá	diría	diga	dijera	diga Ud.
diciendo	decimos	decíamos	dijimos	diremos	diríamos	digamos	dijéramos	digamos
dicho	decís	decíais	dijisteis	diréis	diríais	digáis	dijerais	decid (no digáis)
	dicen	decían	dijeron	dirán	dirían	digan	dijeran	digan Uds.
9 estar	estoy	estaba	estuve	estaré	estaría	esté	estuviera	
	estás	estabas	estuviste	estarás	estarías	estés	estuvieras	está tú (no estés)
Participles:	está	estaba	estuvo	estará	estaría	esté	estuviera	esté Ud.
estando	estamos	estábamos	estuvimos	estaremos	estaríamos	estemos	estuviéramos	estemos
estado	estáis	estabais	estuvisteis	estaréis	estaríais	estéis	estuvierais	estad (no estéis)
	están	estaban	estuvieron	estarán	estarían	estén	estuvieran	estén Uds.
10 haber	he	había	hube	habré	habría	haya	hubiera	
	has	habías	hubiste	habrás	habrías	hayas	hubieras	
Participles:	ha	había	hubo	habrá	habría	haya	hubiera	
habiendo	hemos	habíamos	hubimos	habremos	habríamos	hayamos	hubiéramos	
habido	habéis	habíais	hubisteis	habréis	habríais	hayáis	hubierais	
	han	habían	hubieron	habrán	habrían	hayan	hubieran	
11 hacer	hago	hacía	hice	haré	haría	haga	hiciera	
	haces	hacías	hiciste	harás	harías	hagas	hicieras	haz tú (no hagas)
Participles:	hace	hacía	hizo	hará	haría	haga	hiciera	haga Ud.
haciendo	hacemos	hacíamos	hicimos	haremos	haríamos	hagamos	hiciéramos	hagamos
hecho	hacéis	hacíais	hicisteis	haréis	haríais	hagáis	hicierais	haced (no hagáis)
	hacen	hacían	hicieron	harán	harían	hagan	hicieran	hagan Uds.
12 ir	voy	iba	fui	iré	iría	vaya	fuera	
	vas	ibas	fuiste	irás	irías	vayas	fueras	ve tú (no vayas)
Participles:	va	iba	fue	irá	iría	vaya	fuera	vaya Ud.
yendo	vamos	íbamos	fuimos	iremos	iríamos	vayamos	fuéramos	vamos (no vayamos)
ido	vais	ibais	fuisteis	iréis	iríais	vayáis	fuerais	id (no vayáis)
	van	iban	fueron	irán	irían	vayan	fueran	vayan Uds.
13 oír (y)	oigo	oía	oí	oiré	oiría	oiga	oyera	
	oyes	oías	oíste	oirás	oirías	oigas	oyeras	oye tú (no oigas)
Participles:	oye	oía	oyó	oirá	oiría	oiga	oyera	oiga Ud.
oyendo	oímos	oíamos	oímos	oiremos	oiríamos	oigamos	oyéramos	oigamos
oído	oís	oíais	oísteis	oiréis	oiríais	oigáis	oyerais	oíd (no oigáis)
	oyen	oían	oyeron	oirán	oirían	oigan	oyeran	oigan Uds.

Verb Conjugation Tables

		INDICATIVE				SUBJUNCTIVE		IMPERATIVE
Infinitive	Present	Imperfect	Preterite	Future	Conditional	Present	Past	
14 poder (o:ue)	puedo	podía	pude	podré	podría	pueda	pudiera	
	puedes	podías	pudiste	podrás	podrías	puedas	pudieras	puede tú (no puedas)
Participles:	puede	podía	pudo	podrá	podría	pueda	pudiera	pueda Ud.
pudiendo	podemos	podíamos	pudimos	podremos	podríamos	podamos	pudiéramos	podamos
podido	podéis	podíais	pudisteis	podréis	podríais	podáis	pudierais	poded (no podáis)
	pueden	podían	pudieron	podrán	podrían	puedan	pudieran	puedan Uds.
15 poner	pongo	ponía	puse	pondré	pondría	ponga	pusiera	
	pones	ponías	pusiste	pondrás	pondrías	pongas	pusieras	pon tú (no pongas)
Participles:	pone	ponía	puso	pondrá	pondría	ponga	pusiera	ponga Ud.
poniendo	ponemos	poníamos	pusimos	pondremos	pondríamos	pongamos	pusiéramos	pongamos
puesto	ponéis	poníais	pusisteis	pondréis	pondríais	pongáis	pusierais	poned (no pongáis)
	ponen	ponían	pusieron	pondrán	pondrían	pongan	pusieran	pongan Uds.
16 querer (e:ie)	quiero	quería	quise	querré	querría	quiera	quisiera	
	quieres	querías	quisiste	querrás	querrías	quieras	quisieras	quiere tú (no quieras)
Participles:	quiere	quería	quiso	querrá	querría	quiera	quisiera	quiera Ud.
queriendo	queremos	queríamos	quisimos	querremos	querríamos	queramos	quisiéramos	queramos
querido	queréis	queríais	quisisteis	querréis	querríais	queráis	quisierais	quered (no queráis)
	quieren	querían	quisieron	querrán	querrían	quieran	quisieran	quieran Uds.
17 saber	sé	sabía	supe	sabré	sabría	sepa	supiera	
	sabes	sabías	supiste	sabrás	sabrías	sepas	supieras	sabe tú (no sepas)
Participles:	sabe	sabía	supo	sabrá	sabría	sepa	supiera	sepa Ud.
sabiendo	sabemos	sabíamos	supimos	sabremos	sabríamos	sepamos	supiéramos	sepamos
sabido	sabéis	sabíais	supisteis	sabréis	sabríais	sepáis	supierais	sabed (no sepáis)
	saben	sabían	supieron	sabrán	sabrían	sepan	supieran	sepan Uds.
18 salir	salgo	salía	salí	saldré	saldría	salga	saliera	
	sales	salías	saliste	saldrás	saldrías	salgas	salieras	sal tú (no salgas)
Participles:	sale	salía	salió	saldrá	saldría	salga	saliera	salga Ud.
saliendo	salimos	salíamos	salimos	saldremos	saldríamos	salgamos	saliéramos	salgamos
salido	salís	salíais	salisteis	saldréis	saldríais	salgáis	salierais	salid (no salgáis)
	salen	salían	salieron	saldrán	saldrían	salgan	salieran	salgan Uds.
19 ser	soy	era	fui	seré	sería	sea	fuera	
	eres	eras	fuiste	serás	serías	seas	fueras	sé tú (no seas)
Participles:	es	era	fue	será	sería	sea	fuera	sea Ud.
siendo	somos	éramos	fuimos	seremos	seríamos	seamos	fuéramos	seamos
sido	sois	erais	fuisteis	seréis	seríais	seáis	fuerais	sed (no seáis)
	son	eran	fueron	serán	serían	sean	fueran	sean Uds.
20 tener	tengo	tenía	tuve	tendré	tendría	tenga	tuviera	
	tienes	tenías	tuviste	tendrás	tendrías	tengas	tuvieras	ten tú (no tengas)
Participles:	tiene	tenía	tuvo	tendrá	tendría	tenga	tuviera	tenga Ud.
teniendo	tenemos	teníamos	tuvimos	tendremos	tendríamos	tengamos	tuviéramos	tengamos
tenido	tenéis	teníais	tuvisteis	tendréis	tendríais	tengáis	tuvierais	tened (no tengáis)
	tienen	tenían	tuvieron	tendrán	tendrían	tengan	tuvieran	tengan Uds.

Verb Conjugation Tables

		INDICATIVE				SUBJUNCTIVE		IMPERATIVE
Infinitive	Present	Imperfect	Preterite	Future	Conditional	Present	Past	
21 traer	**traigo**	traía	**traje**	traeré	traería	**traiga**	**trajera**	
	traes	traías	**trajiste**	traerás	traerías	**traigas**	**trajeras**	trae tú (no **traigas**)
Participles:	trae	traía	**trajo**	traerá	traería	**traiga**	**trajera**	**traiga** Ud.
trayendo	traemos	traíamos	**trajimos**	traeremos	traeríamos	**traigamos**	**trajéramos**	**traigamos**
traído	traéis	traíais	**trajisteis**	traeréis	traeríais	**traigáis**	**trajerais**	traed (no **traigáis**)
	traen	traían	**trajeron**	traerán	traerían	**traigan**	**trajeran**	**traigan** Uds.
22 venir	**vengo**	venía	**vine**	**vendré**	**vendría**	**venga**	**viniera**	
	vienes	venías	**viniste**	**vendrás**	**vendrías**	**vengas**	**vinieras**	**ven** tú (no **vengas**)
Participles:	**viene**	venía	**vino**	**vendrá**	**vendría**	**venga**	**viniera**	**venga** Ud.
viniendo	venimos	veníamos	**vinimos**	**vendremos**	**vendríamos**	**vengamos**	**viniéramos**	**vengamos**
venido	venís	veníais	**vinisteis**	**vendréis**	**vendríais**	**vengáis**	**vinierais**	venid (no **vengáis**)
	vienen	venían	**vinieron**	**vendrán**	**vendrían**	**vengan**	**vinieran**	**vengan** Uds.
23 ver	veo	**veía**	vi	veré	vería	vea	viera	
	ves	**veías**	viste	verás	verías	veas	vieras	ve tú (no **veas**)
Participles:	ve	**veía**	vio	verá	vería	vea	viera	**vea** Ud.
viendo	vemos	**veíamos**	vimos	veremos	veríamos	veamos	viéramos	**veamos**
visto	**veis**	**veíais**	visteis	veréis	veríais	**veáis**	vierais	ved (no **veáis**)
	ven	**veían**	vieron	verán	verían	vean	vieran	**vean** Uds.

Stem-changing verbs

		INDICATIVE				SUBJUNCTIVE		IMPERATIVE
Infinitive	Present	Imperfect	Preterite	Future	Conditional	Present	Past	
24 contar	**cuento**	contaba	conté	contaré	contaría	**cuente**	contara	
(o:ue)	**cuentas**	contabas	contaste	contarás	contarías	**cuentes**	contaras	**cuenta** tú (no **cuentes**)
	cuenta	contaba	contó	contará	contaría	**cuente**	contara	**cuente** Ud.
Participles:	contamos	contábamos	contamos	contaremos	contaríamos	contemos	contáramos	contemos
contando	contáis	contabais	contasteis	contaréis	contaríais	contéis	contarais	contad (no contéis)
contado	**cuentan**	contaban	contaron	contarán	contarían	**cuenten**	contaran	**cuenten** Uds.
25 dormir	**duermo**	dormía	dormí	dormiré	dormiría	**duerma**	**durmiera**	
(o:ue)	**duermes**	dormías	dormiste	dormirás	dormirías	**duermas**	**durmieras**	**duerme** tú (no **duermas**)
	duerme	dormía	**durmió**	dormirá	dormiría	**duerma**	**durmiera**	**duerma** Ud.
Participles:	dormimos	dormíamos	dormimos	dormiremos	dormiríamos	**durmamos**	**durmiéramos**	**durmamos**
durmiendo	dormís	dormíais	dormisteis	dormiréis	dormiríais	**durmáis**	**durmierais**	dormid (no **durmáis**)
dormido	**duermen**	dormían	**durmieron**	dormirán	dormirían	**duerman**	**durmieran**	**duerman** Uds.
26 empezar	**empiezo**	empezaba	**empecé**	empezaré	empezaría	**empiece**	empezara	
(e:ie) (z:c)	**empiezas**	empezabas	empezaste	empezarás	empezarías	**empieces**	empezaras	**empieza** tú (no **empieces**)
	empieza	empezaba	empezó	empezará	empezaría	**empiece**	empezara	**empiece** Ud.
Participles:	empezamos	empezábamos	empezamos	empezaremos	empezaríamos	**empecemos**	empezáramos	**empecemos**
empezando	empezáis	empezabais	empezasteis	empezaréis	empezaríais	**empecéis**	empezarais	empezad (no **empecéis**)
empezado	**empiezan**	empezaban	empezaron	empezarán	empezarían	**empiecen**	empezaran	**empiecen** Uds.

Verb Conjugation Tables

		INDICATIVE					SUBJUNCTIVE		IMPERATIVE
Infinitive	Present	Imperfect	Preterite	Future	Conditional	Present	Past	
27 entender (e:ie) *Participles:* entendiendo entendido	**entiendo** **entiendes** **entiende** entendemos entendéis **entienden**	entendía entendías entendía entendíamos entendíais entendían	entendí entendiste entendió entendimos entendisteis entendieron	entenderé entenderás entenderá entenderemos entenderéis entenderán	entendería entenderías entendería entenderíamos entenderíais entenderían	**entienda** **entiendas** **entienda** entendamos entendáis **entiendan**	entendiera entendieras entendiera entendiéramos entendierais entendieran	**entiende** tú (no **entiendas**) **entienda** Ud. entendamos entended (no entendáis) **entiendan** Uds.
28 jugar (u:ue) (g:gu) *Participles:* jugando jugado	**juego** **juegas** **juega** jugamos jugáis **juegan**	jugaba jugabas jugaba jugábamos jugabais jugaban	**jugué** jugaste jugó jugamos jugasteis jugaron	jugaré jugarás jugará jugaremos jugaréis jugarán	jugaría jugarías jugaría jugaríamos jugaríais jugarían	**juegue** **juegues** **juegue** **juguemos** **juguéis** **jueguen**	jugara jugaras jugara jugáramos jugarais jugaran	**juega** tú (no **juegues**) **juegue** Ud **juguemos** jugad (no **juguéis**) **jueguen** Uds.
29 pedir (e:i) *Participles:* **pidiendo** pedido	**pido** **pides** **pide** pedimos pedís **piden**	pedía pedías pedía pedíamos pedíais pedían	pedí pediste **pidió** pedimos pedisteis **pidieron**	pediré pedirás pedirá pediremos pediréis pedirán	pediría pedirías pediría pediríamos pediríais pedirían	**pida** **pidas** **pida** **pidamos** **pidáis** **pidan**	pidiera pidieras pidiera pidiéramos pidierais pidieran	**pide** tú (no **pidas**) **pida** Ud. **pidamos** pedid (no **pidáis**) **pidan** Uds.
30 pensar (e:ie) *Participles:* pensando pensado	**pienso** **piensas** **piensa** pensamos pensáis **piensan**	pensaba pensabas pensaba pensábamos pensabais pensaban	pensé pensaste pensó pensamos pensasteis pensaron	pensaré pensarás pensará pensaremos pensaréis pensarán	pensaría pensarías pensaría pensaríamos pensaríais pensarían	**piense** **pienses** **piense** pensemos penséis **piensen**	pensara pensaras pensara pensáramos pensarais pensaran	**piensa** tú (no **pienses**) **piense** Ud. pensemos pensad (no **penséis**) **piensen** Uds.
31 reír (e:i) *Participles:* riendo reído	**río** **ríes** **ríe** **reímos** reís **ríen**	reía reías reía reíamos reíais reían	reí **reíste** **rió** **reímos** **reísteis** **rieron**	reiré reirás reirá reiremos reiréis reirán	reiría reirías reiría reiríamos reiríais reirían	**ría** **rías** **ría** **riamos** **riáis** **rían**	riera rieras riera riéramos rierais rieran	**ríe** tú (no **rías**) **ría** Ud. riamos reíd (no **riáis**) **rían** Uds.
32 seguir (e:i) (gu:g) *Participles:* siguiendo seguido	**sigo** **sigues** **sigue** seguimos seguís **siguen**	seguía seguías seguía seguíamos seguíais seguían	seguí seguiste **siguió** seguimos seguisteis **siguieron**	seguiré seguirás seguirá seguiremos seguiréis seguirán	seguiría seguirías seguiría seguiríamos seguiríais seguirían	**siga** **sigas** **siga** **sigamos** **sigáis** **sigan**	siguiera siguieras siguiera siguiéramos siguierais siguieran	**sigue** tú (no **sigas**) **siga** Ud. **sigamos** seguid (no **sigáis**) **sigan** Uds.
33 sentir (e:ie) *Participles:* sintiendo sentido	**siento** **sientes** **siente** sentimos sentís **sienten**	sentía sentías sentía sentíamos sentíais sentían	sentí sentiste **sintió** sentimos sentisteis **sintieron**	sentiré sentirás sentirá sentiremos sentiréis sentirán	sentiría sentirías sentiría sentiríamos sentiríais sentirían	**sienta** **sientas** **sienta** **sintamos** **sintáis** **sientan**	sintiera sintieras sintiera sintiéramos sintierais sintieran	**siente** tú (no **sientas**) **sienta** Ud. **sintamos** sentid (no **sintáis**) **sientan** Uds.

		INDICATIVE				SUBJUNCTIVE		IMPERATIVE
Infinitive	Present	Imperfect	Preterite	Future	Conditional	Present	Past	
34 volver (o:ue)	**vuelvo**	volvía	volví	volveré	volvería	**vuelva**	volviera	
	vuelves	volvías	volviste	volverás	volverías	**vuelvas**	volvieras	**vuelve** tú (no **vuelvas**)
	vuelve	volvía	volvió	volverá	volvería	**vuelva**	volviera	**vuelva** Ud.
Participles:	volvemos	volvíamos	volvimos	volveremos	volveríamos	volvamos	volviéramos	volvamos
volviendo	volvéis	volvíais	volvisteis	volveréis	volveríais	volváis	volvierais	volved (no volváis)
vuelto	**vuelven**	volvían	volvieron	volverán	volverían	**vuelvan**	volvieran	**vuelvan** Uds.

Verbs with spelling changes only

		INDICATIVE				SUBJUNCTIVE		IMPERATIVE
Infinitive	Present	Imperfect	Preterite	Future	Conditional	Present	Past	
35 conocer (c:zc)	**conozco**	conocía	conocí	conoceré	conocería	**conozca**	conociera	
	conoces	conocías	conociste	conocerás	conocerías	**conozcas**	conocieras	conoce tú (no **conozcas**)
	conoce	conocía	conoció	conocerá	conocería	**conozca**	conociera	**conozca** Ud.
Participles:	conocemos	conocíamos	conocimos	conoceremos	conoceríamos	**conozcamos**	conociéramos	**conozcamos**
conociendo	conocéis	conocíais	conocisteis	conoceréis	conoceríais	**conozcáis**	conocierais	conoced (no **conozcáis**)
conocido	conocen	conocían	conocieron	conocerán	conocerían	**conozcan**	conocieran	**conozcan** Uds.
36 creer (y)	creo	creía	creí	creeré	creería	crea	**creyera**	
	crees	creías	**creíste**	creerás	creerías	creas	**creyeras**	cree tú (no creas)
Participles:	cree	creía	**creyó**	creerá	creería	crea	**creyera**	crea Ud.
creyendo	creemos	creíamos	**creímos**	creeremos	creeríamos	creamos	**creyéramos**	creamos
creído	creéis	creíais	**creísteis**	creeréis	creeríais	creáis	**creyerais**	creed (no creáis)
	creen	creían	**creyeron**	creerán	creerían	crean	**creyeran**	crean Uds.
37 cruzar (z:c)	cruzo	cruzaba	**crucé**	cruzaré	cruzaría	**cruce**	cruzara	
	cruzas	cruzabas	cruzaste	cruzarás	cruzarías	**cruces**	cruzaras	cruza tú (no **cruces**)
Participles:	cruza	cruzaba	cruzó	cruzará	cruzaría	**cruce**	cruzara	**cruce** Ud.
cruzando	cruzamos	cruzábamos	cruzamos	cruzaremos	cruzaríamos	**crucemos**	cruzáramos	**crucemos**
cruzado	cruzáis	cruzabais	cruzasteis	cruzaréis	cruzaríais	**crucéis**	cruzarais	cruzad (no **crucéis**)
	cruzan	cruzaban	cruzaron	cruzarán	cruzarían	**crucen**	cruzaran	**crucen** Uds.
38 destruir (y)	**destruyo**	destruía	destruí	destruiré	destruiría	**destruya**	**destruyera**	
	destruyes	destruías	destruiste	destruirás	destruirías	**destruyas**	**destruyeras**	**destruye** tú (no **destruyas**)
Participles:	**destruye**	destruía	**destruyó**	destruirá	destruiría	**destruya**	**destruyera**	**destruya** Ud.
destruyendo	destruimos	destruíamos	destruimos	destruiremos	destruiríamos	**destruyamos**	**destruyéramos**	**destruyamos**
destruido	destruís	destruíais	destruisteis	destruiréis	destruiríais	**destruyáis**	**destruyerais**	destruid (no **destruyáis**)
	destruyen	destruían	**destruyeron**	destruirán	destruirían	**destruyan**	**destruyeran**	**destruyan** Uds.
39 enviar (envío)	**envío**	enviaba	envié	enviaré	enviaría	**envíe**	enviara	
	envías	enviabas	enviaste	enviarás	enviarías	**envíes**	enviaras	**envía** tú (no **envíes**)
	envía	enviaba	envió	enviará	enviaría	**envíe**	enviara	**envíe** Ud.
Participles:	enviamos	enviábamos	enviamos	enviaremos	enviaríamos	enviemos	enviáramos	enviemos
enviando	enviáis	enviabais	enviasteis	enviaréis	enviaríais	enviéis	enviarais	enviad (no enviéis)
enviado	**envían**	enviaban	enviaron	enviarán	enviarían	**envíen**	enviaran	**envíen** Uds.

Verb Conjugation Tables

		INDICATIVE					SUBJUNCTIVE		IMPERATIVE
Infinitive		Present	Imperfect	Preterite	Future	Conditional	Present	Past	
40	graduarse (gradúo) Participles: graduando graduado	**gradúo** **gradúas** **gradúa** graduamos graduáis **gradúan**	graduaba graduabas graduaba graduábamos graduabais graduaban	gradué graduaste graduó graduamos graduasteis graduaron	graduaré graduarás graduará graduaremos graduaréis graduarán	graduaría graduarías graduaría graduaríamos graduaríais graduarían	**gradúe** **gradúes** **gradúe** graduemos **graduéis** **gradúen**	graduara graduaras graduara graduáramos graduarais graduaran	**gradúa** tú (no **gradúes**) **gradúe** Ud. graduemos graduad (no **graduéis**) **gradúen** Uds.
41	llegar (g:gu) Participles: llegando llegado	llego llegas llega llegamos llegáis llegan	llegaba llegabas llegaba llegábamos llegabais llegaban	**llegué** llegaste llegó llegamos llegasteis llegaron	llegaré llegarás llegará llegaremos llegaréis llegarán	llegaría llegarías llegaría llegaríamos llegaríais llegarían	**llegue** **llegues** **llegue** **lleguemos** **lleguéis** **lleguen**	llegara llegaras llegara llegáramos llegarais llegaran	llega tú (no **llegues**) **llegue** Ud. **lleguemos** llegad (no **lleguéis**) **lleguen** Uds.
42	proteger (g:j) Participles: protegiendo protegido	**protejo** proteges protege protegemos protegéis protegen	protegía protegías protegía protegíamos protegíais protegían	protegí protegiste protegió protegimos protegisteis protegieron	protegeré protegerás protegerá protegeremos protegeréis protegerán	protegería protegerías protegería protegeríamos protegeríais protegerían	**proteja** **protejas** **proteja** **protejamos** **protejáis** **protejan**	protegiera protegieras protegiera protegiéramos protegierais protegieran	protege tú (no **protejas**) **proteja** Ud. **protejamos** proteged (no **protejáis**) **protejan** Uds.
43	tocar (c:qu) Participles: tocando tocado	toco tocas toca tocamos tocáis tocan	tocaba tocabas tocaba tocábamos tocabais tocaban	**toqué** tocaste tocó tocamos tocasteis tocaron	tocaré tocarás tocará tocaremos tocaréis tocarán	tocaría tocarías tocaría tocaríamos tocaríais tocarían	**toque** **toques** **toque** **toquemos** **toquéis** **toquen**	tocara tocaras tocara tocáramos tocarais tocaran	toca tú (no **toques**) **toque** Ud. **toquemos** tocad (no **toquéis**) **toquen** Uds.
44	vencer (c:z) Participles: venciendo vencido	**venzo** vences vence vencemos vencéis vencen	vencía vencías vencía vencíamos vencíais vencían	vencí venciste venció vencimos vencisteis vencieron	venceré vencerás vencerá venceremos venceréis vencerán	vencería vencerías vencería venceríamos venceríais vencerían	**venza** **venzas** **venza** **venzamos** **venzáis** **venzan**	venciera vencieras venciera venciéramos vencierais vencieran	vence tú (no **venzas**) **venza** Ud. **venzamos** venced (no **venzáis**) **venzan** Uds.

Vocabulario

Guide to Vocabulary

Contents of the glossary

This glossary contains the words and expressions listed on the **Vocabulario** page found at the end of each lesson in **DESCUBRE** as well as other useful vocabulary. The number following an entry indicates the **DESCUBRE** level and lesson where the word or expression was introduced. Check the **Estructura** sections of each lesson for words and expressions related to those grammar topics.

Abbreviations used in this glossary

adj.	adjective	*f.*	feminine	*m.*	masculine	*prep.*	preposition
adv.	adverb	*fam.*	familiar	*n.*	noun	*pron.*	pronoun
art.	article	*form.*	formal	*obj.*	object	*ref.*	reflexive
conj.	conjunction	*indef.*	indefinite	*p.p.*	past participle	*sing.*	singular
def.	definite	*interj.*	interjection	*pl.*	plural	*sub.*	subject
d.o.	direct object	*i.o.*	indirect object	*poss.*	possessive	*v.*	verb

Note on alphabetization

In current practice, for purposes of alphabetization, **ch** and **ll** are not treated as separate letters, but **ñ** still follows **n**. Therefore, in this glossary you will find that **año**, for example, appears after **anuncio**.

Spanish-English

A

a *prep.* at; to 1.1
  a bordo aboard 1.1
  a la derecha to the right 1.2
  a la izquierda to the left 1.2
  a la(s) + *time* at + *time* 1.1
  a nombre de in the name of 1.5
  ¿A qué hora...? At what time...? 1.1
  a ver let's see 1.2
abeja *f.* bee
abierto/a *adj.* open 1.5
abrazo *m.* hug
abrigo *m.* coat 1.6
abril *m.* April 1.5
abrir *v.* to open 1.3
abuelo/a *m., f.* grandfather; grandmother 1.3
abuelos *pl.* grandparents 1.3
aburrido/a *adj.* bored; boring 1.5
aburrir *v.* to bore 1.7
acabar de (+ *inf.***)** *v.* to have just (done something) 1.6
acampar *v.* to camp 1.5
aceite *m.* oil 1.8
acordarse (de) (o:ue) *v.* to remember 1.7
acostarse (o:ue) *v.* to go to bed 1.7
acuático/a *adj.* aquatic 1.4
adicional *adj.* additional
adiós *m.* good-bye 1.1
adjetivo *m.* adjective
administración de empresas *f.* business administration 1.2

adolescencia *f.* adolescence 1.9
¿adónde? *adv.* where (to)? (*destination*) 1.2
aduana *f.* customs 1.5
aeropuerto *m.* airport 1.5
afeitarse *v.* to shave 1.7
aficionado/a *adj.* fan 1.4
afirmativo/a *adj.* affirmative
agencia de viajes *f.* travel agency 1.5
agente de viajes *m., f.* travel agent 1.5
agosto *m.* August 1.5
agradable *adj.* pleasant
agua *f.* water 1.8
  agua mineral mineral water 1.8
ahora *adv.* now 1.2
  ahora mismo right now 1.5
aire *m.* air 1.5
ajo *m.* garlic 1.8
al (*contraction of* **a + el**) 1.2
  al aire libre open-air 1.6
  al lado de beside 1.2
alegre *adj.* happy; joyful 1.5
alegría *f.* happiness 1.9
alemán, alemana *adj.* German 1.3
algo *pron.* something; anything 1.7
algodón *m.* cotton 1.6
alguien *pron.* someone; somebody; anyone 1.7
algún, alguno/a(s) *adj.* any; some 1.7
alimento *m.* food
alimentación *f.* diet
allá *adv.* over there 1.2
allí *adv.* there 1.2
almacén *m.* department store 1.6

almorzar (o:ue) *v.* to have lunch 1.4
almuerzo *m.* lunch 1.8
alto/a *adj.* tall 1.3
amable *adj.* nice; friendly 1.5
amarillo/a *adj.* yellow 1.3
amigo/a *m., f.* friend 1.3
amistad *f.* friendship 1.9
amor *m.* love 1.9
anaranjado/a *adj.* orange 1.6
andar *v.* **en patineta** to skateboard 1.4
aniversario (de bodas) *m.* (wedding) anniversary 1.9
anoche *adv.* last night 1.6
anteayer *adv.* the day before yesterday 1.6
antes *adv.* before 1.7
  antes de *prep.* before 1.7
antipático/a *adj.* unpleasant 1.3
año *m.* year 1.5
  año pasado last year 1.6
aparato *m.* appliance
apellido *m.* last name 1.3
aprender (a + *inf.***)** *v.* to learn 1.3
aquel, aquella *adj.* that 1.6
aquél, aquélla *pron.* that 1.6
aquello *neuter pron.* that; that thing; that fact 1.6
aquellos/as *pl. adj.* those (over there) 1.6
aquéllos/as *pl. pron.* those (ones) (over there) 1.6
aquí *adv.* here 1.1
  Aquí está... Here it is... 1.5
  Aquí estamos en... Here we are at/in...
Argentina *f.* Argentina 1.1
argentino/a *adj.* Argentine 1.3

Vocabulario

Spanish-English

arqueología *f.* archaeology 1.2
arriba *adv.* up
arroz *m.* rice 1.8
arte *m.* art 1.2
artista *m., f.* artist 1.3
arveja *m.* pea 1.8
asado/a *adj.* roast 1.8
ascensor *m.* elevator 1.5
asistir (a) *v.* to attend 1.3
atún *m.* tuna 1.8
aunque *conj.* although
autobús *m.* bus 1.1
automático/a *adj.* automatic
auto(móvil) *m.* auto(mobile) 1.5
avenida *f.* avenue
avergonzado/a *adj.* embarrassed 1.5
avión *m.* airplane 1.5
¡Ay! *interj.* Oh!
  ¡Ay, qué dolor! Oh, what pain!
ayer *adv.* yesterday 1.6
azúcar *m.* sugar 1.8
azul *adj.* blue 1.3

B

bailar *v.* to dance 1.2
bajo/a *adj.* short (*in height*) 1.3
bajo control under control 1.7
baloncesto *m.* basketball 1.4
banana *f.* banana 1.8
bandera *f.* flag
bañarse *v.* to bathe; to take a bath 1.7
baño *m.* bathroom 1.7
barato/a *adj.* cheap 1.6
barco *m.* boat 1.5
beber *v.* to drink 1.3
bebida *f.* drink 1.8
béisbol *m.* baseball 1.4
beso *m.* kiss 1.9
biblioteca *f.* library 1.2
bicicleta *f.* bicycle 1.4
bien *adj., adv.* well 1.1
billete *m.* paper money; ticket
billón *m.* trillion
biología *f.* biology 1.2
bisabuelo/a *m.* great-grandfather; great-grandmother 1.3
bistec *m.* steak 1.8
bizcocho *m.* biscuit
blanco/a *adj.* white 1.3
(blue)jeans *m., pl.* jeans 1.6
blusa *f.* blouse 1.6
boda *f.* wedding 1.9
bolsa *f.* purse, bag 1.6
bonito/a *adj.* pretty 1.3
borrador *m.* eraser 1.2
bota *f.* boot 1.6
botella *f.* bottle 1.9
  botella de vino bottle of wine 1.9
botones *m., f. sing* bellhop 1.5
brindar *v.* to toast (*drink*) 1.9
bucear *v.* to scuba dive 1.4
bueno *adv.* well 1.2

buen, bueno/a *adj.* good 1.3, 1.6
  ¡Buen viaje! Have a good trip! 1.1
  Buena idea. Good idea. 1.4
  Buenas noches. Good evening.; Good night. 1.1
  Buenas tardes. Good afternoon. 1.1
  buenísimo extremely good
  ¿Bueno? Hello. (*on telephone*)
  Buenos días. Good morning. 1.1
bulevar *m.* boulevard
buscar *v.* to look for 1.2

C

caballo *m.* horse 1.5
cada *adj.* each 1.6
café *m.* café 1.4; *adj.* brown 1.6; *m.* coffee 1.8
cafetería *f.* cafeteria 1.2
caja *f.* cash register 1.6
calcetín (calcetines) *m.* sock(s) 1.6
calculadora *f.* calculator 1.2
caldo *m.* soup
calidad *f.* quality 1.6
calor *m.* heat 1.4
calzar *v.* to take size... shoes 1.6
cama *f.* bed 1.5
camarero/a *m., f.* waiter/waitress 1.8
camarón *m.* shrimp 1.8
cambiar (de) *v.* to change 1.9
cambio *m.* **de moneda** currency exchange
caminar *v.* to walk 1.2
camino *m.* road
camión *m* truck; bus
camisa *f.* shirt 1.6
camiseta *f.* t-shirt 1.6
campo *m.* countryside 1.5
canadiense *adj.* Canadian 1.3
cansado/a *adj.* tired 1.5
cantar *v.* to sing 1.2
capital *f.* capital city 1.1
cara *f.* face 1.7
caramelo *m.* caramel 1.9
carne *f.* meat 1.8
  carne de res *f.* beef 1.8
caro/a *adj.* expensive 1.6
carta *f.* letter 1.4; (*playing*) card 1.5
cartera *f.* wallet 1.6
casa *f.* house; home 1.2
casado/a *adj.* married 1.9
casarse (con) *v.* to get married (to) 1.9
catorce *n., adj.* fourteen 1.1
cebolla *f.* onion 1.8
celebrar *v.* to celebrate 1.9
cena *f.* dinner 1.8
cenar *v.* to have dinner 1.2
centro *m.* downtown 1.4

centro comercial shopping mall 1.6
cepillarse los dientes/el pelo *v.* to brush one's teeth/one's hair 1.7
cerca de *prep.* near 1.2
cerdo *m.* pork 1.8
cereales *m., pl.* cereal; grains 1.8
cero *m.* zero 1.1
cerrado/a *adj.* closed 1.5
cerrar (e:ie) *v.* to close 1.4
cerveza *f.* beer 1.8
ceviche *m.* marinated fish dish 1.8
  ceviche de camarón *m.* lemon-marinated shrimp 1.8
chaleco *m.* vest
champán *m.* champagne 1.9
champiñón *m.* mushroom 1.8
champú *m.* shampoo 1.7
chaqueta *f.* jacket 1.6
chau *fam. interj.* bye 1.1
chévere *adj., fam.* terrific
chico/a *m., f.* boy; girl 1.1
chino/a *adj.* Chinese 1.3
chocar (con) *v.* to run into
chocolate *m.* chocolate 1.9
chuleta *f.* chop (*food*) 1.8
  chuleta de cerdo *f.* pork chop 1.8
cibercafé *m.* cybercafé
ciclismo *m.* cycling 1.4
cien(to) *n., adj.* one hundred 1.2
ciencia *f.* science 1.2
cinco *n., adj.* five 1.1
cincuenta *n., adj.* fifty 1.2
cine *m.* movie theater 1.4
cinta *f.* (audio)tape
cinturón *m.* belt 1.6
cita *f.* date; appointment 1.9
ciudad *f.* city 1.4
clase *f.* class 1.2
cliente/a *m., f.* customer 1.6
color *m.* color 1.3, 1.6
comenzar (e:ie) *v.* to begin 1.4
comer *v.* to eat 1.3
comida *f.* food; meal 1.8
como *prep., conj.* like; as 1.8
¿cómo? *adv.* what?; how? 1.1
  ¿Cómo es...? What's... like? 1.3
  ¿Cómo está usted? *form.* How are you? 1.1
  ¿Cómo estás? *fam.* How are you? 1.1
  ¿Cómo se llama (usted)? *form.* What's your name? 1.1
  ¿Cómo te llamas (tú)? *fam.* What's your name? 1.1
cómodo/a *adj.* comfortable 1.5
compañero/a de clase *m., f.* classmate 1.2
compañero/a de cuarto *m., f.* roommate 1.2

347

Vocabulario

compartir *v.* to share 1.3
completamente *adv.* completely 1.5
comprar *v.* to buy 1.2
compras *f., pl.* purchases 1.5
   ir de compras to go shopping 1.5
comprender *v.* to understand 1.3
comprobar (o:ue) *v.* to check
comprometerse (con) *v.* to get engaged (to) 1.9
computación *f.* computer science 1.2
computadora *f.* computer 1.1
comunidad *f.* community 1.1
con *prep.* with 1.2
   Con permiso. Pardon me.; Excuse me. 1.1
concordar (o:ue) *v.* to agree
conducir *v.* to drive 1.6
conductor(a) *m., f.* driver 1.1
confirmar *v.* to confirm 1.5
   confirmar *v.* **una reservación** *f.* to confirm a reservation 1.5
confundido/a *adj.* confused 1.5
conmigo *pron.* with me 1.4, 1.9
conocer *v.* to know; to be acquainted with 1.6
conocido/a *adj.; p.p.* known
conseguir (e:i) *v.* to get; to obtain 1.4
consejo *m.* advice
construir *v.* to build
contabilidad *f.* accounting 1.2
contar (o:ue) *v.* to count; to tell 1.4
contento/a *adj.* happy; content 1.5
contestar *v.* to answer 1.2
contigo *fam. pron.* with you 1.9
control *m.* control 1.7
conversación *f.* conversation 1.1
conversar *v.* to converse, to chat 1.2
corbata *f.* tie 1.6
correo electrónico *m.* e-mail 1.4
correr *v.* to run 1.3
cortesía *f.* courtesy
corto/a *adj.* short (in length) 1.6
cosa *f.* thing 1.1
Costa Rica *f.* Costa Rica 1.1
costar (o:ue) *f.* to cost 1.6
costarricense *adj.* Costa Rican 1.3
creer (en) *v.* to believe (in) 1.3
crema de afeitar *f.* shaving cream 1.7
cuaderno *m.* notebook 1.1

¿cuál(es)? *pron.* which?; which one(s)? 1.2
¿Cuál es la fecha de hoy? What is today's date? 1.5
cuando *conj.* when 1.7
¿cuándo? *adv.* when? 1.2
¿cuánto(s)/a(s)? *adj.* how much/how many? 1.1
   ¿Cuánto cuesta…? How much does… cost? 1.6
   ¿Cuántos años tienes? How old are you? 1.3
cuarenta *n., adj.* forty 1.2
cuarto *m.* room 1.2; 1.7
   cuarto de baño *m.* bathroom 1.7
cuarto/a *n., adj.* fourth 1.5
   menos cuarto quarter to (time)
   y cuarto quarter after (time) 1.1
cuatro *n., adj.* four 1.1
cuatrocientos/as *n., adj.* four hundred 1.2
Cuba *f.* Cuba 1.1
cubano/a *adj.* Cuban 1.3
cubiertos *m., pl.* silverware
cubierto/a *p.p.* covered
cubrir *v.* to cover
cultura *f.* culture 1.2
cuenta *f.* bill 1.8
cuidado *m.* care 1.3
cumpleaños *m., sing.* birthday 1.9
cumplir años *v.* to have a birthday 1.9
cuñado/a *m., f.* brother-in-law; sister-in-law 1.3
curso *m.* course 1.2

D

dar *v.* to give 1.6, 1.9
   dar un consejo *v.* to give advice
de *prep.* of; from 1.1
   ¿De dónde eres? *fam.* Where are you from? 1.1
   ¿De dónde es usted? *form.* Where are you from? 1.1
   ¿de quién…? whose…? *sing.* 1.1
   ¿de quiénes…? whose…? *pl.* 1.1
   de algodón (made) of cotton 1.6
   de buen humor in a good mood 1.5
   de compras shopping 1.5
   de cuadros plaid 1.6
   de excursión hiking 1.4
   de hecho in fact
   de ida y vuelta roundtrip 1.5
   de la mañana in the morning; A.M. 1.1

   de la noche in the evening; at night; P.M. 1.1
   de la tarde in the afternoon; in the early evening; P.M. 1.1
   de lana (made) of wool 1.6
   de lunares polka-dotted 1.6
   de mal humor in a bad mood 1.5
   de moda in fashion 1.6
   De nada. You're welcome. 1.1
   de rayas striped 1.6
   de repente *adv.* suddenly 1.6
   de seda (made) of silk 1.6
debajo de *prep.* below; under 1.2
deber (+ *inf.*) *v.* should; must; ought to 1.3
   Debe ser… It must be… 1.6
decidir (+ *inf.*) *v.* to decide 1.3
décimo/a *adj.* tenth 1.5
decir (e:i) *v.* to say; to tell 1.4, 1.9
   decir la respuesta to say the answer 1.4
   decir la verdad to tell the truth 1.4
   decir mentiras to tell lies 1.4
dejar una propina *v.* to leave a tip 1.9
del (contraction of **de + el**) of the; from the
delante de *prep.* in front of 1.2
delgado/a *adj.* thin; slender 1.3
delicioso/a *adj.* delicious 1.8
demás *adj.* the rest
demasiado *adj., adv.* too much 1.6
dependiente/a *m., f.* clerk 1.6
deporte *m.* sport 1.4
deportista *m.* sports person
deportivo/a *adj.* sports-related 1.4
derecha *f.* right 1.2
   a la derecha de to the right of 1.2
derecho *adj.* straight (ahead)
desayunar *v.* to have breakfast 1.2
desayuno *m.* breakfast 1.8
descansar *v.* to rest 1.2
describir *v.* to describe 1.3
desde *prep.* from 1.6
desear *v.* to wish; to desire 1.2
desordenado/a *adj.* disorderly 1.5
despedida *f.* farewell; good-bye
despedirse (e:i) (de) *v.* to say good-bye (to)
despejado/a *adj.* clear (*weather*)
despertador *m.* alarm clock 1.7
despertarse (e:ie) *v.* to wake up 1.7
después *adv.* afterwards; then 1.7

Vocabulario

Spanish-English

después de *prep.* after 1.7
detrás de *prep.* behind 1.2
día *m.* day 1.1
   día de fiesta holiday 1.9
diario/a *adj.* daily 1.7
diccionario *m.* dictionary 1.1
diciembre *m.* December 1.5
diecinueve *n., adj.* nineteen 1.1
dieciocho *n., adj.* eighteen 1.1
dieciséis *n., adj.* sixteen 1.1
diecisiete *n., adj.* seventeen 1.1
diente *m.* tooth 1.7
diez *n., adj.* ten 1.1
difícil *adj.* difficult; hard 1.3
dinero *m.* money 1.6
diseño *m.* design
diversión *f.* fun activity; entertainment; recreation 1.4
divertido/a *adj.* fun 1.7
divertirse (e:ie) *v.* to have fun 1.9
divorciado/a *adj.* divorced 1.9
divorciarse (de) *v.* to get divorced (from) 1.9
divorcio *m.* divorce 1.9
doble *adj.* double
doce *n., adj.* twelve 1.1
doctor(a) *m., f.* doctor 1.3
documentos de viaje *m., pl.* travel documents
domingo *m.* Sunday 1.2
don *m.* Mr.; sir 1.1
doña *m.* Mrs.; ma'am 1.1
donde *prep.* where
   ¿dónde? *adv.* where? 1.1
   ¿Dónde está...? Where is...? 1.2
dormir (o:ue) *v.* to sleep 1.4
dormirse (o:ue) *v.* to go to sleep; to fall asleep 1.7
dos *n., adj.* two 1.1
   dos veces *f.* twice; two times 1.6
doscientos/as *n., adj.* two hundred 1.2
ducha *f.* shower 1.7
ducharse *v.* to shower; to take a shower 1.7
dueño/a *m., f.* owner; landlord 1.8
dulces *m., pl.* sweets; candy 1.9
durante *prep.* during 1.7

E

e *conj.* (used instead of *y* before words beginning with *i* and *hi*) and 1.4
economía *f.* economics 1.2
Ecuador *m.* Ecuador 1.1
ecuatoriano/a *adj.* Ecuadorian 1.3
edad *f.* age 1.9
(en) efectivo *m.* cash 1.6
el *m., sing., def. art.* the 1.1

él *sub. pron.* he 1.1; *pron., obj. of prep.* him 1.9
elegante *adj.* elegant 1.6
ella *sub. pron.* she 1.1; *pron., obj. of prep.* her 1.9
ellos/as *sub. pron.* they 1.1; *pron., obj. of prep.* them 1.9
emocionante *adj.* exciting
empezar (e:ie) *v.* to begin 1.4
empleado/a *m., f.* employee 1.5
en *prep.* in; on; at 1.2
   en casa at home 1.7
   en línea inline 1.4
   en mi nombre in my name
   en punto on the dot; exactly; sharp (*time*) 1.1
   en qué in what; how 1.2
   ¿En qué puedo servirles? How can I help you? 1.5
enamorado/a (de) *adj.* in love (with) 1.5
enamorarse (de) *v.* to fall in love (with) 1.9
encantado/a *adj.* delighted; pleased to meet you 1.1
encantar *v.* to like very much; to love (*inanimate objects*) 1.7
encima de *prep.* on top of 1.2
encontrar (o:ue) *v.* to find 1.4
enero *m.* January 1.5
enojado/a *adj.* mad; angry 1.5
enojarse (con) *v.* to get angry (with) 1.7
ensalada *f.* salad 1.8
enseguida *adv.* right away 1.8
enseñar *v.* to teach 1.2
entender (e:ie) *v.* to understand 1.4
entonces *adv.* then 1.7
entre *prep.* between; among 1.2
entremeses *m., pl.* hors d'oeuvres; appetizers 1.8
equipaje *m.* luggage 1.5
equipo *m.* team 1.4
equivocado/a *adj.* wrong 1.5
eres *fam.* you are 1.1
es he/she/it is 1.1
   Es de... He/She is from... 1.1
   Es la una. It's one o'clock. 1.1
esa(s) *f., adj.* that; those 1.6
ésa(s) *f., pron.* those (ones) 1.6
escalar *v.* to climb 1.4
   escalar montañas *v.* to climb mountains 1.4
escoger *v.* to choose 1.8
escribir *v.* to write 1.3
   escribir un mensaje electrónico to write an e-mail message 1.4
   escribir una carta to write a letter 1.4
   escribir una postal to write a postcard
escritorio *m.* desk 1.2
escuchar *v.* to listen (to) 1.2

escuchar la radio to listen to the radio 1.2
escuchar música to listen to music 1.2
escuela *f.* school 1.1
ese *m., sing., adj.* that 1.6
ése *m., sing., pron.* that (one) 1.6
eso *neuter pron.* that; that thing 1.6
esos *m., pl., adj.* those 1.6
ésos *m., pl., pron.* those (ones) 1.6
España *f.* Spain 1.1
español *m.* Spanish (language) 1.2
español(a) *adj.* Spanish 1.3
espárragos *m., pl.* asparagus 1.8
especialización *f.* major 1.2
espejo *m.* mirror 1.7
esperar (+ *inf.*) *v.* to wait (for); to hope 1.2
esposo/a *m., f.* husband; wife; spouse 1.3
esquí (acuático) *m.* (water) skiing 1.4
esquiar *v.* to ski 1.4
está he/she/it is, you are 1.2
   Está (muy) despejado. It's (very) clear. (*weather*)
   Está lloviendo. It's raining. 1.5
   Está nevando. It's snowing. 1.5
   Está (muy) nublado. It's (very) cloudy. (*weather*) 1.5
esta(s) *f., adj.* this; these 1.6
   esta noche tonight 1.4
ésta(s) *f., pron.* this (one); these (ones) 1.6
   Ésta es... *f.* This is... (*introducing someone*) 1.1
estación *f.* station; season 1.5
   estación de autobuses bus station 1.5
   estación del metro subway station 1.5
   estación de tren train station 1.5
estadio *m.* stadium 1.2
estado civil *m.* marital status 1.9
Estados Unidos *m.* (EE.UU.; E.U.) United States 1.1
estadounidense *adj.* from the United States 1.3
estampado/a *adj.* print
estar *v.* to be 1.2
   estar aburrido/a to be bored 1.5
   estar bajo control to be under control 1.7
   estar de moda to be in fashion 1.6

estar de vacaciones to be on vacation 1.5
estar seguro/a to be sure 1.5
No está nada mal. It's not bad at all. 1.5
este *m., sing., adj.* this 1.6
éste *m., sing., pron.* this (one) 1.6
Éste es... *m.* This is... (*introducing someone*) 1.1
estilo *m.* style
esto *neuter pron.* this; this thing 1.6
estos *m., pl., adj.* these 1.6
éstos *m., pl., pron.* these (ones) 1.6
estudiante *m., f.* student 1.1, 1.2
estudiantil *adj.* student 1.2
estudiar *v.* to study 1.2
estupendo/a *adj.* stupendous 1.5
etapa *f.* stage 1.9
examen *m.* test; exam 1.2
excelente *adj.* excellent 1.5
excursión *f.* hike; tour; excursion 1.4
excursionista *m., f.* hiker
explicar *v.* to explain 1.2
explorar *v.* to explore
expresión *f.* expression

F

fabuloso/a *adj.* fabulous 1.5
fácil *adj.* easy 1.3
falda *f.* skirt 1.6
faltar *v.* to lack; to need 1.7
familia *f.* family 1.3
fascinar *v.* to fascinate 1.7
favorito/a *adj.* favorite 1.4
febrero *m.* February 1.5
fecha *f.* date 1.5
feliz *adj.* happy 1.5
¡Feliz cumpleaños! Happy birthday! 1.9
¡Felicidades! Congratulations! 1.9
¡Felicitaciones! Congratulations! 1.9
fenomenal *adj.* great, phenomenal 1.5
feo/a *adj.* ugly 1.3
fiesta *f.* party 1.9
fijo/a *adj.* fixed, set 1.6
fin *m.* end 1.4
fin de semana weekend 1.4
física *f.* physics 1.2
flan (de caramelo) *m.* baked (caramel) custard 1.9
folleto *m.* brochure
foto(grafía) *f.* photograph 1.1
francés, francesa *adj.* French 1.3

frenos *m., pl.* brakes
fresco/a *adj.* cool 1.5
frijoles *m., pl.* beans 1.8
frío/a *adj.* cold 1.5
frito/a *adj.* fried 1.8
fruta *f.* fruit 1.8
frutilla *f.* strawberry
fuera *adv.* outside
fútbol *m.* soccer 1.4
fútbol americano *m.* football 1.4

G

gafas (de sol) *f., pl.* (sun)glasses 1.6
gafas (oscuras) *f., pl.* (sun)glasses
galleta *f.* cookie 1.9
ganar *v.* to win 1.4
ganga *f.* bargain 1.6
gastar *v.* to spend (*money*) 1.6
gemelo/a *m., f.* twin 1.3
gente *f.* people 1.3
geografía *f.* geography 1.2
gimnasio *m.* gymnasium 1.4
golf *m.* golf 1.4
gordo/a *adj.* fat 1.3
gracias *f., pl.* thank you; thanks 1.1
Gracias por todo. Thanks for everything. 1.9
Gracias una vez más. Thanks again. 1.9
graduarse (de/en) *v.* to graduate (from/in) 1.9
gran, grande *adj.* big; large 1.3
grillo *m.* cricket
gris *adj.* gray 1.6
gritar *v.* to scream 1.7
guantes *m., pl.* gloves 1.6
guapo/a *adj.* handsome; good-looking 1.3
guía *m., f.* guide
gustar *v.* to be pleasing to; to like 1.2
Me gustaría... I would like...
gusto *m.* pleasure 1.1
El gusto es mío. The pleasure is mine. 1.1
Mucho gusto. Pleased to meet you. 1.1

H

habitación *f.* room 1.5
habitación doble double room 1.5
habitación individual single room 1.5
hablar *v.* to talk; to speak 1.2
hacer *v.* to do; to make 1.4
Hace buen tiempo. The weather is good. 1.5

Hace (mucho) calor. It's (very) hot. (*weather*) 1.5
Hace fresco. It's cool. (*weather*) 1.5
Hace (mucho) frío. It's very cold. (*weather*) 1.5
Hace mal tiempo. The weather is bad. 1.5
Hace (mucho) sol. It's (very) sunny. (*weather*) 1.5
Hace (mucho) viento. It's (very) windy. (*weather*) 1.5
hacer juego (con) to match (with) 1.6
hacer las maletas to pack (one's) suitcases 1.5
hacer (wind)surf to (wind)surf 1.5
hacer turismo to go sightseeing
hacer un viaje to take a trip 1.5
hacer una excursión to go on a hike; to go on a tour
hambre *f.* hunger 1.3
hamburguesa *f.* hamburger 1.8
hasta *prep.* until 1.6; toward
Hasta la vista. See you later. 1.1
Hasta luego. See you later. 1.1
Hasta mañana. See you tomorrow. 1.1
Hasta pronto. See you soon. 1.1
hay *v.* there is; there are 1.1
Hay (mucha) contaminación. It's (very) smoggy.
Hay (mucha) niebla. It's (very) foggy.
No hay de qué. You're welcome. 1.1
helado/a *adj.* iced 1.8
helado *m.* ice cream 1.9
hermanastro/a *m., f.* stepbrother; stepsister 1.3
hermano/a *m., f.* brother; sister 1.3
hermano/a mayor/menor *m., f.* older/younger brother/sister 1.3
hermanos *m., pl.* siblings (brothers and sisters) 1.3
hermoso/a *adj.* beautiful 1.6
hijastro/a *m., f.* stepson; stepdaughter 1.3
hijo/a *m., f.* son; daughter 1.3
hijo/a único/a *m., f.* only child 1.3
hijos *m., pl.* children 1.3
historia *f.* history 1.2
hockey *m.* hockey 1.4
hola *interj.* hello; hi 1.1
hombre *m.* man 1.1

Vocabulario Spanish-English

hora *f.* hour **1.1**; the time
horario *m.* schedule **1.2**
hotel *m.* hotel **1.5**
hoy *adv.* today **1.2**
  hoy día *adv.* nowadays
  Hoy es… Today is… **1.2**
huésped *m., f.* guest **1.5**
huevo *m.* egg **1.8**
humanidades *f., pl.* humanities **1.2**

I

ida *f.* one way (*travel*)
idea *f.* idea **1.4**
iglesia *f.* church **1.4**
igualmente *adv.* likewise **1.1**
impermeable *m.* raincoat **1.6**
importante *adj.* important **1.3**
importar *v.* to be important to; to matter **1.7**
increíble *adj.* incredible **1.5**
individual *adj.* private (*room*) **1.5**
ingeniero/a *m., f.* engineer **1.3**
inglés *m.* English (*language*) **1.2**
inglés, inglesa *adj.* English **1.3**
inodoro *m.* toilet **1.7**
inspector(a) de aduanas *m., f.* customs inspector **1.5**
inteligente *adj.* intelligent **1.3**
intercambiar *v.* to exchange
interesante *adj.* interesting **1.3**
interesar *v.* to be interesting to; to interest **1.7**
invierno *m.* winter **1.5**
invitado/a *m., f.* guest **1.9**
invitar *v.* to invite **1.9**
ir *v.* to go **1.4**
  ir a (+ *inf.***)** to be going to *do something* **1.4**
  ir de compras to go shopping **1.5**
  ir de excursión (a las montañas) to go on a hike (in the mountains) **1.4**
  ir de pesca to go fishing
  ir de vacaciones to go on vacation **1.5**
  ir en autobús to go by bus **1.5**
  ir en auto(móvil) to go by car **1.5**
  ir en avión to go by plane **1.5**
  ir en barco to go by boat **1.5**
  ir en metro to go by subway
  ir en motocicleta to go by motorcycle **1.5**
  ir en taxi to go by taxi **1.5**
  ir en tren to go by train
irse *v.* to go away; to leave **1.7**

italiano/a *adj.* Italian **1.3**
izquierdo/a *adj.* left **1.2**
  a la izquierda de to the left of **1.2**

J

jabón *m.* soap **1.7**
jamás *adv.* never; not ever **1.7**
jamón *m.* ham **1.8**
japonés, japonesa *adj.* Japanese **1.3**
joven *adj. m., f., sing.* (**jóvenes** *pl.*) young **1.3**
joven *m., f., sing.* (**jóvenes** *pl.*) youth; young person **1.1**
jubilarse *v.* to retire (*from work*) **1.9**
juego *m.* game
jueves *m., sing.* Thursday **1.2**
jugador(a) *m., f.* player **1.4**
jugar (u:ue) *v.* to play **1.4**
  jugar a las cartas to play cards **1.5**
jugo *m.* juice **1.8**
  jugo de fruta *m.* fruit juice **1.8**
julio *m.* July **1.5**
junio *m.* June **1.5**
juntos/as *adj.* together **1.9**
juventud *f.* youth **1.9**

L

la *f., sing., def. art.* the **1.1**
la *f., sing., d.o. pron.* her, it; *form.* you **1.5**
laboratorio *m.* laboratory **1.2**
lana *f.* wool **1.6**
langosta *f.* lobster **1.8**
lápiz *m.* pencil **1.1**
largo/a *adj.* long **1.6**
las *f., pl., def. art.* the **1.1**
las *f., pl., d.o. pron.* them; *form.* you **1.5**
lavabo *m.* sink **1.7**
lavarse *v.* to wash oneself **1.7**
  lavarse la cara to wash one's face **1.7**
  lavarse las manos to wash one's hands **1.7**
le *sing., i.o. pron.* to/for him, her; *form.* you **1.6**
  Le presento a… *form.* I would like to introduce you to (name). **1.1**
lección *f.* lesson **1.1**
leche *f.* milk **1.8**
lechuga *f.* lettuce **1.8**
leer *v.* to read **1.3**
  leer correo electrónico to read e-mail **1.4**
  leer un periódico to read a newspaper **1.4**

  leer una revista to read a magazine **1.4**
lejos de *prep.* far from **1.2**
lengua *f.* language **1.2**
  lenguas extranjeras *f., pl.* foreign languages **1.2**
lentes (de sol) (sun)glasses
lentes de contacto *m., pl.* contact lenses
les *pl., i.o. pron.* to/for them; *form.* you **1.6**
levantarse *v.* to get up **1.7**
libre *adj.* free **1.4**
librería *f.* bookstore **1.2**
libro *m.* book **1.2**
limón *m.* lemon **1.8**
limpio/a *adj.* clean **1.5**
línea *f.* line
listo/a *adj.* ready; smart **1.5**
literatura *f.* literature **1.2**
llamarse *v.* to be called; to be named **1.7**
llave *f.* key **1.5**
llegada *f.* arrival **1.5**
llegar *v.* to arrive **1.2**
llevar *v.* to carry **1.2**; to wear; to take **1.6**
  llevarse bien/mal (con) to get along well/badly (with) **1.9**
llover (o:ue) *v.* to rain **1.5**
  Llueve. It's raining. **1.5**
lo *m., sing., d.o. pron.* him, it; *form.* you **1.5**
  Lo siento. I'm sorry. **1.1**
  Lo siento muchísimo. I'm so sorry. **1.4**
loco/a *adj.* crazy **1.6**
los *m., pl., def. art.* the **1.1**
los *m., pl., d.o. pron.* them; *form.* you **1.5**
luego *adv.* then **1.7**; *adv.* later **1.1**
lugar *m.* place **1.4**
lunares *m.* polka dots **1.6**
lunes *m., sing.* Monday **1.2**

M

madrastra *f.* stepmother **1.3**
madre *f.* mother **1.3**
madurez *f.* maturity; middle age **1.9**
magnífico/a *adj.* magnificent **1.5**
maíz *m.* corn **1.8**
mal, malo/a *adj.* bad **1.3**
maleta *f.* suitcase **1.1**
mamá *f.* mom **1.3**
mano *f.* hand **1.1**
  ¡Manos arriba! Hands up!
mantequilla *f.* butter **1.8**
manzana *f.* apple **1.8**
mañana *f.* morning, A.M. **1.1**; tomorrow **1.1**

351

mapa *m.* map 1.2
maquillaje *m.* makeup 1.7
maquillarse *v.* to put on makeup 1.7
mar *m.* sea 1.5
maravilloso/a *adj.* marvelous 1.5
margarina *f.* margarine 1.8
mariscos *m., pl.* shellfish 1.8
marrón *adj.* brown 1.6
martes *m., sing.* Tuesday 1.2
marzo *m.* March 1.5
más *pron.* more 1.2
  más de (+ *number***)** more than 1.8
  más tarde later (on) 1.7
  más… que more… than 1.8
matemáticas *f., pl.* mathematics 1.2
materia *f.* course 1.2
matrimonio *m.* marriage 1.9
mayo *m.* May 1.5
mayonesa *f.* mayonnaise 1.8
mayor *adj.* older 1.3
  el/la mayor *adj.* the eldest 1.8; the oldest
me *sing., d.o. pron.* me 1.5; *sing. i.o. pron.* to/for me 1.6
  Me gusta… I like… 1.2
  No me gustan nada. I don't like them at all. 1.2
  Me llamo… My name is… 1.1
  Me muero por… I'm dying to (for)…
mediano/a *adj.* medium
medianoche *f.* midnight 1.1
medias *f., pl.* pantyhose, stockings 1.6
médico/a *m., f.* doctor 1.3
medio/a *adj.* half 1.3
  medio/a hermano/a *m., f.* half-brother; half-sister 1.3
  mediodía *m.* noon 1.1
  y media thirty minutes past the hour (*time*) 1.1
mejor *adj.* better 1.8
  el/la mejor *adj.* the best 1.8
melocotón *m.* peach 1.8
menor *adj.* younger 1.3
  el/la menor *adj.* the youngest 1.8
menos *adv.* less
  menos cuarto…, menos quince… quarter to… (*time*) 1.1
  menos de (+ *number***)** fewer than 1.8
  menos… que less… than 1.8
mensaje electrónico *m.* e-mail message 1.4
mentira *f.* lie 1.4
menú *m.* menu 1.8
mercado *m.* market 1.6

mercado al aire libre *m.* open-air market 1.6
merendar (e:ie) *v.* to snack 1.8; to have an afternoon snack
mes *m.* month 1.5
mesa *f.* table 1.2
metro *m.* subway 1.5
mexicano/a *adj.* Mexican 1.3
México *m.* Mexico 1.1
mí *pron., obj. of prep.* me 1.9
mi(s) *poss. adj.* my 1.3
miedo *m.* fear 1.3
miércoles *m., sing.* Wednesday 1.2
mil *m.* one thousand 1.2
  Mil perdones. I'm so sorry. (*lit.* A thousand pardons.) 1.4
mil millones *m.* billion
millón *m.* million 1.2
millones (de) *m.* millions (of)
minuto *m.* minute 1.1
mirar *v.* to look (at); to watch 1.2
  mirar (la) televisión to watch television 1.2
mismo/a *adj.* same 1.3
mochila *f.* backpack 1.2
moda *f.* fashion 1.6
módem *m.* modem
molestar *v.* to bother; to annoy 1.7
montaña *f.* mountain 1.4
montar a caballo *v.* to ride a horse 1.5
monumento *m.* monument 1.4
mora *f.* blackberry 1.8
morado/a *adj.* purple 1.6
moreno/a *adj.* brunet(te) 1.3
morir (o:ue) *v.* to die 1.8
mostrar (o:ue) *v.* to show 1.4
motocicleta *f.* motorcycle 1.5
motor *m.* motor
muchacho/a *m., f.* boy; girl 1.3
mucho/a *adj., adv.* a lot of; much 1.2; many 1.3
  (Muchas) gracias. Thank you (very much).; Thanks (a lot). 1.1
  Muchísimas gracias. Thank you very, very much. 1.9
  Mucho gusto. Pleased to meet you. 1.1
muchísimo very much 1.2
muela *f.* tooth; molar
muerte *f.* death 1.9
mujer *f.* woman 1.1
  mujer policía *f.* female police officer
multa *f.* fine
mundial *adj.* worldwide
municipal *adj.* municipal
museo *m.* museum 1.4
música *f.* music 1.2

muy *adv.* very 1.1
  Muy amable. That's very kind of you. 1.5
  (Muy) bien, gracias. (Very) well, thanks. 1.1

N

nacer *v.* to be born 1.9
nacimiento *m.* birth 1.9
nacionalidad *f.* nationality 1.1
nada *pron., adv.* nothing 1.1; not anything 1.7
  nada mal not bad at all 1.5
nadar *v.* to swim 1.4
nadie *pron.* no one, nobody, not anyone 1.7
naranja *f.* orange 1.8
natación *f.* swimming 1.4
Navidad *f.* Christmas 1.9
necesitar (+ *inf.***)** *v.* to need 1.2
negativo/a *adj.* negative
negro/a *adj.* black 1.3
nervioso/a *adj.* nervous 1.5
nevar (e:ie) *v.* to snow 1.5
  Nieva. It's snowing. 1.5
ni… ni neither… nor 1.7
niebla *f.* fog
nieto/a *m., f.* grandson; granddaughter 1.3
nieve *f.* snow
ningún, ninguno/a(s) *adj., pron.* no; none; not any 1.7
  ningún problema no problem
niñez *f.* childhood 1.9
niño/a *m., f.* child 1.3
no *adv.* no; not 1.1
  ¿no? right? 1.1
  No está nada mal. It's not bad at all. 1.5
  no estar de acuerdo to disagree
  No estoy seguro. I'm not sure.
  no hay there is not; there are not 1.1
  No hay de qué. You're welcome. 1.1
  No hay problema. No problem. 1.7
  No me gustan nada. I don't like them at all. 1.2
  no muy bien not very well 1.1
  No quiero. I don't want to. 1.4
  No sé. I don't know.
  No se preocupe. (*form.*) Don't worry. 1.7
  No te preocupes. (*fam.*) Don't worry. 1.7
  no tener razón to be wrong 1.3

Vocabulario

Spanish-English

noche *f.* night 1.1
nombre *m.* name 1.1
norteamericano/a *adj.* (North) American 1.3
nos *pl., d.o. pron.* us 1.5; *pl., i.o. pron.* to/for us 1.6
  Nos vemos. See you. 1.1
nosotros/as *sub. pron.* we 1.1; *pron., obj. of prep.* us 1.9
novecientos/as *n., adj.* nine hundred 1.2
noveno/a *n., adj.* ninth 1.5
noventa *n., adj.* ninety 1.2
noviembre *m.* November 1.5
novio/a *m., f.* boyfriend/girlfriend 1.3
nublado/a *adj.* cloudy 1.5
  Está (muy) nublado. It's very cloudy. 1.5
nuera *f.* daughter-in-law 1.3
nuestro(s)/a(s) *poss. adj.* our 1.3
nueve *n., adj.* nine 1.1
nuevo/a *adj.* new 1.6
número *m.* number 1.1; (shoe) size 1.6
nunca *adv.* never; not ever 1.7

O

o *conj.* or 1.7
  o... o; either... or 1.7
océano *m.* ocean
ochenta *n., adj.* eighty 1.2
ocho *n., adj.* eight 1.1
ochocientos/as *n., adj.* eight hundred 1.2
octavo/a *n., adj.* eighth 1.5
octubre *m.* October 1.5
ocupado/a *adj.* busy 1.5
odiar *v.* to hate 1.9
ofrecer *v.* to offer 1.6
oír *v.* to hear 1.4
  Oiga./Oigan. *form., sing./pl.* Listen. (*in conversation*) 1.1
  Oye. *fam., sing.* Listen. (*in conversation*) 1.1
once *n., adj.* eleven 1.1
ordenado/a *adj.* orderly 1.5
ordinal *adj.* ordinal (number)
ortografía *f.* spelling
ortográfico/a *adj.* spelling
os *fam., pl., d.o. pron.* you 1.5; *fam., pl., i.o. pron.* to/for you 1.6
otoño *m.* autumn 1.5
otro/a *adj.* other; another 1.6
  otra vez *adv.* again

P

padrastro *m.* stepfather 1.3
padre *m.* father 1.3
  padres *m., pl.* parents 1.3
pagar *v.* to pay 1.6, 1.9
  pagar la cuenta to pay the bill 1.9
país *m.* country 1.1
paisaje *m.* landscape 1.5
palabra *f.* word 1.1
pan *m.* bread 1.8
  pan tostado *m.* toasted bread 1.8
pantalones *m., pl.* pants 1.6
  pantalones cortos *m., pl.* shorts 1.6
pantuflas *f., pl.* slippers 1.7
papa *f.* potato 1.8
  papas fritas *f., pl.* fried potatoes; French fries 1.8
papá *m.* dad 1.3
  papás *m., pl.* parents 1.3
papel *m.* paper 1.2
papelera *f.* wastebasket 1.2
par *m.* pair 1.6
  par de zapatos *m.* pair of shoes 1.6
parecer *v.* to seem 1.6
pareja *f.* (married) couple; partner 1.9
parientes *m., pl.* relatives 1.3
parque *m.* park 1.4
párrafo *m.* paragraph
partido *m.* game; match (*sports*) 1.4
pasado/a *adj.* last; past 1.6
  pasado *p.p.* passed
pasaje *m.* ticket 1.5
  pasaje de ida y vuelta *m.* roundtrip ticket 1.5
pasajero/a *m., f.* passenger 1.1
pasaporte *m.* passport 1.5
pasar *v.* to go through 1.5
  pasar por la aduana to go through customs
  pasar tiempo to spend time
  pasarlo bien/mal to have a good/bad time 1.9
pasatiempo *m.* pastime; hobby 1.4
pasear *v.* to take a walk; to stroll 1.4
  pasear en bicicleta to ride a bicycle 1.4
  pasear por to walk around 1.4
pasta *f.* **de dientes** toothpaste 1.7
pastel *m.* cake; pie 1.9
  pastel de chocolate *m.* chocolate cake 1.9
  pastel de cumpleaños *m.* birthday cake
patata *f.* potato 1.8
  patatas fritas *f., pl.* fried potatoes; French fries 1.8
patinar (en línea) *v.* to (inline) skate 1.4
patineta *f.* skateboard 1.4
pavo *m.* turkey 1.8
pedir (e:i) *v.* to ask for; to request 1.4; to order (*food*) 1.8
peinarse *v.* to comb one's hair 1.7
película *f.* movie 1.4
pelirrojo/a *adj.* red-haired 1.3
pelo *m.* hair 1.7
pelota *f.* ball 1.4
pensar (e:ie) *v.* to think 1.4
  pensar (+ *inf.***)** *v.* to intend to; to plan to (*do something*) 1.4
  pensar en *v.* to think about 1.4
pensión *f.* boardinghouse
peor *adj.* worse 1.8
  el/la peor *adj.* the worst 1.8
pequeño/a *adj.* small 1.3
pera *f.* pear 1.8
perder (e:ie) *v.* to lose; to miss 1.4
Perdón. Pardon me.; Excuse me. 1.1
perezoso/a *adj.* lazy
perfecto/a *adj.* perfect 1.5
periódico *m.* newspaper 1.4
periodismo *m.* journalism 1.2
periodista *m., f.* journalist 1.3
permiso *m.* permission
pero *conj.* but 1.2
persona *f.* person 1.3
pesca *f.* fishing
pescado *m.* fish (*cooked*) 1.8
pescador(a) *m., f.* fisherman/fisherwoman
pescar *v.* to fish 1.5
pimienta *f.* black pepper 1.8
piña *f.* pineapple 1.8
piscina *f.* swimming pool 1.4
piso *m.* floor (*of a building*) 1.5
pizarra *f.* blackboard 1.2
planes *m., pl.* plans
planta baja *f.* ground floor 1.5
plato *m.* dish (*in a meal*) 1.8
  plato principal *m.* main dish 1.8
playa *f.* beach 1.5
plaza *f.* city or town square 1.4
pluma *f.* pen 1.2
pobre *adj.* poor 1.6
pobreza *f.* poverty
poco/a *adj.* little; few 1.5
poder (o:ue) *v.* to be able to; can 1.4
pollo *m.* chicken 1.8
  pollo asado *m.* roast chicken 1.8
ponchar *v.* to go flat
poner *v.* to put; to place 1.4
ponerse (+ *adj.***)** *v.* to become (+ *adj.*) 1.7; to put on 1.7

por *prep.* in exchange for; for; by; in; through; around; along; during; because of; on account of; on behalf of; in search of; by way of
   por avión by plane
   por favor please 1.1
   por la mañana in the morning 1.7
   por la noche at night 1.7
   por la tarde in the afternoon 1.7
   ¿por qué? why? 1.2
   por teléfono by phone; on the phone
   por último finally 1.7
porque *conj.* because 1.2
posesivo/a *adj.* possessive 1.3
postal *f.* postcard
postre *m.* dessert 1.9
practicar *v.* to practice 1.2
   practicar deportes *m., pl.* to play sports 1.4
precio (fijo) *m.* (fixed; set) price 1.6
preferir (e:ie) *v.* to prefer 1.4
pregunta *f.* question
preguntar *v.* to ask (*a question*) 1.2
preocupado/a (por) *adj.* worried (about) 1.5
preocuparse (por) *v.* to worry (about) 1.7
preparar *v.* to prepare 1.2
preposición *f.* preposition
presentación *f.* introduction
presentar *v.* to introduce
   Le presento a… I would like to introduce you to (name). 1.1
   Te presento a… I would like to introduce you to (name). (*fam.*) 1.1
prestado/a *adj.* borrowed
prestar *v.* to lend; to loan 1.6
primavera *f.* spring 1.5
primer, primero/a *n., adj.* first 1.5
primo/a *m., f.* cousin 1.3
principal *adj.* main 1.8
prisa *f.* haste 1.3
probar (o:ue) *v.* to taste; to try 1.8
probarse (o:ue) *v.* to try on 1.7
problema *m.* problem 1.1
profesión *f.* profession 1.3
profesor(a) *m., f.* teacher 1.1, 1.2
programa *m.* 1.1
programador(a) *m., f.* computer programmer 1.3
pronombre *m.* pronoun
propina *f.* tip 1.8
prueba *f.* test; quiz 1.2

psicología *f.* psychology 1.2
pueblo *m.* town 1.4
puerta *f.* door 1.2
Puerto Rico *m.* Puerto Rico 1.1
puertorriqueño/a *adj.* Puerto Rican 1.3
pues *conj.* well 1.2

Q

que *conj.* that; which
   ¡Qué…! How…! 1.3
   ¡Qué dolor! What pain!
   ¡Qué ropa más bonita! What pretty clothes! 1.6
   ¡Qué sorpresa! What a surprise!
   ¿qué? *pron.* what? 1.1
   ¿Qué día es hoy? What day is it? 1.2
   ¿Qué hay de nuevo? What's new? 1.1
   ¿Qué hora es? What time is it? 1.1
   ¿Qué les parece? What do you (*pl.*) think?
   ¿Qué pasa? What's happening?; What's going on? 1.1
   ¿Qué precio tiene? What is the price?
   ¿Qué tal…? How are you?; How is it going? 1.1; How is/are…? 1.2
   ¿Qué talla lleva/usa? What size do you wear? (*form.*) 1.6
   ¿Qué tiempo hace? How's the weather? 1.5
   ¿En qué…? In which…? 1.2
quedar *v.* to be left over; to fit (*clothing*) 1.7
quedarse *v.* to stay; to remain 1.7
querer (e:ie) *v.* to want; to love 1.4
queso *m.* cheese 1.8
quien(es) *pron.* who; whom
   ¿Quién es…? Who is…? 1.1
   ¿quién(es)? *pron.* who?; whom? 1.1
química *f.* chemistry 1.2
quince *n., adj.* fifteen 1.1
   menos quince quarter to (*time*) 1.1
   y quince quarter after (*time*) 1.1
quinceañera *f.* young woman celebrating her fifteenth birthday 1.9
quinientos/as *n., adj.* five hundred 1.2
quinto/a *n., adj.* fifth 1.5
quitarse *v.* to take off 1.7
quizás *adv.* maybe 1.5

R

radio *f.* radio (*medium*) 1.2
   radio *m.* radio (*set*) 1.2
ratos libres *m., pl.* spare (*free*) time 1.4
raya *f.* stripe 1.6
razón *f.* reason 1.3
rebaja *f.* sale 1.6
recibir *v.* to receive 1.3
recién casado/a *m., f.* newlywed 1.9
recomendar (e:ie) *v.* to recommend 1.8
recordar (o:ue) *v.* to remember 1.4
recorrer *v.* to tour an area
refresco *m.* soft drink 1.8
regalar *v.* to give (a gift) 1.9
regalo *m.* gift 1.6
regatear *v.* to bargain 1.6
regresar *v.* to return 1.2
regular *adj.* so-so; OK 1.1
reírse (e:i) *v.* to laugh 1.9
relaciones *f., pl.* relationships
relajarse *v.* to relax 1.9
reloj *m.* clock; watch 1.2
repetir (e:i) *v.* to repeat 1.4
residencia estudiantil *f.* dormitory 1.2
respuesta *f.* answer
restaurante *m.* restaurant 1.4
revista *f.* magazine 1.4
rico/a *adj.* rich 1.6; tasty; delicious 1.8
riquísimo/a *adj.* extremely delicious 1.8
rojo/a *adj.* red 1.3
romper (con) *v.* to break up (with) 1.9
ropa *f.* clothing; clothes 1.6
   ropa interior *f.* underwear 1.6
rosado/a *adj.* pink 1.6
rubio/a *adj.* blond(e) 1.3
ruso/a *adj.* Russian 1.3
rutina *f.* routine 1.7
   rutina diaria *f.* daily routine 1.7

S

sábado *m.* Saturday 1.2
saber *v.* to know; to know how 1.6; to taste 1.8
   saber (a) to taste (like) 1.8
sabrosísimo/a *adj.* extremely delicious 1.8
sabroso/a *adj.* tasty; delicious 1.8
sacar *v.* to take out
   sacar fotos to take photos 1.5
sal *f.* salt 1.8
salchicha *f.* sausage 1.8

Vocabulario

salida *f.* departure; exit 1.5
salir *v.* to leave 1.4; to go out
  salir (con) to go out (with); to date 1.9
  salir de to leave from
  salir para to leave for (*a place*)
salmón *m.* salmon 1.8
saludo *m.* greeting 1.1
  saludos a... greetings to... 1.1
sandalia *f.* sandal 1.6
sandía *f.* watermelon
sándwich *m.* sandwich 1.8
se *ref. pron.* himself, herself, itself; *form.* yourself, themselves, yourselves 1.7
secarse *v.* to dry oneself 1.7
sección de (no) fumar *f.* (non) smoking section 1.8
secuencia *f.* sequence
sed *f.* thirst 1.3
seda *f.* silk 1.6
seguir (e:i) *v.* to follow; to continue 1.4
según *prep.* according to
segundo/a *n., adj.* second 1.5
seguro/a *adj.* sure; safe 1.5
seis *n., adj.* six 1.1
seiscientos/as *n., adj.* six hundred 1.2
semana *f.* week 1.2
  fin *m.* **de semana** weekend 1.4
  semana *f.* **pasada** last week 1.6
semestre *m.* semester 1.2
sentarse (e:ie) *v.* to sit down 1.7
sentir(se) (e:ie) *v.* to feel 1.7
señor (Sr.) *m.* Mr.; sir 1.1
señora (Sra.) *f.* Mrs.; ma'am 1.1
señorita (Srta.) *f.* Miss 1.1
separado/a *adj.* separated 1.9
separarse (de) *v.* to separate (from) 1.9
septiembre *m.* September 1.5
séptimo/a *adj.* seventh 1.5
ser *v.* to be 1.1
  ser aficionado/a (a) to be a fan (of) 1.4
serio/a *adj.* serious
servir (e:i) *v.* to serve 1.8; to help 1.5
sesenta *n., adj.* sixty 1.2
setecientos/as *n., adj.* seven hundred 1.2
setenta *n., adj.* seventy 1.2
sexto/a *n., adj.* sixth 1.5
sí *adv.* yes
si *conj.* if 1.4
siempre *adv.* always 1.7
siete *n., adj.* seven 1.1
silla *f.* seat 1.2
similar *adj.* similar

simpático/a *adj.* nice; likeable 1.3
sin *prep.* without 1.2
  sin duda without a doubt
  sin embargo however
sino *conj.* but (rather) 1.7
situado/a *adj., p.p.* located
sobre *prep.* on; over 1.2
sobrino/a *m., f.* nephew; niece 1.3
sociología *f.* sociology 1.2
sol *m.* sun 1.4; 1.5
soleado/a *adj.* sunny
sólo *adv.* only 1.3
solo *adj.* alone
soltero/a *adj.* single 1.9
sombrero *m.* hat 1.6
Son las dos. It's two o'clock. 1.1
sonreír (e:i) *v.* to smile 1.9
sopa *f.* soup 1.8
sorprender *v.* to surprise 1.9
sorpresa *f.* surprise 1.9
soy I am 1.1
  Soy yo. That's me. 1.1
  Soy de... I'm from... 1.1
su(s) *poss. adj.* his, her, its; *form.* your, their 1.3
sucio/a *adj.* dirty 1.5
suegro/a *m., f.* father-in-law; mother-in-law 1.3
sueño *m.* sleep 1.3
suerte *f.* luck 1.3
suéter *m.* sweater 1.6
suponer *v.* to suppose 1.4
sustantivo *m.* noun

T

tabla de (wind)surf *f.* surf board/sailboard 1.5
tal vez *adv.* maybe 1.5
talla *f.* size 1.6
  talla grande *f.* large
también *adv.* also; too 1.2; 1.7
tampoco *adv.* neither; not either 1.7
tan *adv.* so 1.5
  tan... como as... as 1.8
tanto *adv.* so much
  tanto... como as much... as 1.8
  tantos/as... como as many... as 1.8
tarde *adv.* late 1.7
tarde *f.* afternoon; evening; P.M. 1.1
tarea *f.* homework 1.2
tarjeta *f.* card
  tarjeta de crédito *f.* credit card 1.6
  tarjeta postal *f.* postcard
taxi *m.* taxi 1.5
te *sing., fam., d.o. pron.* you 1.5; *sing., fam., i.o. pron.* to/for you 1.6

Te presento a... *fam.* I would like to introduce you to (name). 1.1
¿Te gusta(n)...? Do you like...? 1.2
té *m.* tea 1.8
  té helado *m.* iced tea 1.8
televisión *f.* television 1.2
temprano *adv.* early 1.7
tener *v.* to have 1.3
  tener... años to be... years old 1.3
  Tengo... años. I'm... years old. 1.3
  tener (mucho) calor to be (very) hot 1.3
  tener (mucho) cuidado to be (very) careful 1.3
  tener (mucho) frío to be (very) cold 1.3
  tener ganas de (+ *inf.*) to feel like (*doing something*) 1.3
  tener (mucha) hambre to be (very) hungry 1.3
  tener (mucho) miedo (de) to be (very) afraid (of); to be (very) scared (of) 1.3
  tener miedo (de) que to be afraid that
  tener planes to have plans
  tener (mucha) prisa to be in a (big) hurry 1.3
  tener que (+ *inf.*) *v.* to have to (*do something*) 1.3
  tener razón to be right 1.3
  tener (mucha) sed to be (very) thirsty 1.3
  tener (mucho) sueño to be (very) sleepy 1.3
  tener (mucha) suerte *f.* to be (very) lucky 1.3
  tener tiempo to have time 1.4
  tener una cita to have a date; to have an appointment 1.9
tenis *m.* tennis 1.4
tercer, tercero/a *n., adj.* third 1.5
terminar *v.* to end; to finish 1.2
  terminar de (+ *inf.*) *v.* to finish (*doing something*) 1.4
ti *pron., obj. of prep., fam.* you 1.9
tiempo *m.* time 1.4; weather 1.5
  tiempo libre free time
tienda *f.* shop; store 1.6
  tienda de campaña tent
tinto/a *adj.* red (wine) 1.8
tío/a *m., f.* uncle; aunt 1.3
tíos *m.* aunts and uncles 1.3
título *m.* title
tiza *f.* chalk 1.2
toalla *f.* towel 1.7
todavía *adv.* yet; still 1.5

todo *m.* everything 1.5
  Todo está bajo control. Everything is under control. 1.7
todo(s)/a(s) *adj.* all; whole 1.4
todos *m., pl.* all of us; everybody; everyone
tomar *v.* to take; to drink 1.2
  tomar clases to take classes 1.2
  tomar el sol to sunbathe 1.4
  tomar en cuenta to take into account
  tomar fotos to take photos 1.5
tomate *m.* tomato 1.8
tonto/a *adj.* silly; foolish 1.3
tortilla *f.* tortilla 1.8
  tortilla de maíz corn tortilla 1.8
tostado/a *adj.* toasted 1.8
trabajador(a) *adj.* hard-working 1.3
trabajar *v.* to work 1.2
traducir *v.* to translate 1.6
traer *v.* to bring 1.4
traje *m.* suit 1.6
  traje de baño *m.* bathing suit 1.6
tranquilo/a *adj.* calm
  Tranquilo. Relax. 1.7
trece *n., adj.* thirteen 1.1
treinta *n., adj.* thirty 1.1, 1.2
  y treinta thirty minutes past the hour (*time*) 1.1
tren *m.* train 1.5
tres *n., adj.* three 1.1
trescientos/as *n., adj.* three hundred 1.2
trimestre *m.* trimester; quarter 1.2
triste *adj.* sad 1.5
tú *fam. sub. pron.* you 1.1
  Tú eres… You are… 1.1
tu(s) *fam. poss. adj.* your 1.3
turismo *m.* tourism 1.5
turista *m., f.* tourist 1.1
turístico/a *adj.* touristic

U

Ud. *form. sing.* you 1.1
Uds. *form., pl.* you 1.1
último/a *adj.* last
un, uno/a *indef. art.* a, an; one 1.1
  uno/a *m., f., sing. pron.* one 1.1
  a la una at one o'clock 1.1
  una vez *adv.* once; one time 1.6
  una vez más one more time 1.9
  unos/as *m., f., pl. indef. art.* some; *pron.* some 1.1
único/a *adj.* only 1.3
universidad *f.* university; college 1.2
usar *v.* to wear; to use 1.6
usted (Ud.) *form. sing.* you 1.1
  ustedes (Uds.) *form., pl.* you 1.1
útil *adj.* useful
uva *f.* grape 1.8

V

vacaciones *f. pl.* vacation 1.5
vamos let's go 1.4
varios/as *adj., pl.* various; several 1.8
veces *f., pl.* times 1.6
veinte *n., adj.* twenty 1.1
veinticinco *n., adj.* twenty-five 1.1
veinticuatro *n., adj.* twenty-four 1.1
veintidós *n., adj.* twenty-two 1.1
veintinueve *n., adj.* twenty-nine 1.1
veintiocho *n., adj.* twenty-eight 1.1
veintiséis *n., adj.* twenty-six 1.1
veintisiete *n., adj.* twenty-seven 1.1
veintitrés *n., adj.* twenty-three 1.1
veintiún, veintiuno/a *n., adj.* twenty-one 1.1
vejez *f.* old age 1.9
vendedor(a) *m., f.* salesperson 1.6
vender *v.* to sell 1.6
venir *v.* to come 1.3
ventana *f.* window 1.2
ver *v.* to see 1.4
  a ver let's see 1.2
  ver películas to see movies 1.4
verano *m.* summer 1.5
verbo *m.* verb
verdad *f.* truth
  ¿verdad? right? 1.1
verde *adj.* green 1.3
verduras *f., pl.* vegetables 1.8
vestido *m.* dress 1.6
vestirse (e:i) *v.* to get dressed 1.7
vez *f.* time 1.6
viajar *v.* to travel 1.2
viaje *m.* trip 1.5
viajero/a *m., f.* traveler 1.5
vida *f.* life 1.9
video *m.* video 1.1
videojuego *m.* video game 1.4
viejo/a *adj.* old 1.3
viento *m.* wind 1.5
viernes *m., sing.* Friday 1.2
vinagre *m.* vinegar 1.8
vino *m.* wine 1.8
  vino blanco *m.* white wine 1.8
  vino tinto *m.* red wine 1.8
visitar *v.* to visit 1.4
  visitar monumentos to visit monuments 1.4
viudo/a *adj.* widower; widow 1.9
vivir *v.* to live 1.3
vivo/a *adj.* bright; lively; living
vóleibol *m.* volleyball 1.4
volver (o:ue) *v.* to return 1.4
vos *pron.* you
vosotros/as *pron., form., pl.* you 1.1
vuelta *f.* return trip
vuestro(s)/a(s) *form., poss. adj.* your 1.3

W

walkman *m.* walkman

Y

y *conj.* and 1.1
  y cuarto quarter after (*time*) 1.1
  y media half-past (*time*) 1.1
  y quince quarter after (*time*) 1.1
  y treinta thirty (minutes past the hour) 1.1
  ¿Y tú? *fam.* And you? 1.1
  ¿Y usted? *form.* And you? 1.1
ya *adv.* already 1.6
yerno *m.* son-in-law 1.3
yo *sub. pron.* I 1.1
  Yo soy… I'm… 1.1
yogur *m.* yogurt 1.8

Z

zanahoria *f.* carrot 1.8
zapatos *m., pl.* shoes
  zapatos de tenis tennis shoes, sneakers 1.6

Vocabulario

English-Spanish

A

a **un, uno/a** *m., f., sing.; indef. art.* 1.1
A.M. **mañana** *f.* 1.1
able: be able to **poder (o:ue)** *v.* 1.4
aboard **a bordo** 1.1
accounting **contabilidad** *f.* 1.2
acquainted: be acquainted with **conocer** *v.* 1.6
additional **adicional** *adj.*
adjective **adjetivo** *m.*
adolescence **adolescencia** *f.* 1.9
advice **consejo** *m.* 1.6
  give advice **dar consejos** 1.6
affirmative **afirmativo/a** *adj.*
afraid: be (very) afraid (of) **tener (mucho) miedo (de)** 1.3
  be afraid that **tener miedo (de) que**
after **después de** *prep.* 1.7
afternoon **tarde** *f.* 1.1
afterward **después** *adv.* 1.7
again *adv.* **otra vez**
age **edad** *f.* 1.9
agree **concordar (o:ue)** *v.*
airplane **avión** *m.* 1.5
airport **aeropuerto** *m.* 1.5
alarm clock **despertador** *m.* 1.7
all **todo(s)/a(s)** *adj.* 1.4
  all of us **todos** 1.1
  all over the world **en todo el mundo**
alleviate **aliviar** *v.*
alone **solo/a** *adj.*
already **ya** *adv.* 1.6
also **también** *adv.* 1.2; 1.7
although *conj.* **aunque**
always **siempre** *adv.* 1.7
American (North) **norteamericano/a** *adj.* 1.3
among **entre** *prep.* 1.2
amusement **diversión** *f.*
and **y** 1.1, **e** (before words beginning with *i* or *hi*) 1.4
  And you? **¿Y tú?** *fam.* 1.1; **¿Y usted?** *form.* 1.1
angry **enojado/a** *adj.* 1.5
  get angry (with) **enojarse** *v.* **(con)** 1.7
anniversary **aniversario** *m.* 1.9
  (wedding) anniversary **aniversario** *m.* **(de bodas)** 1.9
annoy **molestar** *v.* 1.7
another **otro/a** *adj.* 1.6
answer **contestar** *v.* 1.2; **respuesta** *f.*
any **algún, alguno/a(s)** *adj.* 1.7
anyone **alguien** *pron.* 1.7
anything **algo** *pron.* 1.7
appear **parecer** *v.*
appetizers **entremeses** *m., pl.* 1.8
apple **manzana** *f.* 1.8
appointment **cita** *f.* 1.9
  have an appointment **tener** *v.* **una cita** 1.9
April **abril** *m.* 1.5
aquatic **acuático/a** *adj.* 1.4
archaeology **arqueología** *f.* 1.2
Argentina **Argentina** *f.* 1.1
Argentine **argentino/a** *adj.* 1.3
arrival **llegada** *f.* 1.5
arrive **llegar** *v.* 1.2
art **arte** *m.* 1.2
artist **artista** *m., f.* 1.3
as **como** 1.8
  as… as **tan… como** 1.8
  as many… as **tantos/as… como** 1.8
  as much… as **tanto… como** 1.8
ask (a question) **preguntar** *v.* 1.2
  ask for **pedir (e:i)** *v.* 1.4
asparagus **espárragos** *m., pl.* 1.8
at **a** *prep.* 1.1; **en** *prep.* 1.2
  at + *time* **a la(s)** + *time* 1.1
  at home **en casa** 1.7
  at night **por la noche** 1.7
  At what time…? **¿A qué hora…?** 1.1
attend **asistir (a)** *v.* 1.3
attract **atraer** *v.* 1.4
August **agosto** *m.* 1.5
aunt **tía** *f.* 1.3
  aunts and uncles **tíos** *m., pl.* 1.3
automatic **automático/a** *adj.*
automobile **automóvil** *m.* 1.5
autumn **otoño** *m.* 1.5
avenue **avenida** *f.*

B

backpack **mochila** *f.* 1.2
bad **mal, malo/a** *adj.* 1.3
  It's not at all bad. **No está nada mal.** 1.5
bag **bolsa** *f.* 1.6
ball **pelota** *f.* 1.4
banana **banana** *f.* 1.8
bargain **ganga** *f.* 1.6; **regatear** *v.* 1.6
baseball (*game*) **béisbol** *m.* 1.4
basketball (*game*) **baloncesto** *m.* 1.4
bathe **bañarse** *v.* 1.7
bathing suit **traje** *m.* **de baño** 1.6
bathroom **baño** *m.* 1.7; **cuarto de baño** *m.* 1.7
be **ser** *v.* 1.1; **estar** *v.* 1.2
  be… years old **tener… años** 1.3
beach **playa** *f.* 1.5
beans **frijoles** *m., pl.* 1.8
beautiful **hermoso/a** *adj.* 1.6
because **porque** *conj.* 1.2
become (+ *adj.*) **ponerse (+ *adj.*)** 1.7; **convertirse (e:ie)** *v.*
bed **cama** *f.* 1.5
  go to bed **acostarse (o:ue)** *v.* 1.7
beef **carne de res** *f.* 1.8
before **antes** *adv.* 1.7; **antes de** *prep.* 1.7
begin **comenzar (e:ie)** *v.* 1.4; **empezar (e:ie)** *v.* 1.4
behind **detrás de** *prep.* 1.2
believe (in) **creer** *v.* **(en)** 1.3
bellhop **botones** *m., f. sing.* 1.5
below **debajo de** *prep.* 1.2
belt **cinturón** *m.* 1.6
beside **al lado de** *prep.* 1.2
best **mejor** *adj.*
  the best **el/la mejor** *adj.* 1.8
better **mejor** *adj.* 1.8
between **entre** *prep.* 1.2
bicycle **bicicleta** *f.* 1.4
big **gran, grande** *adj.* 1.3
bill **cuenta** *f.* 1.9
billion *m.* **mil millones**
biology **biología** *f.* 1.2
birth **nacimiento** *m.* 1.9
birthday **cumpleaños** *m., sing.* 1.9
  have a birthday **cumplir** *v.* **años** 1.9
biscuit **bizcocho** *m.*
black **negro/a** *adj.* 1.3
blackberry **mora** *f.* 1.8
blackboard **pizarra** *f.* 1.2
blond(e) **rubio/a** *adj.* 1.3
blouse **blusa** *f.* 1.6
blue **azul** *adj.* 1.3
boardinghouse **pensión** *f.*
boat **barco** *m.* 1.5
book **libro** *m.* 1.2
bookstore **librería** *f.* 1.2
boot **bota** *f.* 1.6
bore **aburrir** *v.* 1.7
bored **aburrido/a** *adj.* 1.5
  be bored **estar** *v.* **aburrido/a** 1.5
boring **aburrido/a** *adj.* 1.5
born: be born **nacer** *v.* 1.9
borrowed **prestado/a** *adj.*
bother **molestar** *v.* 1.7
bottle **botella** *f.* 1.9
bottom **fondo** *m.*
boulevard **bulevar** *m.*
boy **chico** *m.* 1.1; **muchacho** *m.* 1.3
boyfriend **novio** *m.* 1.3
brakes **frenos** *m., pl.*
bread **pan** *m.* 1.8
break up (with) **romper** *v.* **(con)** 1.9
breakfast **desayuno** *m.* 1.2, 1.8
  have breakfast **desayunar** *v.* 1.2
bring **traer** *v.* 1.4

Vocabulario — English-Spanish

brochure **folleto** *m.*
brother **hermano** *m.* 1.3
   brothers and sisters **hermanos** *m., pl.* 1.3
brother-in-law **cuñado** *m.* 1.3
brown **café** *adj.* 1.6; **marrón** *adj.* 1.6
brunet(te) **moreno/a** *adj.* 1.3
brush **cepillar** *v.* 1.7
   brush one's hair **cepillarse el pelo** 1.7
   brush one's teeth **cepillarse los dientes** 1.7
build **construir** *v.* 1.4
bus **autobús** *m.* 1.1
   bus station **estación** *f.* **de autobuses** 1.5
business administration **administración** *f.* **de empresas** 1.2
busy **ocupado/a** *adj.* 1.5
but **pero** *conj.* 1.2; (*rather*) **sino** *conj.* (*in negative sentences*) 1.7
butter **mantequilla** *f.* 1.8
buy **comprar** *v.* 1.2
by plane **en avión** 1.5
bye **chau** *interj. fam.* 1.1

C

café **café** *m.* 1.4
cafeteria **cafetería** *f.* 1.2
cake **pastel** *m.* 1.9
   chocolate cake **pastel de chocolate** *m.* 1.9
calculator **calculadora** *f.* 1.2
call **llamar** *v.*
   call on the phone **llamar por teléfono**
   be called **llamarse** *v.* 1.7
camp **acampar** *v.* 1.5
can **poder (o:ue)** *v.* 1.4
Canadian **canadiense** *adj.* 1.3
candy **dulces** *m., pl.* 1.9
capital city **capital** *f.* 1.1
car **auto(móvil)** *m.* 1.5
caramel **caramelo** *m.* 1.9
card **tarjeta** *f.*; (*playing*) **carta** *f.* 1.5
care **cuidado** *m.* 1.3
careful: be (very) careful **tener** *v.* **(mucho) cuidado** 1.3
carrot **zanahoria** *f.* 1.8
carry **llevar** *v.* 1.2
cash **(en) efectivo** 1.6
cash register **caja** *f.* 1.6
cashier **cajero/a** *m., f.*
celebrate **celebrar** *v.* 1.9
celebration **celebración** *f.*
   young woman's fifteenth birthday celebration **quinceañera** *f.* 1.9
cereal **cereales** *m., pl.* 1.8
chalk **tiza** *f.* 1.2
champagne **champán** *m.* 1.9

change **cambiar** *v.* **(de)** 1.9
chat **conversar** *v.* 1.2
chauffeur **conductor(a)** *m., f.* 1.1
cheap **barato/a** *adj.* 1.6
cheese **queso** *m.* 1.8
chemistry **química** *f.* 1.2
chicken **pollo** *m.* 1.8
child **niño/a** *m., f.* 1.3
childhood **niñez** *f.* 1.9
children **hijos** *m., pl.* 1.3
Chinese **chino/a** *adj.* 1.3
chocolate **chocolate** *m.* 1.9
   chocolate cake **pastel** *m.* **de chocolate** 1.9
choose **escoger** *v.* 1.8
chop (*food*) **chuleta** *f.* 1.8
Christmas **Navidad** *f.* 1.9
church **iglesia** *f.* 1.4
city **ciudad** *f.* 1.4
class **clase** *f.* 1.2
   take classes **tomar clases** 1.2
classmate **compañero/a** *m., f.* **de clase** 1.2
clean **limpio/a** *adj.* 1.5
clear (*weather*) **despejado/a** *adj.*
   It's (very) clear. (*weather*) **Está (muy) despejado.**
clerk **dependiente/a** *m., f.* 1.6
climb **escalar** *v.* 1.4
   climb mountains **escalar montañas** 1.4
clock **reloj** *m.* 1.2
close **cerrar (e:ie)** *v.* 1.4
closed **cerrado/a** *adj.* 1.5
clothes **ropa** *f.* 1.6
clothing **ropa** *f.* 1.6
cloudy **nublado/a** *adj.* 1.5
   It's (very) cloudy. **Está (muy) nublado.** 1.5
coat **abrigo** *m.* 1.6
coffee **café** *m.* 1.8
cold **frío** *m.* 1.5;
   be (feel) (very) cold **tener (mucho) frío** 1.3
   It's (very) cold. (*weather*) **Hace (mucho) frío.** 1.5
college **universidad** *f.* 1.2
color **color** *m.* 1.3, 1.6
comb one's hair **peinarse** *v.* 1.7
come **venir** *v.* 1.3
comfortable **cómodo/a** *adj.* 1.5
community **comunidad** *f.* 1.1
comparison **comparación** *f.*
computer **computadora** *f.* 1.1
   computer disc **disco** *m.*
   computer programmer **programador(a)** *m., f.* 1.3
   computer science **computación** *f.* 1.2
confirm **confirmar** *v.* 1.5
   confirm a reservation **confirmar una reservación** 1.5
confused **confundido/a** *adj.* 1.5
Congratulations! **¡Felicidades!; ¡Felicitaciones!** *f. pl.* 1.9
contamination **contaminación** *f.*

content **contento/a** *adj.* 1.5
continue **seguir (e:i)** *v.* 1.4
control **control** *m.*
   be under control **estar bajo control** 1.7
conversation **conversación** *f.* 1.1
converse **conversar** *v.* 1.2
cookie **galleta** *f.* 1.9
cool **fresco/a** *adj.* 1.5
   Be cool. **Tranquilo/a.**
   It's cool. (*weather*) **Hace fresco.** 1.5
corn **maíz** *m.* 1.8
cost **costar (o:ue)** *v.* 1.6
Costa Rica **Costa Rica** *f.* 1.1
Costa Rican **costarricense** *adj.* 1.3
cotton **algodón** *f.* 1.6
   (made of) cotton **de algodón** 1.6
count (on) **contar (o:ue)** *v.* **(con)** 1.4
country (*nation*) **país** *m.* 1.1
countryside **campo** *m.* 1.5
couple (*married*) **pareja** *f.* 1.9
course **curso** *m.* 1.2; **materia** *f.* 1.2
courtesy **cortesía** *f.*
cousin **primo/a** *m., f.* 1.3
cover **cubrir** *v.*
covered **cubierto** *p.p.*
crazy **loco/a** *adj.* 1.6
create **crear** *v.*
credit **crédito** *m.* 1.6
   credit card **tarjeta** *f.* **de crédito** 1.6
Cuba **Cuba** *f.* 1.1
Cuban **cubano/a** *adj.* 1.3
culture **cultura** *f.* 1.2
currency exchange **cambio** *m.* **de moneda**
custard (*baked*) **flan** *m.* 1.9
custom **costumbre** *f.* 1.1
customer **cliente/a** *m., f.* 1.6
customs **aduana** *f.* 1.5
   customs inspector **inspector(a)** *m., f.* **de aduanas** 1.5
cycling **ciclismo** *m.* 1.4

D

dad **papá** *m.* 1.3
daily **diario/a** *adj.* 1.7
   daily routine **rutina** *f.* **diaria** 1.7
dance **bailar** *v.* 1.2
date (*appointment*) **cita** *f.* 1.9; (*calendar*) **fecha** *f.* 1.5; (*someone*) **salir** *v.* **con (alguien)** 1.9
   have a date **tener una cita** 1.9
daughter **hija** *f.* 1.3
daughter-in-law **nuera** *f.* 1.3
day **día** *m.* 1.1

Vocabulario

English-Spanish

day before yesterday **anteayer** *adv.* 1.6
death **muerte** *f.* 1.9
December **diciembre** *m.* 1.5
decide **decidir** *v.* (**+** *inf.*) 1.3
delicious **delicioso/a** *adj.* 1.8; **rico/a** *adj.* 1.8; **sabroso/a** *adj.* 1.8
delighted **encantado/a** *adj.* 1.1
department store **almacén** *m.* 1.6
departure **salida** *f.* 1.5
describe **describir** *v.* 1.3
design **diseño** *m.*
desire **desear** *v.* 1.2
desk **escritorio** *m.* 1.2
dessert **postre** *m.* 1.9
diary **diario** *m.* 1.1
dictionary **diccionario** *m.* 1.1
die **morir (o:ue)** *v.* 1.8
difficult **difícil** *adj.* 1.3
dinner **cena** *f.* 1.2, 1.8
    have dinner **cenar** *v.* 1.2
dirty **ensuciar** *v.*; **sucio/a** *adj.* 1.5
disagree **no estar de acuerdo**
dish **plato** *m.* 1.8
    main dish *m.* **plato principal** 1.8
disk **disco** *m.*
disorderly **desordenado/a** *adj.* 1.5
dive **bucear** *v.* 1.4
divorce **divorcio** *m.* 1.9
divorced **divorciado/a** *adj.* 1.9
    get divorced (from) **divorciarse** *v.* **(de)** 1.9
do **hacer** *v.* 1.4
    (I) don't want to. **No quiero.** 1.4
doctor **doctor(a)** *m., f.* 1.3; **médico/a** *m., f.* 1.3
domestic **doméstico/a** *adj.*
    domestic appliance **electrodoméstico** *m.*
door **puerta** *f.* 1.2
dormitory **residencia** *f.* **estudiantil** 1.2
double **doble** *adj.* 1.5
    double room **habitación** *f.* **doble** 1.5
downtown **centro** *m.* 1.4
draw **dibujar** *v.* 1.2
dress **vestido** *m.* 1.6
    get dressed **vestirse (e:i)** *v.* 1.7
drink **beber** *v.* 1.3; **tomar** *v.* 1.2
    bebida *f.* 1.8
drive **conducir** *v.* 1.6
driver **conductor(a)** *m., f.* 1.1
dry oneself **secarse** *v.* 1.7
during **durante** *prep.* 1.7

E

each **cada** *adj.* 1.6
eagle **águila** *f.*
early **temprano** *adv.* 1.7
ease **aliviar** *v.*
easy **fácil** *adj.* 1.3
eat **comer** *v.* 1.3
economics **economía** *f.* 1.2
Ecuador **Ecuador** *m.* 1.1
Ecuadorian **ecuatoriano/a** *adj.* 1.3
effective **eficaz** *adj.*
egg **huevo** *m.* 1.8
eight **ocho** *n., adj.* 1.1
eight hundred **ochocientos/as** *n., adj.* 1.2
eighteen **dieciocho** *n., adj.* 1.1
eighth **octavo/a** *adj.* 1.5
eighty **ochenta** *n., adj.* 1.2
either… or **o… o** *conj.* 1.7
eldest **el/la mayor** *adj.* 1.8
elegant **elegante** *adj.* 1.6
elevator **ascensor** *m.* 1.5
eleven **once** *n., adj.* 1.1
e-mail **correo** *m.* **electrónico** 1.4
    e-mail message **mensaje** *m.* **electrónico** 1.4
    read e-mail **leer** *v.* **el correo electrónico** 1.4
embarrassed **avergonzado/a** *adj.* 1.5
employee **empleado/a** *m., f.* 1.5
end **fin** *m.* 1.4; **terminar** *v.* 1.2
engaged: get engaged (to) **comprometerse** *v.* **(con)** 1.9
engineer **ingeniero/a** *m., f.* 1.3
English (*language*) **inglés** *m.* 1.2; **inglés, inglesa** *adj.* 1.3
entertainment **diversión** *f.* 1.4
eraser **borrador** *m.* 1.2
establish **establecer** *v.*
evening **tarde** *f.* 1.1
everybody **todos** *m., pl.*
everything **todo** *m.* 1.5
    Everything is under control. **Todo está bajo control.** 1.7
exactly **en punto** 1.1
exam **examen** *m.* 1.2
excellent **excelente** *adj.* 1.5
exciting **emocionante** *adj.*
excursion **excursión** *f.*
excuse **disculpar** *v.*
    Excuse me. (*May I?*) **Con permiso.** 1.1; (*I beg your pardon.*) **Perdón.** 1.1
exit **salida** *f.* 1.5
expensive **caro/a** *adj.* 1.6
explain **explicar** *v.* 1.2
explore **explorar** *v.*
expression **expresión** *f.*
extremely delicious **riquísimo/a** *adj.* 1.8

F

fabulous **fabuloso/a** *adj.* 1.5
face **cara** *f.* 1.7
fact: in fact **de hecho**
fall (*season*) **otoño** *m.* 1.5
fall: fall asleep **dormirse (o:ue)** *v.* 1.7
    fall in love (with) **enamorarse** *v.* **(de)** 1.9
family **familia** *f.* 1.3
fan **aficionado/a** *adj.* 1.4
    be a fan (of) **ser aficionado/a (a)** 1.4
far from **lejos de** *prep.* 1.2
farewell **despedida** *f.* 1.1
fascinate **fascinar** *v.* 1.7
fashion **moda** *f.* 1.6
    be in fashion **estar de moda** 1.6
fast **rápido/a** *adj.*
fat **gordo/a** *adj.* 1.3
father **padre** *m.* 1.3
father-in-law **suegro** *m.* 1.3
favorite **favorito/a** *adj.* 1.4
fear **miedo** *m.* 1.3
February **febrero** *m.* 1.5
feel **sentir(se) (e:ie)** *v.* 1.7
    feel like (*doing something*) **tener ganas de (+** *inf.***)** 1.3
few **pocos/as** *adj., pl.*
    fewer than **menos de (+** *number***)** 1.8
field: major field of study **especialización** *f.*
fifteen *n., adj.* **quince** 1.1
    fifteen-year-old girl **quinceañera** *f.* 1.9
    young woman celebrating her fifteenth birthday **quinceañera** *f.* 1.9
fifth **quinto/a** *n., adj.* 1.5
fifty **cincuenta** *n., adj.* 1.2
figure (*number*) **cifra** *f.*
finally **por último** 1.7
find **encontrar (o:ue)** *v.* 1.4
    find (each other) **encontrar(se)** *v.*
fine **multa** *f.*
finish **terminar** *v.* 1.2
    finish (*doing something*) **terminar** *v.* **de (+** *inf.***)** 1.4
first **primer, primero/a** *n., adj.* 1.5
fish (*food*) **pescado** *m.* 1.8
fisherman **pescador** *m.*
fisherwoman **pescadora** *f.*
fishing **pesca** *f.* 1.5
fit (*clothing*) **quedar** *v.* 1.7
five **cinco** *n., adj.* 1.1
five hundred **quinientos/as** *n., adj.* 1.2
fixed **fijo/a** *adj.* 1.6
flag **bandera** *f.*
flank steak **lomo** *m.* 1.8

floor (*of a building*) **piso** *m.* 1.5
  ground floor **planta** *f.* **baja** 1.5
  top floor **planta** *f.* **alta**
fog **niebla** *f.*
follow **seguir (e:i)** *v.* 1.4
food **comida** *f.* 1.8; **alimento** *m.*
foolish **tonto/a** *adj.* 1.3
football **fútbol** *m.* **americano** 1.4
for me **para mí** 1.8
forbid **prohibir** *v.*
foreign languages **lenguas** *f. pl.* **extranjeras** 1.2
forty **cuarenta** *n., adj.* 1.2
four **cuatro** *n., adj.* 1.1
four hundred **cuatrocientos/as** *n., adj.* 1.2
fourteen **catorce** *n., adj.* 1.1
fourth **cuarto/a** *n., adj.* 1.5
free **libre** *adj.* 1.4
  free time **tiempo libre; ratos libres** 1.4
French **francés, francesa** *adj.* 1.3
French fries **papas** *f., pl.* **fritas** 1.8; **patatas** *f., pl.* **fritas** 1.8
Friday **viernes** *m., sing.* 1.2
fried **frito/a** *adj.* 1.8
  fried potatoes **papas** *f., pl.* **fritas** 1.8; **patatas** *f., pl.* **fritas** 1.8
friend **amigo/a** *m., f.* 1.3
friendly **amable** *adj.* 1.5
friendship **amistad** *f.* 1.9
from **de** *prep.* 1.1; **desde** *prep.* 1.6
  from the United States **estadounidense** *adj.* 1.3
  He/She/It is from… **Es de…** 1.1
  I'm from… **Soy de…** 1.1
fruit **fruta** *f.* 1.8
  fruit juice **jugo** *m.* **de fruta** 1.8
fun **divertido/a** *adj.* 1.7
  fun activity **diversión** *f.* 1.4
  have fun **divertirse (e:ie)** *v.* 1.9
function **funcionar** *v.*

G

game **juego** *m.*; (*match*) **partido** *m.* 1.4
garlic **ajo** *m.* 1.8
geography **geografía** *f.* 1.2
German **alemán, alemana** *adj.* 1.3
get **conseguir (e:i)** *v.* 1.4
  get along well/badly (with) **llevarse bien/mal (con)** 1.9
  get up **levantarse** *v.* 1.7
gift **regalo** *m.* 1.6

girl **chica** *f.* 1.1; **muchacha** *f.* 1.3
girlfriend **novia** *f.* 1.3
give **dar** *v.* 1.6, 1.9; (*as a gift*) **regalar** 1.9
glasses **gafas** *f., pl.* 1.6
  sunglasses **gafas** *f., pl.* **de sol** 1.6
gloves **guantes** *m., pl.* 1.6
go **ir** *v.* 1.4
  go away **irse** 1.7
  go by boat **ir en barco** 1.5
  go by bus **ir en autobús** 1.5
  go by car **ir en auto(móvil)** 1.5
  go by motorcycle **ir en motocicleta** 1.5
  go by taxi **ir en taxi** 1.5
  go down **bajar(se)** *v.*
  go on a hike (in the mountains) **ir de excursión (a las montañas)** 1.4
  go out **salir** *v.* 1.9
  go out (with) **salir** *v.* **(con)** 1.9
  go up **subir** *v.*
  Let's go. **Vamos.** 1.4
  be going to (*do something*) **ir a (+ inf.)** 1.4
golf **golf** *m.* 1.4
good **buen, bueno/a** *adj.* 1.3, 1.6
  Good afternoon. **Buenas tardes.** 1.1
  Good evening. **Buenas noches.** 1.1
  Good idea. **Buena idea.** 1.4
  Good morning. **Buenos días.** 1.1
  Good night. **Buenas noches.** 1.1
good-bye **adiós** *m.* 1.1
  say good-bye (to) **despedirse (e:i) (de)** *v.*
good-looking **guapo/a** *adj.* 1.3
graduate (from/in) **graduarse** *v.* **(de/en)** 1.9
grains **cereales** *m., pl.* 1.8
granddaughter **nieta** *f.* 1.3
grandfather **abuelo** *m.* 1.3
grandmother **abuela** *f.* 1.3
grandparents **abuelos** *m. pl.* 1.3
grandson **nieto** *m.* 1.3
grape **uva** *f.* 1.8
gray **gris** *adj.* 1.6
great **fenomenal** *adj.* 1.5
great-grandfather **bisabuelo** *m.* 1.3
great-grandmother **bisabuela** *f.* 1.3
green **verde** *adj.* 1.3
greeting **saludo** *m.* 1.1
  Greetings to… **Saludos a…** 1.1
  grilled flank steak **lomo** *m.* **a la plancha** 1.8

ground floor **planta baja** *f.* 1.5
guest (at a house/hotel) **huésped** *m., f.* 1.5; (*invited to a function*) **invitado/a** *m., f.* 1.9
gymnasium **gimnasio** *m.* 1.4

H

hair **pelo** *m.* 1.7
half **medio/a** *adj.* 1.3
  half-past… (*time*) **…y media** 1.1
half-brother **medio hermano** 1.3
half-sister **media hermana** 1.3
ham **jamón** *m.* 1.8
hamburger **hamburguesa** *f.* 1.8
hand **mano** *f.* 1.1
  Hands up! **¡Manos arriba!**
handsome **guapo/a** *adj.* 1.3
happiness **alegría** *v.* 1.9
happy **alegre** *adj.* 1.5; **contento/a** *adj.* 1.5; **feliz** *adj.* 1.5
  Happy birthday! **¡Feliz cumpleaños!** 1.9
hard **difícil** *adj.* 1.3
hard-working **trabajador(a)** *adj.* 1.3
haste **prisa** *f.* 1.3
hat **sombrero** *m.* 1.6
hate **odiar** *v.* 1.9
have **tener** *v.* 1.3
  Have a good trip! **¡Buen viaje!** 1.1
  have time **tener tiempo** 1.4
  have to (*do something*) **tener que (+ inf.)** 1.3; **deber (+ inf.)**
he **él** *sub. pron.* 1.1
hear **oír** *v.* 1.4
heat **calor** *m.* 1.5
Hello. **Hola.** 1.1
help **servir (e:i)** *v.* 1.5
her **su(s)** *poss. adj.* 1.3; **la** *f., sing., d.o. pron.* 1.5
  to/for her **le** *f., sing., i.o. pron.* 1.6
here **aquí** *adv.* 1.1
  Here it is. **Aquí está.** 1.5
  Here we are at/in… **Aquí estamos en…**
Hi. **Hola.** 1.1
hike **excursión** *f.* 1.4
  go on a hike **hacer una excursión; ir de excursión** 1.4
hiker **excursionista** *m., f.*
hiking **de excursión** 1.4
him **lo** *m., sing., d.o. pron.* 1.5
  to/for him **le** *m., sing., i.o. pron.* 1.6
his **su(s)** *poss. adj.* 1.3
history **historia** *f.* 1.2
hobby **pasatiempo** *m.* 1.4

Vocabulario

English-Spanish

hockey **hockey** *m.* 1.4
holiday **día** *m.* **de fiesta** 1.9
home **casa** *f.* 1.2
homework **tarea** *f.* 1.2
hope **esperar** *v.* (+ *inf.*) 1.2
hors d'oeuvres **entremeses** *m.*, *pl.* 1.8
horse **caballo** *m.* 1.5
hot: be *(feel)* (very) hot **tener (mucho) calor** 1.5
    It's (very) hot **Hace (mucho) calor** 1.5
hotel **hotel** *m.* 1.5
hour **hora** *f.* 1.1
house **casa** *f.* 1.2
How...! **¡Qué...!** 1.3
    how? **¿cómo?** *adv.* 1.1
    How are you? **¿Qué tal?** 1.1
    How are you? **¿Cómo estás?** *fam.* 1.1
    How are you? **¿Cómo está usted?** *form.* 1.1
    How can I help you? **¿En qué puedo servirles?** 1.5
    How is it going? **¿Qué tal?** 1.1
    How is/are...? **¿Qué tal...?** 1.2
    How much/many? **¿Cuánto(s)/a(s)?** 1.1
    How much does... cost? **¿Cuánto cuesta...?** 1.6
    How old are you? **¿Cuántos años tienes?** *fam.* 1.3
however **sin embargo**
humanities **humanidades** *f., pl.* 1.2
hundred **cien, ciento** *n., adj.* 1.2
hunger **hambre** *f.* 1.3
hungry: be (very) hungry **tener** *v.* **(mucha) hambre** 1.3
hurry
    be in a (big) hurry **tener** *v.* **(mucha) prisa** 1.3
husband **esposo** *m.* 1.3

I

I **Yo** *sub. pron.* 1.1
    I am... **Yo soy...** 1.1
ice cream **helado** *m.* 1.9
iced **helado/a** *adj.* 1.8
    iced tea **té** *m.* **helado** 1.8
idea **idea** *f.* 1.4
if **si** *conj.* 1.4
important **importante** *adj.* 1.3
    be important to **importar** *v.* 1.7
in **en** *prep.* 1.2
    in a bad mood **de mal humor** 1.5
    in a good mood **de buen humor** 1.5
    in front of **delante de** *prep.* 1.2
    in love (with) **enamorado/a (de)** 1.5

in the afternoon **de la tarde** 1.1; **por la tarde** 1.7
in the direction of **para** *prep.* 1.1
in the early evening **de la tarde** 1.1
in the evening **de la noche** 1.1; **por la tarde** 1.7
in the morning **de la mañana** 1.1; **por la mañana** 1.7
incredible **increíble** *adj.* 1.5
inside **dentro** *adv.*
intelligent **inteligente** *adj.* 1.3
intend to **pensar** *v.* (+ *inf.*) 1.4
interest **interesar** *v.* 1.7
interesting **interesante** *adj.* 1.3
    be interesting to **interesar** *v.* 1.7
introduction **presentación** *f.*
    I would like to introduce you to (name). **Le presento a...** *form.* 1.1; **Te presento a...** *fam.* 1.1
invite **invitar** *v.* 1.9
it **lo/la** *sing., d.o., pron.* 1.5
    It's me. **Soy yo.** 1.1
Italian **italiano/a** *adj.* 1.3
its **su(s)** *poss. adj.* 1.3

J

jacket **chaqueta** *f.* 1.6
January **enero** *m.* 1.5
Japanese **japonés, japonesa** *adj.* 1.3
jeans **(blue)jeans** *m., pl.* 1.6
jog **correr** *v.*
journalism **periodismo** *m.* 1.2
journalist **periodista** *m., f.* 1.3
joy **alegría** *f.* 1.9
    give joy **dar** *v.* **alegría** 1.9
joyful **alegre** *adj.* 1.5
juice **jugo** *m.* 1.8
July **julio** *m.* 1.5
June **junio** *m.* 1.5
just **apenas** *adv.*
    have just (*done something*) **acabar de** (+ *inf.*) 1.6

K

key **llave** *f.* 1.5
kind: That's very kind of you. **Muy amable.** 1.5
kiss **beso** *m.* 1.9
know **saber** *v.* 1.6; **conocer** *v.* 1.6
    know how **saber** *v.* 1.6

L

laboratory **laboratorio** *m.* 1.2
lack **faltar** *v.* 1.7
landlord **dueño/a** *m., f.* 1.8
landscape **paisaje** *m.* 1.5

language **lengua** *f.* 1.2
large **grande** *adj.* 1.3;
    (*clothing size*) **talla grande**
last **pasado/a** *adj.* 1.6; **último/a** *adj.*
    last name **apellido** *m.* 1.3
    last night **anoche** *adv.* 1.6
    last week **semana** *f.* **pasada** 1.6
    last year **año** *m.* **pasado** 1.6
late **tarde** *adv.* 1.7
later (on) **más tarde** 1.7
    See you later. **Hasta la vista.** 1.1; **Hasta luego.** 1.1
laugh **reírse (e:i)** *v.* 1.9
lazy **perezoso/a** *adj.*
learn **aprender** *v.* (a + *inf.*) 1.3
leave **salir** *v.* 1.4; **irse** *v.* 1.7
    leave a tip **dejar una propina** 1.9
    leave for (*a place*) **salir para**
    leave from **salir de**
left **izquierdo/a** *adj.* 1.2
    be left over **quedar** *v.* 1.7
    to the left of **a la izquierda de** 1.2
lemon **limón** *m.* 1.8
lend **prestar** *v.* 1.6
less **menos** *adv.*
    less... than **menos... que** 1.8
    less than **menos de** (+ *number*) 1.8
lesson **lección** *f.* 1.1
let's see **a ver** 1.2
letter **carta** *f.* 1.4
lettuce **lechuga** *f.* 1.8
library **biblioteca** *f.* 1.2
lie **mentira** *f.* 1.4
life **vida** *f.* 1.9
like **como** *prep.* 1.8; **gustar** *v.* 1.2
    Do you like...? **¿Te gusta(n)...?** 1.2
    I don't like them at all. **No me gustan nada.** 1.2
    I like... **Me gusta(n)...** 1.2
    like very much **encantar** *v.*; **fascinar** *v.* 1.7
likeable **simpático/a** *adj.* 1.3
likewise **igualmente** *adv.* 1.1
line **línea** *f.*
listen (to) **escuchar** *v.* 1.2
    Listen! (*command*) **¡Oye!** *fam., sing.* 1.1; **¡Oiga/Oigan!** *form., sing./pl.* 1.1
    listen to music **escuchar música** 1.2
    listen (to) the radio **escuchar la radio** 1.2
literature **literatura** *f.* 1.2
little (*quantity*) **poco/a** *adj.* 1.5
live **vivir** *v.* 1.3
loan **prestar** *v.* 1.6
lobster **langosta** *f.* 1.8

Vocabulario

long **largo/a** adj. 1.6
look (at) **mirar** v. 1.2
  look for **buscar** v. 1.2
lose **perder (e:ie)** v. 1.4
lot of, a **mucho/a** adj. 1.2, 1.3
love (*another person*) **querer (e:ie)** v. 1.4; (*inanimate objects*) **encantar** v. 1.7; **amor** m. 1.9
  in love **enamorado/a** adj. 1.5
luck **suerte** f. 1.3
lucky: be (very) lucky **tener (mucha) suerte** 1.3
luggage **equipaje** m. 1.5
lunch **almuerzo** m. 1.8
  have lunch **almorzar (o:ue)** v. 1.4

M

ma'am **señora (Sra.)** f. 1.1
mad **enojado/a** adj. 1.5
magazine **revista** f. 1.4
magnificent **magnífico/a** adj. 1.5
main **principal** adj. 1.8
major **especialización** f. 1.2
make **hacer** v. 1.4
makeup **maquillaje** m. 1.7
  put on makeup **maquillarse** v. 1.7
man **hombre** m. 1.1
many **mucho/a** adj. 1.3
map **mapa** m. 1.2
March **marzo** m. 1.5
margarine **margarina** f. 1.8
marinated fish **ceviche** m. 1.8
  lemon-marinated shrimp **ceviche** m. **de camarón** 1.8
marital status **estado** m. **civil** 1.9
market **mercado** m. 1.6
  open-air market **mercado al aire libre** 1.6
marriage **matrimonio** m. 1.9
married **casado/a** adj. 1.9
  get married (to) **casarse** v. **(con)** 1.9
marvelous **maravilloso/a** adj. 1.5
match (*sports*) **partido** m. 1.4
  match (with) **hacer** v. **juego (con)** 1.6
mathematics **matemáticas** f., pl. 1.2
matter **importar** v. 1.7
maturity **madurez** f. 1.9
May **mayo** m. 1.5
maybe **tal vez** adv. 1.5; **quizás** adv. 1.5
mayonnaise **mayonesa** f. 1.8
me **me** sing., d.o. pron. 1.5; **mí** pron., obj. of prep. 1.9
  to/for me **me** sing., i.o. pron. 1.6

meal **comida** f. 1.8
meat **carne** f. 1.8
medium **mediano/a** adj.
meet (*each other*) **conocer(se)** v. 1.8
menu **menú** m. 1.8
message **mensaje** m.
Mexican **mexicano/a** adj. 1.3
Mexico **México** m. 1.1
middle age **madurez** f. 1.9
midnight **medianoche** f. 1.1
milk **leche** f. 1.8
million **millón** m. 1.2
  million of **millón de** m. 1.2
mineral water **agua** f. **mineral** 1.8
minute **minuto** m. 1.1
mirror **espejo** m. 1.7
Miss **señorita (Srta.)** f. 1.1
miss **perder (e:ie)** v. 1.4
mistaken **equivocado/a** adj.
modem **módem** m.
mom **mamá** f. 1.3
Monday **lunes** m., sing. 1.2
money **dinero** m. 1.6
month **mes** m. 1.5
monument **monumento** m. 1.4
more **más** 1.2
  more... than **más... que** 1.8
  more than **más de (+** *number***)** 1.8
morning **mañana** f. 1.1
mother **madre** f. 1.3
mother-in-law **suegra** f. 1.3
motor **motor** m.
motorcycle **motocicleta** f. 1.5
mountain **montaña** f. 1.4
movie **película** f. 1.4
movie theater **cine** m. 1.4
Mr. **señor (Sr.); don** m. 1.1
Mrs. **señora (Sra.); doña** f. 1.1
much **mucho/a** adj. 1.2, 1.3
  very much **muchísimo/a** adj. 1.2
municipal **municipal** adj. m., f.
museum **museo** m. 1.4
mushroom **champiñón** m. 1.8
music **música** f. 1.2
must **deber** v. **(+** *inf.***)** 1.3
  It must be... **Debe ser...** 1.6
my **mi(s)** poss. adj. 1.3

N

name **nombre** m. 1.1
  be named **llamarse** v. 1.7
  in the name of **a nombre de** 1.5
  last name m. **apellido**
  My name is... **Me llamo...** 1.1
nationality **nacionalidad** f. 1.1
near **cerca de** prep. 1.2
need **faltar** v. 1.7; **necesitar** v. **(+** *inf.***)** 1.2

negative **negativo/a** adj.
neither **tampoco** adv. 1.7
neither... nor **ni... ni** conj. 1.7
nephew **sobrino** m. 1.3
nervous **nervioso/a** adj. 1.5
never **nunca** adv. 1.7; **jamás** adv. 1.7
new **nuevo/a** adj. 1.6
newlywed **recién casado/a** m., f. 1.9
newspaper **periódico** m. 1.4
next to **al lado de** prep. 1.2
nice **simpático/a** adj. 1.3; **amable** adj. 1.5
niece **sobrina** f. 1.3
night **noche** f. 1.1
nine **nueve** n., adj. 1.1
nine hundred **novecientos/as** n., adj. 1.2
nineteen **diecinueve** n., adj. 1.1
ninety **noventa** n., adj. 1.2
ninth **noveno/a** n., adj. 1.5
no **no** adv. 1.1; **ningún, ninguno/a(s)** adj. 1.7
no one **nadie** pron. 1.7
No problem. **No hay problema.** 1.7
nobody **nadie** pron. 1.7
none **ningún, ninguno/a(s)** pron. 1.7
noon **mediodía** m. 1.1
nor **ni** conj. 1.7
not **no** 1.1
  not any **ningún, ninguno/a(s)** adj. 1.7
  not anyone **nadie** pron. 1.7
  not anything **nada** pron. 1.7
  not bad at all **nada mal** 1.5
  not either **tampoco** adv. 1.7
  not ever **nunca** adv. 1.7; **jamás** adv. 1.7
  Not very well. **No muy bien.** 1.1
notebook **cuaderno** m. 1.1
nothing **nada** pron. 1.1; 1.7
noun **sustantivo** m.
November **noviembre** m. 1.5
now **ahora** adv. 1.2
nowadays **hoy día** adv.
number **número** m. 1.1

O

obtain **conseguir (e:i)** v. 1.4
o'clock: It's... o'clock. **Son las...** 1.1
  It's one o'clock. **Es la una.** 1.1
October **octubre** m. 1.5
of **de** prep. 1.1
offer **ofrecer** v. 1.6
Oh! **¡Ay!**
oil **aceite** m. 1.8
OK **regular** adj. 1.1
  It's okay. **Está bien.**
old **viejo/a** adj. 1.3

Vocabulario — English-Spanish

old age **vejez** *f.* 1.9
older **mayor** *adj.* 1.3
  older brother/sister **hermano/a mayor** *m., f.* 1.3
oldest **el/la mayor** *adj.* 1.8
on **en** *prep.* 1.2; **sobre** *prep.* 1.2
  on the dot **en punto** 1.1
  on top of **encima de** 1.2
once **una vez** 1.6
one **un, uno/a** *m., f., sing. pron.* 1.1
  one hundred **cien(to)** *n., adj.* 1.2
  one million **un millón** *m.* 1.2
  one more time **una vez más** 1.9
  one thousand **mil** *n., adj.* 1.2
  one time **una vez** 1.6
onion **cebolla** *f.* 1.8
only **sólo** *adv.* 1.3; **único/a** *adj.* 1.3
  only child **hijo/a único/a** *m., f.* 1.3
open **abierto/a** *adj.* 1.5; **abrir** *v.* 1.3
open-air **al aire libre** 1.6
or **o** *conj.* 1.7
orange **anaranjado/a** *adj.* 1.6; **naranja** *f.* 1.8
order (*food*) **pedir (e:i)** *v.* 1.8
orderly **ordenado/a** *adj.* 1.5
ordinal (*numbers*) **ordinal** *adj.*
other **otro/a** *adj.* 1.6
ought to **deber** *v.* **(+ *inf.*)** 1.3
our **nuestro(s)/a(s)** *poss. adj.* 1.3
over **sobre** *prep.* 1.2
over there **allá** *adv.* 1.2
owner **dueño/a** *m., f.* 1.8

P

P.M. **tarde** *f.* 1.1
pack (one's suitcases) **hacer** *v.* **las maletas** 1.5
pair **par** *m.* 1.6
  pair of shoes **par de zapatos** *m.* 1.6
pants **pantalones** *m., pl.* 1.6
pantyhose **medias** *f., pl.* 1.6
paper **papel** *m.* 1.2
Pardon me. (*May I?*) **Con permiso.** 1.1; (*Excuse me.*) Pardon me. **Perdón.** 1.1
parents **padres** *m., pl.* 1.3; **papás** *m., pl.* 1.3
park **parque** *m.* 1.4
partner (*one of a married couple*) **pareja** *f.* 1.9
party **fiesta** *f.* 1.9
passed **pasado/a** *adj., p.p.*
passenger **pasajero/a** *m., f.* 1.1
passport **pasaporte** *m.* 1.5
past **pasado/a** *adj.* 1.6
pastime **pasatiempo** *m.* 1.4

pay **pagar** *v.* 1.6
  pay the bill **pagar la cuenta** 1.9
pea **arveja** *m.* 1.8
peach **melocotón** *m.* 1.8
pear **pera** *f.* 1.8
pen **pluma** *f.* 1.2
pencil **lápiz** *m.* 1.1
people **gente** *f.* 1.3
pepper (*black*) **pimienta** *f.* 1.8
perfect **perfecto/a** *adj.* 1.5
perhaps **quizás** *adv.*; **tal vez** *adv.*
permission **permiso** *m.*
person **persona** *f.* 1.3
phenomenal **fenomenal** *adj.* 1.5
photograph **foto(grafía)** *f.* 1.1
physician **doctor(a)** *m., f.*, **médico/a** *m., f.* 1.3
physics **física** *f. sing.* 1.2
pie **pastel** *m.* 1.9
pineapple **piña** *f.* 1.8
pink **rosado/a** *adj.* 1.6
place **lugar** *m.* 1.4; **poner** *v.* 1.4
plaid **de cuadros** 1.6
plans **planes** *m., pl.*
  have plans **tener planes**
play **jugar (u:ue)** *v.* 1.4; (cards) **jugar a (las cartas)** 1.5
  play sports **practicar deportes** 1.4
player **jugador(a)** *m., f.* 1.4
pleasant **agradable** *adj.*
please **por favor** 1.1
  Pleased to meet you. **Mucho gusto.** 1.1; **Encantado/a.** *adj.* 1.1
pleasing: be pleasing to **gustar** *v.* 1.2, 1.7
pleasure **gusto** *m.* 1.1
  The pleasure is mine. **El gusto es mío.** 1.1
polka-dotted **de lunares** 1.6
pool **piscina** *f.* 1.4
poor **pobre** *adj.* 1.6
pork **cerdo** *m.* 1.8
  pork chop **chuleta** *f.* **de cerdo** 1.8
possessive **posesivo/a** *adj.* 1.3
postcard **postal** *f.*
potato **papa** *f.* 1.8; **patata** *f.* 1.8
practice **practicar** *v.* 1.2
prefer **preferir (e:ie)** *v.* 1.4
prepare **preparar** *v.* 1.2
preposition **preposición** *f.*
pretty **bonito/a** *adj.* 1.3
price **precio** *m.* 1.6
  (fixed, set) price **precio** *m.* **fijo** 1.6
print **estampado/a** *adj*
private (*room*) **individual** *adj.*
problem **problema** *m.* 1.1
profession **profesión** *f.* 1.3
professor **profesor(a)** *m., f.*
program **programa** *m.* 1.1

programmer **programador(a)** *m., f.* 1.3
pronoun **pronombre** *m.*
psychology **psicología** *f.* 1.2
Puerto Rican **puertorriqueño/a** *adj.* 1.3
Puerto Rico **Puerto Rico** *m.* 1.1
pull a tooth **sacar una muela**
purchases **compras** *f., pl.* 1.5
purple **morado/a** *adj.* 1.6
purse **bolsa** *f.* 1.6
put **poner** *v.* 1.4
  put on (*clothing*) **ponerse** *v.* 1.7
  put on makeup **maquillarse** *v.* 1.7

Q

quality **calidad** *f.* 1.6
quarter **trimestre** *m.* 1.2
  quarter after (*time*) **y cuarto** 1.1; **y quince** 1.1
  quarter to (*time*) **menos cuarto** 1.1; **menos quince** 1.1
question **pregunta** *f.* 1.2
quiz **prueba** *f.* 1.2

R

radio (*medium*) **radio** *f.* 1.2
rain **llover (o:ue)** *v.* 1.5
  It's raining. **Llueve.** 1.5; **Está lloviendo.** 1.5
raincoat **impermeable** *m.* 1.6
read **leer** *v.* 1.3.
  read e-mail **leer correo electrónico** 1.4
  read a magazine **leer una revista** 1.4
  read a newspaper **leer un periódico** 1.4
ready **listo/a** *adj.* 1.5
receive **recibir** *v.* 1.3
recommend **recomendar (e:ie)** *v.* 1.8
recreation **diversión** *f.* 1.4
red **rojo/a** *adj.* 1.3
red-haired **pelirrojo/a** *adj.* 1.3
relatives **parientes** *m., pl.* 1.3
relax **relajarse** *v.* 1.9; **Tranquilo/a.** 1.7
remain **quedarse** *v.* 1.7
remember **acordarse (o:ue)** *v.* **(de)** 1.7; **recordar (o:ue)** *v.* 1.4
repeat **repetir (e:i)** *v.* 1.4
request **pedir (e:i)** *v.* 1.4
reservation **reservación** *f.* 1.5
rest **descansar** *v.* 1.2
restaurant **restaurante** *m.* 1.4
retire (*from work*) **jubilarse** *v.* 1.9
return **regresar** *v.* 1.2; **volver (o:ue)** *v.* 1.4

Vocabulario — English-Spanish

return trip **vuelta** *f.*
rice **arroz** *m.* 1.8
rich **rico/a** *adj.* 1.6
ride: ride a bicycle **pasear** *v.* **en bicicleta** 1.4
    ride a horse **montar** *v.* **a caballo** 1.5
right **derecha** *f.* 1.2
    be right **tener razón** 1.3
    right away **enseguida** *adv.* 1.9
    right now **ahora mismo** 1.5
    to the right of **a la derecha de** 1.2
    right? (*question tag*) **¿no?** 1.1; **¿verdad?** 1.1
road **camino** *m.*
roast **asado/a** *adj.* 1.8
roast chicken **pollo** *m.* **asado** 1.8
rollerblade **patinar en línea** *v.*
room **habitación** *f.* 1.5; **cuarto** *m.* 1.2; 1.7
roommate **compañero/a** *m., f.* **de cuarto** 1.2
roundtrip **de ida y vuelta** 1.5
    roundtrip ticket **pasaje** *m.* **de ida y vuelta** 1.5
routine **rutina** *f.* 1.7
run **correr** *v.* 1.3
Russian **ruso/a** *adj.* 1.3

S

sad **triste** *adj.* 1.5
safe **seguro/a** *adj.* 1.5
sailboard **tabla de windsurf** *f.* 1.5
salad **ensalada** *f.* 1.8
sale **rebaja** *f.* 1.6
salesperson **vendedor(a)** *m., f.* 1.6
salmon **salmón** *m.* 1.8
salt **sal** *f.* 1.8
same **mismo/a** *adj.* 1.3
sandal **sandalia** *f.* 1.6
sandwich **sándwich** *m.* 1.8
Saturday **sábado** *m.* 1.2
sausage **salchicha** *f.* 1.8
say **decir** *v.* 1.4
    say (that) **decir (que)** *v.* 1.4, 1.9
    say the answer **decir la respuesta** 1.4
scared: be (very) scared (of) **tener (mucho) miedo (de)** 1.3
schedule **horario** *m.* 1.2
school **escuela** *f.* 1.1
science *f.* **ciencia** 1.2
scuba dive **bucear** *v.* 1.4
sea **mar** *m.* 1.5
season **estación** *f.* 1.5
seat **silla** *f.* 1.2
second **segundo/a** *n., adj.* 1.5

see **ver** *v.* 1.4
    see movies **ver películas** 1.4
    See you. **Nos vemos.** 1.1
    See you later. **Hasta la vista.** 1.1; **Hasta luego.** 1.1
    See you soon. **Hasta pronto.** 1.1
    See you tomorrow. **Hasta mañana.** 1.1
seem **parecer** *v.* 1.6
sell **vender** *v.* 1.6
semester **semestre** *m.* 1.2
separate (from) **separarse** *v.* **(de)** 1.9
separated **separado/a** *adj.* 1.9
September **septiembre** *m.* 1.5
sequence **secuencia** *f.*
serve **servir (e:i)** *v.* 1.8
set (*fixed*) **fijo/a** *adj.* 1.6
seven **siete** *n., adj.* 1.1
seven hundred **setecientos/as** *n., adj.* 1.2
seventeen **diecisiete** *n., adj.* 1.1
seventh **séptimo/a** *n., adj.* 1.5
seventy **setenta** *n., adj.* 1.2
several **varios/as** *adj. pl.* 1.8
shampoo **champú** *m.* 1.7
share **compartir** *v.* 1.3
sharp (*time*) **en punto** 1.1
shave **afeitarse** *v.* 1.7
shaving cream **crema** *f.* **de afeitar** 1.7
she **ella** *sub. pron.* 1.1
shellfish **mariscos** *m., pl.* 1.8
ship **barco** *m.*
shirt **camisa** *f.* 1.6
shoe **zapato** *m.* 1.6
    shoe size **número** *m.* 1.6
    tennis shoes **zapatos** *m., pl.* **de tenis** 1.6
shop **tienda** *f.* 1.6
shopping: to go shopping **ir de compras** 1.5
shopping mall **centro comercial** *m.* 1.6
short (*in height*) **bajo/a** *adj.* 1.3; (*in length*) **corto/a** *adj.* 1.6
shorts **pantalones cortos** *m., pl.* 1.6
should (*do something*) **deber** *v.* **(+** *inf.***)** 1.3
show **mostrar (o:ue)** *v.* 1.4
shower **ducha** *f.* 1.7; **ducharse** *v.* 1.7
shrimp **camarón** *m.* 1.8
siblings **hermanos/as** *m., f. pl.* 1.3
silk **seda** *f.* 1.6
    (made of) silk **de seda** 1.6
silly **tonto/a** *adj.* 1.3
since **desde** *prep.*
sing **cantar** *v.* 1.2
single **soltero/a** *adj.* 1.9
    single room **habitación** *f.* **individual** 1.5

sink **lavabo** *m.* 1.7
sir **señor (Sr.)** *m.* 1.1
sister **hermana** *f.* 1.3
sister-in-law **cuñada** *f.* 1.3
sit down **sentarse (e:ie)** *v.* 1.7
six **seis** *n., adj.* 1.1
six hundred **seiscientos/as** *n., adj.* 1.2
sixteen **dieciséis** *n., adj.* 1.1
sixth **sexto/a** *n., adj.* 1.5
sixty **sesenta** *n., adj.* 1.2
size **talla** *f.* 1.6
    shoe size **número** *m.* 1.6
skate (in-line) **patinar** *v.* **(en línea)** 1.4
skateboard **andar en patineta** *v.* 1.4
ski **esquiar** *v.* 1.4
skiing **esquí** *m.* 1.4
    waterskiing **esquí** *m.* **acuático** 1.4
skirt **falda** *f.* 1.6
sleep **dormir (o:ue)** *v.* 1.4; **sueño** *m.* 1.3
    go to sleep **dormirse (o:ue)** *v.* 1.7
sleepy: be (very) sleepy **tener (mucho) sueño** 1.3
slender **delgado/a** *adj.* 1.3
slippers **pantuflas** *f.* 1.7
small **pequeño/a** *adj.* 1.3
smart **listo/a** *adj.* 1.5
smile **sonreír (e:i)** *v.* 1.9
smoggy: It's (very) smoggy. **Hay (mucha) contaminación.**
smoke **fumar** *v.* 1.8
smoking section **sección** *f.* **de fumar** 1.8
    nonsmoking section *f.* **sección de no fumar** 1.8
snack **merendar** *v.* 1.8
sneakers **los zapatos de tenis** 1.6
snow **nevar (e:ie)** *v.* 1.5; **nieve** *f.*
snowing: It's snowing. **Nieva.** 1.5; **Está nevando.** 1.5
so **tan** *adv.* 1.5
    so much **tanto** *adv.*
    so-so **regular** 1.1
soap **jabón** *m.* 1.7
soccer **fútbol** *m.* 1.4
sociology **sociología** *f.* 1.2
sock(s) **calcetín (calcetines)** *m.* 1.6
soft drink **refresco** *m.* 1.8
some **algún, alguno/a(s)** *adj.* 1.7; **unos/as** *pron. m., f. pl.; indef. art.* 1.1
somebody **alguien** *pron.* 1.7
someone **alguien** *pron.* 1.7
something **algo** *pron.* 1.7
son **hijo** *m.* 1.3
son-in-law **yerno** *m.* 1.3
soon **pronto** *adv.*
    See you soon. **Hasta pronto.** 1.1

Vocabulario — English-Spanish

sorry
  I'm sorry. **Lo siento.** 1.4
  I'm so sorry. **Mil perdones.** 1.4; **Lo siento muchísimo.** 1.4
soup **sopa** *f.* 1.8
Spain **España** *f.* 1.1
Spanish (*language*) **español** *m.* 1.2; **español(a)** *adj.* 1.3
spare time **ratos libres** 1.4
speak **hablar** *v.* 1.2
spelling **ortografía** *f.*; **ortográfico/a** *adj.*
spend (*money*) **gastar** *v.* 1.6
sport **deporte** *m.* 1.4
sports-related **deportivo/a** *adj.* 1.4
spouse **esposo/a** *m., f.* 1.3
spring **primavera** *f.* 1.5
square (city or town) **plaza** *f.* 1.4
stadium **estadio** *m.* 1.2
stage **etapa** *f.* 1.9
station **estación** *f.* 1.5
status: marital status **estado** *m.* **civil** 1.9
stay **quedarse** *v.* 1.7
steak **bistec** *m.* 1.8
step **etapa** *f.*
stepbrother **hermanastro** *m.* 1.3
stepdaughter **hijastra** *f.* 1.3
stepfather **padrastro** *m.* 1.3
stepmother **madrastra** *f.* 1.3
stepsister **hermanastra** *f.* 1.3
stepson **hijastro** *m.* 1.3
still **todavía** *adv.* 1.5
stockings **medias** *f., pl.* 1.6
store **tienda** *f.* 1.6
strawberry **frutilla** *f.*; **fresa** *f.*
stripe **raya** *f.* 1.6
  striped **de rayas** 1.6
stroll **pasear** *v.* 1.4
student **estudiante** *m., f.* 1.1, 1.2; **estudiantil** *adj.* 1.2
study **estudiar** *v.* 1.2
stupendous **estupendo/a** *adj.* 1.5
style **estilo** *m.*
subway **metro** *m.* 1.5
  subway station **estación** *f.* **del metro** 1.5
such as **tales como**
suddenly **de repente** *adv.* 1.6
sugar **azúcar** *m.* 1.8
suit **traje** *m.* 1.6
suitcase **maleta** *f.* 1.1
summer **verano** *m.* 1.5
sun **sol** *m.* 1.5
sunbathe **tomar** *v.* **el sol** 1.4
Sunday **domingo** *m.* 1.2
sunglasses **gafas** *f., pl.* **de sol** 1.6
sunny: It's (very) sunny. **Hace (mucho) sol.** 1.5
suppose **suponer** *v.* 1.4
sure **seguro/a** *adj.* 1.5
  be sure **estar seguro/a** 1.5
surfboard **tabla de surf** *f.* 1.5
surprise **sorprender** *v.* 1.9; **sorpresa** *f.* 1.9
sweater **suéter** *m.* 1.6
sweets **dulces** *m., pl.* 1.9
swim **nadar** *v.* 1.4
swimming **natación** *f.* 1.4
swimming pool **piscina** *f.* 1.4

T

table **mesa** *f.* 1.2
take **tomar** *v.* 1.2; **llevar** *v.* 1.6
  take a bath **bañarse** *v.* 1.7
  take (*wear*) a shoe size *v.* **calzar** 1.6
  take a shower **ducharse** *v.* 1.7
  take off **quitarse** *v.* 1.7
  take photos **tomar fotos** 1.5; **sacar fotos** 1.5
talk *v.* **hablar** 1.2
tall **alto/a** *adj.* 1.3
tape (*audio*) **cinta** *f.*
taste **probar (o:ue)** *v.* 1.8; **saber** *v.* 1.8
  taste (like) **saber (a)** 1.8
tasty **rico/a** *adj.* 1.8; **sabroso/a** *adj.* 1.8
taxi **taxi** *m.* 1.5
tea **té** *m.* 1.8
teach **enseñar** *v.* 1.2
teacher **profesor(a)** *m., f.* 1.1, 1.2
team **equipo** *m.* 1.4
television **televisión** *f.* 1.2
tell **contar (o:ue)** *v.* 1.4; **decir** *v.* 1.4
  tell (that) **decir** *v.* **(que)** 1.4, 1.9
  tell lies **decir mentiras** 1.4
  tell the truth **decir la verdad** 1.4
ten **diez** *n., adj.* 1.1
tennis **tenis** *m.* 1.4
tennis shoes **zapatos** *m., pl.* **de tenis** 1.6
tent **tienda** *f.* **de campaña**
tenth **décimo/a** *n., adj.* 1.5
terrific **chévere** *adj.*
test **prueba** *f.* 1.2; **examen** *m.* 1.2
Thank you. **Gracias.** 1.1
  Thank you (very much). **(Muchas) gracias.** 1.1
  Thank you very, very much. **Muchísimas gracias.** 1.9
  Thanks (a lot). **(Muchas) gracias.** 1.1
  Thanks again. (*lit.* Thanks one more time.) **Gracias una vez más.** 1.9
  Thanks for everything. **Gracias por todo.** 1.9
that (one) **ése, ésa, eso** *pron.* 1.6; **ese, esa** *adj.* 1.6
that (*over there*) **aquél, aquélla, aquello** *pron.* 1.6; **aquel, aquella** *adj.* 1.6
that's me **soy yo** 1.1
the **el** *m., sing.* **la** *f. sing.*, **los** *m., pl.* **las** *f., pl.*
their **su(s)** *poss. adj.* 1.3
them **los/las** *pl., d.o. pron.* 1.5; **ellos/as** *pron., obj. of prep.* 1.9
  to/for them **les** *pl., i.o. pron.* 1.6
then **después** (*afterward*) *adv.* 1.7; **entonces** (*as a result*) *adv.* 1.7; **luego** (*next*) *adv.* 1.7
there **allí** *adv.* 1.2
  There is/are... **Hay...** 1.1
  There is/are not... **No hay...** 1.1
these **éstos, éstas** *pron.* 1.6; **estos, estas** *adj.* 1.6
they **ellos** *m., pron.* **ellas** *f., pron.*
thin **delgado/a** *adj.* 1.3
thing **cosa** *f.* 1.1
think **pensar (e:ie)** *v.* 1.4; (*believe*) **creer** *v.*
  think about **pensar en** *v.* 1.4
third **tercero/a** *n., adj.* 1.5
thirst **sed** *f.* 1.3
thirsty: be (very) thirsty **tener (mucha) sed** 1.3
thirteen **trece** *n., adj.* 1.1
thirty **treinta** *n., adj.* 1.1; 1.2
  thirty minutes past the hour **y treinta; y media** 1.1
this **este, esta** *adj.*; **éste, ésta, esto** *pron.* 1.6
  This is... (*introduction*) **Éste/a es...** 1.1
those **ésos, ésas** *pron.* 1.6; **esos, esas** *adj.* 1.6
those (*over there*) **aquéllos, aquéllas** *pron.* 1.6; **aquellos, aquellas** *adj.* 1.6
thousand **mil** *n., adj.* 1.6
three **tres** *n., adj.* 1.1
three hundred **trescientos/as** *n., adj.* 1.2
Thursday **jueves** *m., sing.* 1.2
thus (*in such a way*) **así** *adj.*
ticket **pasaje** *m.* 1.5
tie **corbata** *f.* 1.6
time **vez** *f.* 1.6; **tiempo** *m.* 1.4
  have a good/bad time **pasarlo bien/mal** 1.9
  What time is it? **¿Qué hora es?** 1.1
  (At) What time...? **¿A qué hora...?** 1.1
times **veces** *f., pl.* 1.6
  two times **dos veces** 1.6
tip **propina** *f.* 1.9
tired **cansado/a** *adj.* 1.5
  be tired **estar cansado/a** 1.5

Vocabulario — English-Spanish

to **a** *prep.* 1.1
toast (*drink*) **brindar** *v.* 1.9
toasted **tostado/a** *adj.* 1.8
   toasted bread **pan tostado** *m.* 1.8
today **hoy** *adv.* 1.2
   Today is… **Hoy es…** 1.2
together **juntos/as** *adj.* 1.9
toilet **inodoro** *m.* 1.7
tomato **tomate** *m.* 1.8
tomorrow **mañana** *f.* 1.1
   See you tomorrow. **Hasta mañana.** 1.1
tonight **esta noche** *adv.* 1.4
too **también** *adv.* 1.2; 1.7
   too much **demasiado** *adv.* 1.6
tooth **diente** *m.* 1.7
toothpaste **pasta** *f.* **de dientes** 1.7
tortilla **tortilla** *f.* 1.8
tour **excursión** *f.* 1.4
   tour an area **recorrer** *v.*
tourism **turismo** *m.* 1.5
tourist **turista** *m., f.* 1.1; **turístico/a** *adj.*
towel **toalla** *f.* 1.7
town **pueblo** *m.* 1.4
train **tren** *m.* 1.5
   train station **estación** *f.* **(de) tren** *m.* 1.5
translate **traducir** *v.* 1.6
travel **viajar** *v.* 1.2
travel agent **agente** *m., f.* **de viajes** 1.5
traveler **viajero/a** *m., f.* 1.5
trillion **billón** *m.*
trimester **trimestre** *m.* 1.2
trip **viaje** *m.* 1.5
   take a trip **hacer un viaje** 1.5
truth **verdad** *f.*
try **intentar** *v.*; **probar (o:ue)** *v.* 1.8
   try on **probarse (o:ue)** *v.* 1.7
t-shirt **camiseta** *f.* 1.6
Tuesday **martes** *m., sing.* 1.2
tuna **atún** *m.* 1.8
turkey **pavo** *m.* 1.8
twelve **doce** *n., adj.* 1.1
twenty **veinte** *n., adj.* 1.1
twenty-eight **veintiocho** *n., adj.* 1.1
twenty-five **veinticinco** *n., adj.* 1.1
twenty-four **veinticuatro** *n., adj.* 1.1
twenty-nine **veintinueve** *n., adj.* 1.1
twenty-one **veintiún, veintiuno/a** *n., adj.* 1.1
twenty-seven **veintisiete** *n., adj.* 1.1
twenty-six **veintiséis** *n., adj.* 1.1
twenty-three **veintitrés** *n., adj.* 1.1

twenty-two **veintidós** *n., adj.* 1.1
twice **dos veces** *adv.* 1.6
twin **gemelo/a** *m., f.* 1.3
two **dos** *n., adj.* 1.1
   two hundred **doscientos/as** *n., adj.* 1.2
   two times **dos veces** *adv.* 1.6

U

ugly **feo/a** *adj.* 1.3
uncle **tío** *m.* 1.3
under **bajo** *adv.* 1.7; **debajo de** *prep.* 1.2
understand **comprender** *v.* 1.3; **entender (e:ie)** *v.* 1.4
underwear **ropa interior** *f.* 1.6
United States **Estados Unidos (EE.UU.)** *m. pl.* 1.1
university **universidad** *f.* 1.2
unmarried **soltero/a** *adj.*
unpleasant **antipático/a** *adj.* 1.3
until **hasta** *prep.* 1.6
us **nos** *pl., d.o. pron.* 1.5
   to/for us **nos** *pl., i.o. pron.* 1.6
use **usar** *v.* 1.6
useful **útil** *adj.*

V

vacation **vacaciones** *f. pl.* 1.5
   be on vacation **estar de vacaciones** 1.5
   go on vacation **ir de vacaciones** 1.5
various **varios/as** *adj., pl.* 1.8
vegetables **verduras** *pl., f.* 1.8
verb **verbo** *m.*
very **muy** *adv.* 1.1
   very much **muchísimo** *adv.* 1.2
   (Very) well, thank you. **(Muy) bien gracias.** 1.1
video **video** *m.* 1.1
video game **videojuego** *m.* 1.4
vinegar **vinagre** *m.* 1.8
visit **visitar** *v.* 1.4
   visit monuments **visitar monumentos** 1.4
volleyball **vóleibol** *m.* 1.4

W

wait (for) **esperar** *v.* (+ *inf.*) 1.2
waiter/waitress **camarero/a** *m., f.* 1.8
wake up **despertarse (e:ie)** *v.* 1.7
walk **caminar** *v.* 1.2
   take a walk **pasear** *v.* 1.4
   walk around **pasear por** 1.4

walkman **walkman** *m.*
wallet **cartera** *f.* 1.6
want **querer (e:ie)** *v.* 1.4
wash **lavar** *v.*
   wash one's face/hands **lavarse la cara/las manos** 1.7
   wash oneself **lavarse** *v.* 1.7
wastebasket **papelera** *f.* 1.2
watch **mirar** *v.* 1.2; **reloj** *m.* 1.2
   watch television **mirar (la) televisión** 1.2
water **agua** *f.* 1.8
waterskiing *m.* **esquí acuático** 1.4
we **nosotros(as)** *m., f. sub. pron.* 1.1
wear **llevar** *v.* 1.6; **usar** *v.* 1.6
weather **tiempo** *m.*
   The weather is bad. **Hace mal tiempo.** 1.5
   The weather is good. **Hace buen tiempo.** 1.5
wedding **boda** *f.* 1.9
Wednesday **miércoles** *m., sing.* 1.2
week **semana** *f.* 1.2
weekend **fin** *m.* **de semana** 1.4
well **pues** *adv.* 1.2; **bueno** *adv.* 1.2
   (Very) well, thanks. **(Muy) bien, gracias.** 1.1
well organized **ordenado/a** *adj.*
what? **¿qué?** *pron.* 1.1
   At what time…? **¿A qué hora…?** 1.1
   What day is it? **¿Qué día es hoy?** 1.2
   What do you guys think? **¿Qué les parece?** 1.9
   What is today's date? **¿Cuál es la fecha de hoy?** 1.5
   What nice clothes! **¡Qué ropa más bonita!** 1.6
   What size do you take? **¿Qué talla lleva (usa)?** 1.6
   What time is it? **¿Qué hora es?** 1.1
   What's going on? **¿Qué pasa?** 1.1
   What's happening? **¿Qué pasa?** 1.1
   What's… like? **¿Cómo es…?** 1.3
   What's new? **¿Qué hay de nuevo?** 1.1
   What's the weather like? **¿Qué tiempo hace?** 1.5
   What's your name? **¿Cómo se llama usted?** *form.* 1.1
   What's your name? **¿Cómo te llamas (tú)?** *fam.* 1.1
when **cuando** *conj.* 1.7
   When? **¿Cuándo?** *adv.* 1.2
where **donde** *prep.*
   where (to)? (*destination*)

Vocabulario English-Spanish

¿adónde? *adv.* 1.2; (*location*)
¿dónde? *adv.* 1.1
Where are you from? **¿De dónde eres (tú)?** *fam.* 1.1; **¿De dónde es (usted)?** *form.* 1.1
Where is…? **¿Dónde está…?** 1.2
which? **¿cuál?** *pron.* 1.2; **¿qué?** *adj.* 1.2
In which…? **¿En qué…?** 1.2
which one(s)? **¿cuál(es)?** *pron.* 1.2
white **blanco/a** *adj.* 1.3
white wine **vino blanco** 1.8
who? **¿quién(es)?** *pron.* 1.1
Who is…? **¿Quién es…?** 1.1
whole **todo/a** *adj.*
whose **¿de quién(es)?** *pron., adj.* 1.1
why? **¿por qué?** *adv.* 1.2
widower/widow **viudo/a** *adj.* 1.9
wife **esposa** *f.* 1.3
win **ganar** *v.* 1.4
wind **viento** *m.* 1.5
window **ventana** *f.* 1.2
windy: It's (very) windy. **Hace (mucho) viento.** 1.5
wine **vino** *m.* 1.8
red wine **vino tinto** 1.8
white wine **vino blanco** 1.8
winter **invierno** *m.* 1.5
wish **desear** *v.* 1.2
with **con** *prep.* 1.2
with me **conmigo** 1.4; 1.9
with you **contigo** *fam.* 1.9
without **sin** *prep.* 1.2
woman **mujer** *f.* 1.1
wool **lana** *f.* 1.6
(made of) wool **de lana** 1.6
word **palabra** *f.* 1.1
work **trabajar** *v.* 1.2
worldwide **mundial** *adj.*
worried (about) **preocupado/a (por)** *adj.* 1.5
worry (about) **preocuparse** *v.* **(por)** 1.7
Don't worry. **No se preocupe.** *form.* 1.7; **No te preocupes.** *fam.* 1.7; **Tranquilo.** *adj.*
worse **peor** *adj.* 1.8
worst **el/la peor** *adj.* **lo peor** *n.* 1.8
Would you like to…? **¿Te gustaría…?** *fam.* 1.4
write **escribir** *v.* 1.3
write a letter/e-mail message **escribir una carta/un mensaje electrónico** 1.4
wrong **equivocado/a** *adj.* 1.5
be wrong **no tener razón** 1.3

X

x-ray **radiografía** *f.*

Y

year **año** *m.* 1.5
be… years old **tener… años** 1.3
yellow **amarillo/a** *adj.* 1.3
yes **sí** *interj.* 1.1
yesterday **ayer** *adv.* 1.6
yet **todavía** *adv.* 1.5
yogurt **yogur** *m.* 1.8
you *sub pron.* **tú** *fam. sing.*, **usted (Ud.)** *form. sing.*, **vosotros/as** *fam. pl.*, **ustedes (Uds.)** *form. pl.* 1.1; *d. o. pron.* **te** *fam. sing.*, **lo/la** *form. sing.*, **os** *fam. pl.*, **los/las** *form. pl.* 1.5; *obj. of prep.* **ti** *fam. sing.*, **usted (Ud.)** *form. sing.*, **vosotros/as** *fam. pl.*, **ustedes (Uds.)** *form. pl.* 1.9
(to, for) you *i.o. pron.* **te** *fam. sing.*, **le** *form. sing.*, **os** *fam. pl.*, **les** *form. pl.* 1.6
You are… **Tú eres…** 1.1
You're welcome. **De nada.** 1.1; **No hay de qué.** 1.1
young **joven** *adj., sing.* (**jóvenes** *pl.*) 1.3
young person **joven** *m., f., sing.* (**jóvenes** *pl.*) 1.1
young woman **señorita (Srta.)** *f.*
younger **menor** *adj.* 1.3
younger brother/sister *m., f.* **hermano/a menor** 1.3
youngest **el/la menor** *m., f.* 1.8
your **su(s)** *poss. adj. form.* 1.3; **tu(s)** *poss. adj. fam. sing.* 1.3; **vuestro/a(s)** *poss. adj. form. pl.* 1.3
youth *f.* **juventud** 1.9

Z

zero **cero** *m.* 1.1

MATERIAS / ACADEMIC SUBJECTS

MATERIAS	ACADEMIC SUBJECTS
la administración de empresas	business administration
la agronomía	agriculture
el alemán	German
el álgebra	algebra
la antropología	anthropology
la arqueología	archaeology
la arquitectura	architecture
el arte	art
la astronomía	astronomy
la biología	biology
la bioquímica	biochemistry
la botánica	botany
el cálculo	calculus
el chino	Chinese
las ciencias políticas	political science
la computación	computer science
las comunicaciones	communications
la contabilidad	accounting
la danza	dance
el derecho	law
la economía	economics
la educación	education
la educación física	physical education
la enfermería	nursing
el español	Spanish
la filosofía	philosophy
la física	physics
el francés	French
la geografía	geography
la geología	geology
el griego	Greek
el hebreo	Hebrew
la historia	history
la informática	computer science
la ingeniería	engineering
el inglés	English
el italiano	Italian
el japonés	Japanese
el latín	Latin
las lenguas clásicas	classical languages
las lenguas romances	Romance languages
la lingüística	linguistics
la literatura	literature
las matemáticas	mathematics
la medicina	medicine
el mercadeo/ la mercadotecnia	marketing
la música	music
los negocios	business
el periodismo	journalism
el portugués	Portuguese
la psicología	psychology
la química	chemistry
el ruso	Russian
los servicios sociales	social services
la sociología	sociology
el teatro	theater
la trigonometría	trigonometry

LOS ANIMALES / ANIMALS

LOS ANIMALES	ANIMALS
la abeja	bee
la araña	spider
la ardilla	squirrel
el ave (f.), el pájaro	bird
la ballena	whale
el burro	donkey
la cabra	goat
el caimán	alligator
el camello	camel
la cebra	zebra
el ciervo, el venado	deer
el cochino, el cerdo, el puerco	pig
el cocodrilo	crocodile
el conejo	rabbit
el coyote	coyote
la culebra, la serpiente, la víbora	snake
el elefante	elephant
la foca	seal
la gallina	hen
el gallo	rooster
el gato	cat
el gorila	gorilla
el hipopótamo	hippopotamus
la hormiga	ant
el insecto	insect
la jirafa	giraffe
el lagarto	lizard
el león	lion
el lobo	wolf
el loro, la cotorra, el papagayo, el perico	parrot
la mariposa	butterfly
el mono	monkey
la mosca	fly
el mosquito	mosquito
el oso	bear
la oveja	sheep
el pato	duck
el perro	dog
el pez	fish
la rana	frog
el ratón	mouse
el rinoceronte	rhinoceros
el saltamontes, el chapulín	grasshopper
el tiburón	shark
el tigre	tiger
el toro	bull
la tortuga	turtle
la vaca	cow
el zorro	fox

References

EL CUERPO HUMANO Y LA SALUD / THE HUMAN BODY AND HEALTH

El cuerpo humano / The human body

la barba	beard
el bigote	mustache
la boca	mouth
el brazo	arm
la cabeza	head
la cadera	hip
la ceja	eyebrow
el cerebro	brain
la cintura	waist
el codo	elbow
el corazón	heart
la costilla	rib
el cráneo	skull
el cuello	neck
el dedo	finger
el dedo del pie	toe
la espalda	back
el estómago	stomach
la frente	forehead
la garganta	throat
el hombro	shoulder
el hueso	bone
el labio	lip
la lengua	tongue
la mandíbula	jaw
la mejilla	cheek
el mentón, la barba, la barbilla	chin
la muñeca	wrist
el músculo	muscle
el muslo	thigh
las nalgas, el trasero, las asentaderas	buttocks
la nariz	nose
el nervio	nerve
el oído	(inner) ear
el ojo	eye
el ombligo	navel, belly button
la oreja	(outer) ear
la pantorrilla	calf
el párpado	eyelid
el pecho	chest
la pestaña	eyelash
el pie	foot
la piel	skin
la pierna	leg
el pulgar	thumb
el pulmón	lung
la rodilla	knee
la sangre	blood
el talón	heel
el tobillo	ankle
el tronco	torso, trunk
la uña	fingernail
la uña del dedo del pie	toenail
la vena	vein

Los cinco sentidos / The five senses

el gusto	taste
el oído	hearing
el olfato	smell
el tacto	touch
la vista	sight

La salud / Health

el accidente	accident
alérgico/a	allergic
el antibiótico	antibiotic
la aspirina	aspirin
el ataque cardiaco, el ataque al corazón	heart attack
el cáncer	cancer
la cápsula	capsule
la clínica	clinic
congestionado/a	congested
el consultorio	doctor's office
la curita	adhesive bandage
el/la dentista	dentist
el/la doctor(a), el/la médico/a	doctor
el dolor (de cabeza)	(head)ache, pain
embarazada	pregnant
la enfermedad	illness, disease
el/la enfermero/a	nurse
enfermo/a	ill, sick
la erupción	rash
el examen médico	physical exam
la farmacia	pharmacy
la fiebre	fever
la fractura	fracture
la gripe	flu
la herida	wound
el hospital	hospital
la infección	infection
el insomnio	insomnia
la inyección	injection
el jarabe	(cough) syrup
mareado/a	dizzy, nauseated
el medicamento	medication
la medicina	medicine
las muletas	crutches
la operación	operation
el/la paciente	patient
el/la paramédico/a	paramedic
la pastilla, la píldora	pill, tablet
los primeros auxilios	first aid
la pulmonía	pneumonia
los puntos	stitches
la quemadura	burn
el quirófano	operating room
la radiografía	x-ray
la receta	prescription
el resfriado	cold (illness)
la sala de emergencia(s)	emergency room
saludable	healthy, healthful
sano/a	healthy
el seguro médico	medical insurance
la silla de ruedas	wheelchair
el síntoma	symptom
el termómetro	thermometer
la tos	cough
la transfusión	transfusion

la vacuna	vaccination
la venda	bandage
el virus	virus
cortar(se)	to cut (oneself)
curar	to cure, to treat
desmayar(se)	to faint
enfermarse	to get sick
enyesar	to put in a cast
estornudar	to sneeze
guardar cama	to stay in bed
hinchar(se)	to swell
internar(se) en el hospital	to check into the hospital
lastimarse (el pie)	to hurt (one's foot)
mejorar(se)	to get better; to improve
operar	to operate
quemar(se)	to burn
respirar (hondo)	to breathe (deeply)
romperse (la pierna)	to break (one's leg)
sangrar	to bleed
sufrir	to suffer
tomarle la presión a alguien	to take someone's blood pressure
tomarle el pulso a alguien	to take someone's pulse
torcerse (el tobillo)	to sprain (one's ankle)
vendar	to bandage

EXPRESIONES ÚTILES PARA LA CLASE / USEFUL CLASSROOM EXPRESSIONS

Palabras útiles / Useful words

ausente	absent
el departamento	department
el dictado	dictation
la conversación, las conversaciones	conversation(s)
la expresión, las expresiones	expression(s)
el examen, los exámenes	test(s), exam(s)
la frase	sentence
la hoja de actividades	activity sheet
el horario de clases	class schedule
la oración, las oraciones	sentence(s)
el párrafo	paragraph
la persona	person
presente	present
la prueba	test, quiz
siguiente	following
la tarea	homework

Expresiones útiles / Useful expressions

Abra(n) su(s) libro(s).	Open your book(s).
Cambien de papel.	Change roles.
Cierre(n) su(s) libro(s).	Close your book(s).
¿Cómo se dice ___ en español?	How do you say ___ in Spanish?
¿Cómo se escribe ___ en español?	How do you write ___ in Spanish?
¿Comprende(n)?	Do you understand?
(No) comprendo.	I (don't) understand.
Conteste(n) las preguntas.	Answer the questions.
Continúe(n), por favor.	Continue, please.
Escriba(n) su nombre.	Write your name.
Escuche(n) el audio.	Listen to the audio.
Estudie(n) la Lección tres.	Study Lesson three.
Haga(n) la actividad (el ejercicio) número cuatro.	Do activity (exercise) number four.
Lea(n) la oración en voz alta.	Read the sentence aloud.
Levante(n) la mano.	Raise your hand(s).
Más despacio, por favor.	Slower, please.
No sé.	I don't know.
Páse(n)me los exámenes.	Pass me the tests.
¿Qué significa ___?	What does ___ mean?
Repita(n), por favor.	Repeat, please.
Siénte(n)se, por favor.	Sit down, please.
Siga(n) las instrucciones.	Follow the instructions.
¿Tiene(n) alguna pregunta?	Do you have any questions?
Vaya(n) a la página dos.	Go to page two.

COUNTRIES & NATIONALITIES / PAÍSES Y NACIONALIDADES

North America / Norteamérica

English	Spanish	Nationality
Canada	Canadá	canadiense
Mexico	México	mexicano/a
United States	Estados Unidos	estadounidense

Central America / Centroamérica

English	Spanish	Nationality
Belize	Belice	beliceño/a
Costa Rica	Costa Rica	costarricense
El Salvador	El Salvador	salvadoreño/a
Guatemala	Guatemala	guatemalteco/a
Honduras	Honduras	hondureño/a
Nicaragua	Nicaragua	nicaragüense
Panama	Panamá	panameño/a

References

The Caribbean	El Caribe	
Cuba	Cuba	*cubano/a*
Dominican Republic	República Dominicana	*dominicano/a*
Haiti	Haití	*haitiano/a*
Puerto Rico	Puerto Rico	*puertorriqueño/a*

South America	Suramérica	
Argentina	Argentina	*argentino/a*
Bolivia	Bolivia	*boliviano/a*
Brazil	Brasil	*brasileño/a*
Chile	Chile	*chileno/a*
Colombia	Colombia	*colombiano/a*
Ecuador	Ecuador	*ecuatoriano/a*
Paraguay	Paraguay	*paraguayo/a*
Peru	Perú	*peruano/a*
Uruguay	Uruguay	*uruguayo/a*
Venezuela	Venezuela	*venezolano/a*

Europe	Europa	
Armenia	Armenia	*armenio/a*
Austria	Austria	*austríaco/a*
Belgium	Bélgica	*belga*
Bosnia	Bosnia	*bosnio/a*
Bulgaria	Bulgaria	*búlgaro/a*
Croatia	Croacia	*croata*
Czech Republic	República Checa	*checo/a*
Denmark	Dinamarca	*danés, danesa*
England	Inglaterra	*inglés, inglesa*
Estonia	Estonia	*estonio/a*
Finland	Finlandia	*finlandés, finlandesa*
France	Francia	*francés, francesa*
Germany	Alemania	*alemán, alemana*
Great Britain (United Kingdom)	Gran Bretaña (Reino Unido)	*británico/a*
Greece	Grecia	*griego/a*
Hungary	Hungría	*húngaro/a*
Iceland	Islandia	*islandés, islandesa*
Ireland	Irlanda	*irlandés, irlandesa*
Italy	Italia	*italiano/a*
Latvia	Letonia	*letón, letona*
Lithuania	Lituania	*lituano/a*
Netherlands (Holland)	Países Bajos (Holanda)	*holandés, holandesa*
Norway	Noruega	*noruego/a*
Poland	Polonia	*polaco/a*
Portugal	Portugal	*portugués, portuguesa*
Romania	Rumania	*rumano/a*
Russia	Rusia	*ruso/a*
Scotland	Escocia	*escocés, escocesa*
Serbia	Serbia	*serbio/a*
Slovakia	Eslovaquia	*eslovaco/a*
Slovenia	Eslovenia	*esloveno/a*
Spain	España	*español(a)*
Sweden	Suecia	*sueco/a*
Switzerland	Suiza	*suizo/a*
Ukraine	Ucrania	*ucraniano/a*
Wales	Gales	*galés, galesa*

Asia	Asia	
Bangladesh	Bangladés	*bangladesí*
Cambodia	Camboya	*camboyano/a*
China	China	*chino/a*
India	India	*indio/a*
Indonesia	Indonesia	*indonesio/a*
Iran	Irán	*iraní*
Iraq	Iraq, Irak	*iraquí*

Israel	Israel	*israelí*
Japan	Japón	*japonés, japonesa*
Jordan	Jordania	*jordano/a*
Korea	Corea	*coreano/a*
Kuwait	Kuwait	*kuwaití*
Lebanon	Líbano	*libanés, libanesa*
Malaysia	Malasia	*malasio/a*
Pakistan	Pakistán	*pakistaní*
Russia	Rusia	*ruso/a*
Saudi Arabia	Arabia Saudí	*saudí*
Singapore	Singapur	*singapurés, singapuresa*
Syria	Siria	*sirio/a*
Taiwan	Taiwán	*taiwanés, taiwanesa*
Thailand	Tailandia	*tailandés, tailandesa*
Turkey	Turquía	*turco/a*
Vietnam	Vietnam	*vietnamita*

Africa / África

Algeria	Argelia	*argelino/a*
Angola	Angola	*angoleño/a*
Cameroon	Camerún	*camerunés, camerunesa*
Congo	Congo	*congolés, congolesa*
Egypt	Egipto	*egipcio/a*
Equatorial Guinea	Guinea Ecuatorial	*ecuatoguineano/a*
Ethiopia	Etiopía	*etíope*
Ivory Coast	Costa de Marfil	*marfileño/a*
Kenya	Kenia, Kenya	*keniano/a, keniata*
Libya	Libia	*libio/a*
Mali	Malí	*maliense*
Morocco	Marruecos	*marroquí*
Mozambique	Mozambique	*mozambiqueño/a*
Nigeria	Nigeria	*nigeriano/a*
Rwanda	Ruanda	*ruandés, ruandesa*
Somalia	Somalia	*somalí*
South Africa	Sudáfrica	*sudafricano/a*
Sudan	Sudán	*sudanés, sudanesa*
Tunisia	Tunicia, Túnez	*tunecino/a*
Uganda	Uganda	*ugandés, ugandesa*
Zambia	Zambia	*zambiano/a*
Zimbabwe	Zimbabue	*zimbabuense*

Australia and the Pacific / Australia y el Pacífico

Australia	Australia	*australiano/a*
New Zealand	Nueva Zelanda	*neozelandés, neozelandesa*
Philippines	Filipinas	*filipino/a*

MONEDAS DE LOS PAÍSES HISPANOS / CURRENCIES OF HISPANIC COUNTRIES

País / Country	Moneda / Currency
Argentina	el peso
Bolivia	el boliviano
Chile	el peso
Colombia	el peso
Costa Rica	el colón
Cuba	el peso
Ecuador	el dólar estadounidense
El Salvador	el dólar estadounidense
España	el euro
Guatemala	el quetzal
Guinea Ecuatorial	el franco
Honduras	el lempira
México	el peso
Nicaragua	el córdoba
Panamá	el balboa, el dólar estadounidense
Paraguay	el guaraní
Perú	el nuevo sol
Puerto Rico	el dólar estadounidense
República Dominicana	el peso
Uruguay	el peso
Venezuela	el bolívar

EXPRESIONES Y REFRANES / EXPRESSIONS AND SAYINGS

Expresiones y refranes con partes del cuerpo / Expressions and sayings with parts of the body

A cara o cruz	Heads or tails
A corazón abierto	Open heart
A ojos vistas	Clearly, visibly
Al dedillo	Like the back of one's hand
¡Choca/Vengan esos cinco!	Put it there!/Give me five!
Codo con codo	Side by side
Con las manos en la masa	Red-handed
Costar un ojo de la cara	To cost an arm and a leg
Darle a la lengua	To chatter/To gab
De rodillas	On one's knees
Duro de oído	Hard of hearing
En cuerpo y alma	In body and soul
En la punta de la lengua	On the tip of one's tongue
En un abrir y cerrar de ojos	In a blink of the eye
Entrar por un oído y salir por otro	In one ear and out the other
Estar con el agua al cuello	To be up to one's neck with/in
Estar para chuparse los dedos	To be delicious/To be finger-licking good
Hablar entre dientes	To mutter/To speak under one's breath
Hablar por los codos	To talk a lot/To be a chatterbox
Hacer la vista gorda	To turn a blind eye on something
Hombro con hombro	Shoulder to shoulder
Llorar a lágrima viva	To sob/To cry one's eyes out
Metérsele (a alguien) algo entre ceja y ceja	To get an idea in your head
No pegar ojo	Not to sleep a wink
No tener corazón	Not to have a heart
No tener dos dedos de frente	Not to have an ounce of common sense
Ojos que no ven, corazón que no siente	Out of sight, out of mind
Perder la cabeza	To lose one's head
Quedarse con la boca abierta	To be thunderstruck
Romper el corazón	To break someone's heart
Tener buen/mal corazón	Have a good/bad heart
Tener un nudo en la garganta	Have a knot in your throat
Tomarse algo a pecho	To take something too seriously
Venir como anillo al dedo	To fit like a charm/To suit perfectly

Expresiones y refranes con animales / Expressions and sayings with animals

A caballo regalado no le mires el diente.	Don't look a gift horse in the mouth.
Comer como un cerdo	To eat like a pig
Cuando menos se piensa, salta la liebre.	Things happen when you least expect it.
Llevarse como el perro y el gato	To fight like cats and dogs
Perro ladrador, poco mordedor./Perro que ladra no muerde.	His/her bark is worse than his/her bite.
Por la boca muere el pez.	Talking too much can be dangerous.
Poner el cascabel al gato	To stick one's neck out
Ser una tortuga	To be a slowpoke

Expresiones y refranes con alimentos / Expressions and sayings with food

Agua que no has de beber, déjala correr.	If you're not interested, don't ruin it for everybody else.
Con pan y vino se anda el camino.	Things never seem as bad after a good meal.
Contigo pan y cebolla.	You are all I need.
Dame pan y dime tonto.	I don't care what you say, as long as I get what I want.
Descubrir el pastel	To let the cat out of the bag
Dulce como la miel	Sweet as honey
Estar como agua para chocolate	To furious/To be at the boiling point
Estar en el ajo	To be in the know
Estar en la higuera	To have one's head in the clouds
Estar más claro que el agua	To be clear as a bell
Ganarse el pan	To earn a living/To earn one's daily bread
Llamar al pan, pan y al vino, vino.	Not to mince words.
No hay miel sin hiel.	Every rose has its thorn./There's always a catch.
No sólo de pan vive el hombre.	Man doesn't live by bread alone.
Pan con pan, comida de tontos.	Variety is the spice of life.
Ser agua pasada	To be water under the bridge
Ser más bueno que el pan	To be kindness itself
Temblar como un flan	To shake/tremble like a leaf

Expresiones y refranes con colores / Expressions and sayings with colors

Estar verde	To be inexperienced/wet behind the ears
Poner los ojos en blanco	To roll one's eyes
Ponerle a alguien un ojo morado	To give someone a black eye
Ponerse rojo	To turn red/To blush
Ponerse rojo de ira	To turn red with anger
Ponerse verde de envidia	To be green with envy
Quedarse en blanco	To go blank
Verlo todo de color de rosa	To see the world through rose-colored glasses

Refranes

A buen entendedor, pocas palabras bastan.
Ande o no ande, caballo grande.
A quien madruga, Dios le ayuda.
Cuídate, que te cuidaré.

De tal palo tal astilla.
Del dicho al hecho hay mucho trecho.
Dime con quién andas y te diré quién eres.
El saber no ocupa lugar.

Sayings

A word to the wise is enough.
Bigger is always better.

The early bird catches the worm.
Take care of yourself, and then I'll take care of you.
A chip off the old block.
Easier said than done.

A man is known by the company he keeps.
One never knows too much.

Lo que es moda no incomoda.
Más vale maña que fuerza.
Más vale prevenir que curar.
Más vale solo que mal acompañado.
Más vale tarde que nunca.
No es oro todo lo que reluce.
Poderoso caballero es don Dinero.

You have to suffer in the name of fashion.
Brains are better than brawn.
Prevention is better than cure.
Better alone than with people you don't like.
Better late than never.
All that glitters is not gold.
Money talks.

COMMON FALSE FRIENDS

False friends are Spanish words that look similar to English words but have very different meanings. While recognizing the English relatives of unfamiliar Spanish words you encounter is an important way of constructing meaning, there are some Spanish words whose similarity to English words is deceptive. Here is a list of some of the most common Spanish false friends.

actualmente ≠ actually
actualmente = nowadays, currently
actually = **de hecho, en realidad, en efecto**

argumento ≠ argument
argumento = plot
argument = **discusión, pelea**

armada ≠ army
armada = navy
army = **ejército**

balde ≠ bald
balde = pail, bucket
bald = **calvo/a**

batería ≠ battery
batería = drum set
battery = **pila**

bravo ≠ brave
bravo = wild; fierce
brave = **valiente**

cándido/a ≠ candid
cándido/a = innocent
candid = **sincero/a**

carbón ≠ carbon
carbón = coal
carbon = **carbono**

casual ≠ casual
casual = accidental, chance
casual = **informal, despreocupado/a**

casualidad ≠ casualty
casualidad = chance, coincidence
casualty = **víctima**

colegio ≠ college
colegio = school
college = **universidad**

collar ≠ collar (of a shirt)
collar = necklace
collar = **cuello (de camisa)**

comprensivo/a ≠ comprehensive
comprensivo/a = understanding
comprehensive = **completo, extensivo**

constipado ≠ constipated
estar constipado/a = to have a cold
to be constipated = **estar estreñido/a**

crudo/a ≠ crude
crudo/a = raw, undercooked
crude = **burdo/a, grosero/a**

divertir ≠ to divert
divertirse = to enjoy oneself
to divert = **desviar**

educado/a ≠ educated
educado/a = well-mannered
educated = **culto/a, instruido/a**

embarazada ≠ embarrassed
estar embarazada = to be pregnant
to be embarrassed = **estar avergonzado/a; dar/tener vergüenza**

eventualmente ≠ eventually
eventualmente = possibly
eventually = **finalmente, al final**

éxito ≠ exit
éxito = success
exit = **salida**

físico/a ≠ physician
físico/a = physicist
physician = **médico/a**

fútbol ≠ football
fútbol = soccer
football = **fútbol americano**

lectura ≠ lecture
lectura = reading
lecture = **conferencia**

librería ≠ library
librería = bookstore
library = **biblioteca**

máscara ≠ mascara
máscara = mask
mascara = **rímel**

molestar ≠ to molest
molestar = to bother, to annoy
to molest = **abusar**

oficio ≠ office
oficio = trade, occupation
office = **oficina**

rato ≠ rat
rato = while, time
rat = **rata**

realizar ≠ to realize
realizar = to carry out; to fulfill
to realize = **darse cuenta de**

red ≠ red
red = net
red = **rojo/a**

revolver ≠ revolver
revolver = to stir, to rummage through
revolver = **revólver**

sensible ≠ sensible
sensible = sensitive
sensible = **sensato/a, razonable**

suceso ≠ success
suceso = event
success = **éxito**

sujeto ≠ subject (topic)
sujeto = fellow; individual
subject = **tema, asunto**

References

LOS ALIMENTOS / FOODS

Frutas / Fruits

la aceituna	olive
el aguacate	avocado
el albaricoque, el damasco	apricot
la banana, el plátano	banana
la cereza	cherry
la ciruela	plum
el dátil	date
la frambuesa	raspberry
la fresa, la frutilla	strawberry
el higo	fig
el limón	lemon; lime
el melocotón, el durazno	peach
la mandarina	tangerine
el mango	mango
la manzana	apple
la naranja	orange
la papaya	papaya
la pera	pear
la piña	pineapple
el pomelo, la toronja	grapefruit
la sandía	watermelon
las uvas	grapes

Vegetales / Vegetables

la alcachofa	artichoke
el apio	celery
la arveja, el guisante	pea
la berenjena	eggplant
el brócoli	broccoli
la calabaza	squash; pumpkin
la cebolla	onion
el champiñón, la seta	mushroom
la col, el repollo	cabbage
la coliflor	cauliflower
los espárragos	asparagus
las espinacas	spinach
los frijoles, las habichuelas	beans
las habas	fava beans
las judías verdes, los ejotes	string beans, green beans
la lechuga	lettuce
el maíz, el choclo, el elote	corn
la papa, la patata	potato
el pepino	cucumber
el pimentón	bell pepper
el rábano	radish
la remolacha	beet
el tomate, el jitomate	tomato
la zanahoria	carrot

El pescado y los mariscos / Fish and shellfish

la almeja	clam
el atún	tuna
el bacalao	cod
el calamar	squid
el cangrejo	crab
el camarón, la gamba	shrimp
la langosta	lobster
el langostino	prawn
el lenguado	sole; flounder
el mejillón	mussel
la ostra	oyster
el pulpo	octopus
el salmón	salmon
la sardina	sardine
la vieira	scallop

La carne / Meat

la albóndiga	meatball
el bistec	steak
la carne de res	beef
el chorizo	hard pork sausage
la chuleta de cerdo	pork chop
el cordero	lamb
los fiambres	cold cuts, food served cold
el filete	fillet
la hamburguesa	hamburger
el hígado	liver
el jamón	ham
el lechón	suckling pig, roasted pig
el pavo	turkey
el pollo	chicken
el cerdo	pork
la salchicha	sausage
la ternera	veal
el tocino	bacon

Otras comidas / Other foods

el ajo	garlic
el arroz	rice
el azúcar	sugar
el batido	milkshake
el budín	pudding
el cacahuete, el maní	peanut
el café	coffee
los fideos	noodles, pasta
la harina	flour
el huevo	egg
el jugo, el zumo	juice
la leche	milk
la mermelada	marmalade, jam
la miel	honey
el pan	bread
el queso	cheese
la sal	salt
la sopa	soup
el té	tea
la tortilla	omelet (Spain), tortilla (Mexico)
el yogur	yogurt

Cómo describir la comida / Ways to describe food

a la plancha, a la parrilla	grilled
ácido/a	sour
al horno	baked
amargo/a	bitter
caliente	hot
dulce	sweet
duro/a	tough
frío/a	cold
frito/a	fried
fuerte	strong, heavy
ligero/a	light
picante	spicy
sabroso/a	tasty
salado/a	salty

DÍAS FESTIVOS / HOLIDAYS

enero / January
- Año Nuevo (1) — New Year's Day
- Día de los Reyes Magos (6) — Three Kings Day (Epiphany)
- Día de Martin Luther King, Jr. — Martin Luther King, Jr. Day

febrero / February
- Día de San Blas (Paraguay) (3) — St. Blas Day (Paraguay)
- Día de San Valentín, Día de los Enamorados (14) — Valentine's Day
- Día de los Presidentes — Presidents' Day
- Carnaval — Carnival (Mardi Gras)

marzo / March
- Día de San Patricio (17) — St. Patrick's Day
- Nacimiento de Benito Juárez (México) (21) — Benito Juárez's Birthday (Mexico)

abril / April
- Semana Santa — Holy Week
- Pésaj — Passover
- Pascua — Easter
- Declaración de la Independencia de Venezuela (19) — Declaration of Independence of Venezuela
- Día de la Tierra (22) — Earth Day

mayo / May
- Día del Trabajo (1) — Labor Day
- Cinco de Mayo (5) (México) — Cinco de Mayo (May 5th) (Mexico)
- Día de las Madres — Mother's Day
- Independencia Patria (Paraguay) (15) — Independence Day (Paraguay)
- Día Conmemorativo — Memorial Day

junio / June
- Día de los Padres — Father's Day
- Día de la Bandera (14) — Flag Day
- Día del Indio (Perú) (24) — Native People's Day (Peru)

julio / July
- Día de la Independencia de los Estados Unidos (4) — Independence Day (United States)
- Día de la Independencia de Venezuela (5) — Independence Day (Venezuela)
- Día de la Independencia de la Argentina (9) — Independence Day (Argentina)
- Día de la Independencia de Colombia (20) — Independence Day (Colombia)
- Nacimiento de Simón Bolívar (24) — Simón Bolívar's Birthday
- Día de la Revolución (Cuba) (26) — Revolution Day (Cuba)
- Día de la Independencia del Perú (28) — Independence Day (Peru)

agosto / August
- Día de la Independencia de Bolivia (6) — Independence Day (Bolivia)
- Día de la Independencia del Ecuador (10) — Independence Day (Ecuador)
- Día de San Martín (Argentina) (17) — San Martín Day (anniversary of his death) (Argentina)
- Día de la Independencia del Uruguay (25) — Independence Day (Uruguay)

septiembre / September
- Día del Trabajo (EE. UU.) — Labor Day (U.S.)
- Día de la Independencia de Costa Rica, El Salvador, Guatemala, Honduras y Nicaragua (15) — Independence Day (Costa Rica, El Salvador, Guatemala, Honduras, Nicaragua)
- Día de la Independencia de México (16) — Independence Day (Mexico)
- Día de la Independencia de Chile (18) — Independence Day (Chile)
- Año Nuevo Judío — Jewish New Year
- Día de la Virgen de las Mercedes (Perú) (24) — Day of the Virgin of Mercedes (Peru)

octubre / October
- Día de la Raza (12) — Columbus Day
- Noche de Brujas (31) — Halloween

noviembre / November
- Día de los Muertos (2) — All Souls Day
- Día de los Veteranos (11) — Veterans' Day
- Día de la Revolución Mexicana (20) — Mexican Revolution Day
- Día de Acción de Gracias — Thanksgiving
- Día de la Independencia de Panamá (28) — Independence Day (Panama)

diciembre / December
- Día de la Virgen (8) — Day of the Virgin
- Día de la Virgen de Guadalupe (México) (12) — Day of the Virgin of Guadalupe (Mexico)
- Januká — Chanukah
- Nochebuena (24) — Christmas Eve
- Navidad (25) — Christmas
- Año Viejo (31) — New Year's Eve

NOTE: In Spanish, dates are written with the day first, then the month. Christmas Day is **el 25 de diciembre**. In Latin America and in Europe, abbreviated dates also follow this pattern. Halloween, for example, falls on 31/10. You may also see the numbers in dates separated by periods: 27.4.16. When referring to centuries, roman numerals are always used. The 16th century, therefore, is **el siglo XVI**.

References

PESOS Y MEDIDAS / WEIGHTS AND MEASURES

Longitud / Length

El sistema métrico / Metric system — **El equivalente estadounidense** / U.S. equivalent

- **milímetro = 0,001 metro** (millimeter = 0.001 meter) = 0.039 inch
- **centímetro = 0,01 metro** (centimeter = 0.01 meter) = 0.39 inch
- **decímetro = 0,1 metro** (decimeter = 0.1 meter) = 3.94 inches
- **metro** (meter) = 39.4 inches
- **decámetro = 10 metros** (dekameter = 10 meters) = 32.8 feet
- **hectómetro = 100 metros** (hectometer = 100 meters) = 328 feet
- **kilómetro = 1.000 metros** (kilometer = 1,000 meters) = .62 mile

U.S. system / El sistema estadounidense — Metric equivalent / **El equivalente métrico**

- inch / **pulgada** = 2.54 centimeters / **= 2,54 centímetros**
- foot = 12 inches / **pie = 12 pulgadas** = 30.48 centimeters / **= 30,48 centímetros**
- yard = 3 feet / **yarda = 3 pies** = 0.914 meter / **= 0,914 metro**
- mile = 5,280 feet / **milla = 5.280 pies** = 1.609 kilometers / **= 1,609 kilómetros**

Superficie / Surface Area

El sistema métrico / Metric system — **El equivalente estadounidense** / U.S. equivalent

- **metro cuadrado** (square meter) = 10.764 square feet
- **área = 100 metros cuadrados** (area = 100 square meters) = 0.025 acre
- **hectárea = 100 áreas** (hectare = 100 ares) = 2.471 acres

U.S. system / El sistema estadounidense — Metric equivalent / **El equivalente métrico**

- **yarda cuadrada = 9 pies cuadrados = 0,836 metros cuadrados**
  square yard = 9 square feet = 0.836 square meters
- **acre = 4.840 yardas cuadradas = 0,405 hectáreas**
  acre = 4,840 square yards = 0.405 hectares

Capacidad / Capacity

El sistema métrico / Metric system — **El equivalente estadounidense** / U.S. equivalent

- **mililitro = 0,001 litro** (milliliter = 0.001 liter) = 0.034 ounces
- **centilitro = 0,01 litro** (centiliter = 0.01 liter) = 0.34 ounces
- **decilitro = 0,1 litro** (deciliter = 0.1 liter) = 3.4 ounces
- **litro** (liter) = 1.06 quarts
- **decalitro = 10 litros** (dekaliter = 10 liters) = 2.64 gallons
- **hectolitro = 100 litros** (hectoliter = 100 liters) = 26.4 gallons
- **kilolitro = 1.000 litros** (kiloliter = 1,000 liters) = 264 gallons

U.S. system / El sistema estadounidense — Metric equivalent / **El equivalente métrico**

- ounce / **onza** = 29.6 milliliters / **= 29,6 mililitros**
- cup = 8 ounces / **taza = 8 onzas** = 236 milliliters / **= 236 mililitros**
- pint = 2 cups / **pinta = 2 tazas** = 0.47 liters / **= 0,47 litros**
- quart = 2 pints / **cuarto = 2 pintas** = 0.95 liters / **= 0,95 litros**
- gallon = 4 quarts / **galón = 4 cuartos** = 3.79 liters / **= 3,79 litros**

Peso / Weight

El sistema métrico / Metric system — **El equivalente estadounidense** / U.S. equivalent

- **miligramo = 0,001 gramo** (milligram = 0.001 gram)
- **gramo** (gram) = 0.035 ounce
- **decagramo = 10 gramos** (dekagram = 10 grams) = 0.35 ounces
- **hectogramo = 100 gramos** (hectogram = 100 grams) = 3.5 ounces
- **kilogramo = 1.000 gramos** (kilogram = 1,000 grams) = 2.2 pounds
- **tonelada (métrica) = 1.000 kilogramos** (metric ton = 1,000 kilograms) = 1.1 tons

U.S. system / El sistema estadounidense — Metric equivalent / **El equivalente métrico**

- ounce / **onza** = 28.35 grams / **= 28,35 gramos**
- pound = 16 ounces / **libra = 16 onzas** = 0.45 kilograms / **= 0,45 kilogramos**
- ton = 2,000 pounds / **tonelada = 2.000 libras** = 0.9 metric tons / **= 0,9 toneladas métricas**

Temperatura / Temperature

Grados centígrados / Degrees Celsius
To convert from Celsius to Fahrenheit, multiply by $\frac{9}{5}$ and add 32.

Grados Fahrenheit / Degrees Fahrenheit
To convert from Fahrenheit to Celsius, subtract 32 and multiply by $\frac{5}{9}$.

NÚMEROS

Números ordinales

primer, primero/a	1º/1ª
segundo/a	2º/2ª
tercer, tercero/a	3º/3ª
cuarto/a	4º/4ª
quinto/a	5º/5ª
sexto/a	6º/6ª
séptimo/a	7º/7ª
octavo/a	8º/8ª
noveno/a	9º/9ª
décimo/a	10º/10ª

Fracciones

$\frac{1}{2}$	un medio, la mitad
$\frac{1}{3}$	un tercio
$\frac{1}{4}$	un cuarto
$\frac{1}{5}$	un quinto
$\frac{1}{6}$	un sexto
$\frac{1}{7}$	un séptimo
$\frac{1}{8}$	un octavo
$\frac{1}{9}$	un noveno
$\frac{1}{10}$	un décimo
$\frac{2}{3}$	dos tercios
$\frac{3}{4}$	tres cuartos
$\frac{5}{8}$	cinco octavos

Decimales

un décimo	0,1
un centésimo	0,01
un milésimo	0,001

NUMBERS

Ordinal numbers

first	1st
second	2nd
third	3rd
fourth	4th
fifth	5th
sixth	6th
seventh	7th
eighth	8th
ninth	9th
tenth	10th

Fractions

one half	
one third	
one fourth (quarter)	
one fifth	
one sixth	
one seventh	
one eighth	
one ninth	
one tenth	
two thirds	
three fourths (quarters)	
five eighths	

Decimals

one tenth	0.1
one hundredth	0.01
one thousandth	0.001

References

OCUPACIONES / OCCUPATIONS

el/la abogado/a	lawyer
el actor, la actriz	actor
el/la administrador(a) de empresas	business administrator
el/la agente de bienes raíces	real estate agent
el/la agente de seguros	insurance agent
el/la agricultor(a)	farmer
el/la arqueólogo/a	archaeologist
el/la arquitecto/a	architect
el/la artesano/a	artisan
el/la auxiliar de vuelo	flight attendant
el/la basurero/a	garbage collector
el/la bibliotecario/a	librarian
el/la bombero/a	firefighter
el/la cajero/a	bank teller, cashier
el/la camionero/a	truck driver
el/la cantinero/a	bartender
el/la carnicero/a	butcher
el/la carpintero/a	carpenter
el/la científico/a	scientist
el/la cirujano/a	surgeon
el/la cobrador(a)	bill collector
el/la cocinero/a	cook, chef
el/la comprador(a)	buyer
el/la consejero/a	counselor, advisor
el/la contador(a)	accountant
el/la corredor(a) de bolsa	stockbroker
el/la diplomático/a	diplomat
el/la diseñador(a) (gráfico/a)	(graphic) designer
el/la electricista	electrician
el/la empresario/a de pompas fúnebres	funeral director
el/la especialista en dietética	dietician
el/la fisioterapeuta	physical therapist
el/la fotógrafo/a	photographer
el/la higienista dental	dental hygienist
el hombre/la mujer de negocios	businessperson
el/la ingeniero/a en computación	computer engineer
el/la intérprete	interpreter
el/la juez(a)	judge
el/la maestro/a	elementary school teacher
el/la marinero/a	sailor
el/la obrero/a	manual laborer
el/la obrero/a de la construcción	construction worker
el/la oficial de prisión	prison guard
el/la optometrista	optometrist
el/la panadero/a	baker
el/la paramédico/a	paramedic
el/la peluquero/a	hairdresser
el/la piloto	pilot
el/la pintor(a)	painter
el/la plomero/a	plumber
el/la político/a	politician
el/la programador(a)	computer programmer
el/la psicólogo/a	psychologist
el/la quiropráctico/a	chiropractor
el/la redactor(a)	editor
el/la reportero/a	reporter
el/la sastre	tailor
el/la secretario/a	secretary
el/la supervisor(a)	supervisor
el/la técnico/a (en computación)	(computer) technician
el/la vendedor(a)	sales representative
el/la veterinario/a	veterinarian

Índice

A

absolute superlatives (8) 286
acabar de + *infinitive* (6) 207
academic courses (2) 40, 41, 76
accents (4) 123
adjectives
- demonstrative (6) 210
- descriptive (3), (6) 88, 114, 192, 224
- nationality (3) 89, 114
- position (3) 90
- possessive (3) 93
- **ser** with adjectives (3) 88

age questions (3) 83, 101
al (contraction) (4) 126
alphabet, Spanish (1) 9
articles, definite and indefinite (1) 14

B

b (5) 161
bathroom objects (7) 226, 260
birthdays (9) 300, 330
body parts (7) 226, 260
buildings
- campus (2) 40, 76
- general (4) 118, 150

C

c (8) 271
campus buildings (2) 40, 76
celebrations (9) 300, 330
classroom objects and people (2) 40, 76
clothing (6) 190, 224
colors (3), (6) 89, 114, 192, 224
comparisons (8) 281
conducir
- present tense (6) 200
- preterite tense (9) 310

conocer and **saber** (6) 200
courses (academic) (2) 40, 76
courtesy expressions (1) 2, 7, 38
Cultura
- Carolina Herrera (6) 199
- Las cataratas del Iguazú (5) 162
- ¿Cómo te llamas? (3) 86
- La escuela secundaria (2) 48
- La familia real española (3) 87
- Ferran Adrià: arte en la cocina (8) 273
- Festival de Viña del Mar (9) 309
- Frutas y verduras de América (8) 272
- El INFRAMEN (2) 49
- El mate (7) 235
- Los mercados al aire libre (6) 198
- Miguel Cabrera y Paola Espinosa (4) 125
- La plaza principal (1) 11
- Punta del Este (5) 163
- Real Madrid y Barça: rivalidad total (4) 124
- Saludos y besos en los países hispanos (1) 10
- Semana Santa: vacaciones y tradición (9) 308
- La siesta (7) 234

D

d (6) 197
daily schedules (7) 226, 260
dar
- expressions (6) 203
- present tense (6) 203
- preterite tense (9) 311

dates (months) (5) 154
days of the week (2) 42, 76
decir
- expressions (4) 136
- present tense (4) 133
- preterite tense (9) 310

definite articles (1) 14
del (contraction) (1) 20
demonstrative adjectives and pronouns (6) 210
describing clothes (6) 190, 195, 224
describing routines (7) 226, 260
descriptive adjectives (3), (6) 88, 114, 192, 224
diphthongs and linking (3) 85
direct objects: nouns and pronouns (5) 174
diversions, related verbs (9) 300, 330
double object pronouns (8) 277

E

entertainment, related verbs (9) 300, 330
estar
- comparing **ser** and **estar** (5) 170
- present tense (2) 59
- preterite tense (9) 310
- with conditions (5) 164
- with emotions (5) 164
- with health conditions (2) 59
- with location (2) 59

F

family members and relatives (3) 78, 114
farewells (1) 2, 38
food and drink (8) 262, 264, 298
- parties, related foods (9) 300, 330

forming questions (2) 55

G

g (9) 307
greetings and introductions (1) 2, 38
grooming, personal (7) 226, 260
gusta(n), me/te (2) 45, 52
gustar (2) 52
- verbs like **gustar** (7) 246

H

h (9) 307
hacer
- present tense (4) 136
- preterite tense (9) 310

hay (1) 16
health
- conditions with **estar** (5) 164
- questions (1) 2, 38

hotels (5) 152, 188
hygiene, personal (7) 226, 260

I

indefinite articles (1) 14
indefinite words (7) 240
indirect object pronouns (6) 202
information questions (2) 55
interrogative words (2) 56
intonation, question (2) 55
introductions (1) 2, 38
ir
- present tense (4) 126
- preterite tense (7) 244
- **ir a** + *infinitive* (4) 126

irregular verbs
- preterite tense (9) 310

J

j (9) 307

L

life's stages (9) 302, 330
linking (3) 85
ll (8) 271
location with **estar** (2) 59

M

meals (8) 264, 298
months of the year (5) 154

N

names of Spanish-speaking countries (1) 38
negation with **no** (2) 51
negative words (7) 240
nouns (1) 12
numbers
- 0–30 (1) 16

Índice

31 and higher (2) **63**
ordinal (5) **155, 188**

Ñ

ñ (8) **271**

O

object pronouns
    direct (5) **174**
    double (8) **277**
    indirect (6) **202**
    prepositional (9) **318**
    reflexive (7) **236**
occupations (3) **78, 114**
ofrecer, present tense (6) **200**
oír, present tense (4) **137**
ordinal numbers (5) **155, 188**

P

Panorama
    Canadá (1) **36**
    Chile (9) **328**
    Cuba (6) **222**
    Ecuador (3) **112**
    España (2) **74**
    Estados Unidos (1) **36**
    Guatemala (8) **296**
    México (4) **148**
    Perú (7) **258**
    Puerto Rico (5) **186**
participles
    present with progressive tenses (5) **166**
parties, related people, items, foods (9) **300, 330**
parts of the body (7) **226, 260**
pastimes (4) **116, 150**
pero vs. **sino** (7) **241**
personal **a** (5) **174**
pluralization of nouns (1) **13**
poder
    present tense (4) **130**
    preterite tense (9) **310**
poner
    present tense (4) **136**
    preterite tense (9) **310**
position of adjectives (3) **90**
possessive adjectives (3) **93**
prepositions often used with **estar** (2) **60**
prepositional object pronouns (9) **318**
preterite tense
    regular verbs (6) **206**
    irregular verbs (9) **310**
    verbs that change meaning (9) **314**
professions (3) **78, 114**
progressive tense
    present (5) **166**

pronouns
    demonstratives (6) **210**
    direct object (5) **174**
    double object (8) **277**
    indirect object (6) **202**
    prepositional object (9) **318**
    reflexive (7) **236**
    subject (1) **19**
    use and omission of subject pronouns (2) **52**

Q

querer, preterite tense (9) **310**
questions, forming (2) **55**
    age (3) **83**
    information questions (2) **55**
    intonation for questions (2) **55, 56**
    ¿**qué**? and ¿**cuál**? (9) **316**
    question words (2) **56**
    tag questions (2) **55**

R

r and **rr** (7) **233**
reflexive verbs (7) **236**
regular verbs
    present tense
        -**ar** verbs (2) **50**
        -**er** and -**ir** verbs (3) **96**
    preterite (6) **206**
restaurants (8) **269**
routines (7) **226, 260**

S

saber
    and **conocer** (6) **200**
    preterite tense (9) **310**
salir, present tense (4) **136**
school vocabulary (2) **40, 76**
se constructions
    reflexive verbs (7) **236**
seasons of the year (5) **154**
sequencing actions, words for (7) **226, 260**
ser
    comparing **ser** and **estar** (5) **170**
    present tense (1) **20**
    preterite tense (7) **244**
    to show identification (1) **20**
    to show origin (1) **21**
    to show possession (1) **20**
    with adjectives (3) **88**
    with nationalities (3) **89**
    with professions (1) **21**
shopping (6) **190, 224**
Spanish alphabet (1) **9**
Spanish-speaking countries, names of (1) **38**

sports and leisure activities (4) **116, 150**
stages of life (9) **302, 330**
stem-changing verbs
    present tense (4) **129, 133**
    preterite tense (8) **274**
stress and accent marks (4) **123**
subject pronouns (1) **19**
    use and omission (2) **52**
superlatives (8) **286**
    absolute superlatives (8) **286**

T

t (6) **197**
tag questions (2) **55**
tener
    expressions with (3) **101**
    present tense (3) **100**
    preterite tense (9) **310**
telling time (1) **24**
town places (4) **118, 150**
traducir
    present tense (6) **200**
    preterite tense (9) **310**
traer
    present tense (4) **136**
    preterite tense (9) **310**
travel terms (5) **152, 188**

V

v (5) **161**
vacation vocabulary (5) **152, 188**
venir
    present tense (3) **100**
    preterite tense (9) **310**
ver
    present tense (4) **137**
verbs describing routines and personal grooming (7) **226, 260**
verbs like **gustar** (7) **246**
verbs that change meaning in the preterite (9) **314**
verbs with irregular **yo** forms (**hacer**, **oír**, **poner**, **salir**, **traer**, and **ver**) (4) **136, 137**
vowels (2) **47**

W

weather expressions (5) **154**
work-related terms (3) **78, 114**

Y

years (e.g. 2007) (2) **64**

Z

z (8) **271**

Credits

Every effort has been made to trace the copyright holders of the works published herein. If proper copyright acknowledgment has not been made, please contact the publisher and we will correct the information in future printings.

Photography and Art Credits

All images © Vista Higher Learning unless otherwise noted.

Cover: OGphoto/Getty Images.

Front Matter (SE): xx: (l) Bettmann/Corbis; (r) Florian Biamm/123RF; **xxi:** (l) Lawrence Manning/Corbis; (r) Design Pics Inc/Alamy; **xxii:** José Blanco; **xxiii:** (l) Digital Vision/Getty Images; (r) Andres/Big Stock Photo; **xxiv:** Fotolia IV/Fotolia; **xxv:** (l) Goodshoot/Corbis; (r) Tyler Olson/Shutterstock; **xxvi:** Shelly Wall/Shutterstock; **xxvii:** (t) Colorblind/Corbis; (b) Moodboard/Fotolia; **xxviii:** (t) Digital Vision/Getty Images; (b) Purestock/Getty Images.

Front Matter (TE): T15: Mike Flippo/Shutterstock; **T16:** Jean Glueck/Media Bakery; **T35:** SimmiSimons/iStockphoto; **T39:** Monkeybusinessimages/Big Stock Photo.

Lesson 1: 1: Paula Díez; **2:** Oscar Artavia Solano; **3:** Martín Bernetti; **4:** Martín Bernetti; **10:** (l) Rachel Distler; (r) Stephen Coburn/Shutterstock; **11:** (r) Ken Welsh/Alamy; (l) Matt Sayles/AP/Corbis; (m) Paola Rios-Schaaf; **12:** (l) Janet Dracksdorf; (r) Tom Grill/Corbis; **16:** (l) José Girarte/iStockphoto; (r) Blend Images/Alamy; **19:** (l) Buzzshotz/Alamy; (m) Anne Loubet; (r) Elena Elisseeva/Shutterstock; **28:** (all) Martín Bernetti; **32:** Carolina Zapata; **33:** Paula Díez; **36:** (t) Jeremy Breningstall/ZUMA Press/Newscom; (m) Brandon Seidel/123RF; (b) Andresr/Shutterstock; **37:** (tl) PhotoDisc/Getty Images; (tr) Bill Bachmann/Alamy; (bl) Stocksnapper/Shutterstock; (br) Rmnoa357/Shutterstock.

Lesson 2: 39: Miodrag Gajic/Fotolia; **42:** Noam/Fotolia; **48:** (l) Hill Street Studios/AGE Fotostock; (r) David Ashley/Corbis; **49:** Guayo Fuentes/Shutterstock; **57:** Stephen Coburn/Shutterstock; **58:** Chris Schmidt/iStockphoto; **59:** (l) Paola Rios-Schaaf; (r) Image Source/Corbis; **64:** Martín Bernetti; **67:** (l) Rick Gomez/Corbis; (r) Aspen Stock/AGE Fotostock; **68:** José Blanco; **69:** (l) Gudrun Hommel; (r) Pascal Pernix; **70:** (t) Image Source/MaXx Images; (b) Martín Bernetti; **71:** Nora y Susana/Fotocolombia; **74:** (tl) Tupungato/123RF; (tr) José Blanco; (m) Darren Baker/Shutterstock; (b) Reuters/Corbis; **75:** (t) Sarah L. Voisin/The Washington Post/Getty Images; (ml) Erich Lessing/Art Resource, NY; (mr) José Blanco; (bl) Iconotec/Fotosearch; (br) Katie Wade.

Lesson 3: 77: Paul Bradbury/AGE Fotostock; **79:** Martín Bernetti; **80:** (tl) Anne Loubet; (tr) Blend Images/Alamy; (tml) Ana Cabezas Martín; (tmr) Blend Images/Shutterstock; (bml, bmr, br) Martín Bernetti; (bl) Kuzma/Big Stock Photo; **86:** (tl) David Cantor/AP Images; (tr) Rafael Perez/Reuters/Corbis; (b) Martial Trezzini/EPA/Corbis; **87:** (t) Dani Cardona/Reuters/Corbis; (b) LOTE/Splash News/Corbis; **90:** (all) Martín Bernetti; **92:** Andres Rodriguez/Alamy; **97:** (l) Tyler Olson/Fotolia; (r) Martín Bernetti; **98:** Martín Bernetti; **106:** (all) Martín Bernetti; **107:** (t) Yuri Arcurs/iStockphoto; (m) Image Source/MaXx Images; (b) Martín Bernetti; **108:** Monart Design/Fotolia; **109:** ImageShop/Corbis; **112:** (tr, tl, b) Martín Bernetti; (ml) Ivan Mejia; (mr) Lauren Krolick; **113:** (tl, ml, b) Martín Bernetti; (tr) Madre y niño en azul (1986), Oswaldo Guayasamín. Óleo sobre tela, 100 x 100 cm. Copyright © 2015 Herederos Guayasamín; (mr) Javarman/Shutterstock.

Lesson 4: 115: Franz Faltermaier/Westend61/AGE Fotostock; **117:** Blacqbook/Shutterstock; **119:** Nora y Susana/Fotocolombia; **124:** (l) Natursports/123RF; (r) Carl Juste/MCT/Newscom; **125:** (t) Photoworks/Shutterstock; (b) ZUMA Press/Alamy; **135:** Warner Bros/The Kobal Collection; **139:** Anne Loubet; **141:** Agan/Shutterstock; **142:** Martín Bernetti; **143:** Thais Llorca/EPA/Newscom; **144:** Martín Bernetti; **145:** Alexander Rochau/Fotolia; **148:** (tl) Randy Miramontez/Shutterstock; (tr) *Autorretrato con mono* (1938), Frida Kahlo. Albright-Knox Art Gallery/Corbis/© 2015 Banco de México Diego Rivera Frida Kahlo Museums Trust, Mexico, D.F./Artists Rights Society (ARS), New York; (ml) Ruben Varela; (mr) Carolina Zapata; (b) Brian Overcast/Alamy; **149:** (tl) Radius Images/Alamy; (tr) Bettmann/Corbis; (m) Corel/Corbis; (b) Ioan Florin Cnejevici/Shutterstock.

Lesson 5: 151: DreamPictures/Media Bakery; **162:** Gary Cook/Alamy; **163:** (t) AFP/Getty Images; (b) Pierre-Yves Babelon/123RF; **167:** Iofoto/Fotolia; **180:** Steven Gaertner/123RF; **181:** (tl) Corel/Corbis; (tr) Reed Kaestner/Corbis; (m) Juice Images/Alamy; (b) Gabriela Medina/Blend Images/Getty Images; **182:** Carolina Zapata; **186:** (tl) Miguel A. Alvarez/Shutterstock; (tr) José Blanco; (ml) Teresa Canino Rivera/Nuevo Dia de Meta/Newscom; (mr) Capricornis Photographic Inc/Shutterstock; (b) Dave G. Houser/Corbis; **187:** (tl) José Blanco; (tr) Anton Gvozdikov/Shutterstock; (br) PhotoDisc/Getty Images; (bl) Chris Parypa Photography/Shutterstock.

Credits

Lesson 6: 189: Asiapix Royalty-Free/Inmagine; **198:** (l) Jose Caballero Digital Press Photos/Newscom; (r) Janet Dracksdorf; **199:** (t) Carlos Alvarez/Getty Images; (bl) Guiseppe Carace/Getty Images; (br) Mark Mainz/Getty Images; **201:** Jack Hollingsworth/Corbis; **204:** (all) Pascal Pernix; **209:** (all) Martín Bernetti; **210:** (all) Paula Díez; **211:** Paula Díez; **216:** Paula Díez; **217:** Paula Díez; **218:** Chris Schmidt/iStockphoto; **219:** Martín Bernetti; **222:** (t, mtl, mtr, mb) Pascal Pernix; (b) PhotoDisc/Getty Images; **223:** (tl) Drew A. Kelley/ZUMA Press/Newscom; (tr, bl) Pascal Pernix; (br) Road Movie Prods/The Kobal Collection.

Lesson 7: 225: Karen Montoya Betancur; **234:** Stewart Cohen/Blend Images/Corbis; **235:** (t) Ali Burafi; (b) Janet Dracksdorf; **237:** (l) Blend Images/Alamy; (r) Arek Malang/Shutterstock; **239:** (l) Martín Bernetti; (r) MediaBakery; **242:** José Blanco; **243:** Monkey Business Images/Shutterstock; **252-253:** Didem Hizar/Fotolia; **254:** Traveler/Shutterstock; **255:** Blend Images/Alamy; **258:** (t, mtr) Martín Bernetti; (ml) Daniel Ferreia-Leites/123RF; (mbl) Joao Relvas/EPA/Newscom; (mbr) Kobby Dagan /123RF; (b) Yann Arthus-Bertrand/Corbis; **259:** (tl) Elzbieta Sekowska/Shutterstock; (tr) Mick Roessler/Corbis; (bl) Andrey Gontarev/Shutterstock; (br) Marshall Bruce/iStockphoto.

Lesson 8: 261: Liliana P. Bobadilla; **267:** (l) Somos Images/Alamy; (r) Monkeybusinessimages/Big Stock Photo; **272:** (t) Rachel Distler; (b) MediaBakery; **273:** (t) Carlos Cazalis/Corbis; (bl) Foodio/Shutterstock; (br) Carlos Cazalis/Corbis; **276:** Paula Díez; **278:** (l) Pixtal/AGE Fotostock; (r) José Blanco; **282:** (l) Pascal Pernix; (r) José Blanco; **283:** (l) José Blanco; (r) Monkey Business Images/Shutterstock; **292:** Vanessa Bertozzi; **293:** Jack Hollingsworth/Getty Images; **296:** (t) Henryk Sadura/Shutterstock; (mt) Michael DeFreitas/Media Bakery; (mb) Henryk Sadura/Shutterstock; (b) Dave G. Houser/Corbis; **297:** (tl) Jenkedco/Shutterstock; (tr) Michael Fischer/Media Bakery; (bl) Vladimir Korostyshevskiy/Shutterstock; (br) Bill Bachmann/Danita Delimont Photography/Newscom.

Lesson 9: 299: Hill Street Studios/Blend Images RM/AGE Fotostock; **303:** Image Source/AGE Fotostock; **308:** (l) Silvia B. Jakiello/Shutterstock; (r) PictureNet/Corbis; **309:** (t) Simon Cruz/AP Images; (b) Rune Hellestad/Corbis; **322:** (t) Katrina Brown/123RF; (b) Esteban Corbo; **323:** Armando Brito; **324:** Monkeybusinessimages/Big Stock Photo; **328:** (tl, tr, mtr) Lauren Krolick; (mtl) Kathryn Alena Korf; (mbl) Bettmann/Corbis; (mbr) Macarena Minguell/AFP/Getty Images; (b) Bruce R. Korf; **329:** (tl) Lars Rosen Gunnilstam; (tr, br) Lauren Krolick; (bl) Nikolay Starchenko/Shutterstock.

Television Credits

34 Courtesy of Mastercard.
72 Courtesy of Cencosud Supermercados.
110 Courtesy of Cinematheque Jean Marie Boursicot.
146 Courtesy of Diego Reves.
184 © Santander Chile.
220 Courtesy of Cinematheque Jean Marie Boursicot.
256 Courtesy of Asepxia, Genommalab and Kepel & Mata.
294 Courtesy of Arroz Roa.
326 Courtesy of Javier Ugarte, Chilevision Network. Santiago, Chile.